깨어 있는 마음의 과학

MIND TO MATTER

Dawson Church

마음에서 물질로,
안에서 밖으로 창조하기

깨어 있는 마음의 과학

도슨 처치 지음
최경규 옮김

정신세계사

깨어 있는 마음의 과학

ⓒ 도슨 처치, 2018

도슨 처치 짓고, 최경규 옮긴 것을 정신세계사 김우종이 2020년 3월 2일 처음 펴내다.
배민경과 이균형이 다듬고, 변영옥이 꾸미고, 한서지업사에서 종이를, 영신사에서 인쇄와
제본을, 하지혜가 책의 관리를 맡다. 정신세계사의 등록일자는 1978년 4월 25일(제2018-
000095호), 주소는 03785 서울시 서대문구 연희로2길 76 2층, 전화는 02-733-3134,
팩스는 02-733-3144, 홈페이지는 www.mindbook.co.kr , 인터넷 카페는 cafe.naver.com/
mindbooky 이다.

2021년 8월 2일 펴낸 책(초판 제3쇄)

ISBN   978-89-357-0435-4 03180

이 도서의 국립중앙도서관 출판시도서목록(CIP)은 서지정보유통지원시스템
홈페이지(http://seoji.nl.go.kr)와 국가자료공동목록시스템(http://www.nl.go.kr/
kolisnet)에서 이용하실 수 있습니다. (CIP제어번호: CIP2020006083)

"생각이 삶에 영향을 미칠지에 대해 궁금해하고 있다면, 이 놀라운 책이 당신을 그 신봉자로 만들어줄 것이다. 원자의 차원으로부터 우리의 신체, 그리고 은하계의 차원에 이르기까지, 도슨 처치의 용의주도한 연구는 마음이야말로 엄청난 창조자임을 보여준다. 그는 생물학과 물리학, 그리고 심리학 분야의 수백 건의 연구를 종합하여, 우리 뇌의 에너지장은 말뜻 그대로 순간순간 현실을 창조해내고 있음을 보여준다. 그의 통찰은 당신을 건강하고 풍요로운 존재로 만드는 근본적인 변화를 가져다줄 수 있다. 당신의 삶에도 이것을 적용해볼 것을 강력히 추천한다."

— 존 그레이John Gray, 뉴욕 타임스 베스트셀러 1위
《화성에서 온 남자, 금성에서 온 여자》(Men Are From Mars, Women Are From Venus)의 저자

"도슨 처치의 면밀한 과학적 연구는 '끌어당김의 법칙'이 단지 형이상학적인 주장이 아니라, 과학적 현실임을 보여준다. 수백 건의 연구결과와 영감을 주는 실제 사례들로 채워진 이 책은 생각이 물리적 현실로 변하는 복잡한 메커니즘을 알기 쉽게 설명하여 그 신비의 장막을 벗겨준다. 도슨의 연구를 통해 삶에서 무엇이 가능한가에 대한 믿음의 경계가 넓혀지고 나면 그것은 결코 과거의 경계 안으로 다시 돌아가지 않을 것이다."

— 마시 시모프Marci Shimoff,
뉴욕 타임스 베스트셀러 1위 《이유 없는 행복》(Happy for No Reason)의 저자

"도슨 처치는 우리의 삶에 영향을 끼치고 있는 우주의 가장 복잡한 원리를 흥미롭고도 단순명쾌하게 설명하는 능력을 보여줌으로써, 우리 시대의 위대한 사상가임을 다시금 증명했다. 괄목할 만한 연구결과들을 흥미롭고 가슴이 따뜻해지는 일화들과 함께 엮어낸 이 이야기는, 우리의 삶을 이끌어갈 뿐만 아니라 우리를 하나로 묶고 있는 우주의 집단의식에까지 두루 영향력을 미치는, 우리 각자의 마음속에 잠재된 힘을 깨닫게 해준다."

— 로버트 호스Robert Hoss,
《우리의 삶을 바꾸는 꿈》(Dreams That Changes Our Lives)의 공저자,
꿈과학 재단(DreamScience Foundation)의 책임자

"아주 오랜만에 한 번씩, 심오하고도 파격적인 어떤 전망이 과학의 패러다임을 산산조각내고, 우리가 세계를 바라보는 모든 방식을 재조정하게 하여 인간 잠재력의 광활한 새 지평을 열어젖힌다. 이 책이 바로 우리 세대의 그러한 전망이다."

— 레이먼드 아론Raymond Aaron, 뉴욕 타임스 베스트셀러
《부모의 영혼을 위한 닭고기 수프》(Chicken Soup for the Parent's Soul)의 저자

"이 획기적인 책은 우리의 생각이 우리의 주변 세계에 직접적인 영향을 미친다는 것을 보여주는 흥미롭고 새로운 과학적 증거를 소개한다. 그리고 어떻게 하면 이 지식을 환희로운 삶을 위하여 효과적으로 활용할 수 있는지를 보여준다."

— 데이비드 파인스타인David Feinstein 박사, 《개인적 신화》(Personal Mythology)의 공저자

"도슨 처치는 수십 년 동안 치유 분야를 개척해왔다. 그의 연구는
이 시대를 저만큼 앞서고 있다. 이 책은 에너지 기법 배후의
과학과 연구에 사람들이 마음을 열고 있는 이 시기에 완벽하게
어울리는 책이다. 도슨은 뛰어난 통찰력으로 생각이 어떻게 현실을
만들어내는지를 보여준다. 진화의 여명기로부터 최근의 뇌과학에
이르기까지 흥미로운 이야기들로 가득한 그의 연구는, 효과적인 치유
전략을 찾고 있는 전문가와 비전문가 모두를 위한 청사진이다.
도슨은 이 방법들이 실제로 작용할 뿐만 아니라 그것이 작용하는
실증적 근거를 명료하게 보여준다. 현실이 창조되는 메커니즘과
생각이 물질세계에 영향을 미치는 이치를 배우고자 한다면 이
책이야말로 꼭 읽어야 할 책이다. 이 책은 당신의 생각을 바꿔놓을
것이다. 날마다 실천한다면 이 원리가 당신의 현실을 차례로
바꿔놓을 것이다. 문제는, 이 책을 읽은 후에 당신은 무엇을 창조할
것인가이다."

— 페타 스태플톤Peta Stapleton 박사, 오스트레일리아 본드Bond대학 심리학 교실

"나는 이 책을 사랑한다. 이 책은 기분 좋은 사실과 마음을 사로잡는
많은 이야기로 나를 끊임없이 매료시켰다. 그리고 샤먼과 현자들이
먼 옛날부터 알고 있었던 것을 과학이 드디어 따라잡고 있는 모습을
보는 것은 멋진 일이다!"

— 도나 이든Donna Eden, 《에너지 의학》(Energy Medicine)의 저자

"우리 문화권의 많은 사람들이 무력한 피해자에서 강력한 공동창조자로 변신해가고 있다. 그러나 더 큰 힘을 지향하는 진화의 충동과 함께, 우리는 이 힘이 남용될 때 일어나는 일들을 직면하고 있다. 예측할 수 없는 규모의 전 지구적 위기를 마주한 우리에게는 어느 때보다도 그 힘에 접속된, 뿌리 깊이 온전한 가슴을 지닌 창조자들이 필요하다. 우리의 힘이 가슴에 연결된다면 우리의 삶과 우리의 지구에는 어떤 일이 일어날 수 있을까? 그와 같은 창조력에 대해 과학은 뭐라고 말해줄 수 있을까? 이 책은 현실의 공동창조에 우리의 힘이 어떻게 작용하는지를 첨단 과학의 관점에서 탐사한다. 이 책은 또 '끌어당김의 법칙' 유의 많은 책들이 잘못 약속하듯이, 우리 인간의 힘을 과대포장하기를 피하는 법도 강조한다. 우리의 힘이 커질수록 우리의 창조력은 얼마나 강력해지고, 그 거대한 신비는 실로 얼마나 제어하기 어려운지, 그 역설적인 속성을 겸허하게 인식할 것을 이 책은 당부한다. 이 책을 읽는 이들이 자신의 힘 속으로, 자신의 가슴 속으로, 자신의 진실 속으로 온전히 발을 옮겨놓기를. 그리고 이 책이 당신에게 미치는 영향을 통해 이 세계가 축복받기를."

— 리사 랜킨Lissa Rankin, 의사,
뉴욕 타임스 베스트셀러 《의학을 넘어서는 마음》(Mind Over Medicine)의 저자

"우리는 건강과 질병에 대한 의식의 영향력이 전에 없이 확연히 밝혀지고 있는 치유의 시대로 들어서고 있다. 이 중요한 통찰들을 살펴보는 데는 연구자 도슨 처치의 이 책이야말로 가장 요긴하다."

— 래리 돗시Larry Dossey 박사, 《하나의 마음》(One Mind)의 저자

"나는 이 책이 지금까지 나온 가장 중요한 책들 중의 하나라고 믿는다. 이 책은 각 장에서 자신의 신체와 주변 세계의 창조자가 되는 방법을 보여준다. 이 책은 자신의 삶에 다가가는 방식을 완전히 바꿔놓는 놀라운 연구결과들로 가득 차 있다. 내가 이 기법들을 실천해본 결과는 놀랍다. 이것은 당신의 마음과 주변의 물질세계를 바꿔놓을 수 있다. 이 책은 아무리 강력히 추천해도 충분치 않다."

— 맷 갤런트Matt Galant,
《당신의 생산성을 세 배로 높여라》(Triple Your Productivity)의 공저자

"이 책은 현대의학과 전통과학의 핵심적 원리에 도전장을 내민다. 도슨 처치는 심신의 상관성이 우리가 생각했던 것보다 훨씬 더 깊어서, 과학은 의식, 공명, 에너지 같은 힘을 포함할 수 있도록 패러다임을 확장해야만 함을 설득력 있게 증언한다. 풍부한 시각자료를 담고 있는 이 책은 고전적인 논문으로부터 최근의 첨단 논문에 이르기까지 많은 연구를 인용하여 인상적인 사실들을 훑어볼 수 있게 해주고 있다. 많은 실제 사례와 연습들이 우리 자신의 개인적 변성을 위한 도구를 제공해준다. 만일 이 책의 말대로 만물이 모두 서로 연결되어 있다면, 우리 사회의 변화도 마찬가지일 것이다. 이 책을 강력하게 추천한다."

— 에릭 레스코위츠Eric Leskowitz, 하버드의대 정신과 의사

차례

과학은 신비주의의 현대어가 되었다. 세계를 다니면서 대중강연을 한 내 경험에 의하면 종교와 고대전통, 대중문화, 거기에다 뉴에이지 용어까지 언급하는 순간, 청중은 분열된다. 하지만 과학은 청중을 엮어서 하나의 공동체를 형성시켜준다.

그래서 양자물리학의 일부 원리(마음과 물질의 연관성)와 전자기를 신경과학과 신경내분비학의 최신 발견들(뇌가 인체의 호르몬계를 조절하는 메커니즘)과 결합시키고, 거기에 약간의 심리신경면역학(psychoneuroimmunology: 뇌와 신경계와 면역계가 서로에게 영향을 미치는 메커니즘, 곧 심신상관 관계)을 더하고, 마지막으로 후생유전학(epigenetics)*의 최신 발견들(환경이 유전자 발현에 영향을 미치는 메커니즘)을 방정식에 포함시키면, 신비주의의 '신비'를 해독할 수 있게 된다. 그리고 그와 함께 자아의 신비와 실재의 진정한 본질도 밝혀낼 수 있게 될 것이다.

이 모든 새로운 연구 분야들은 새로운 가능성의 세계를 열어 젖히고 있다. 이 연구들은 당신의 여생이 유전자의 지배를 받아 정해진 길로 가도록 못 박혀 있지 않으며, 당신이 적응과 변화의 경이로운 산물임을 증명해 보여주고 있다.

뭔가 새로운 것을 배울 때마다, 전에는 알아차리지 못했던 새롭고 독특한 가능성의 문이 당신의 눈앞에 열린다. 그리고 그 결과 당신은 변화한다. 그것을 지식이라 부르는데, 그로부터 그 지식은 당신으로 하여금 사물을 있는 그대로가 아니라 당신의 방식대로 보게 만든다. 이것이 학습의 과정이어서, 더 많은 것을 배울수록 당신

---

* DNA 염기서열의 변화 없이 발현하는 유전자 기능의 변화가 유전되는 현상을 연구하는 학문. 이하의 각주는 모두 역자가 단 것이다.

은 뇌 속에 새로운 시냅스 연결이 생겨나게 한다. 그리고 이 멋진 책에서 당신은, 어떤 한 주제에 한 시간만 집중해도 그 주제에 관한 뇌의 시냅스 연결이 두 배로 늘어난다는 사실을 보여주는 최근의 연구결과들을 접하게 될 것이다. 같은 연구는, 만일 당신이 배운 것을 반복하여 복습하거나 생각해보지 않으면 그 연결 회로는 한 시간 또는 하루 내로 떨어져 나간다고 말한다. 그러니 학습이 새로운 시냅스 연결을 만들어내는 한편, 기억은 그 연결을 유지시킨다.

말뜻 그대로 전 세계 수백만 명에게 행해진 연구를 통해, 이제 나는 누군가가 어떤 아이디어나 개념이나 새로운 정보를 이해하고 나서 몸을 돌려 옆 사람에게 그것을 설명해줄 수 있다면 그는 뇌 속에서 특정한 회로를 가동하여 연결시키고 있는 것임을 알고 있다. 이 회로는 그의 뇌의 3차원 직조물 속에 새로운 바느질을 한 땀 한 땀 더하여, 그 새로운 지식이 새로운 경험 속으로 합류해 들어가는 데 필요한 회로가 성공적으로 배선되게 한다. 다시 말해서, 새로운 이해의 모델을 기억하고 논할 수 있게 되었다면 당신은 그 경험을 위한 신경학적 하드웨어를 설치하기 시작하고 있는 것이다.

자신이 '무엇'을 하고 있고 '왜' 하는지를 잘 알수록 그것을 '어떻게' 하는지를 아는 것은 더 쉬워진다. 역사상 바로 지금이, 단순히 아는 것만으로는 충분치 않고 어떻게 하는지를(know how) 알아내야만 할 때인 이유가 바로 그 때문이다. 그렇다면 이제부터 할 일은 철학적, 이론적으로 배운 것들을 적용하여 내 것으로 만들고 본보기를 보여줌으로써 그 지식을 가동시키는 것이다. 이는 당신이 새롭고 색다른 선택을 해야만 하게 되었음을, 그리고 여기에는 당신의 몸도 가담시켜야 함을 의미한다. 그리고 행동을 의도에 맞게 조율하고 언행이 일치되게 하여 몸과 마음이 협동하여 일할 수 있게 되면, 당신은 새로운 경험을 하게 될 것이다.

그리하여 해야 할 일에 대한 적절한 설명이 주어지고 그 지시를 따라 그것을 잘 행한다면, 당신은 새로운 경험을 창조해내게 될 것이다. 그 새로운 경험을 맞아들이면 그 새로운 사건이 당신의 뇌 속에 새로이 지적 회로망을 추가해줄(그리고 한층 더 향상시켜줄) 것이다. 이를 경험이라고 부르고, 경험은 뇌 속의 회로망이 더욱 촘촘해지게 한다. 이 회로들이 뇌 속에서 새로운 연결망을 조직하는 순간, 뇌는 한 가지 화학물질을 만들어낸다. 이 화학물질을 느낌 또는 감정이라 부른다. 그 새로운 사건으로부터 해방, 풍요, 감사, 온전함, 혹은 기쁨의 느낌을 느끼는 순간, 당신은 마음이 지적으로 이해한 그것을 이제는 몸이 화학적으로 이해하도록 가르치고 있는 것이다.

그렇다면 지식은 마음을 위한 것이고 경험은 몸을 위한 것이라고 말해도 되리라. 이제 당신은 철학이었던 그것을 몸으로 체화하기 시작하고 있다. 그로써 당신은 새로운 방식으로 자신의 생물학적 프로그램을 다시 쓰고, 새로운 유전자 신호를 내보내고 있다. 새로운 정보는 환경으로부터 오고 있기 때문이다. 후생유전학이 알려주었듯이, 만일 환경이 새로운 유전자 신호를 보낸다면, 그리고 환경 속에서 어떤 경험의 최종 산물이 감정이라면, 당신은 말뜻 그대로 새로운 유전자 신호를 새로운 방식으로 보내고 있는 것이다. 그리고 모든 유전자는 단백질을 만들고, 단백질은 신체의 구조와 기능을 책임지기 때문에(단백질의 발현은 곧 생명의 발현이다), 당신은 자신의 유전적 운명을 말뜻 그대로 바꾸고 있는 것이다. 그리고 이 사실은 신체의 치유란 것이 충분히 가능한 일임을 시사한다.

어떤 경험을 한 번 만들어낼 수 있었다면, 당신은 그것을 다시 만들어낼 수 있어야 한다. 어떤 경험이든지 되풀이하여 다시 만들어낼 수 있다면, 당신은 결국 몸과 마음이 하나가 되어서 일하기 시작하도록 신경학적 훈련을 시키고 있게 된다. 어떤 일을 너무나 많이 해서 몸이 그것을 어떻게 하는지를 마음만큼 잘 알게 되면, 그것은 자동적이고 자연스러운 일이 되어서 노력이 필요 없어진다. 즉 하나의 기술 혹은 습관이 되어버리는 것이다. 그런 수준에 도달하면 당신은 더 이상 그 행위에 대해 의식적으로 생각을 할 필요가 없어진다. 이때 그 기술 혹은 습관은 존재의 잠재의식 상태가 된다. 이제 그것은 본연의 것이 되어서, 당신은 '그 철학을 통달하기' 시작하고 있다. 당신은 그 지식이 된 것이다.

이것이 이 세계의 보통 사람들이 보통이 아닌 일을 시작하는 방법이다. 이로써 그들은 철학쟁이로부터 초짜로, 또 대가(master)로, 지식으로부터 경험으로, 또 지혜로, 마음으로부터 몸으로, 또 영혼으로, 생각으로부터 행위로, 또 존재로, 그리고 머리로 배우기로부터 손으로 행하기, 또 가슴으로 알기로 옮겨가고 있는 것이다. 멋진 점은, 우리는 누구나 이것을 할 수 있는 생물학적, 신경학적 장치를 가지고 있다는 사실이다.

당신의 반복적인 노력이 가져올 부수효과는, 당신의 정체를 변화시켜놓을 뿐만 아니라 당신의 삶에 그 노력이 반영된 가능성이 창조되기 시작한다는 것이다. 그렇지 않다면 왜 하겠는가? 내가 말하는 가능성은 무엇을 의미할까? 나는 마음의 병이나 불균형뿐만 아니라 몸의 병이나 불균형의 치유에 대해서, 그리고 상상할 수 있는 만큼 새로운 미래 — 새로운 일거리, 새로운 인간관계, 새로운 기회, 새로운 모험의 실현 — 속으로 주의와 에너지를 의식적으로 쏟아부어 더 나은 삶을 창조하는 것에 대해서, 그리고 말뜻 그대로 언어를 초월하는 신비로운 경험의 길에 나서는 것에 대해서 말하고 있다.

삶에서 동시성 현상, 우연의 일치, 새로운 기회 등이 나타나면 당신은 자신이 무엇을 하고 있었기에 그런 일이 일어났는지를 주의 깊게 살펴보게 된다. 그러면 거기서 영감을 얻어 그것을 재현할 수 있게 될 것이다. 이것이 삶의 희생자에서 삶의 창조자로 변신해가는 방법이다.

그리고 바로 그것이 이 강력한 책의 내용이다. 이 책은 자신의 생각과 느낌을 동조된 상태로 조직화하기만 하면 당신이 실로 얼마나 강력한 존재인지를 보여주는 개인교사이다. 이 책은 그 내용을 단지 지적으로만 이해하게 하려는 것이 아니라 방법을 꾸준히 훈련하여 그것을 삶 속에 적용함으로써 노력의 결실을 수확할 수 있게끔 써졌다.

우리의 주관적 마음(생각)이 객관적 세계(삶)에 영향을 미칠 수 있다는 사실을 이해할 수 있게 해주는 과학적 모델을 만드는 것은 간단한 일이 아니고, 그에 대한 책을 쓰는 것은 말할 것도 없다. 그에 관한 연구사례를 찾아내는 일 자체만도 엄청난 일이다. 헌데 나의 친애하는 친구이자 동료인 도슨 처치Dawson Church가 환상적으로 잘 쓰인 이 책으로써 그 과업을 해냈다.

도슨 처치에 대해 좀 이야기하고자 한다. 나는 도슨을 2006년에 펜실베이니아 주 필라델피아에서 열린 한 학회에서 만났다. 만난 순간, 우리 사이에는 즉각적인 연결감이 있었다. 처음 소개받았을 때 나는 즉시 우리가 건강하고 오래가는 관계를 이어가게 될 것임을 알아차렸다. 우리가 아이디어를 교환할 때 일어나는 에너지는 마치 천둥번개처럼 느껴졌다. 그리고 두 사람 다 진실이라고 믿고 있는 것에 대해 이야기할 때마다 마치 번갯불이 번쩍이는 것 같았다. 우리는 처음 만났을 때부터 둘 다 변화했다. 그 이래로 우리는 몇 가지 다양한 주제들을 함께 연구했다. 도슨은 에너지 심리학에 관한 몇 가지 치밀한 연구결과를 발표했을 뿐만 아니라, 명상이 뇌와 신체에 미치는 효과를 양적으로 측정하는 일로 분주했던 내 연구팀의 일원으로도 일해주었다. 그는 우리의 몇 가지 연구를 완벽하게 이끌어주었고, 우리의 연구를 조리 있게 잘 대변해주었다.

도슨이야말로, 내가 이메일이나 전화로 "트라우마가 뇌에서 장기기억으로 굳어버리기까지는 얼마나 걸릴까?" 하고 물어볼 수 있는 사람 중의 한 사람이다. 그러면 그는 주저 없이, 걸리는 정확한 시간과 가장 좋은 참고문헌, 그 방면의 연구와 그 연구를 행한 과학자들이 누군지까지도 다 말해주곤 했다. 그건 마치 동네 슈퍼마켓 가는 길을 가르쳐주는 것 같았다. 이것을 알게 되었을 때, 나는 내가 보통의 과학자와 함께 일하고 있는 게 아님을, 슈퍼맨의 마음을 지닌 존재와 함께하고 있음을 깨달았다. 도슨은 날카로운 지성과 카리스마를 지녔고, 자애롭고 생기가 넘쳤다. 그와 나는 둘 다 우리는 진정 누구인지, 그리고 특히 오늘날처럼 급변하는 시대에 인간에게 가능한 것은 무엇인지를 이해하고 알아내고자 하는 열정을 공유하고 있다.

　이 책은 에너지와 물질 사이의 연결성은 물론이고 마음과 물질세계 사이의 관계에 대한 나의 개인적 의문에 답을 주었기 때문에, 나는 이 책을 너무나 흥미롭게 읽었다. 나는 새로운 개념을 배웠고, 그것은 세상을 달리 바라보게 만들었다. 이 책을 읽기 시작하고부터 나는 변화했다. 나는 이 책이 당신도 변화시켜서 세상을 달리 바라볼 수 있도록 도와줄 뿐만 아니라, 이 원리를 실천하도록 부추겨서 당신의 삶에서 실현 가능한 진실을 스스로 체득하게 되기를 바란다. 만일 과학이 신비주의의 새로운 언어라면, 당신은 현대의 신비주의자인 친애하는 나의 친구 도슨 처치로부터 배우고 있는 것이다. 그는 당신 역시 스스로 신비주의자가 되어서, 당신의 생각은 중요하다(matter)는 사실을, 생각은 말뜻 그대로 물질(matter)이 된다는 사실을 스스로 입증해내기를 바라고 있다.

조셉 디스펜자Joseph Dispenza 박사,
뉴욕 타임스 베스트셀러 《당신이 플라시보다》(You are the Placebo)의 저자

생각은 현실이 된다. 이는 명백한 사실이다. 나는 지금 의자에 앉아 있다. 의자는 누군가의 마음속에서 나온 한 생각으로 시작되었다. 골격과 구조, 곡선과 색깔 등 온갖 사소한 것까지 모두가 말이다.

생각은 현실이 된다. 이는 분명히 사실이 아니다. 아무리 열렬하게 원하더라도 나는 절대 NFL(National Football League, 전미 풋볼 리그전)의 쿼터백이 될 수는 없다. 다시 열여섯 살이 될 수도 없다. 내가 우주선 엔터프라이즈Enterprise호*의 항해사가 될 수는 절대로 없을 것이다.

생각이 현실이 된다고 하는 입장과 생각은 절대 현실이 될 수 없다고 하는 입장 사이에는 넓은 중간 마당이 있다.

이 책은 그 중간 마당을 탐구하는 책이다.

왜냐고? 우리는 자기 생각의 극한까지 창조력을 발휘하고, 우리의 삶을 그 잠재력의 한계까지 확장시킬 수 있기를 원한다. 우리는 가능한 한 행복하고 건강하고 부유하고 현명하고 만족스럽고 창조적인 사람이 되기를, 그리고 사랑받기를 원한다. 우리는 또한 몽상 같은, 현실이 될 수 없는 생각만 좇는 것은 원치 않는다.

엄밀한 과학적 기준을 적용하여 탐구해보면, 그 중간 마당이 엄청나게 크다는 것이 밝혀진다. 연구결과는, 의도적으로 잘 사용하기만 하면 생각은 일상을 뛰어넘는 일들을 만들어낼 수 있음을 보여준다.

'생각(thought)은 곧 사물(thing)'이라는 생각은 대중문화 속에서

---

* 1964년 첫 TV 드라마가 방영된 〈스타 트랙〉 시리즈에 나오는 우주선 이름.

하나의 밈^{meme}[*]이 되어 있다. 그것은 형이상학에서 견고한 전제조
건으로 자리 잡고 있고, 일부 영적 스승들은 마음에 무한한 힘을 부
여한다. 하지만 인간의 창조력에는 분명한 한계가 있다, 단지 생각
만으로 항공모함이 나타나게 할 수는 없다. 나는 인도네시아 사람
이 될 수 없고, 에베레스트를 뛰어넘을 수도 없고, 납이 황금으로
바뀌게 할 수도 없다.

　　그러나 후생유전학, 신경과학, 전자기론, 심리학, 사이매틱스
Cymatics^{**}, 공중보건, 양자물리학 분야의 새로운 발견들은 생각이 엄
청난 창조력을 지닐 수 있다는 사실을 보여준다. 당신이 지금 이 단
어들을 읽고 있는 종이나 화면은 처음에는 하나의 생각에서부터 출
발한 것이다. 민주주의, 비키니, 우주여행, 면역 접종, 화폐, 1마일을
4분 안에 달리기, 조립생산 공정 등도 마찬가지다.

과학자 대 신비가

　　과학과 신비주의는 일반적으로 극과 극으로 여겨지고 있다. 과
학은 실험적이고, 실용적이고, 엄격하고, 실증적이고, 물질적이고,
객관적이고, 지적이다. 형이상학은 영적이고, 경험적이고, 추상적이

---

* 유전자처럼 개체의 기억에 저장되거나 다른 개체의 기억으로 복제될 수 있는 비유전적 문화요소
또는 문화의 전달 단위. 영국의 생물학자 도킨스의 저서 《이기적 유전자》에서 소개된 용어.

** 소리, 즉 진동을 시각화하는 연구 분야. 보이지 않는 진동을 가시화해주는 장치를 통해 진동의 작
용을 연구한다.

고, 신비적이고, 일시적이고, 내적이고, 재현이 불가능하고, 부정확
하고, 주관적이고, 내세적이고, 비실용적이고, 증명이 불가능하다.
과학은 물질세계를 연구하고 형이상학은 그것의 초월을 추구한다.

나는 과학과 형이상학을 서로 동떨어진 것으로 여긴 적이 없
고, 내가 신비주의와 과학 양쪽을 모두 파헤치는 연구자인 것을 기
쁘게 생각한다. 의식의 문제에 과학의 엄격한 잣대를 들이대면 이
둘은 서로를 선명하게 조명해준다.

이 책은 마음의 창조력의 배후를 이루는 과학을 살펴본다. 이
책은 우리의 마음이 정확히 어떻게 물질적 형체를 창조해내는지를
단계별로 보여주는 연구들을 살펴볼 것이다. 퍼즐 조각들이 하나씩
들어맞아가는 동안, 과학은 형이상학보다도 더 놀라운 면목을 드러
낼 것이다.

이 책은 또한 역사적 사례들 — 마음이 물질화하는 경험을 했
던 사람들의 생생하고 믿을 만한 직접적인 이야기들 — 로 넘쳐난
다. 의학, 심리학, 스포츠, 과학의 세계로부터 가져온 이 이야기들은
심오한 것으로부터 영감을 주고 가슴 아프게 하는 것까지, 온갖 내
용을 다 망라하고 있다. 이것들은 이 시공간 현실의 바탕을 당겨 늘
리듯이, 생각이 물질화할 수 있음을 보여준다.

바다에 빠뜨린 열쇠

2004년에 나는 내 책《유전자 속의 지니》(The Genie in Your Genes)의 마감 기일을 앞두고 있었다. 감정이 어떻게 우리 몸의 유전자 스위치를 켜고 끄는가 하는, 환상적인 내용의 책이었다. 그러나 홀아버지에다 두 사업체의 소유주이면서 박사학위를 준비해야 하는 바쁜 생활의 와중에, 마음을 잡아끌면서도 과학적으로는 흠이 없는 글을 쓸 시간을 낸다는 것은 보통 힘든 일이 아니었다.

나는 집필에 전념하기 위해서 2주 동안 하와이로 피신을 가기로 했다. 카우아이Kauai 섬 포이푸Poipu 해변에 있는 멋진 1950년대 풍의 프린스 쿠히오Prince Kuhio 콘도 단지에 방을 예약했다. 나는 지프 랭글러Jeep Wrangler를 빌렸다. 이 튼튼한 사륜구동차로 더 먼 곳에 있는 해변과 내 스노클링 장비를 보관해둔 장소까지 갈 수 있었다. 나는 그렇게 날마다 수영도 즐기면서 작업을 마칠 수 있도록 시간을 안배했다.

어느 맑고 화창한 날, 나는 수영을 하러 라와이Lawai 해변이라는 멋진 장소로 갔다. 그곳은 150미터 길이의 해변으로, 해안에서 100미터 거리에 거북이 서식지가 있고 열대어가 많이 사는, 내가 좋아하는 장소 중 하나였다. 나는 스노클링 장비를 가지고 차에서 내려 차 문을 잠갔고, 열쇠를 주머니에 넣고 물속으로 뛰어들었다. 그리고 만灣에서 한 시간 동안 실컷 수영을 하고 나서, 흡족한 마음으로 물안경과 물갈퀴를 씻어 다시 자동차 트렁크에 넣어두려고 했다.

그런데 차 열쇠를 꺼내려고 주머니에 손을 넣었더니, 아뿔싸, 열쇠가 없었다.

차에서 해변으로 가는 동안에 열쇠를 떨어뜨린 걸까? 나는 땅바닥을 주의 깊게 살피며 내 발자국을 더듬어갔다. 도로에서부터 물로 들어갔던 지점 사이의 모래사장을 샅샅이 훑었다. 아무것도 없었다. 이제 내릴 수 있는 유일한 결론은, 만의 어딘가에서 내 주머니 속의 열쇠가 떨어졌다는 것이었다. 열쇠고리에는 자동차 열쇠뿐만이 아니라 아파트 열쇠도 같이 걸려 있었다. 이제 차에도, 콘도에도 들어갈 수가 없게 되었다.

나는 당황하지 않기로 마음먹었다. 마음을 가다듬고, 열쇠가 내 손으로 다시 돌아오는 모습을 상상했다. 그런 다음에 물속으로 뛰어들어 열쇠를 찾기 위해 수영을 시작했다. 열쇠를 꼭 찾고야 말겠다고 다짐을 했다.

그 만은 약 150미터나 되었고 수면에서 2~4미터 아래에는 산호초가 있었다. 거기에는 온갖 색깔의 수천 가지 비틀어진 틈들이 있어서, 그 틈에서 열쇠처럼 작은 물건을 찾아낸다는 것은 불가능해 보였다. 나는 만을 가로질러 왔다 갔다 하면서 1미터 간격으로 구역을 잘라서 체계적으로 열심히 탐색 작업을 벌였다. 내 머리는 나에게 쓸데없는 짓이라고 말하고 있었지만, 나는 마음을 유연하고 수용적인 상태로 유지했다. 생각하는 뇌가 절망에 빠지기 시작할 때마다 가슴 부위로 의식을 다시 모았다. 나는 분명히 열쇠를 찾으리라고 마음을 다지는 한편으로, 그 생각이 나를 유연한 마음 상태에서 벗어나도록 만들게 내버려두지는 않았다.

한 시간을 찾았으나 헛일이었고, 날은 어두워지고 있었다. 해가 지면서 앞이 잘 보이지 않게 되어 산호초도 더 이상 또렷하게 볼 수 없었다. 나는 찾기를 포기하고 해안으로 헤엄쳐 돌아왔다.

대부분의 해수욕객들은 떠났고 날은 저물어가고 있었다. 근처에서 한 아버지와 세 아들이 스노클링 하는 모습이 보였다. 그들은 번갈아가며 물 밑까지 들어갔다 나왔다 하고 있었다.

직감이 옆구리를 찔렀다. 나는 그들에게로 헤엄쳐가서 물었다. "혹시 물 밑에서 뭐 주운 것 없나요?" 가장 어린 소년이 내 열쇠를 쳐들었다.

마음에서 물질로 이어지는 증거의 사슬

내 속의 회의주의자의 마음은, 어떤 사건이든 그것을 조각조각 낱낱이 다 논리적으로 설명할 수 있다고 말한다. 나는 그저 우연히 그 소년이 열쇠를 찾을 때까지 수영을 하면서 열쇠를 찾아 헤맸다. 그리고 단지 그 가족이 다이빙을 하기 시작했던 순간에 몸을 돌려 해변으로 돌아갔을 뿐이었다. 그리고 그들은 그저 내 열쇠가 떨어진 바로 그 지점에서 다이빙을 시작했던 것일 뿐이고, 그 소년은 그저 우연히 날이 이미 어두워진 후에 그 넓은 만의 4미터 물 밑에서 작은 열쇠고리를 발견했을 뿐이다. 이 모두가 그저 우연이었다.

그러나 수십 년 동안 비슷한 경험을 무수히 하고 나자, 내 회의주의자의 마음은 그것을 다시 생각해봐야만 하게 되었다. 어떻게 그처럼 일어나기 힘든 일들이 한꺼번에 일어나서 내가 원하던 결과를 만들어낼 수 있었던 걸까?

이것은 생각과 현실 사이에 어떤 과학적 연결고리가 있는지를 밝혀내려는 탐구로 이어졌다. 많은 임상시험을 이끈 연구자로서, 〈에너지 심리학〉(Energy Psychology)이라는 논문평가 저널의 편집자로서, 그리고 허핑턴 포스트Huffington Post의 과학 블로거로서, 나는 매년 수천 건이 넘는 과학연구 논문을 전부 또는 부분적으로 읽고 있다. 나는 패턴을 살펴보기 시작했다. 생각과 현실 사이는 무수한 연결고리로 이뤄진 사슬로 이어져 있고, 나는 그 연결고리들이 대부분 과학적으로 해명할 수 있음을 알게 되었다. 그 증거가 얼마나 강력한지를 알아보기 위해 그 모든 점을 연결해본 사람이 있을지가 궁금해졌다. 연결고리의 어느 부분이 가장 튼튼하고 어느 부분이 연결되지 않았을까?

마음이 물질을 창조해낸다는 생각을 형이상학적인 가설이 아니라 과학적 가설로 대한다면 그것은 버텨낼 수 있을까? 나는 이 의문에 관한 연구사례를 탐색하고 이 분야의 가장 뛰어난 지성들을 인터뷰하기 시작했다.

나는 많은 증거들이 마치 모래 속에 흩뿌려진 진주처럼 잘 보이는 곳에 숨겨져 있다는 사실을 깨닫고 흥분했다. 하지만 지금까지 누구도 그 사실들을 한 줄에 꿰어서 하나의 목걸이로 엮어낸 적은 없었다. 대부분의 연구는 새로운 것이었고, 그중 일부는 놀랄 만한 것이었다.

내가 모래에서 끄집어내기 시작한 첫 번째 진주들은 쉬운 것이었다. 인간 신체에 대한 연구는 중세 연금술사들의 시체 해부 이

래로 지금까지 이어져오고 있다. 그러나 최근에 와서 과학자들은
기술의 발달 덕분에 우리의 신체가 세포와 분자 수준에서 어떻게
작용하는지에 대해 여태까지는 불가능했던 통찰을 얻어낼 수 있게
되었다.

　노벨 생리의학상 수상자인 에릭 캔들Eric Kandel은, 우리가 뇌 속
의 신경다발로 신호를 보낼 때 그 신경다발이 빠른 속도로 자라난
다는 사실을 밝혀주었다. '단 한 시간' 동안의 반복적인 자극도 연
결망을 두 배나 늘어나게 할 수 있다. 우리의 뇌는 신경이 활동하는
경로를 따라 실시간으로 연결망을 재배선하고 있는 것이다.

　의식의 생각과 느낌이 신경망을 통해 전달될 때, 그것은 유
전자의 발현을 촉발한다. 그러면 그것은 다시 세포 내의 단백질 합
성을 촉진한다. 세포 내에서 일어나는 이런 사건들은 뇌파 측정기
(EEG: electroencephalogaphy)와 자기공명 영상장치(MRI: magnetic resonance
imaging) 등의 정교한 영상의학 장치로 측정할 수 있는 전기장과 자
기장을 만들어낸다.

11차원의 우주

　다음에 찾아낸 진주는 좀더 어려운 것이었다. 양자물리학의
세계는 너무나 기이해서, 우리가 여태껏 해온 시간과 공간의 경험
을 뒤죽박죽으로 만들어놓는다. 끈 이론(String theory)은 우리가 물리
적인 물체로 지각하는 것들이 실제로는 에너지의 끈으로 이루어져

있다고 상정한다. 무거운 분자로 측정되는 것은 빠르게 움직이는 에너지 끈이고, 반면에 우리가 가벼운 분자로 경험하는 것은 좀더 천천히 진동하는 에너지 끈이다. 과학이 물질을 더 가까이 다가가서 관찰할수록 그것은 더욱 순수한 에너지같이 보인다.

고전물리학이 4차원을 필요로 하는 것과는 달리, 끈 이론은 11차원의 우주를 필요로 한다. 우리의 4차원의 뇌가 어떻게 11차원을 상상할 수 있겠는가? 물리학자 닐스 보어Niels Bohr는 말했다. "양자역학이 당신을 깊은 충격에 빠뜨리지 않았다면 당신은 아직 양자역학을 이해하지 못한 것이다."

다음에는 의식을 에너지와 연결해주는 진주를 발견했다. 에너지는 인간적 규모의 세계, 그리고 우주적 규모의 세계 양쪽에서 다의식과 얽혀 있다. 앨버트 아인슈타인Albert Einstein은 말했다. "인간이란 존재는 우리가 '우주'라 부르는 전체의 한 부분, 시간과 공간 속에 한정된 한 부분이다. 그는 자신을, 자신의 생각과 느낌을 나머지 세계로부터 분리된 것으로 경험한다. 이것이 인간 의식의 일종의 착시현상이다." 아인슈타인이 말했듯이, 우리가 '이 감옥을 빠져나오기' 시작할 때, 우리는 의식이 넓어져서 '모든 생명체와 자연계 전체를 안아 들일 수 있게' 된다. 우리의 의식은 우주의 에너지와 상호작용한다.

의식과 비국소적 마음

내과 의사인 래리 돗시^{Larry Dossey}는 자연계 전체를 안아 들이는 확장된 의식을 '비국소적인 마음'(nonlocal mind)이라 부른다. 우리는 일상의 현실 속에서 국소적인 마음으로 삶을 살아가는 한편, 의식하지 못하는 가운데 비국소적인 마음의 더 큰 의식의 일부로 존재한다. 내가 열쇠를 찾았던 것처럼 동시성 현상이 일어나는 순간들은 비국소적인 마음의 존재를 상기시켜준다. 돗시는 비국소적인 마음의 존재를 암시하는 강력한 증거를 제시함으로써 우리의 국소적인 삶을 거기에 동조시킬 수 있다는 영감을 우리에게 불어넣어준다.

이것은 우리가 의식적으로 내릴 수 있는 선택이다. 노벨 물리학상 수상자인 유진 위그너^{Eugene Wigner}는 말한다. "다름 아닌 외부세계에 대한 연구가, '내부세계인' 의식의 내용물이야말로 궁극의 현실이라는 과학의 결론을 이끌어냈다." 의식(consciousness)에 대한 많은 정의가 있지만, 내가 좋아하는 정의는 가장 간단한 것이다. — 단순히 '깨어서 의식하는 것'(being aware) 말이다.

우리가 의식을 사용하는 방식, 곧 주의를 보내는 방식은 몸속의 원자와 분자에 즉각적이고 깊은 변화를 일으킨다. 과학은 또 우리의 의식이 주위의 물질적 현실에 영향을 미친다는 점을 보여준다. 의식이 변하면 세계도 변한다.

이 책을 쓰면서 나는 각각의 연구들과 함께 그 진주알들을 한줄에 꿰기 시작했다. 잃어버린 열쇠가 나타났던 것과 같이, 더 많은 증거들이 동시성 현상처럼 내 삶 속에 나타나기 시작했다. 마침내 그 진주알들이 다 엮인 모습을 보았을 때, 나는 생각으로부터 물질로 이어지는 사슬 속 낱낱의 연결고리들을 과학이 다 해명할 수 있다는 사실을 깨달았다.

창조의 춤

이 낱낱의 연결고리들을 당신과 공유할 수 있게 되어서 기쁘다. 우리는 이야기와 비유를 통해서, 실험과 연구를 통해서, 역사적 사례와 일화를 통해서 마음이 주위의 물질세계를 창조해내는 과정을 샅샅이 추적해갈 것이다.

당신은 자신이 강력한 창조자이며, 생각은 물질적 현실로 이어진다는 사실을 발견하게 될 것이다. 당신은 자신의 마음을 창조의 도구로서 의도적으로 사용하는 법과, 풍요로운 생각을 일궈내는 법을 배울 것이다. 그리고 애쓰지 않고 물질적 현실을 자신이 원하는 쪽으로 몰아갈 수 있는 방법을 이해하게 될 것이다. 당신은 자신이 정말 얼마나 강력한 존재인지를, 그리고 단순히 마음을 바꾸는 것만으로도 삶에 변화를 일으켜낼 수 있다는 점을 알게 될 것이다.

당신은 또한, 그러한 과정이 분자로부터 세포로, 신체로, 가족으로, 사회로, 국가로, 종種으로, 행성으로, 그리고 우주로 이어지는 장엄한 규모에 걸쳐서 일어난다는 사실을 깨닫게 될 것이다. 우리는 비국소적인 우주적 의식의 규모에서 일어나는 창조의 춤을 살펴보고, 국소적인 마음은 이 춤에 어떻게 참여하는지도 살펴볼 것이다.

이러한 관점은 우리의 의식을 일상적 현실의 울타리 안으로부터 광활한 가능성의 들판으로 데려다놓는다. 각자의 국소적인 마음을 비국소적인 우주심(universal mind)에 동조시킬 때, 우리가 창조해낼 물질세계의 아름다움은 한정된 국소적 마음이 꿈꿀 수 있는 그 어떤 것도 능가할 것이다.

생각을 실천하기

각 장의 말미에는 그 장에서 나온 생각들을 삶에서 실천할 수 있는 실질적인 연습의 목록이 있다. 또한 각 장의 확장판인 온라인 버전의 링크도 있어서 당신의 경험을 확대시켜줄 것이다. 거기에는 동영상, 오디오 파일, 사이트 링크, 목록, 사례들, 그리고 다음 장에서 탐사할 아이디어에 대한 예습이 포함되어 있다. 온라인 확장판의 활동을 통해 이 변신의 여정을 더욱 풍부하게 하기를 권한다.

이 장의 온라인 확장판에는 다음이 포함되어 있다.

• 《마음: 인간이 되는 핵심으로의 여정》(Mind: A Journey to the Heart of Being Human)의 저자 대니얼 시겔Daniel Siegel 박사와의 오디오 인터뷰

• 가슴에 중심 잡기 연습

• 추가적인 사례와 참고문헌

온라인 확장판에 접속하려면 MindToMatter.club/Intro을 방문하라.*

---

* 아쉽게도 오직 영어로만 제공되고 있다.

1 장

뇌가 우리의 세계를
모양 짓는다

휴즈Hughes 부인은 작은 키에 얼굴이 붉고 둥글었다. 그녀는 태양의 중력에서 탈출하려는 솔라 플레어처럼 마치 살아 있는 듯한 느낌의 머리카락을 가졌다. 그런 머리를 붙잡아놓으려고 끼운 머리핀은 제 노릇을 제대로 못했다. 그녀의 얼굴에는 못마땅함과 지루함과 체념의 표정이 교차했다. 그녀가 고등학교 과정의 생물 수업으로 학생들을 고문하는 동안, 우리 사이에서는 호기심이나 경이 따위는 흔적도 없이 자취를 감춰버렸다.

휴즈 선생님이 나눠준 생물학 교과서에서 본 인간의 뇌 그림이 생각난다. 전체 구조는 간이나 심장 같은 다른 기관과 마찬가지로 고정되어 있고 변하지 않는 것이었다. 1970년대에 휴즈 선생님이 가르쳤던 과학은 뇌가 대략 17세까지만 성장하는 것으로 알고 있었다. 그 이후로는 두개골을 꽉 채운 채, 신경망을 통해 생명의 다양한 작용을 충실히 매개하면서 평생 변함없이 남아 있다는 뜻이었다.

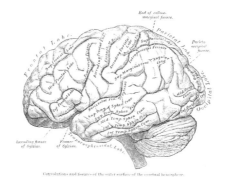

두뇌의 전통적인 도해

두뇌의 부산물인 마음

우리는 또한 마음이 어떤 것이라는 개념도 가지고 있었다. 진화의 과정이 선충류線蟲類의 단순한 신경절로부터 인간의 머리에 있는 커다란 전전두엽 피질(prefrontal cortex)*에 이르기까지, 갈수록 점점 더 복잡한 뇌를 만들어내는 동안에 마음이 생겨났다. 휴즈 선생님 시대의 과학자들에게는 마음은 점점 더 복잡하게 진화해온 뇌의 '부산물'이었다. 인간은 두개골로 둘러싸인 뇌 속에 자리 잡고 있는 마음의 힘으로 시를 쓰고, 역사를 기록하고, 음악을 작곡하고, 계산을 수행할 수 있었다.

〈빅 쇼트〉(The Big Short)**에서 과학자들이 말하듯이, "곤경에 빠지는 것은 몰라서가 아니라, 아니라고 너무나 확신하기 때문이다." 대부분의 과학자들이 알고 있었던 것은, 휴즈 선생님 시대의 교과서에 기록된 고정된 뇌처럼, 사실이 아니다.

우리의 뇌는 분주하다. 정신없이 바쁜 세포의 활동은 우리가 깨어 있을 때나 잠들어 있을 때나 분자와 세포를 끊임없이 생성시키고 파괴하며 뇌를 순환시킨다(Stoll & Müller, 1999).

신경세포의 구조조차도 끊임없이 변한다. 대들보가 건물의 형

---

* 대뇌반구의 가장 전방에 있는 부분으로 기억력, 사고력 등의 고등행동을 관장하며 다른 연합영역으로부터 오는 정보를 조정하고 행동을 조절한다. 추리, 계획, 운동, 감정, 문제해결에 관여한다.

** 마이클 루이스의 소설로 2015년에 영화화되었다. 2010년까지의 미국 금융위기를 배경으로 하며, 금융권의 탐욕과 무능을 상대로 게임을 벌이는 네 명의 금융전문가 이야기다.

태를 유지해주는 것과 마찬가지로, 미세관(microtubule)***은 세포가 견고성을 지니게 하는 골격이 된다. 뇌 신경세포의 미세관은 생성과 파괴 사이의 수명이 10분밖에 되지 않는다(Kim & Coulombe, 2010). 우리의 뇌는 이처럼 빠르게 변화하고 있다.

미세관은 세포에 형상을 제공해주는 견고한 골격이다.

이처럼 분주한 세포 활동의 와중에서도, 선택된 신경회로들은 증강된다. 자주 사용되는 것은 성장한다. 정보 신호가 신경다발을 반복적으로 지나가면 신경다발이 커지기 시작하는 것이다. 마치 무거운 것을 들어 올릴수록 보디빌더의 팔뚝이 커지는 것처럼, 신경회로도 우리가 사용할수록 성장한다.

*** 식물과 동물의 세포 내에 있는 기관으로 세포의 골격 유지, 세포의 이동, 세포 내 물질의 이동 등에 필요한 기관이다. 직경 24나노미터의 관상단백질 섬유로서 열세 개의 원섬유가 각각 측면에서 결합해 있다.

신경 변화의 속도

1990년대에 발표된 연구결과들은, 사람은 80대가 되어도 자주 사용하는 신경회로의 능력을 빠른 속도로 증강시킬 수 있다는 발견으로 과학자들을 놀라게 했다. 가장 권위 있는 과학저널인 〈사이언스Science〉지의 1998년 11월 5일자 금주의 뉴스 표제는 '뇌신경 재생의 새로운 실마리'였다(Barinaga, 1998).

특히 그 진행 속도는 과학 지식의 세계에 일대 지각변동을 일으켰다. 신경다발 속의 신경세포가 반복적으로 자극되면 시냅스 연결의 개수가 단 한 시간 내에 두 배로 불어날 수 있다는 내용이었기 때문이다(Kandel, 1998). 만일 주택이 인체처럼 반응한다면 그것은 당신이 어느 조명등을 자주 켜는지를 알아차려서, 그 조명등과 연결된 전선이 한 시간마다 두 배씩 굵어지게 만들 것이다.

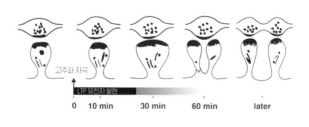

자극을 한 시간만 반복해도
신경 경로의 시냅스 연결의 수가 두 배로 늘어난다.

당신이 가장 자주 불을 켜는 방을 재배선할 재료를 얻기 위해서, 당신의 스마트 홈은 다른 곳에서 전선을 걷어올 것이다. 우리의 신체도 그렇게 한다. 기존의 신경신호 경로는 3주 이상 사용되지 않으면 활동 중인 다른 회로를 보강할 재료로 쓰이기 위해 해체되기 시작한다(Kandel, 1998).

많이 사용되는 뇌 부위는 부피가 늘어난다

신경가소성(neural plasticity)*의 이러한 작용은 우리가 새로운 기계적인 기술이나 지적인 기술을 배울 때 뚜렷이 일어난다. 평생학교에서 성인반 러시아어 수업을 들을 때, 첫 시간이 끝나면 당신은 벌써 단어를 몇 가지 배우게 된다. 공부를 시작한 지 1년이 지나면 당신은 의식적인 노력 없이 간단한 러시아말을 하기에 충분한 신경다발을 보유하게 된다.

아니면 당신은 고령에 정신을 단련시킬 수 있는 도전과제로서 체스 게임을 시작해볼 수도 있을 것이다. 처음에는 정신이 없어서 대각선으로 이동하는 것이 성燉 모양의 말인지 기사 모양의 말인지조차 기억하지 못할 것이다. 그러나 몇 번 게임을 해보면 당신은 계획적으로 말을 움직이고, 장기적 전략을 위한 속

체스 시합에 몰두한 소년

---

* 신경세포 간 접점인 시냅스의 전달 효율 혹은 그 형상이 신경경로의 활동에 의해 지속적으로 변하는 현상. 지속적으로 증대하는 시냅스 장기증강과 감약하는 시냅스 장기억압이 있다.

셈도 할 수 있게 된다.

아니면 돈을 더 잘 관리하기로 마음먹을 수도 있다. 당신은 자신의 퇴직연금 운용계획서를 들여다보고, 펀드매니저의 애정 어린 코치하에 돈이 매년 2퍼센트씩 불어난 것을 알게 된다. 여기서 누군가가 돈을 벌고 있긴 한데, 그게 당신은 분명 아니라는 생각이 든다. 당신은 스스로 하면 더 잘 할 수 있을 것이라고 생각하고 주식투자 온라인 수업 과정을 듣는다. 처음에는 단어조차도 혼란스럽다. 커버드 콜covered call 전략이 뭐지? 투자자본수익률(ROI: return on investment)과 자기자본이익률(ROE: return on equity)은 뭐가 다른 거지?

첫 번째 거래에서는 돈을 벌지 못할 수도 있다. 그러나 차트를 공부하고 투자 뉴스를 한두 달 읽으면서 당신은 조금씩 자신감을 얻고, 자신이 머니 게임에서 점점 더 나아지고 있음을 발견한다.

새로운 언어를 배우건, 새로운 취미에 통달하건, 새로운 탐색을 하건, 새 직업을 찾으려고 애쓰건 또는 명상 수행을 시작하건 간에, 당신의 뇌에서는 구축과 해체의 과정이 진행되고 있다. 당신은 가장 활동적으로 사용하고 있는 신경회로의 용량은 늘리고, 반면에 오랫동안 안 쓴 것들은 '가지치기(pruning)' 과정에 의해 시들어져 떨어져나가게 하고 있는 것이다.

그 결과, 활동적으로 사용되는 뇌의 전 부위가 커진다. 연구자들은 자기공명 영상장치(MRI scan)를 통해 살아 있는 인간의 뇌 각 부위의 부피를 측정할 수 있게 됐다. 그들은 오래된 혼잡한 길을 찾아다니는 런던의 택시운전사같이 기억력을 활발히 사용하는 사람들은 기억과 학습을 담당하는 부분인 해마(hippocampus) 조직의 부피

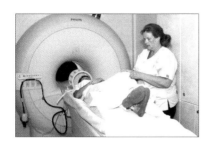

MRI 장치 안에 있는 환자

가 더 크다는 사실을 발견했다. 무용수들은 공간 속에서 몸의 위치를 입체적으로 인식하는 고유감각을 담당하는 뇌 부위의 부피가 더 크게 발달한다.

당신의 마음은 러시아어 수업에 등록을 하거나 체스 클럽에 가입하는 것과 같은 선택을 끊임없이 하고 있다. 그렇게 해서 마음은 어떤 신경회로가 개입할 것인지를 결정한다. 마음의 선택이 자극하는 뇌의 신경경로가 성장하는 것이다. 이런 식으로 마음은 말뜻 그대로 뇌를 '만들어낸다.'

의심 많은 TV 저널리스트를 변화시킨 마음챙김

그레이엄 필립스Graham Phillips 박사는 호주의 천체 물리학자이자 TV 저널리스트다. 명상과 같은, 마음을 행복하게 만드는 기법 따위를 믿지 않는 그는 명상의 효과를 검증해보기로 했다(Phillips, 2016). 그는 말했다. "나는 명상이 나에게 이익이 되리라고는 생각해본 적도 없다. 그러나 연구에 대해 들을수록 점점 더, 정말 효과가 있는지 살펴보고 싶어진다. 그래서 나는 두 달 동안 내가 직접 해보려고 한다. 내가 명상을 진지하게 받아들이려면 명상이 나의 뇌를 향상시킨다는 확실한 증거가 필요하다."

시작하기 전에, 그는 생물심리학 교수인 닐 베일리Neil Baily 박사와 임상심리학자인 리처드 챔버스Richard Chambers 박사가 이끄는 모나시Monash 대학 팀으로부터 검사를 받았다. 그들은 필립스 박사의 기억력, 반응시간, 그리고 집중력 등을 평가하기 위해 일련의 시험을 행했다. 그들은 또한 뇌의 각 부위, 특히 기억과 학습 그리고 운동 조절과 감정 조절을 담당하는 부위의 부피를 측정하기 위해 MRI를 찍었다.

2주일 동안 마음챙김(mindfullness)* 명상을 한 후에, 필립스는 스트레스가 감소하고 직장과 삶에서 어려운 일을 더 잘 다룰 수 있게 되었음을 느꼈다. 그는 말했다. "스트레스를 인지하기는 하지만 거기에 갇히지는 않게 되었다."

그는 8주 후에 테스트를 위해서 다시 모나시 대학 팀에게로 돌아왔다. 베일리 박사와 챔버스 박사는 필립스에게 똑같은 일련의 테스트를 다시 행했다. 그들은 그가 뇌 활동은 줄어들었음에도 불구하고 행동과제를 더 잘 수행하는 것을 관찰했다. 연구자들은 또 그의 뇌의 에너지 효율이 더 좋아졌음을 발견했다. 신경의 활동은 전반적으로 줄어들었고 에너지도 덜 썼는데, 일은 더 잘 수행하고 있었다. 기억력 테스트 결과도 향상되었다.

예상치 못한 사건에 대한 그의 반응시간은 거의 2분의 1초 정도 줄어들었다. 필립스는 그것이 예컨대 혼잡한 거리를 운전하는 중

---

* 위빠싸나 명상의 핵심적인 개념으로, 대상에 대하여 주의를 집중하되 주관을 개입하지 않고 있는 그대로 순수하게 관찰하는 것이다.

에 갑자기 보행자가 앞에 나타나면 더 빨리 반응하는 데 도움이 되
리라고 생각했다.

연구자들이 측정했던 부위 중의 하나는 해마였다. 그들은 특히 뇌
의 다른 부위들의 감정 조절에 관여하는 부분인 치상회齒狀回**를
살펴보았다. 이 부위는 우리가 어떤 일을 하지 않을 때도 활성화되
어 있는 부분으로, 기본 모드의 신경망을 통제하는 곳이다. 그들은
치상회의 신경세포 부피가 22.8퍼센트나 늘어나 있음을 발견했다.
이것은 엄청난 변화이다. 뇌의 이 같은 구조 변화는, 뇌가 한창 성
장 중인 젊은 사람에게서는 가끔 볼 수 있지만 성인에게서는 드문
일이다. 필립스의 뇌 변화는 감정을 조절하는 능력이 극적으로 커
졌음을 나타낸다. 심리 테스트들도 마찬가지로 그의 인지 능력이
몇 단계 향상되었음을 보여주었다.

많은 연구들이 명상이 뇌의 구조에 변화를 가져온다는 사실을 밝
혀냈다. 마음챙김 명상에 대한 연구결과 보고서가 권위 있는 저널
인 〈네이처 리뷰 뉴로사이언스Nature Review Neuroscience〉지에 발표됐다.
21개의 연구에서 참여자를 MRI 장치 안에 있게 한 후, 필립스처럼
명상 전후에 뇌 각 부위의 부피를 측정했다.

방대하게 축적된 이런 증거들은 뇌의 여러 영역의 신경이 성장한
사실을 확인해 보여줌으로써 "명상의 효과가 뇌 신경망에 대규모
의 영향을 미칠 수 있음을 암시했다." 이 연구는 "주의 조절(전대상

** dentate gyrus: 대뇌반구 내측면에 있는 해마구의 바닥에 있는 5~6밀리미터 폭의 가
느다란 뇌회이며, 해마채海馬采와 해마방회海馬傍回의 사이에 있다. 그 표면에는 발이랑
과 같은 요철이 보인다.

피질과 선조체), 감정 조절(전전두엽의 여러 부위, 변연부와 선조체), 그리

고 자아인식(뇌섬엽과 후대상피질과 설전부) 등에 관여하는 뇌 부위들"

의 부피가 증가했음을 발견했다(Tang, Hölzel, & Posner, 2015).

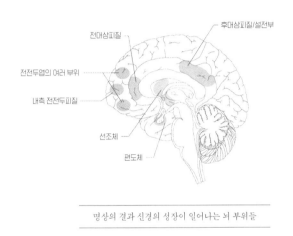

명상의 결과 신경의 성장이 일어나는 뇌 부위들

감정 조절의 좋은 점

그레이엄 필립스의 뇌와 같이, 당신의 뇌도 늘 재배선되고 있다. 뇌는 당신이 훈련하는 부위의 신경 수용력을 키워준다. 명상 같은 색다른 경험을 선택해보라. 그러면 당신의 뇌는 달리 작용하기 시작한다. 마음을 바꾸면 뇌에서는 정보가 새로운 신경경로를 따라 흐르기 시작한다. 뇌의 신경세포는 새로운 패턴에 맞게 발화(fire)하고 배선하면서 그에 부응하여 자신을 재구성한다. 뇌는 마음이 지시하는 대로 반응하는 것이다.

그레이엄의 이야기에서 핵심요소를 정리해보자. 다섯 가지가 있다.

- 감정 조절을 담당하는 뇌 부위의 부피가 22.8퍼센트 증가함.
- 뇌의 반응시간, 기억력, 인지력, 행동력이 향상됨.
- 뇌가 더 이완되고 에너지 효율이 높아짐.
- 뇌의 변화가 단 8주 만에 일어남.
- 마음챙김 명상 외에 영양제나 보충제, 생활의 변화는 가하지 않았음.

감정 조절의 임무를 위해서 뇌가 22.8퍼센트나 더 많은 신경 세포를 가진다고 상상해보라. 여기서 '감정 조절'(emotional regulation)이 신경과학계에서 쓰이는 전문용어라 해도, 어쨌든 그것은 당신의 일상생활에 큰 영향을 미친다. 감정 조절을 더 잘한다는 것은 다음과 같은 일상의 문제 앞에서 좌절하지 않는다는 뜻이다.

- 직장 동료의 집적거림
- 배우자나 파트너의 짜증 나는 말이나 행동
- 놀라게 하는 돌발적인 소리나 광경
- 자녀들의 문제 있는 행동
- 정치가의 말이나 행동
- 뉴스의 이야기들
- 몸매, 몸의 기능
- 게임이나 다른 사람들과의 갈등에서 이기거나 지는 것

- 종교적 갈등 또는 다른 사람들의 관점
- 주식시장, 당신의 투자, 경제적 상황
- 주위 사람들이 스트레스를 받을 때 평온을 유지하기
- 촉박한 느낌이나 압도된 기분
- 당신이 가진, 또는 가지고 싶은 돈의 액수
- 다른 사람들의 운전 방식
- 나이와 신체의 변화
- 군중, 쇼핑, 다른 사람들과의 신체적 접촉
- 당신과 충돌하는 타인의 의견
- 자신의 삶에 대한 당연한 기대
- 부모님이 생각하고 말하는 방식
- 원하는 것을 위해 줄을 서거나 기다려야 할 때
- 영화배우나 유명인사들의 부러운 생활 방식
- 당신의 시간과 관심을 강요하는 사람
- 당신이 가진, 또는 가지지 못한 물건
- 가족 모임에서 만나는 성가신 친척
- 일상 속의 우연한 불운
- 승진, 보상, 기타 당신이 원하는 것을 얻거나 얻지 못할 때
- 그 외 일상적으로 당신을 짜증 나게 하는 모든 것

　　이런 문제들을 달관할 수 있도록 능력이 엄청나게 향상된 뇌를 가지고, 행복을 위협하는 것들로부터 자기 자신을 지키는 모습을 상상해보라. 명상은 당신의 상태만 변화시키는 것이 아니라 그

순간에 당신이 느끼는 방식까지 변화시킨다. 이는 당신의 품성
— 두뇌에 각인되어 인생관을 좌우하는, 인격의 변하지 않는 측면 —
을 변화시킨다. 명상에 의해 함양되는 긍정적인 품성으로는 역경
앞에서 더 커지는 회복력, 타인에 대한 더 깊은 동정심, 자신에 대
한 더 깊은 연민 등이 있다(Goleman & Davidson, 2017). 이는 또한 자기
조절력을 더욱 증진시켜서 당신을 감정의 노예가 아니라 감정의 달
인이 되도록 이끌어준다.

　　스탠퍼드 마시멜로 실험이라 불린 1972년의 고전적인 연구는
유치원 어린이들의 감정 조절 능력을 측정했다. 어린이들 앞에 마
시멜로를 놓아둔 다음 그들만 방 안에 남아 있게 했다. 어린이들에
게는 15분 동안 마시멜로를 안 먹고 참을 수 있다면 마시멜로를 주
기로 약속했다. 이중 자신의 감정을 조절할 수 있었던 어린이들은
30년 후에 여러 방면에서 더 뛰어난 사람이 되었다. 그들은 대학 입
학시험에서 더 높은 점수를 받았고, 돈을 더 많이 벌었고, 더 행복
한 결혼생활을 했다. 그들은 체질량 지수(BMI: body mass index)[*]가 더
낮았고, 약물 등에 의한 중독성 행동을 더 적게 보였다(Schlam, Wilson,
Shoda, Mischel, &. Ayduk, 2013).

　　MRI 스캔으로 밝혀진 바로는, 감정 조절을 담당하는 뇌 부
위는 작업 기억(working memory)[**]도 함께 담당한다(Schweizer, Grahn,
Hampshire, Mobbs, & Dalgleish, 2013). 작업 기억은 깨어 있는 의식을 동원

---

[*] 몸무게를 키의 제곱으로 나눈 값.

[**] 정보들을 일시적으로 보유하고, 각종 인지적 과정을 계획하고 순서 지으며 실제로 수행하는 작업
장으로서의 기능을 수행하는 단기적 기억을 말한다.

하여 한 가지 일에 집중하게 하여 일에 관련된 정보와 무관한 정보를 분류할 수 있게 해준다. 감정이 동요되면 작업 기억과 관련된 신경 연결도 끊어진다. 그러면 당신은 판단력이 흐려진다. 당신도 그레이엄 필립스처럼 효과적인 감정 조절력을 터득하면 뇌의 기억회로를 유지하고 삶을 지혜롭게 이끌어갈 수 있게 된다.

일상 속의 초능력

당신이 마음을 사용하는 방식을 통해 시시각각 뇌를 변화시키고 있다는 것, 이것이 바로 당신이 지닌 일상 속의 초능력이다. 당신 마음의 의식이 뇌라는 물질의 세포가 되어가고 있는 것이다.

우리는 마음대로 신체를 변화시킬 수 있는 영화 속 슈퍼히어로를 보면서 좋아한다. 〈리미트리스Limitless〉라는 영화와 TV 드라마의 주인공이 NZT라는 시약을 복용하고 나서 뇌의 모든 잠재력을 발휘하는 것처럼, 영화 주인공들은 정신력을 엄청나게 발달시킬 수도 있다. 아니면 각자가 독특한 초능력을 지닌 〈엑스맨X-Men〉처럼 될 수도 있다.

하지만 당신은 지금 이 순간에도 이미 자신의 뇌를 스스로 변화시키는 초능력을 지니고 있다. 당신이 품는 낱낱의 생각을 따라 주의가 움직이는 대로, 당신은 새로운 신경회로를 만들어내도록 뇌에다 신호를 보내고 있다. 생각들이 제멋대로 마음을 지나다니도록 내버려두지 말고 이 힘을 의도적으로 사용하라. 그러면 당신은 신경조직의 형성을 의식적으로 지시하기 시작하게 된다. 몇 주만 지나면 당신의 뇌는 완전히 변화한다. 이것을 몇 년만 계속하라. 그러면 당신은 사랑과 평화와 행복의 신호를 습관처럼 능숙하게 처리하는 뇌를 만들어낼 수 있다.

이것은 만화나 공상과학 영화가 아니라 바로 당신의 삶이다! 뇌를 변신시키는 것은 당신이 일상적으로 하고 있는 일이다. 이제 당신의 삶이 나아지도록 그 과정을 의도적으로 지휘할 때가 왔다. 컴퓨터나 스마트폰의 운영체제를 업그레이드하는 것과 마찬가지로, 마음을 바꿈으로써 당신의 뇌를 업그레이드할 수 있다. 마음은 물질이 된다.

전도체가 에너지장을 만들어낸다

당신이 사용하는 기기의 전원 코드 속 구리선에 전류가 흐르는 것과 마찬가지로, 뇌 속의 신경세포를 통해서도 미세한 전류가 흐른다. 전체적으로 보면 뇌는 전기활동으로 들끓고 있다. 이것은 뇌 주위에 에너지장을 만들어낸다. 전문가들은 MRI나 EEG를 찍어 뇌의 에너지장을 읽어낼 수 있다. MRI의 경우에는 자기장이고, EEG의 경우에는 전기장이다. 전기와 자기는 전자기라는 같은 동전의 양면이다.

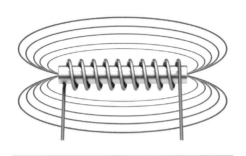

전류가 전도체를 통해서 흐를 때 자기장이 발생한다.
그 전도체가 전원 코드든 신경세포든 마찬가지다.

다른 형태의 에너지도 많이 있는데, 두뇌와 마음은 그런 에너지들과 끊임없이 상호작용하고 있다. 모든 살아 있는 조직은 광자, 곧 빛의 입자를 방사하는데 방사되는 광자의 종류와 강도는 다양하다. 세포도 광자를 방사한다. 건강한 세포는 광자를 일정한 흐름으로 방사하는 데 비해, 죽어가는 세포는 초신성이 붕괴할 때 작열하며 에너지를 방사하듯이 한꺼번에 모든 광자를 분출한다.

빛과 전기와 자기는 생물이 신호를 주고받을 때 사용하는 에너지장을 만들어낸다. 생물학자 제임스 오쉬만James Oschman은 이렇게 말한다. "에너지는 자연계의 모든 거래를 매개하는 화폐다."

세포 속의 안테나

두 개의 자석을 생각해보자. 자석 주위에 쇳가루를 뿌리면 자기장이 만들어내는 역선力線이 보인다. 당신의 전자기기에 에너지를 공급하는 구리 코드와 당신의 뇌 속에서 발화하고 있는 신경세포는 같은 방식으로 작용한다. 그것들은 장을 만들어내는 것이다.

이제 근처에 더 큰 자석을 놓아보자. 그것은 쇳가루에 힘을 미치고 전체 에너지장의 패턴을 변화시킬 것이다. 더 큰 자석을 또 추가하면 장은 다시 변한다. 장 안의 장들이 에너지의 복합적인 패턴을 만들어낸다.

뇌의 신경세포는 이 자석처럼 행동한다. 신경세포들도 장을 만들어낸다. 자석이 대칭적인 쇳가루의 무늬를 만들어내는 것과 마찬가지로 이 장들도 주위의 물질을 형상 짓는다.

지구의 중력장처럼 신체 밖의 더 큰 장은 더 큰 자석처럼 작용한다. 이들은 신체 장의 패턴을 변화시킨다. 이것들은 당신의 뇌와 세포에 작용하고, 당신의 신체 또한 더 큰 장들에 작은 영향을 미친다. 우리의 신체는 이 큰 장들로부터 영향을 받는 동시에 이것들에게 영향을 주기도 하는 것이다.

신체의 전자기장은 신체로부터 5미터 정도까지 뻗쳐나간다. 다른 사람과 5미터 이내의 거리에 있으면 당신의 장은 그들의 장과 상호작용하기 시작한다. 아무 말 하지 않고 있어도 이미 두 사람의 에너지장은 보이지 않는 소통의 춤사위를 통해 서로를 형상 짓고 있다(Frey, 1993).

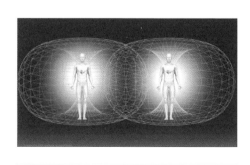

두 사람이 서로 가까이 있으면 그들의 장은 상호작용한다.

견고한 형태를 지닌 미

세관은 수십 년 동안, 세포의 구조를 형성하는 요소에 지나지 않는 것으로 여겨져왔다. 신체가 다른 구조물들이 붙어 있을 수 있는 견고한 뼈대를 제공해주는 골격을 가지고 있듯이, 미세관도 세포의 대들보이자 발판과 같은 역할을 한다.

그러나 미세관은 안테나처럼 속이 비어 있다. 그것은 기다란 실린더이다. 이런 특징이 미세관을 드럼처럼 공명하게 만든다. 이런 구조는 마치 안테나처럼 에너지장으로부터 신호를 받아들이는 능력을 부여해준다(Hameroff & Penrose, 1996). 미세관을 통한 신호 교환이 신체의 복잡한 계系들이 수조數兆 개나 되는 세포들을 조화롭게 지휘할 수 있게 하는 방법이라는 설이 있다(Oschman, 2015).

샤먼과 심장외과의

신체 장은 멀리 떨어진 거리에서도 다른 사람의 장과 상호작용할 수 있다. 나는 《치유의 핵심》(The Heart of Healing)이라는 책을 쓰기 위한 연구를 하던 중에, 심장질환을 겪었던 리처드 게기[Richard Geggie]라는 환자에게서 이런 이야기를 들었다.

"1990년대 초반, 캐나다의 토론토에서 살던 때였다. 피로와 무력감이 느껴져서 의사를 찾아갔다. 그는 나에게 심전도 검사를 받게 했다. 그날 늦게 그는 검사결과를 보고 나의 심장이 심각한 위험에 처해 있다고 했다. 그는 내게 무리하지 말고 안정을 취하고, 항상 니트로글리세린 알약을 가지고 다니고, 혼자서는 밖에 나가지 말라고 했다.

의사는 그다음 3일 동안 몇 가지 검사를 더 했는데, 동맥이 많이 막혀 있어서 결과가 좋지 않게 나왔다. 추가로 한 검사는 혈관조영술, 추가적인 심전도, 그리고 트레드밀 스트레스 검사 등이었다. 자전거 운동 검사를 시작했을 때는 도중에 병원 직원이 진행을 중단시키고 검사를 그만두게 했다. 그들은 나의 동맥이 심하게 막혀 있어서 그러다가 내가 즉사할까 봐 겁이 난 것이다. 나는 고위험 환자로 분류되어 즉시 심장우회 수술을 예약했다.

수술 전날, 나는 훨씬 좋아진 상태로 잠에서 깼다. 나는 병원에 가서 혈관조영술 검사를 받았다. 조영제가 허벅지의 동맥에 주입됐다. 외과의는 수술 전에 막힌 부위를 정확하게 알고자 했다. 수술 준비를 마쳤다. 내 가슴은 면도되어 있었고 의사는 절개하기로 되어 있는 부위의 피부에 표시를 했다.

혈관조영술 검사결과가 검사실에서 와서, 주치의가 사진을 살펴봤다. 그는 갑자기 아주 당혹스러워하면서 시간 낭비를 했다고 말했다. 혈관 폐색이 전혀 보이지 않았던 것이다. 그는 자신의 동맥도 이처럼 깨끗하면 좋겠다고 했다. 그는 이전의 다른 검사들이 왜 그렇게 심각한 문제를 보여줬는지를 설명할 수가 없었다.

나중에야 나는 캘리포니아에 사는 포모Pomo족 인디언 주술사인 내 친구 로린 스미스Lorin Smith가 내 심장에 문제가 있다는 이야기를 듣고, 두 번째 혈관조영술 검사를 하기 전날 그의 제자들을 모아서 치유 의식을 행했다는 사실을 알게 되었다. 그는 한 사람에게 월계

수 잎을 씌워놓고 그를 '리처드 게기'라고 불렀다. 다음 한 시간 동안 로린은 그룹을 이끌어 노래하고 기도하며 춤을 췄다. 그리고 다음 날 나는 치유되어 있었던 것이다."

그로부터 13년이 지난 후에 추적검사를 해보니, 게기는 여전히 건강 상태가 양호했다. 이런 원격치유 현상에 대해서는 효과를 입증하는 연구를 비롯하여 잘 기록된 관련 증거가 많이 있다(Radin, Schlitz, & Baur, 2015).

의식의 흐름을 조종하라

로린 스미스가 리처드 게기를 치유하기 위해서 한 것처럼, 당신도 의식을 스스로 조종할 수 있다. 의식은 단순히 머물러 있는 것이 아니어서 원하는 곳으로 조종하여 보낼 수 있다. 의식을 조종할 때, 당신은 마음의 힘을 연마하고 두뇌라는 놀라운 기계를 가동시켜 주변 환경에 영향을 미치고 있는 것이다(Chiesa, Calati, & Serretti, 2011).

이것을 마치 채소밭을 가꾸기로 하는 것처럼 시각적으로 확연한 방법으로도 할 수 있다. 채소밭을 가꾸기로 마음을 먹었으면 당신은 이 계획에 의식이 향하게 할 수 있다. 당신의 뇌는 신체에게 차를 몰고 동네 원예용품점에 가서 비료와 연장과 씨앗을 사오도록 신호를 보낸다. 그리고 당신은 씨앗을 심고 물을 주어 밭을 가꾼다. 그리고 몇 개월이 지나면 수확을 한다. 그 수확은 의식 속에서 비롯되어서 집에서 기른 음식이라는 물질적 현실로 나타난 것이다. 생각이 결국은 물질을 만들어낸 것이다.

지금 바로 당신 주변을 살펴보라. 카펫의 색깔은 누군가의 마음속 생각에서 비롯된 것이다. 그 사람은 특정한 색조와 질감을 택하여 완제품을 만들어냈다. 누군가가 당신의 휴대폰과 휴대용 컴퓨터의 규격을 정했다. 당신네 집 구조의 모든 비율은 건축가의 의식 속 생각에서 나왔다. 우리는 세포 신호, 블루투스, 무선통신망과 같은 보이지 않는 장을 날마다 일상적으로 사용한다. 무선통신망은 주변에 신호를 보내기 위해서 라우터router*를 사용한다. 스마트폰이나 노트북 같은 수신기가 있으면 그 정보가 교환된다. 라우터에 의해서 생성된 에너지장은 당신의 노트북과, 라우터에 연결할 수 있는 모든 기기 사이에 통신이 가능하게끔 한다.

눈에 보이지는 않지만, 이 장들은 정보의 효율적 전도체다. 이제는 전기조차 전선 없이도 한 기기에서 다른 기기로 전송될 수 있다.

당신은 또 자신이 몸담고 있는 에너지장을 통해, 눈에 띄지 않는 방식으로 주변 환경과 상호작용한다. 당신의 의식은 두뇌와 마음과 세포를 통해 주위의 장 속으로 신호를 방출한다(Oschman, 2015).

천재 발명가 니콜라 테슬라Nikola Tesla는 이런 말을 자주 했다. "우주의 비밀을 밝혀내고 싶다면 에너지, 주파수, 그리고 진동의 관점에서 생각하라."

---

* 서로 다른 네트워크를 중계해주는 장치. 보내지는 송신정보에서 수신처 주소를 읽어 가장 적절한 통신 통로를 지정하고, 다른 통신망으로 전송하는 장치를 말한다.

우리는 정보를 전달하기 위해
이동통신망과 같은 에너지장을 매일같이 이용한다.

　　의식 속에서 하나의 생각을 떠올릴 때, 우리는 우주적 장 속
으로 신호를 보내는 것이다. 신호를 전송하려면 마음이라는 형태의
소프트웨어와 뇌라는 형태의 하드웨어가 필요하다. 신경경로를 통
해 이동하는 신호는 에너지장을 만들어내는데, 이 장은 의식의 내
용에 따라 변화한다. 국소적인 것이든 원격적인 것이든 간에 치유
에는 장場 효과가 개입된다.

생쥐의 암 치료

　　내 친구이자 동료인 빌 벵스턴Bill Bengston 박사는 성 요셉 대학의
사회학 교수이다. 그는 다양한 연구팀들과 함께 에너지장의 치유력
을 보여주는 도발적인 실험을 했다(Bengston, 2010).

　　빌은 처음에는 회의론자의 관점에서 실험을 시작했다. 1971

년에 학위 공부를 마쳤을 때, 그는 초자연적인 힘의 존재를 주장하는 사람들을 싫어했다. 그러나 그는 열린 마음을 지닌 회의론자였고, 그래서 베넷 메이릭Bennett Mayrick이라는 치유가를 만나서 그를 시험해보기로 했다. 벤(베넷)은 빌의 자동차에 뭔가 문제가 있다고 말해서 빌을 실망하게 만들었는데, 왜냐하면 빌은 바로 전날 자동차 점검을 받았기 때문에 자신의 차에는 아무런 이상도 없다는 사실을 알고 있었기 때문이다.

그런데 귀갓길을 반 정도 왔을 때, 차의 배기장치가 통째로 땅에 떨어지면서 빌의 회의론을 보기 좋게 퇴각시켰다.

빌은 그 후로 수년간 벤과 가까이 지내다가, 결국은 진정한 과학을 적용하여 벤의 기술을 검증할 기회를 가질 수 있게 됐다. 빌은 뉴욕 시립대의 교수가 됐는데, 그의 동료 교수인 데이브 크린슬리 Dave Krinsley가 인간이 지닌 에너지가 치유를 일으킬 수 있는지를 측정하기 위한 객관적인 실험방법을 설계했다(Bengston & Krinsley, 2000).

설계는 간단했다. 다른 연구에서도 많이 사용된 방법으로, 생쥐에게 유방암 또는 선암(adenocarcinoma) 세포를 주입하는 것이었다. 암 연구에서는 종양을 생쥐에 주입한 후에 연구자가 다양한 화학적 시도를 하면서 그것이 병의 경과에 변화를 가져오는지를 살핀다. 종양이 주입된 생쥐의 가장 긴 생존 기간은 27일이었다. 악성종양은 주입되고 나면 빠르게 번식해서, 생쥐는 14일~27일 사이에 사망한다(Lerner & Dzelzkalns, 1966).

크린슬리의 연구에서 생쥐들은 실험군과 대조군의 두 그룹으로 무작위 추출되어 나뉘고, 대조군 생쥐들은 실험군 생쥐에게 행해질 치유 작업의 영향권에서 벗어나기 위해 아예 다른 건물에 보관될 계획이었다.

불행히도 생쥐들은 예정된 날에 도착하지 않았고, 계속 일정이 늦어지자 벤은 다른 중요한 일들 때문에 이 실험에 흥미를 잃어 갔다. 그래서 데이브는 빌에게 직접 치유 작업을 해보면 어떻겠냐고 부추기며 참여를 독려했다.

마침내 생쥐가 도착하여 계획대로 종양세포가 주입되었다. 빌은 실험군 생쥐들의 우리를 매일 한 시간씩 손에 들고 치유 작업을 했다. 그의 가설은, 만일 치유 에너지가 정말 존재한다면 종양이 보통의 경우와 같이 발달하지는 않으리라는 것이었다.

실험 시작 후 일주일 만에 두 마리의 생쥐에게서 눈에 보이는 종양이 생겼다. 빌은 몹시 실망했다. 다섯 마리 모두에서 종양이 발생했을 때, 빌은 데이브에게 실험이 실패한 게 분명하니 생쥐들을 이 비극에서 벗어나게 해주자고 했다.

그러나 데이브는 종양이 있음에도 불구하고 빌의 생쥐들이 아주 건강해 보인다는 점을 지적했다. 그들은 마치 건강한 쥐들처럼 활기차게 우리 안을 뛰어다니고 있었다. 데이브는 다른 실험실에 있는 대조군 생쥐들은 상태가 그리 좋지 않아서 그중 두 마리는 이미 죽었다고 말했다.

데이브는 이렇게 말했다. "아마도 치유 행위가 암을 막을 수는 없지만 둔화시키기는 하는 것 같아. 생쥐가 27일 이상 살아남은 기록은 없어. 우리의 실험에서 한 마리라도 28일을 살아남아 있으면 우리는 세계기록을 보유하게 되는 거야. 실험결과가 예상대로 나오

종양이 있는 생쥐

는 일은 드물어. 그래서 실험이라고 부르는 거지."

17일쯤에는 놀랍게도 빌의 생쥐가 종양의 변화를 보이기 시작했다. 그들의 종양에 궤양이 생겨 피부의 딱지가 떨어지면서 털이 새로 난 것이다. 28일째에 빌은 생쥐들에게 말해주었다. "너희가 새로운 역사를 만들고 있어." 궤양이 사라지고 털이 다시 무성히 자라기 시작했다.

일주일 후, 빌의 생쥐를 검사한 생물학자는 데이브에게 이렇게 말했다. "생쥐의 암은 치유되었습니다."

회의론은 치유자가 되는 것을 막지 못한다

이 실험은 다른 연구자들에 의해 흥미롭게 확장 고안된 방법들을 통해 여러 번 재현되었다. 연구팀은 더 많은 생쥐들에게 치유행위를 할수록 효과가 더 강력해진다는 점을 발견했다. 효과가 아주 강할 때는 다른 건물에 있는 대조군 생쥐들의 상태도 개선되기시작하여, 일부는 죽음을 면했다(Bengston, 2007).

어떤 연구에서 빌은 대학원생들이 치유를 행할 수 있도록 훈련시켰다. 그는 치유를 정말로 믿는 사람들은 배제하고 자신과 같은 회의론자들만을 선택했다.

　　차이는 없었다. 빌에게서든 회의적인 학
생들에게서든, 치유 행위를 받은 생쥐들은 회
복되었다. 생쥐들은 회복되었을 뿐만 아니라
암에 대한 면역력까지 발달시켰다. 나중에 그
들에게 종양을 다시 주입했을 때도 더 이상 암
이 생기지 않은 것이다. 빌은 또한 치유 에너지
를 가한 물을 생쥐에게 주어 치유를 시도해보
기도 했다. 이것도 생쥐에게 직접 치유 행위를
한 것과 마찬가지로 효과가 있었다.

빌 또는 그의 학생들은 이런 식으로
생쥐 우리를 들고 있었다.

　　빌은 학생들에게 각자의 개인적인 경험을 노트에 기록하게 했
다. 그들의 노트를 살펴본 결과, 처음에는 학생들도 자신이 치유 실
험에 참여하고 있다는 사실을 믿지 않은 것으로 드러났다. 그들은
생쥐가 아니라 자신들이 실험 대상이라고 생각한 것이다. 그들은
자신이 단지 사람이 얼마나 잘 속는지를 확인하려는 은밀한 검사를
받고 있는, 생각 없는 꼭두각시가 된 것으로 여겼었다.

　　이를 노시보nocebo 효과라고 부른다. 이것은 플라시보placebo 효
과와 정반대다. 플라시보는 나으리라는 믿음이 치료 효과를 나타낼
수 있다. 노시보 효과는 믿음을 통해 스스로를 병에 걸리게 할 수
있다. 회의적인 대학원생들처럼 치유의 가능성을 믿지 않는 사람들
은 그들의 연구에도 노시보 효과를 불러온다.

　　생쥐는 견해를 가지고 있지 않다. 연구자들이 실험에서 플라
시보 효과를 배제하려고 할 때 동물들을 사용하는 이유는 바로 이
때문이다. 빌의 회의적인 학생들은 치유를 믿지 않았다. 그러니 치

유를 일으킨 것은 그들의 믿음이 아니었다.

치유의 가장 그럴듯한 설명은 에너지장이다. 빌도 그랬지만, 많은 학생들이 치유 에너지가 흐르기 시작하는 것처럼 느껴질 때는 손이 뜨거워지는 듯했다고 말했다. 그리고 치유 세션을 마칠 때 그 느낌도 함께 없어졌다고 했다. 그들은 치유 에너지가 손을 통해 흘러가는 것이 어떤 느낌인지를 정확히 식별하는 법을 배운 것이다.

다른 변형된 실험에서는 거리가 장애가 되지 않는다는 사실이 밝혀졌다. 생쥐가 치유자와 가까이 있는지, 멀리 있는지는 문제가 되지 않았다. 에너지 치유는 일상적인 시간과 공간의 장벽에 제한받는 것 같지 않다(Oschman, 2015). 먼 거리에서 보내는 의도도 치유자가 한 방 안에 있는 것과 같은 효과를 나타낼 수 있다(Schmidt, Schneider, Utts & Walach, 2004).

의학 저널리스트인 린 맥타가트Lynne McTaggart는 자신의 책《의도 실험》(The Intention Experiment)에서, 치유자가 먼 거리에 있는 사람의 뇌파에 영향을 줄 수 있음을 보여주는, EEG 또는 MRI를 이용한 여섯 가지의 연구를 요약했다. 그녀는 이렇게 결론지었다. "수신자들의 뇌는 마치 같은 시간에 같은 이미지를 보고 있는 것처럼 반응한다."(McTaggart, 2007)

빌 벵스턴 또한 개인적으로, 자신이 멀리 떨어져 있는 대상의 EEG를 변화시킬 수 있다는 사실을 발견했다. 빌은 생쥐 실험 이후로는 사람에게 에너지 치유를 적용하기 시작했고, 악성이든 양성이든 간에 종양이 종종 사라져버리는 것을 발견했다.

그녀의 의사는 말했다. "이건 말이 안 돼요."

빌 벵스턴은 종양 환자를 대상으로 한 그의 연구로부터 많은 사례를 기록했다. 여기 에너지 치유 후에 일어난 변화로 의사들을 당황하게 만들었던 환자가 하나 있다.

재니스Janis는 20대에 난소 염전으로 진단받았는데, 이는 낭종을 따라 나팔관이 뒤틀려서 난소 조직이 죽어가는 병이다. 수술 날짜가 잡혔고, 수술을 하면 그녀는 불임이 될 가능성도 있었다. 그녀가 빌에게서 몇 차례 치유 세션을 받은 후에 수술 전 검사를 위해 병원에 갔을 때 의사가 깜짝 놀랐다. "종양이 없어졌네!"

의사는 재니스를 전문의에게 보냈는데, 그도 마찬가지로 놀랐다. 전문의는 그녀의 슬라이드를 보면서 중얼거렸다. "이 사진에는 종양이 있는데, 다음 사진에서는 사라져버렸어. 이 사진에는 나팔관이 뒤틀려 있는데 지금은 아무렇지도 않다니, 말이 안 되잖아." 재니스의 의사는 그녀의 수술 예약을 취소했다(Bengston, 2010).

치유는 배울 수 있는가?

빌의 회의적인 대학원생들이 증명했듯이, 치유는 배울 수 있는 것이다. 내 친구 도나 이든Donna Eden과 데이비드 파인스타인David Feinstein은 이든 에너지 의학(Eden Energy Medicine)이라는 세계에서 가장 큰 에너지 의학 프로그램을 운영하고 있다. 1,000명 이상이 이 프로

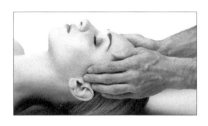

안수 치유 과정

그램을 수료했다. 수백 가지의 증례는 에너지 치유가 생쥐와 마찬가지로 사람에게도 효과가 있음을 확인해준다(Eden & Feinstein, 2008).

1980년대의 나는, 치유는 오로지 재능 있는 특정한 사람들만이 지닌 특수한 능력이라고 주장했었다. 역사 속에도 치유의 힘을 입증한 뛰어난 사람들이 있었다.

미국 전일의학 협회(American Holistic Medical Association)의 창시자인 노엄 셜리Norm Shealy 박사와 내가 함께 쓴 《영혼 의학》(Soul Medicine)에서, 우리는 이런 몇몇 사람들에 대해 이야기하고 있다(Shealy & Church, 2008). 입증된 치유에 대한 우리의 기준은, 첫 번째 진단은 환자에게 질병이 있음을 보여주었는데 치유 후 두 번째 진단은 질병이 없음을 보여주는 것이었다. 이와 같은 시술자들을 연구했던 경험이 치유란 특별한 재능이라는 암시를 내 안에 심어놓았다. 그러나 빌, 데이비드, 도나를 위시한 많은 사람들이 내가 틀렸음을 입증했다.

빌과 도나가 제공하는 것과 같은 에너지 의학 프로그램들은 이제 치유란 가르치고 배울 수 있는 기법임을 보여주고 있다. 그들의 학생들이 작성한 증례 연구에는 암, 심장질환, 그리고 자가면역질환 같은 심각한 병에서 회복한 환자들이 포함되어 있다.

나는 전미 통합보건 연구소(NIIH: National Institute for Integrative Healthcare)라는 비영리재단을 설립했다. 우리의 웹사이트(niih.org)에는 심사

를 거쳐 과학저널들에 실린 에너지 치유 연구목록이 있다. 이 목록에 포함될 수 있는 연구는 다음과 같은 기준을 충족시켜야 한다.

- 안수 치유법이나 인체 에너지장 조정 치유법을 사용한 예를 평가해야 한다.
- 인체 에너지 시스템을 조율해주는 에너지 운동이나 기법을 사용해야 한다.
- 인체 에너지장의 변화를 바탕으로 치유 효과를 설명해야 한다.

목록에는 침술과 EFT* 같은 방법들은 제외되어 있다. 이것들은 독자적인 온라인 데이터베이스를 가지고 있기 때문이다. 그럼에도 우리의 연구목록에는 600개가 넘는 연구가 올라 있다. 만일 EFT, 침술 등의 다른 에너지 치유법들까지 포함하면 — 다음의 목록을 포함하여 — 광범위한 증세에 에너지 치유가 효과를 발휘함을 밝힌 연구가 1,000개가 넘는다.

---

*   Emotional Freedom Technique: 미국의 게리 크레이그Gary Craig가 창안한 심리치료법. 동양의 경락 이론을 바탕으로 하고 있는데, 부정적 감정은 신체 에너지 시스템(경락 기능)이 혼란된 것이라고 전제하며, 특정 타점(경혈)을 두드림으로써 신체 에너지 시스템의 혼란을 해소해 치유하는 기법이다.

알츠하이머(Alzheimer's)	후천성 면역결핍(HIV/AIDS)
불안증(Anxiety)	불면증(Insomnia)
관절염(Arthritis)	과민성 대장증후군(Irritable bowel syndrome)
천식(Asthma)	요통(Low back pain)
자폐증(Autism)	기억(Memory)
탈진(Burnout)	생리통(Menstrual distress)
화상(Burns)	편두통(Migraines)
암(Cancer)	기분 장애(Mood disorders)
심혈관 질환(Cardiovascular disease)	멀미(Motion sickness)
수근관 증후군(Carpal tunnel syndrome)	비만(Obesity)
어린이 행동 장애(Children's behavioral issues)	통증(Pain)
인지 장애(Cognitive impairment)	외상 후 스트레스 장애(PTSD: Post-traumatic stress disorder)
코르티솔 불균형(Cortisol)	전립선 암(Prostate cancer)
치매(Dementia)	폐 질환(Pulmonary disease)
우울증(Depression)	피부 상처(Skin wounds)
당뇨(Diabetes)	흡연(Smoking)
약물 중독(Drug addiction)	뇌졸중(Stroke)
섬유근통(Fibromyalgia)	약물 남용(Substance abuse)
두통(Headache)	갑상선 기능 이상(Thyroid dysfunction)
고혈압(High blood pressure)	

에너지 치유가 효과를 발휘한 증세

이런 주목할 만한 양의 증거들은, 의식 — 의도에 의해 지휘되며 에너지장을 통해 작용하는 — 이 물질에 극적인 변화를 일으킬 수 있음을 보여준다. UCLA 대학의 정신과 의사인 댄 시겔Dan Siegel은 그의 책《마음(Mind)》에서 이렇게 말했다. "두개골과 피부는 에너지와 정보를 가로막는 경계가 되지 못한다."(Siegel, 2017)

치유는 생쥐같이 작은 동물에게서도 일어날 수 있지만, 호모 사피엔스같이 더 큰 동물에게서도 마찬가지로 일어날 수 있다. 게다가 원격으로도 일어날 수 있다. 그러면 그 효과는 얼마나 크겠는가?

답은, '매우 크다'이다. 한 사람의 마음의 변화에 의해 전체 사회가 변화된다. 시대마다 '왜?', '꼭 이런 식이어야만 하는가?', '달리 어떻게 할 수 있을까?'라는 의문을 던지는 사람들이 있다. 수백 년 동안 변함없었던 사회조건 앞에서도, 때로는 단 한 사람의 마음이 전체 사회의 문제를 뒤집어놓을 수 있다.

마음은 원자와 분자 같은 아주 미세한 규모에서 물질을 변화시킬 수 있다. 규모를 키워서, 마음은 세포, 기관, 그리고 신체 수준에서도 변화를 일으킬 수 있다. 규모를 더 키워서, 사회단체와 심지어는 온 나라를 변화시킬 수도 있다. 처음에는 자기 마음의 수준에서 변화하고 그다음 세상에 영향을 끼치고 모양 지은 사람들의 역사적인 사례가 많이 있다. 우리는 개인적인 마음의 변화가 더 큰 규모로 확대되어 엄청난 사회적 전환을 일으킨 사례들을 살펴볼 것이다.

마음의 변화가 전염병을 제압하다

조세핀 베이커Josephine Baker는 뉴욕 대학교에서 공공보건 박사학위를 받은 최초의 여성이었다. 그녀는 1908년에 시가 새로 창설한 '어린이 위생' 부서의 책임자로 임명되었다.

그녀는 가난과 질병 사이의 연관성을 알고 있었고, 인류의 고통을 제거하고자 하는 일념으로 가득 차 있었다. 그녀는 뉴욕 시에 많은 개혁적인 정책을 도입했다(Baker, 1925).

베이커는 기본적인 유아 보육을 위해 12세 이상의 소녀들을 훈련시키는 '작은 엄마들의 리그'(Little Mother's League)라는 프로그램을 시작했다. 보통 양부모 모두가 일하러 나갔던 그 당시에는 이 프로그램이 어린아이들의 건강 상태를 향상시켜주었다.

베이커는 매독을 예방하기 위해 신생아의 눈에 넣는 질산은 (silver nitrate)의 투여량을 표준화했다. 베이커의 개혁 전에는 표준화된 투여량이 없어서 어떤 아기들은 과량 투여로 실명하기도 했다.

조세핀 베이커

그녀는 우유의 품질도 표준화했다. 당시 대부분의 청소년들이 먹었던 우유는 물로 희석한 다음 밀가루, 녹말, 심지어는 백묵가루(chalk)를 섞어 진짜처럼 보이게 만들었다.

제1차 세계대전 중, 베이커는 〈뉴욕 타임스〉에 뉴욕 시 어린이들의 사망률이 서

부전선 군인들의 사망률보다도 높다는 논
설문을 기고했다. 이것은 사회적 문제의식
을 일으켜서 공공보건 개혁의 필요성이 부
각됐다(King, 1993).

건강을 위협하는
오염된 우유를 그린 19세기 만화

　　베이커는 성인과 어린이를 막론하고
주요 사망원인 중의 하나였던 장티푸스의
확산을 막기로 결심했다. 그녀의 아버지가
이 질병으로 돌아가신 것도 이런 결심을 하
게 만든 동기 중의 하나였다. 그녀는 조지
소퍼George Soper라는 동료와 함께 장티푸스 발
생지역이 표시된 시 지도를 만들기 시작했다. 당시는 질병의 세균
원인설이 아직 널리 받아들여지지 않았던 시대였는데, 그녀의 팀은
발생지역마다 진원지에서 감염자를 일일이 확인했다.

장티푸스균

장티푸스 메리

그중 한 사람은 아일랜드의 티론 주에서 이민 온 메리 말런Mary Mallon이라는 여성이었다. 메리는 여러 부잣집에서 요리사로 일했다. 조세핀 베이커와 조지 소퍼는 메리가 일한 곳에서는 어디서나 그 직후에 장티푸스가 발생했다는 사실을 발견했다. 그녀는 음식을 준비하면서 장티푸스균을 옮기고 있었던 것이다.

메리를 검사해본 결과, 그녀의 혈액에서 수많은 장티푸스균이 검출되었다. 그녀 자신은 증상도 없었고, 자신이 병에 걸렸다고 생각하지도 않았다.

그녀는 요리 외의 다른 직업을 찾겠다고 약속한 후 풀려났음에도 다시 요리사 직업으로 돌아갔다. 조세핀 베이커는 다시금 그녀를 추적하여 경찰을 대동하고 가서 그녀의 집 문을 두드렸다.

장티푸스 메리

메리는 뒷문으로 빠져나가서 경찰을 따돌렸다. 하지만 조세핀은 제복 입은 사내들보다도 더 단호하게 그녀를 뒤쫓아 이웃집 창고까지 쳐들어갔다. 메리는 구석에 웅크리고 숨어 있었다. 조세핀은 경찰이 도착할 때까지 메리를 깔고 앉은 채 소리를 지르며 제발 도와달라고 빌었다. 그 이후로 장티푸스 메리는 더 이상 병을 옮기지 않았다.

조세핀 베이커의 개혁은 의료기관들

의 격한 논란을 불러일으켰다. 장티푸스에 대한 그녀의 캠페인이 성공을 거두자 브루클린의 소아과 의사 협회는 시장에게 그녀의 사무실을 폐쇄해달라고 진정했다. 병원을 찾는 아픈 아이들이 줄어들고 있다는 불평이었다.

의회에서 그녀를 저지하기 위한 청문회가 열렸다. 그녀는 여자라는 이유로 조롱받았고, 비판자들은 그녀의 노력은 전도가 창창한 젊은이들에게서 의사라는 직업을 앗아가버릴 것이라고 했다. 그럼에도 그녀는 자신의 신념을 밀고 나가서 결국은 지켜냈다. 그녀가 은퇴할 때, 뉴욕은 미국에서 유아 사망률이 가장 낮아져 있었다.

베이커의 개혁은 빠르게 퍼져나갔다. 그녀가 만든 표준은 35개 주에서 채택되었고, 1912년에는 전국의 어린이 보건부서의 기본 수칙이 되었다. 몇 년 가지 않아 천연두, 장티푸스, 콜레라와 같은 무서운 질병들이 사라졌다. 이것이 마음의 변화가 사회적인 규모로 크게 펼쳐질 때 발휘하는 힘이다. 인류학자인 마거릿 미드Margaret Mead는 다음과 같은 유명한 말을 남겼다. "사려 깊고 헌신적인 소수의 시민들이 세상을 바꿀 수 없다는 생각일랑 하지도 말라. 실로 이런 사람들이야말로 세상을 바꿔놓는다."

때를 만난 생각

마음을 바꾸어 뇌의 신경경로를 통해 새로운 신호를 보내고 주위의 모든 에너지장을 변화시키면서 다른 사람들의 에너지장과

여성 참정권 포스터

상호작용할 때, 그 효과가 어디까지 미칠 수 있는지를 당신은 짐작도 못할 것이다.

우리는 이것을 노예제도 폐지와 같은 위대한 사회운동에서 목격한다. 약 50년 사이에, 인류의 초기시대부터 존재해왔던 노예제도가 전 세계적으로 사라진 것이다. 여성의 참정권과 시민권도 같은 궤적을 따랐다.

위대한 사회운동은 단지 몇 사람의 의식 속에서 출발한다. 이런 운동들은 처음에는 천천히 퍼지다가 다음에는 가속도가 붙으며 전파된다. 프랑스의 소설가 빅토르 위고Victor Hugo는 말했다. "사람은 군대의 침입은 견뎌내도, 사상의 침입은 견뎌내지 못한다."(Hugo, 1877) 또는 좀더 흔한 말로 바꾸어 말하면, "때를 만난 생각보다 강한 것은 없다."

단 한 사람의 마음속에서 비롯된 생각이 전 세계를 장악할 수 있다. 당신은 날마다 당신의 의식을 어떤 생각으로 채우고 있는가?

안으로부터 밖으로 창조해내기

출판 사업에 처음 발을 내디뎠을 때, 나는 많은 베스트셀러 작가들을 만나게 되었다. 어느 날 나는 '저 사람들은 공통점이 무엇일까?' 하고 자문해보았다. 이 질문에 대한 사색이 내 생의 방향을 바꿔놓았다.

베스트셀러 작가들의 특징적인 공통점의 하나는 창조 작업에 집중한다는 것이다. 그들은 정보를 소비하는 것보다는 정보를 생산하는 데에 훨씬 더 관심이 많다. 그들에게는 단어나 이미지의 흐름이 '외부로부터 내면으로'가 아니라 '내면으로부터 외부로' 향하는 경향이 있다. 그들도 다른 사람들과 마찬가지로 책을 읽고 동영상을 본다. 그러나 분명히 그들은 정보를 의식 속으로 흡수하기보다는, 의식으로부터 정보를 쏟아내는 데에 더 많은 시간을 보낸다. 읽기(입력)와 쓰기(출력) 중에서 선택하라고 한다면 그들은 쓰기를 선택한다.

대부분의 사람들은 수동적이다. 그들은 정보를 받아들인다. 그들은 라디오를 듣고, 쇼나 영화를 보고, 때로 책을 읽는다. 그들은 정보의 생산자라기보다는 소비자다. 그들은 자신이 소비하는 정보로부터 지속적으로 영향을 받는다.

그러나 베스트셀러 작가들에 관한 한, 정보는 반대 방향으로 흐른다. 그들은 자신이 소비할 수 있는 정보보다는 생산할 수 있는 정보에 훨씬 더 관심이 많다. 그들은 수동적인 정보 소비자라기보다는 능동적인 정보 생산자이다.

델릴라와 정보의 장

몇 년 전 친구들과 함께 갔던 소풍이 생각난다. 그중에 델릴라라는 50대 여성이 있었는데, 나는 당시 그녀를 2~3년간 만나지 못했지만 그 전에 여러 번 함께 따뜻한 대화를 나눈 적이 있었다. 그녀는 언제나 예쁘고 총명하고 건강했다. 그녀는 경제적으로도 안정되어 있어서 일을 할 필요가 없었지만, 클래식 피아니스트로서 제법 성공한 경력을 누리고 있었다. 우리는 아침에 자유로운 형식의 그룹 댄스를 한 후, 아름다운 봄날의 공원 잔디밭에 함께 앉았다. 대화 중에 그녀는 세계 도처에서 일어나고 있는 일들에 대한 마음의 괴로움을 표현했다.

그녀를 괴롭게 만드는 문제들이 많이 있었다. 여러 지역의 전쟁, 난민들, 자연재해, 공해, 지구의 물 부족, 집단 멸종, 해수면 상승, 수준 낮은 정치, 삼림 파괴 등등.

대화하는 동안에 나는 델릴라의 삶의 정보 흐름을 선명히 파악할 수 있게 되었다. 그녀는 운전할 때는 라디오를 언제나 모든 뉴스 방송에 맞추어놓았고, 매일 신문 뉴스를 읽고 TV 뉴스를 보았다. 이 문장 안에 뉴스라는 단어가 세 번이나 들어 있는 점에 주목하라. 그녀는 이 모든 정보를 외부세계로부터 흡수하고 있었고, 그 일에 대

뉴스가 당신을 행복하게 해주는 일은 드물다.

부분의 시간을 보내고 있었다.

이것은 그녀를 행복하게 해주지 못했다. 나는 델릴라가 우리의 마지막 만남 이후로 얼마나 늙어버렸는지를, 그리고 그녀가 걱정에 찬 마음을 꽉 채우고 있는 문제들의 홍수를 묘사하는 동안 그녀의 기운이 얼마나 무거운지를 느낄 수 있었다. 건강하고 영리하고 경제적으로 안정되어 있음에도 불구하고, 그녀의 마음은 온갖 걱정에 시달리고 있었다. 그녀는 마치 진공청소기가 쓰레기를 빨아들이듯이, 자신의 의식을 나쁜 일들 쪽으로만 돌려놓고 있었다. 마음속에 가득 채워 넣은 온갖 문제들이 쓰레기로 가득 찬 마음을 만들어놓았다.

델릴라가 주의를 돌린 그곳이 그녀로 하여금 나쁜 뉴스의 에너지장 속에 빠지게 만든 것이다. 그녀의 의식의 사주를 받아, 그녀의 뇌는 분주히 스트레스 신경회로를 발달시키고 있었다. 그녀의 마음은 자신의 뇌를, 신경회로를 보강하여 습관에 젖은 신호를 더많이, 더 효율적으로 운반하게끔 열심히 끌어가고 있었다. 용량이 업그레이드될 때마다 그녀의 마음은 나쁜 뉴스에 주파수를 더욱더 잘 맞출 수 있게 됐다.

델릴라는 뉴스에서 들은 나쁜 일들은 '저 바깥에서' 일어나는 일로 믿고 있었다. 그녀는 자신의 생각을 채우고 있는 뉴스 기사들이 객관적인 사실임을 너무나 당연하게 선언할 수 있었다.

그러나 사실 그녀는 자신이 주의를 보내기로 택한 그 방향으로 인해 스트레스로 가득 찬 현실을 스스로 만들어내고 있었다. 뉴스에 집중할수록 그 회로 속에 새로운 신경세포가 만들어지게 하는 새로운 발화가 일어났고, 그것은 더 강한 전자기장을 만들어내고, 그것이 다시 그녀를 비슷한 신호에 더욱 예민해지게 만들었다. 그녀의 스트레스는 세계의 객관적인 상황만큼이나 마음의 주관적인 창조와도 직결되어 있었다.

스스로 만들어내는 신경가소성

이것이 정보의 생산자가 되기보다는 정보의 소비자가 될 때 겪게 되는 위험이다. 정보가 밖에서 안으로 흐른다면, 당신은 정보를 생산하는 사람들의 의식에 자신의 의식을 인질로 내맡기고 있는 것이다. 마음의 그릇이 행복하지 않은 입력물로 가득 채워져 있으면 행복한 상태를 유지하기는 힘들다.

남들이 당신의 의식을 채우도록 놔둔다면, 당신은 그들의 의식의 처분 앞에 내맡겨지는 셈이다.

내 아내 크리스틴Christine 또한 항상 정보를 소비한다. 그러나 그녀는 영감을 주는 내용의 정보만을 선택한다. 그녀는 출근길의 오랜 운전 시간에 자신이 좋아하는 사람들의 감명 깊은 강연을 듣는다. 영감을 주는 책을 읽고, TV에서는 자연을 감상한다. 그녀의 가족과 친구들은 이메일로 영감을 주는 인용문들을 교환한다. 그녀는 다른 사람들의 정보 속에 마음을 빠뜨려놓고 있지만, 의식을 고양시켜주는 내용을 택하는 것이 그녀를 행복하고 지혜로운 존재로 만들어준다.

　바로 거기서부터 그녀의 창조가 비롯된다. 그녀는 자신이 디자인한 멋진 새 미술작품이나 자신이 배운 강력한 새로운 생각에 대해 이야기할 것이다. 그녀의 마음을 채우는 것은 그런 것들이다.

　당신의 의식을 채우고 있는 생각과 신념과 발상들은 뇌 바깥의 세상에 강력한 영향을 미친다. 당신은 끊임없이 창조하고 있다. 당신은 그 힘을 정서적 환경을 풍요롭게 해줄 수 있는 무형의 것을 창조하는 데 발휘할 수도 있다. 아니면 그 힘을 만질 수 있는 물질적 현실을 창조해내는 데 사용할 수도 있다. 조세핀 베이커처럼 한 개인의 마음속에서 비롯된 변화가 밖으로 펼쳐져서 세상을 바꿔놓은 본보기는 많다.

마음을 우주로 발사하기

　과학기술계에서 한 개인의 전망으로 전체 산업계를 바꿔놓은 사람 중의 하나는 엘론 머스크Elon Musk이다.

　엘론 머스크는 테슬라Tesla와 솔라 시티Solar City를 포함한 여러 성공적 사업의 창업자로 유명하다. 그는 열두 살 때 자신의 첫 작품을 팔았다. 그것은 자신이 코드를 직접 입력한 블라스타Blastar라는 게임이었다.

　넷스케이프Netscape에 응시하여 실패하고 스탠퍼드 대학교에서 퇴학당한 후, 그는 Zip2라는 회사를 창업했는데 이 회사는 컴팩Compaq

사에 3억 700만 달러에 팔렸다. 그 후에 그는 페이팔PayPal을 공동 창업하고 이베이eBay에 팔아서 현금화했다.

사업은 성공적이었지만 그의 개인적인 삶은 곤경에 빠져 있었다. 그는 고국인 남아프리카공화국에서 휴가를 보내다가 뇌성 말라리아에 걸렸는데, 이 질병은 치사율이 20퍼센트나 되었다. 그는 체중이 20킬로그램이나 줄어 거의 빈사 상태가 되었다. 2년 후에는 그의 첫아들이 태어난 지 10주 만에 사망했다.

2002년에는 상업적 우주비행을 실현시키겠노라는 야심 찬 목표를 가지고 세 번째 회사인 스페이스엑스SpaceX를 설립했다.

2006년의 첫 번째 스페이스엑스 로켓 발사는 불에 타버리는 것으로 끝났다. 불타버린 로켓과 함께 머스크가 투자한 수백만 달러의 자본도 날아갔다. 그러나 그는 좌절하지 않고 이렇게 썼다. "스페이스엑스는 긴 안목으로 보아야 한다. 어떤 일이 있어도 우리는 이 도전과제를 해내고 말 것이다."(Malik, 2006)

다음 해에 회사는 두 번째 로켓을 발사했다. 이것도 엔진이 완전히 정지하면서 실패했고, 스페이스엑스와 절망적으로 현금이 부족한 창업자에 대해 두 번의 파업이 있었다.

2008년의 세 번째 발사에서는, 2단계에서 분리된 로켓이 본체와 충돌했다. 머스크가 나사NASA로부터 처음으로 위탁받은 화물은 〈스타 트렉Star Trek〉에서 스코티Scotty를 연기했던 제임스 두한James Doohan의 뼛가루와 함께 바닷속으로 사라져버렸다.

스페이스엑스 발사 장면

머스크는 이제 한 푼도 없이 파산해야 할 지경에 이르렀지만, 다행
히 괴팍한 억만장자 피터 티엘Peter Thiel로부터 마지막 투자를 받아
간신히 살아날 수 있었다.

현재 테슬라, 스페이스엑스, 솔라 시티 같은 머스크의 회사는 엄청
난 성공가도를 달리고 있다. 하지만 그런 성공 지점에 도달하기까
지는 거듭되는 실패를 뚫고 지나가는 인내가 필요했다. 무엇에 도
전하든지 간에 머스크의 사고방식은 끊임없이 긍정적이다. 그의
마음은 판도를 뒤엎는 새로운 물질현실들의 원천이다.

당신은 자신의 뇌로 어떤 세상을 만들 것인가?

당신의 마음속에는 무슨 생각이 들어 있는가, 그리고 당신은
그것으로 어떤 종류의 세상을 창조할 수 있겠는가?

당신은 자신의 삶과 주변 사람들의 삶 속에 부와 행복과 건강
과 평안을 가져다줄 수 있는 훌륭한 뇌를 가지고 있다. 당신의 뇌는
당신이 알고 있는 것보다 훨씬 더 강력하다.

우리들 대부분은 자기 능력의 일부분만 사용하고 있을 뿐, 마
음이 물질을 만들어낸다는 사실조차 알지 못하고 있다. 이 책은 당
신 자신과 주위 사람들이 멋진 삶을 누리도록, 당신의 강력한 힘을
의식적으로 활용하게 만들기 위한 것이다. 당신은 이미 생각을 물
질로 변화시키고 있다. 날마다 무의식적으로 말이다. 이제는 그것
을 체계적이고 계획적으로 할 때가 되었다.

다음 장들에서 당신은 조세핀 베이커, 엘론 머스크, 로린 스미스, 그리고 빌 벵스턴처럼 생각을 물질로 바꿔놓은 많은 사람들을 만나게 될 것이다. 정보는 그들로부터 우주적 장 속으로 흐른다. 그리고 그들의 의식은 주변 공간에 영향을 미쳐 물질세계의 현실을 만들어낸다.

마음이 물질을 만들어낸다는 생각은 형이상학의 명제가 아니라 생물학의 명제다. 다음 장부터 당신은 당신의 뇌가 의식에 반응하여 신경세포와 시냅스라는 형태로 물질을 만들어내는 과정을 직접 경험해보기 시작할 것이다. 의식과 물질이 주변의 장場과 상호작용하여 물질적 현실을 낳는 것이다.

당신은 그저 우연히 외부로부터 들어오는 것들에 의해서가 아니라, 내면으로부터 방사되는 의도를 통해 물질세계를 구축하는 데 의식을 의도적으로 사용하기 시작할 것이다. 당신은 지구 전체를 위해 최상의 현실을 지어내고 있는 의식 있는 사람들의 공동체를 발견하고, 자신이 선善을 위해 일하는 엄청나게 창조적인 그 공동체의 일원임을 깨닫게 될 것이다. 마음과 물질의 미래에 온 것을 환영한다!

생각을 실천하기

이번 주에 할 일들

- 아침에 눈뜰 때 심장 위에 손을 얹고 사랑을 느끼라.

- 일기장을 사라. 당신의 의도의 목록을 적으라. 당신의 삶을 변화시킬 열 가지는 무엇인가?
- 자연스럽게 호흡하면서 아픈 사람에게 치유의 의도를 보내라.
- 월급의 10퍼센트를 사회 개혁에 헌신하는 자선단체에 기부하라.

이 장의 온라인 확장판은 다음을 포함하고 있다.

- 빌 벵스턴 박사의 오디오 인터뷰
- 스탠퍼드 마시멜로 실험 동영상과 내용 전문
- 에너지 요법에 의해 개선된 증세의 모든 목록
- 발명으로 세상을 바꿔놓은 여성들

온라인 확장판에 접속하려면 MindToMatter.club/Chapter1을 방문하라.

2장

에너지가
물질을 만든다

"와, 육지다!" 망보던 사람이 소리쳤다. 이날은 1522년 9월 6일이었고, 앞에 있는 항구는 스페인의 산루카르 데 바라메다Sanlúcar de Barrameda였다. 배는 빅토리호, 선장은 후안 세바스티안 드 엘카노Juan Sebastián de Elcano였다.

빅토리호는 포르투갈의 항해가 페르디난드 마젤란Ferdinand Magellan의 지휘를 받던 다섯 척의 선단 중에서 마지막으로 살아남은 배였다. 그는 잘 무장된 함대와 함께 스파이스 아일랜드Spice Islands를 지나 지구 일주라는 목표를 위해 1519년 9월 20일에 스페인을 출발했다.

마젤란은 먼저 아프리카를 향해 남쪽으로 항해했다. 그리고 거기서 대서양을 건너 브라질로 갔다. 그는 태평양으로 통하는 해협을 찾기 위해 브라질 해안을 따라갔다. 그는 남아메리카 해안을 끝까지 따라가다가 대륙의 남쪽 끝 근처, 아르헨티나의 푸에르토 산 줄리안Puerto San Julián의 아늑하게 둘러싸인 만灣에서 겨울을 보냈다.

부활절에 선장이 반란을 일으켰지만 마젤란은 그것을 진압해냈다. 그는 반란자 중 한 명은 처형하고 다른 한 명은 해변에 버렸다.

10월 21일, 그는 마침내 오늘날 마젤란 해협(Strait of Magellan)이라 불리는 통로를 찾아냈다. 그때 배 한 척이 난파당했고, 한 척은 호송대를 떠나버렸다.

나머지 세 척이 위험한 티에라 델 푸에고Tierra del Fuego 제도의 곶을 도는 데는 38일이 걸렸다. 해협의 끝에서 태평양을 바라보면서 마젤란은 기쁨의 눈물을 흘렸다. 그들은 이 평온한 대양을 가로질러 99일 후인 1521년 3월 6일에 괌Guam 섬에 도착했다. 그의 부하들은 굶주리고 있었다. 그들은 살아남기 위해 자신들의 옷인 튜닉의 가죽끈을 씹어 먹었다.

생존자들은 필리핀에서 물자를 보충했다. 두 척의 배에 향료를 가득 실은 채 그들은 고향으로 돌아가는 여정을 시작했다. 배 한 척은 바다에서 잃어버리고, 오직 빅토리호만이 간신히 스페인으로 돌아왔다. 처음에 떠났던 270명 중 오직 22명만이 살아서 돌아왔다.

페르디난드 마젤란

생존자 중에 마젤란은 없었다. 그는 돌아오는 도중에 사망했다. 마젤란은 4월 27일에 필리핀 세부Cebu 섬의 추장과 연합하여 이웃 섬 막탄Mactan의 부족과 싸우던 중에 독화살을 맞았다. 그의 전우들은 죽어가는 그를 버려두고 퇴각해야 했다.

마젤란의 항해는 나침반이라는 뛰어난 전자기적 발명품 덕분에 이뤄질 수 있었다. 나침반은 중국에서 발명됐는데, 이에 대한 최초의 언급이 1040년에 쓰인 한 고서에 나와 있다(Vardalas, 2013). 그 책은 나침반을 물에 띄우면 항상 남쪽을 가리키는 '쇠 물고기'로 묘사한다.

1088년에는 심괄沈括이라는 중국 송대宋代의 학자가 다른 묘사를 남겼다. "마술사가 천연 자석에 바늘의 끝을 문지르면 바늘은 남쪽을 가리킬 수 있게 된다…. 바늘을 수면에 띄울 수도 있지만 좀 불안정하다…. 갓 짠 비단의 실을 한 가닥 뽑아 밀랍으로 바늘 가운데에 붙여서 늘어뜨리는 것이 가장 좋다. 이것을 바람 없는 장소에

19세기 중국의 나침반

걸어놓으면 항상 남쪽을 가리킨다." 전자기장을 몰랐던 11세기에는 이것이 정말 마술처럼 보였으리라.

마젤란이 항해를 떠나기 200년쯤 전에, 이탈리아의 아말피^{Amalfi}에서 유럽 최초로 나침반이 사용됐다. 영국, 프랑스, 네덜란드, 스페인, 그리고 포르투갈 같은 해양국가의 항해사들은 이 경이로운 기술의 중요성을 알아차리고 정교한 디자인을 발전시켰다.

나침반 없이 마젤란이 세계일주의 위대한 업적을 이루기는 불가능했을 것이다. 중앙에 달려 있는 자화^{磁化}된 얇은 금속 침은 지구 어느 곳에 있든지 간에 항상 지구의 자북^{磁北}을 가리킨다. 지구의 맨틀을 둘러싸고 있는 자력선을 나침반의 바늘이 탐지하는 것이다.

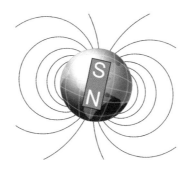

지구의 자기장

항성이나 행성 같은 천체들은 전자기장을 지니고 있다. 수정이나 바위 같은 작은 물체들 역시 자기장을 지니고 있다. 살아 있는 존재들도 마찬가지이다. 당신도 신체 주위에 장을 지니고 있는데, 그것은 약 5미터 정도까지 밖으로 뻗쳐 있다.

장은 아름답다, 그리고 어디에나 있다

이제는 갈수록 많은 동식물에게서 전자기장이 측정되고 있다. 권위 있는 과학저널인 〈사이언스〉지에 발표된 한 연구에서, 연구팀은 꽃과 꽃을 수정시키는 벌 사이의 전자기적인 관계를 연구했다.

그들은 벌들이 꽃 주변의 에너지장을 탐지하여 그 정보를 가지고 어느 꽃에 꿀이 가장 많은지를 판단한다는 사실을 발견했다(Clarke, Whitney, & Robert, 2013). 공동연구자인 브리스틀 대학의 생물학자 다니엘 로버트[Daniel Robert]는 말한다. "우리는 호박벌이 최근에 다른 호박벌이 이 꽃에 다녀갔는지, 그래서 가볼 만한 가치가 있는지를 판단하는 데 전기장 탐지 능력을 이용한다고 생각한다."

살아 있는 존재들을 둘러싸고 있는 장의 전자기적 성질은 물질 중심적인 이해에만 빠져 있는 과학자들을 놀라게 한다. 코넬 대학의 행동생물학자 토마스 실리[Thomas Seeley]는 이 연구논문을 읽고 나서 이렇게 말했다. "우리는 이런

꽃의 자기장

감각이 존재한다고는 상상조차 못했다.”

현재 전자기장 탐지력은 조류藻類, 개미, 곤충, 개미핥기, 오리너구리 등에서도 관찰되고 있다.

최근의 연구는 돌고래도 전자기장 탐지력이 있음을 보여준다. 기아나Guiana 돌고래는 남아메리카 해안 앞의 보호수역 어귀 가까이에 사는 종이다. 독일의 학자들은 이 강돌고래(river dolphins)를 조사해본 결과, 이들이 아주 미약한 전류도 예민하게 감지한다는 사실을 발견했다(Czech-Damal 등, 2011).

다음에 이 연구자들은 돌고래가 어떻게 이런 전자기장을 탐지하는지를 연구하다가 돌고래의 입 주위에서 작은 모낭들을 발견했다. 이 모낭은 신경말단에 둘러싸여 있고, 혈액 공급이 잘 되고 있었으며, 젤 상태의 물질로 채워져 있었다. 과학자들은 이것이 이 돌고래들이 전자기장을 탐지하는 데 사용하는 감각기관이라고 믿고 있다.

분자를 모양 짓는 장

나는 전자기에 대한 나의 첫 경험을 생생하게 기억하고 있다. 우리는 1학년 과학수업 시간에 종이 위에다 쇳가루를 뿌렸다. 그리고 종이 아래에서 자석을 움직이면 쇳가루들이 재배열되었다. 이 장은 접촉하지 않고 떨어진 상태에서도 물질을 재배열할 수 있었다. 이 간단한 실험은 전 세계에서 해마다 수백만 번씩 되풀이되고 있기 때문에, 우리는 이것이 얼마나 놀라운 일인지를 쉬 잊어버린다. 우리는 장이 존재하여 물질을 형성시킬 수 있다는 사실을 당연하게 생각하면서도, 물질세계의 일상에서 어려움에 처할 때 이 개념을 적용하는 것은 곧잘 잊어버린다. 항성이나 은하계까지 차원을 확대해도, 반대로 한 톨의 원자까지 축소시켜도, 우리는 늘 이 장과 마주친다. 인체 속의 낱낱의 세포들도 제각기 고유한 전자기장을 지니고 있다. 세포를 이루고 있는 분자들 또한 장을 지니고 있다. 전자기야말로 생물학적 작용의 핵심인 것이다.

물을 제외하면 우리 몸속 분자들의 대부분은 단백질이다. 우리의 신체는 10만 종류 이상의 단백질을 만들어낸다. 단백질은 서로 감싸고 접혀서 복잡한 구조를 이루고 있는 일련의 원자들의 끈으로 이루어진, 크고 복잡한 분자들이다. 세포가 단백질을 합성할 때, 1학년 과학수업에서 쇳가루를 움직인 것과 동일한 힘이 이것들의 접힌 형태를 만들어낸다.

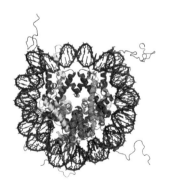

복잡하게 접혀 있는 단백질 분자의 모습

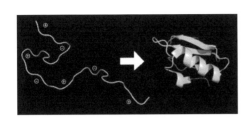

접히기 전과 후의 단백질.
분자 내 다양한 지점의 전하가 분자가 취할 모양을 결정한다.

단백질을 이루는 분자 끈의 각 부분들은 각각 양전하 또는 음전하를 띤다. 만일 이 끈의 두 부분이 둘 다 음전하를 띠면 이것들은 서로 밀어낸다. 둘 다 양전하를 띠어도 마찬가지로 밀어낸다. 반면에 음전하와 양전하는 서로 끌어당긴다. 밀고 당기는 이 힘들이 크고 복잡한 단백질 끈으로 하여금 고유의 모양을 취하게 만든다.

천연의 장을 추적하다

빌렘 에인트호벤Willem Einthoven은 1860년생의 괴팍한 네덜란드 의사이다. 그는 1890년대 말부터 사람 심장의 전기장을 측정하기 시작했다. 그는 검류기라 불리는 장치를 제작하기 시작했다. 에인트호벤은 수많은 회의론과 반대에 부딪혔는데, 오직 물질만을 보아 온 의학계의 동료들에게 눈에 보이지도 않는 에너지장이란 개념은 미심쩍은 것이었다.

그의 첫 번째 시도는 가망이 없어 보였다. 그의 기계는 270킬로그램이나 되었고, 그것을 작동시키기 위해서는 사람이 다섯 명이나 필요했다. 그 기계는 강력한 전자석을 냉각시키기 위해 물을 가득 채운 라디에이터를 동원해야만 했다.

수년간의 고된 작업 끝에, 에인 트호벤은 당시에 사용되고 있던 것보다 훨씬 예민한 검류기를 개발해 냈다. 그는 그것을 검사대상자에게 연결하여 심박수를 측정할 수 있었다. 결국 그는 심장이 어떻게 기능을 발휘하고, 심전도(EKG: electrocardiogram)의 판독이 진단과 치료에 어떤

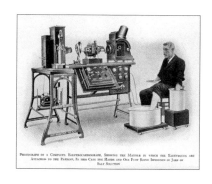

초창기의 심전도 장치

역할을 하는지에 대한 확고한 이론을 구축해냈다.

에인트호벤은 1924년에 노벨 의학상을 받음으로써 그를 비판하던 자들 앞에서 웃을 수 있게 되었다. 그는 1926년에 발견된 뇌의 에너지장에 관한 연구에도 영감을 제공했다. 훗날 연구자들은 단 하나의 세포에서도 장의 지도를 만들어낼 수 있게 되었다.

뇌의 전자기적 활동을 보여주는 초창기의 EEG 기록

장은 무엇을 하는가?

해럴드 색스턴 버Harold Saxton Burr는 1929년에 예일대 의과대학의 교수가 된, 선견지명을 지닌 연구자였다. 그는 생명체가 발달하고

해럴드 색스턴 버

성장할 때 물질(원자, 분자, 세포)이 장에 의해 조직화되는 방식을 측정함으로써, 동식물 주위의 에너지장에 대한 연구를 시작했다. 그는 1949년의 중요한 논문에서 단일 신경세포의 전자기장 지도를 그려냈다. 그의 면밀한 측정은 내가 1학년 과학수업에서 보았던 자석 주위의 쇳가루와 아주 비슷한 형태의 장을 보여주었다. 이 장은 신경과 가장 가까운 곳에서 가장 강했고, 신경에서 떨어질수록 약해졌다(Burr & Mauro, 1949).

버의 위대한 통찰은, 이런 장이 생명체에 '의해' 생성되는 것이 아니라, 물질이 역선^{力線}을 따라 원자, 분자, 그리고 세포로 변신할 수 있도록 장이 역선을 제공함으로써 물질을 '창조해낸다'는 것이었다.

버는 자신의 저서 《생명의 장》(The Fields of Life)에서 내가 어릴 때 가지고 놀던 쇳가루의 비유를 사용했다. 종이 위의 쇳가루를 털어버리고 새로운 쇳가루를 올려놓으면 그것도 버려진 것과 동일한 패턴으로 배열한다. 장이 쇳가루의 패턴이 형성되게 하는 것이지, 쇳가루에 의해 장이 생성되는 것이 아니다.

버는 이렇게 썼다. "이와 같은 일이 인간의 신체에서도 일어난다. 신체의 분자와 세포들은 끊임없이 흩어졌다가 우리가 먹은 음식에서 공급되는 새로운 물질로 재구축된다. 그러나 '생명장'의 제어 덕분에 새로운 분자와 세포들은 이전과 동일하게 재구축되어 과거와 동일한 패턴으로 스스로 배열한다."

예를 들어 손가락을 베어서 피부가 다시 자랄 때, 장은 새로운 세포들이 스스로 조직될 수 있도록 형틀을 제공해준다. 에너지는 물질의 부수현상이 아니다. 반대로 에너지가 물질을 '조직하고 있는' 것이다.

버는 많은 실험에서 도롱뇽을 사용했다. 그는 도롱뇽 알 외막의 전압을 재보았는데, 그중 한 지점은 전압이 가장 높고 180도 반대편 지점은 전압이 가장 낮다는 것을 발견했다. 그는 이 두 점에 표시를 해놓았다.

도롱뇽이 자라서 성숙했을 때, 그는 알에서 장이 가장 강했던 지점이 머리가 되었음을 발견했다. 전기활동이 가장 미약했던 지점은 항상 꼬리가 되었다. 알이 수정하여 발달해가는 동안 장이 알 속에서 물질을 조직하고 있는 듯이 보였다.

버는 에너지장이 암에도 어떤 역할을 하는지를 알아보기 위해 생쥐를 가지고 실험해보았다. 그는 에너지장들을 측정해놓고 어떤 생쥐들에게 나중에 암이 발생하는지를 눈여겨 보았다. 약 만 번 이상 측정한 끝에, 그는 세포에서 악성종양이 발견되기 전에 생쥐의 에너지장에 암의 징조가 되는 전자기 신호가 나타나는 것을 발견했다.

요가를 하는 사람의 피부 온도 측정 사진

에너지가 물질을 만들어낸다

1947년에 발표된 기념비적인 연구에서, 버는 자신이 관찰한 사실이 치료에 이용될 수 있을지를 판단하기 위해 인간의 질병으로 관심을 돌렸다. 그와 동료들은 자궁암 여성들을 검사하여, 이 여성들의 자궁은 건강한 여성들의 자궁과는 다른 전자기 부하를 가진다는 사실을 밝혀냈다(Langman & Burr, 1947).

그래서 버는 자궁암 진단을 받지 않은 건강한 여성 집단을 살펴보았다. 이 여성들 중 분명히 건강한데도 불구하고 자궁암의 전자기 신호를 보였던 여성에게서는 나중에 암이 발생했다. 암이 '물질세포'로 나타나기 전에 '에너지장'에서 먼저 나타난 것이다. 버의 연구는 심장과 자궁 같은 육체적 기관이나 도롱뇽과 생쥐 같은 생명체가 에너지장을 만들어내는 것이 아니라는 사실을 보여주었다. 반대로 에너지장이 물질이 응축할 형틀을 만들어내는 것이다. 장을 변화시키라. 그러면 당신은 물질을 변화시키게 된다.

이것은 현대과학에서도 비교적 최근의 지식이지만, 사실 완전히 새로운 개념은 아니다. 중국 전통의학에는 "마음은 기氣를 조절하고 혈액은 기를 따른다"는 오래된 말이 있다. 고대의 현자들에게 기는 생명 에너지를 의미했고, 혈액은 신체의 물질을 의미했다. 에너지가 물질을 조종한다.

H₂O는 무엇인가?

물은 우리에게 너무나 친숙한 것이어서 많은 사람들이 물을
대수롭지 않게 여긴다. 물은 우리 신체 부피의 약 70퍼센트를 차지
하고, 지표면에서도 비슷한 비율을 차지한다. 우리는 별생각 없이
매일같이 물을 마시고, 물로 목욕을 한다. 화학자가 아니어서 다른
분자식은 외우지 못하더라도 물의 분자식이 H_2O라는 것은 누구나
안다. 그런데 이 흔해 빠진 물질이 우리에게 에너지와 물질의 관계
에 대해 심오한 가르침을 준다.

"H_2O가 무엇입니까?"라고 물으면 당신은 "그야 물이죠"라고
대답할 것이다. 물론 내가 상온에서 H_2O 한 잔을 건네준다면 그것
은 분명히 물이다. 그러나 그 물을 난로 위에 올려 에너지를 가하면
수증기가 된다. 여전히 H_2O이긴 하지만, 에너지를 높여주면 그것
이 취하는 물질의 형태가 완전히 바뀌어버리는 것이다.

같은 H_2O를 냉동실에 넣어서 에너지를 빼앗으면, 이 물질은
다시 형태를 바꾸어 얼음이 된다. 에너지의 감소가 다시 물질의 형
태를 완전히 바꿔놓은 것이다. 이것
은 침술에 작용하는 에너지를 연구
하는 내 동료인 하버드 의대 에릭 레
스코위츠Eric Leskowitz 박사가 에너지가
물질에 미치는 영향을 설명할 때 사
용하는 비유 중의 하나다. 마찬가지
로, 에너지는 우리가 평소에 알아차

H_2O는 물이면서도
몇 가지 다른 형태로 존재할 수 있다.

리지 못하는 무수한 방법으로 암암리에 물질이 취하는 형태를 좌우한다.

물과 치유

선구적인 연구자 버나드 그라드Bernard Grad는 맥길McGill 대학교에서 행한 괄목할 만한 일련의 실험에서, 동물과 식물에 대한 치유 에너지의 효과를 연구했다.

헝가리의 기병장교였던 오스카 에스테바니Oskar Estebany가 치유 능력을 제공했는데, 그는 손에서 에너지를 방사해서 사람을 치유할 수 있었다. 그는 훈련 같은 것을 받은 적이 전혀 없었는데, 말에게 마사지를 해주다가 우연히 자신의 능력을 발견했다. 그는 그 에너지가 전자기적인 성질을 가지고 있고, 치유력은 인간의 타고난 능력이라고 믿고 있었다. 그라드는 우선 생쥐에 대한 에스테바니의 능력을 검증해보았다. 생쥐의 등에 네 줄로 바늘에 찔린 상처를 만들었다. 그리고 에스테바니에게 가운데 두 열의 상처만을 치유해보라고 했다. 그랬더니 과연 이 두 줄의 상처가 바깥 줄의 상처보다 빨리 치유되었다. 또한 에스테바니의 생쥐들은 학생들로부터 치유받은 생쥐들보다 더 빨리 치유되었다.

다음으로 그라드는 에너지를 가한 물이 보리 씨앗의 성장 속도에 미치는 효과를 실험했다. 에스테바니가 30분 동안 안고 있었던 물을 준 씨앗은 더 잘 발아했고, 결과적으로 더 크게 자랐다.

엽록소 함량도 많아졌고, 잎의 성장도 질적으로 상당히 나아졌다
(Grad, 1963). 다른 연구자들도 식물이 치유가의 처치를 받은 후에
는 성장이나 발아가 훨씬 더 좋아진다는 사실을 발견했다(Scofield &
Hodges, 1991; Kronn, 2006).

　　한 엄밀한 연구는 접촉요법 시술자가 에너지를 가한 물을 조
사해보았다(Schwartz, De Mattei, Brame, & Spottiswoode, 2015). H_2O 분자는
하나의 산소 원자와 결합된 두 개의 수소 원자를 가지고 있다. 두
수소 원자 사이의 결합각은 마치 문의 경첩을 벌려 그 각을 재듯이
측정할 수 있다. 정상적인 물 분자의 결합각은 104.5도이다.

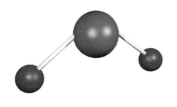

H_2O는 산소 원자 하나에 수소 원자 두 개가
104.5도의 각도로 결합해 있다.

　　45분간 접촉요법을 받은 물의 적외선 흡수율이 통계적으로
매우 의미 있는 변화를 보였는데, 이것은 치유의 에너지장을 접
함으로써 산소와 두 수소 원자 사이의 결합각이 바뀌었음을 말
해준다. 이 특별한 실험은 아주 용의주도하게 통제된 맹검(blinded
experiment)이었다. 다른 연구자들도 치유자와 접촉 후에 물의 분자
구조가 변했음을 발견했다(Lu, 1997; Kronn, 2006).

　　펜실베이니아 주립대학의 재료과학 교수 러스텀 로이[Rustum Roy] 는 물의 구조에 관해 많은 연구를 했다. 그는 물 분자가 서로 결합 할 수 있는 다양한 배열 가능성을 가지고 있다는 것을 발견했다. 물 분자의 배열은 물에 특정 주파수의 진동을 가하여 변화시킬 수 있 다. 물은 이러한 주파수와 공명하고, 그 결과 물은 치유력을 띤다 (Rao, Sedlmayr, Roy & Kanzius, 2010).

　　중국 기공의 대가 엄신嚴新은 먼 거리에서도 물의 분자 구조를 변화시키는 능력을 보여주었다. 중국 과학아카데미의 연구자들은 엄신과 함께 열 번의 실험을 행했다. 첫 번째 실험에서 그는 물 가 까이에 서 있었다. 그리고 나머지 아홉 번은 적게는 7킬로미터에서 많게는 1,900킬로미터까지 떨어져 있었다. 그는 모든 상황에서 물 에 영향을 끼칠 수 있었던 반면, 대조군의 물은 변하지 않은 채로 남아 있었다.

　　에너지 치유로 생쥐의 암을 치료하는 연구를 할 때, 빌 벵스턴 도 치유자가 지니고 있던 물의 적외선 속성이 비슷한 변화를 보인 다는 점을 발견했다(Bengston, 2010). 그는 또 치유자의 에너지장이 세 포효소 촉매작용의 속도를 변화시키고, 적혈구에서 세포에 산소를 운반해주는 헤모글로빈 함량을 증가시킴을 보여주는 연구들에 대 한 문헌연구도 했다.

아델린과 치유의 별

나는 암을 극복하고 살아남은 아델린이라는 여성을 1980년대 초에 인터뷰한 적이 있다. 당시 나는 자연치유 사례를 기록하는 작업을 하고 있었는데, 많은 이야기들 중에서도 그녀의 사례가 가장 인상 깊었다.

30대 초에 자궁암 진단을 받았을 때, 아델린의 암은 이미 전신에 퍼져 있었다. 아델린의 주치의는 그녀에게 수술을 받고 나서 화학요법과 방사선요법도 받을 것을 권유했다. 그래도 그녀의 생존 가능성은 적었다.

그녀는 몸을 피폐해지게 하는 암 치료에 자신을 내맡기는 것이 싫어서, 수술 대신 마지막 남은 몇 달을 최대한 고요하게 지내기로 마음먹었다.

아델린은 자신이 살았던 북 캘리포니아의 삼나무 숲을 오랫동안 걷기 시작했다. 또 그녀는 매일 장시간 목욕을 했는데, 식은 물은 빠져나가게 하고 뜨거운 물을 위에서 계속 부어주는 식이었다. 그녀는 욕조에 몸을 담그거나 숲길을 걸을 때, 빛나는 작은 치유의 별들이 하늘에서 비처럼 내리는 모습을 상상했다. 그녀는 그 별들이 자신의 몸을 통과해가며 암세포에 닿을 때마다 암세포가 풍선 터지듯이 터진다고 상상했다.

아델린은 가능하면 건강에 가장 좋은 식사를 하면서 매일 명상을 했고, 영감을 주는 책을 읽고, 함께 있으면 마음을 상하게 하는 사람들은 만나지 않았다. 두어 명의 가까운 친구들을 만나는 것 외에는 대부분의 시간을 혼자서 보냈다.

산책 시간을 점점 더 길게 가지면서, 그녀는 지금까지 살면서 느꼈던 것보다 몸 상태가 더 좋게 느껴진다는 점을 알아차렸다.

9개월 후 검사를 받으러 병원에 다시 왔을 때, 주치의는 그녀의 몸에서 암의 흔적을 발견하지 못했다.

아델린은 가능한 모든 방법으로 자신의 에너지를 변화시켰다. 그녀는 자연 속에 몸을 푹 담금으로써 물리적 환경의 에너지를 변화시켰다. 그리고 마음속을 '치유의 별' 같은 긍정적인 심상과, 영감을 주는 책들의 고양된 에너지로 가득 채웠다. 그리고 에너지 수준을 높여주는 좋은 음식들을 먹었다. 또 산화 스트레스와 세포 퇴행의 주요 원인인 활성산소*에 대항하는 전자들을 몸에 채우는 방식으로 날마다 목욕을 했다.

의식의 지휘하에 조성된 긍정적 치유 에너지가 가득한 환경에서, 아델린의 신체는 변하기 시작했다. 그녀의 세포가 반응하면서, 기능을 잃은 악성종양 조직을 제거하기 시작한 것이다. 그녀는 에너지를 사용하여 자신의 육신을 치유했고, 다시는 과거의 습관으로 돌아가지 않았다.

아델린은 좋은 기분을 느끼는 일에 너무나 익숙해져서 그것이 이제는 새로운 일상이 되었다. 7년 후 내가 그녀를 다시 인터뷰했을 때, 그녀는 여전히 명상을 하고 있었고, 청정한 음식을 먹었고, 스

---

*   free radical: 한 전자만으로 하나의 전자궤도 또는 하나의 분자궤도를 점유하는 비공유 전자를 갖는 분자로, 일반적으로 불안정하여 반응성이 풍부하고 여러 가지 화합물을 공격하여 노화와 질병에 관여한다.

트레스 없는 생활방식을 지키고 있었으며, 여전히 암으로부터 해
방된 상태였다.

아델린의 이야기는 오스카 에스테바니 같은, 재능을 타고난
치유가만이 에너지로써 치유를 할 수 있는 것이 아님을 보여준다.
의식을 치유의 주파수에 맞추면 우리도 치유가가 될 수 있다. 세포
속의 물질이 우리 의식의 에너지에 반응하는 것이다.

오페라 가수가 와인 잔을 깨는 묘기를 본 적이 있을 것이다.
가수 목소리의 주파수 에너지가 와인 잔 분자의 에너지를 임계치
이상으로 올리면 잔이 깨진다. 이것
은 소리가 물질에 영향을 미치는 메
커니즘을 연구하는 과학인 사이매틱
스cymatics라는, 아직 잘 알려져 있지
않은 학문 분야의 대표적인 예다. 사
이매틱스를 깊이 탐구해보면 소리에
는 물만큼이나 놀라운 속성이 가득
하다는 사실을 알게 된다.

공명 주파수의 소리가 와인 잔을 깰 수 있다.

사이매틱스: 주파수가 물질을 변화시킨다

언스트 클라드니Ernst Chladni는 19세기 독일의 물리학자이자 음

클라드니 금속판

악가다. 그는 소리를 가지고 행한 선구적인 실험으로 음향학의 아버지로 불린다. 어릴 때 그의 아버지는 클라드니가 공부를 마치기 전에는 밖에 나가서 노는 것을 허용하지 않는, 엄격한 규율을 강조하는 사람이었다.

클라드니는 지극히 예민한 음악적 귀를 가지고 있었고, 주파수의 미세한 차이도 식별해낼 수 있었다. 법학과 철학의 두 분야에서 학위를 딴 후, 그는 소리 연구에 관심을 가지게 되었다. 그는 에너지장을 가시화한 다른 과학자들로부터 영감을 받아서 새로운 장치를 개발해냈다.

고운 모래를 얇은 금속판 위에 뿌려놓고 바이올린 활로 금속판의 가장자리를 그으면 금속판이 진동한다. 그리고 진동 주파수가 바뀔 때마다 판 위의 모래는 다양한 무늬를 만들어낸다.

클라드니는 공개 실험으로 유명세를 얻어 해마다 유럽 전역을 돌아다녔다. 이것이 그로 하여금 다른 많은 과학자들을 만날 기회를 주어서, 그는 자신의 아이디어를 더욱 발전시켜나갔다. 그는 1802년에 자신의 획기적인 연구를《음향학(Acoustics)》이라는 제목의 책으로 발간하여 새로운 과학 분야를 창시했다.

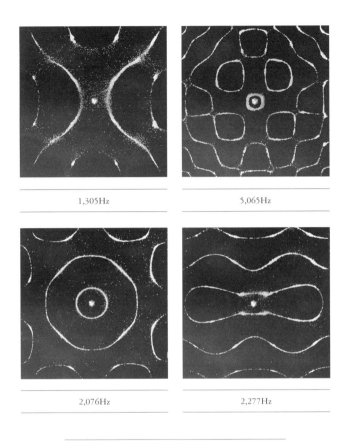

1,305Hz

5,065Hz

2,076Hz

2,277Hz

클라드니 금속판을 진동시키는 소리의 주파수는
다양한 무늬를 만들어낸다.

　　이처럼 소리가 물질에 영향을 미치는 메커니즘을 연구하는 분
야를 사이매틱스라고 한다. 클라드니의 선구적인 업적에 뒤이어,
과학자들은 진동음이 물질에 미치는 다양한 효과를 실험했다. 진동
은 물체의 배열을 즉석에서 극적으로 변화시킬 수 있다.
　　현대에 와서는 클라드니 금속판에 기진기(vibration generator)라

하버드 대학 자연과학 실험실의
대형 클라드니 금속판

는 장치를 부착하고 있다. 기진기의 주파수를 조절하면 금속판은 다양한 빠르기로 진동한다. 이때 색깔이 대비되는 모래 등의 가루를 금속판 위에 뿌리면 일정한 무늬가 나타난다. 특정 주파수가 분자에 가해지면 특정한 꼴을 만들어내기 때문이다. 주파수가 높을수록 복잡한 패턴이 만들어진다.

클라드니 금속판을 지나는 에너지의 효과를 보여주는 데 다양한 종류의 물질을 이용할 수 있다. 소금과 모래가 가장 흔히 쓰이는 재료다. 씨앗처럼 살아 있는 유기체도 마찬가지로 반응한다.

클라드니 금속판과 기진기는 고등학교 과학수업에서 인기를 끄는 아이템이다. 이것은 온라인으로 구입할 수도 있지만, 간단한 재료를 이용하여 집에서 쉽게 만들 수도 있다. 이것은 에너지가 어떻게 물질을 조직하는지를 보여주어, 우리의 몸과 마음을 통과하는 모든 진동이 우리 몸의 분자들의 얼개를 형성시키고 있다는 사실을 강력하게 상기시켜준다.

소리의 진동이 사각형의 물을 만든다

물은 또한 진동에 반응하여 그 형상이 변할 수 있다. 물이 관

에서 흘러나올 때 물줄기의 모양은
둥글다. 그러나 만일 가까이에서 특
정 주파수의 진동이 가해진다면, 물
줄기는 평소의 둥근 형태로부터 직
각이나 나선 모양 등으로 바뀐다.

에너지의 주파수가 물질에 미
치는 영향을 살펴보는 또 다른 방법
은, 그릇에 담긴 물에 소리의 진동이

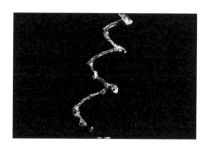

스피커에서 나오는 소리의 진동에 반응하여
물줄기의 형태가 바뀐다.

지나가게 하는 것이다. 주파수가 바뀌면 물 무늬도 따라서 변한다.
특정 종류의 고전음악은 아름답고 복잡한 무늬를 만들어내고, 거친
음악 같은 다른 주파수의 진동은 혼돈스럽고 무질서한 파형을 만들
어낸다.

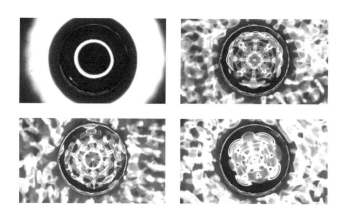

조명 위의 유리그릇에 담긴 물이
다양한 진동에 따라 무늬를 바꾸는 모습

물 한 방울에 담긴 당신의 개성

독일 스투트가르트에 있는 우주항공 연구소(the Institute for Static and Dynamics for Aerospace Constructions)에서는 물을 사용하여 일련의 흥미로운 실험을 행했다. 베른트 헬무트 크뢰플린Bernd Helmut Kröplin 박사가 실행한 이 연구는 다양한 사람들이 물에 미치는 영향을 측정하기 위한 것이었다.

한 실험에는 많은 학생으로 이루어진 집단이 참여했다. 그들은 각자 피하주사기에 물을 채우고 주사기 실린더를 밀어서 현미경 슬라이드에 물방울을 하나씩 떨어트렸다. 크뢰플린 연구팀은 그 물방울들의 사진을 찍었다.

그들은 각 개인의 물방울이 다른 사람들의 물방울과 매우 다르게 보인다는 사실을 발견했다. 그러나 같은 사람이 만든 물방울들은 항상 거의 같았다. 한 사람이 스무 방울을 만들더라도 스무 방울에서 모두 비슷한 패턴을 찾을 수 있었다. 그러나 그것은 다음 사람이 만든 물방울들과는 아주 다르게 보였고, 그다음 사람의 것과 비교해봐도 마찬가지였다. 한 사람의 에너지장을 통과하게 하는 것이 물이라는 물질에 지워지지 않는 변화를 가하는 것 같았다.

80억 명에 달하는 전 세계 사람들의 지문이 제각기 독특한 모양

한 실험자가 현미경 슬라이드 위에
여러 개의 물방울을 만든다.

을 지니고 있듯이, 각 개인의 에너지
장도 독특하다. 물이 한 사람의 에너
지장을 통과할 때, 그것이 취하는 모
양은 항상 같다. 반면에 다른 사람에
의해 만들어진 모양과는 다르다. 크
뢰플린과 동료 레진 헨셀Regine Henschel
은 최근의 연구를 정리한 저서《물
과 기억》(Water and Its memory)에서 이렇
게 말했다. "놀랍게도 우리는 실험자
를 감싸고 있는 에너지장을 접한 물
방울의 이미지가 변화하는 것을 관
찰할 수 있었다. 실험자들은 어떤 특
별한 마음 상태나 사고활동 없이도

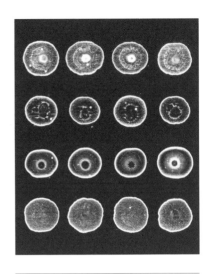

한 사람이 많은 물방울을 만들어도
그것들은 모두 모양이 비슷하다.
그러나 다른 사람이 만든 물방울들과는
모양이 완전히 다르다.

제각기 개인적이고 재현 가능한 일련의 물방울 이미지를 만들어낸
다."(Kröplin & Henschel, 2017)

이번에는 원격 의도(distant intention)가 물에 미치는 효과를 알
아보기 위한 또 다른 연구가 캘리포니아의 페탈루마Petaluma에 있는
이지과학 연구소(IONS: Institute of Noetic Sciences)의 연구팀에 의해 행
해졌다.

일본 도쿄에 있는 2,000명의 사람들이 페탈루마의 전자기파
가 차단된 방에 있는 물 표본을 향해 긍정적인 의도를 집중시켜 보
냈다. 알려진 모든 형태의 방사파를 차단하기 위해 납으로 안을 댄,
소위 패러데이 방(Faraday cages)을 향해서 말이다. 방 안의 장치는 외

부의 실험실까지 광섬유 케이블로 연결되었고 기존의 전자기장도
다 제거되게 조치했다.

도쿄에서 의도를 보내는 이 진지한 피험자들은 모르는 가운
데, 대조를 위한 비슷한 물 표본도 다른 장소에다 놓아두었다.

그런 다음 이 두 개의 표본으로부터 얻은 얼음결정 사진을
100명의 심사위원들에게 따로따로 보여주었다. 그들은 의도를 보
낸 쪽의 모양이 보내지 않은 쪽의 모양보다 더 아름답다고 평했다
(Radin, Hayssen, Emoto, & Kizu, 2006).

모차르트 음악에 노출된 물   비발디 음악에 노출된 물   헤비메탈 음악에 노출된 물

우리의 신체는 70퍼센트가 물로 이뤄져 있다. 이 물은 클라드
니 금속판 위의 입자들이나 크뢰플린 박사의 현미경 슬라이드 위의
물방울들만큼이나 분명하게 주위의 진동에 반응하고 있다. 몸속의
물 분자들을 치유 에너지의 진동으로 넘치게 하면, 당신은 그것을
건강과 공감의 기운에 동조되게 하는 것이다. 반면, 조화롭지 않은
진동은 반대의 효과를 가져온다. 그러니 마음을 긍정적인 에너지에
잠기게 한다면, 당신 몸속의 물질은 적어도 70퍼센트가 그 고양된
상태에 동조되는 셈이다.

소리가 알코올중독과 심장질환을 치유하다

다음은 공인간호사이자 침술사, 경락 마사지사인 프란시스 다셀렛Frances Dachelet이 쓴 글이다.

짐Jim은 40세의 기혼남자로, 한 달 전부터 나타난 간헐적인 심계항진으로 치료방법을 찾고 있었다. 그는 심장이 갑자기 뛰기 시작하면 불안하고 숨이 가빠지며 가슴에 통증을 느낀다고 말했다.

그는 증상이 처음 생겼을 때 입원하여 모든 검사를 받았으나, 심근경색이나 다른 어떤 종류의 특이한 심장질환도 발견되지 않았다. 짐은 결혼한 지 1년밖에 안 되었고, 6개월 된 사내아기의 아버지였다. 그는 응급진료소에서 의사의 조수로 일했고, 자신의 업무가 바쁘지만 보람 있다고 말했다.

짐은 알코올중독의 오랜 가족력을 가지고 있었다. 그의 아버지는 아내와 자식들을 신체적으로 학대했다. 짐은 어린 시절의 문제로 치료를 받은 적이 있었다.

짐은 자신이 빈정댐이나 유머를 사용해 자신의 감정을 드러내지 않고 숨기는 성격임을 시인했다. 그는 자신이 정말 좋은 아빠이자 남편, 그리고 의사의 조수가 될 수 있을지를 걱정하고 있었다. 그렇게 자신감이 떨어지자, 그는 걱정을 가라앉히려고 술을 마시게 되었다. 그는 과음 횟수를 줄이고 있었지만 음주 문제가 있다는 점은 인정했다.

짐은 채식을 하고 있었고 부인이 준비해주는 따뜻한 음식을 주로

먹었다. 그는 유제품과 치즈를 많이 먹어서 결혼 후 체중이 늘었다고 했다. 그는 자신이 낮에 다른 음료를 마시는 대신 물을 더 많이 마셔야 한다는 것을 알고 있었다. 밤에도 맥주나 칵테일을 마시는 일을 삼가고 말이다.

그는 에너지적으로 다음과 같이 평가되었다.

• 신경장애(정신적 불안)

• 간, 비장, 신장 경락 기운의 불균형

• 알코올중독의 가족력

• 가슴 차크라 문제

• 공포

첫 번째 치료 시에 짐은 심계항진과 함께, 유난히 불편해하고 잘 놀랐다. 처음의 치료 전략은 정신을 안정시키고 심박동과 호흡을 느려지게 하고, 심장과 폐 경락의 기운을 안정시키기 위해 신장 기운을 보(補)하는 것이었다.

치료는 소리굽쇠를 이용해서 신장 경락 기운을 소통, 강화, 안정화하는 작업으로 시작되었다. 정신을 안정시키고 심장 기운을 보하고 균형 잡히게 하는 혈자리를 골라서 소리굽쇠들을 대어주었다. 신장혈을 반복해서 다루자, 짐은 안정된 기분과 함께 심장박동이 느려지는 것을 느낀다고 말했다. 치료대 위에서 불안이 가라앉고 긴장이 풀리는 모습이 눈에 띄었다.

깊숙한 곳에 자리 잡고 있는 어린 시절의 문제에 마음을 열고 문제의 원천과 연결된 요소를 끄집어내어 세대 간에 내려오는 문제를 다루는 데는 기경팔맥奇經八脈을 이용했다. 가족 문제를 돌파하기 위해서 다양한 소리굽쇠를 복합적으로 사용했다.

발에 있는 신장혈까지 추가적으로 다루고 나서 첫 번째 치료가 끝났다. 짐은 안정되고 편안하다고 말했다.

짐은 식이요법과 수분 섭취와 운동을 권유받았다. 첫 번째 치료 후에 그는 심계항진과 공황증상이 없어졌다고 말했다.

다음의 치료는 신장 기운을 보하고 가족문제의 패턴을 계속 다뤄가며 신경계의 균형을 잡는 데 집중했다.

높은 옥타브의 소리굽쇠를 추가하여, 신체의 미묘한 에너지장을 정화하고 치유하기 위해 몸 위에서 진동시켰다.

발의 신장혈을 이용하여 에너지 전환을 유도하면서 치료 과정을 마쳤다.

짐은 첫 번째 치료 후에 심계항진은 다시 나타나지 않았다고 했다. 그는 아직 스트레스와 불안감을 경험하고 있긴 하지만 훨씬 편하다고 말했다. 그는 식이요법을 계속하면서 술을 끊었다. 그는 외래 재활프로그램을 찾아 치료받는 것을 고려하고 있는 중이다.

에너지는 경락을 따라 흐른다

짐의 치료 과정에 이용된 신장, 간, 비장 같은 경락들은 수천 년에 걸쳐 치유에 이용되어왔다. 경락과, 경락을 따라 존재하는 경혈의

외츠의 몸에 새겨진 문신의 일부는
혈자리에 위치해 있다.

위치는 2,000년도 더 된 책인《황제
내경黃帝內經》에 자세히 나와 있다.

경락은 유럽에서도 알려져 있
었다. 1991년에 알프스에서 발견된
미라의 시신에서는 61개의 문신이
발견되었다. 일부는 십자가 또는 과
녁 모양을 하고 있었다. 과학자들은
외츠Otzi라 불리는 이 미라에 대해 광
범위한 조사를 벌여서 주인공이 가졌던 질병을 알아냈는데, 어떤
문신들은 바로 그 병과 연관된 혈자리에 그려져 있었다. 외츠의 사
체는 5,400년 정도 된 것으로, 인류가 수천 년 전부터 이런 경혈과
질병 간의 연관성을 알고 있었음을 확인해준다.

몸에서 경혈 찾기

요즈음은 휴대용 피부 검류기를 사용하여 신체의 경혈을 쉽게
찾을 수 있다. 경혈은 뛰어난 전도체이다. 이 지점의 전기저항은 주
위 피부의 2,000분의 1밖에 안 된다. 저항이 낮다는 것은 전도율이
높은 도체, 즉 전선을 통해 전류가 흐르는 것과 같다. 저항이 낮은
이런 지점을 자극하면 에너지가 쉽게 통과하여 흐른다.

워크숍에서 가르칠 때, 나는 종종 검류기를 사용하여 자원자
의 몸에서 경혈을 찾아낸다. 이것은 참가자들로 하여금 경혈이란

것이 한갓 고대 중국의 허황한 이야
기가 아님을 분명히 깨닫게 해준다.
경혈은 실제로 존재하며, 측정할 수
있고, 에너지 치유에 활용하면 몸의
에너지 흐름이 변한다.

휴대용 검류기를 이용하여
경혈을 쉽게 확인할 수 있다.

경혈을 이용하는 에너지 심리
요법 중의 하나는 감정해방 기법(EFT:
Emotional Freedom Techniques)이라 불린다.
이것은 현존하는 30여 가지의 에너
지 심리요법 중 가장 잘 알려져 있다.
EFT는 세계적으로 2,000만 명 이상
이 사용하고 있다. EFT는 신체의 경
혈을 손가락 끝으로 쳐서 자극하는
것이다. 그래서 EFT를 간단히 태핑
tapping(두드리기)이라고 부르기도 한다.
이것은 쉽게 배워서 빨리 적용할 수
있고 효과가 좋아서, 지난 20여 년 동

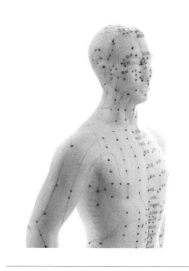

상체의 경혈과 경락

안 빠르게 대중적으로 보급됐다. 나는 가장 최근에, 연구에 더 폭넓
게 활용할 수 있는 EFT 버전을 만들기 위해서 EFT의 방법을 설명
한 안내서인《EFT 설명서》(The EFT Manual)를 발간했다(Church, 2013).

증거를 기반으로 한 이 방식은 임상 EFT라 부르는데, 현재 심
리학 저널과 내과학 저널에 그 효과를 입증하는 임상실험 논문이
100편 이상 발표되어 있다. 우울증, 불안증, 외상 후 스트레스 장애

에 대한 메타분석은 이 치료가 약물이나 상담요법보다도 훨씬 효과
가 뛰어남을 보여주고 있다.

EFT는 상담 심리요법에서 사용되는 단순한 요소들을 차용하
면서, 거기에 경혈을 두드리는 요소를 추가한다. 이 지점들을 두드
리는 데는 1분도 안 걸리지만 심리적 고통이 즉석에서 줄어든다.

나는 의학이나 심리학 학회에서 여러 번 EFT를 시연했는데,
의사들도 기꺼이 EFT를 받아들이는 모습을 자주 보았다. 그들은
스트레스가 신체적 질병을 일으키는 데 관여한다는 점을 아주 잘
알고 있다. 몇 명의 의사는 전통적인 대증요법은 하지 않고 경락 두
드리기만 했는데도 환자의 문제가 해결되었다고 말했다. 의사인 척
게브하르트Chuck Gebhardt는 다음 예화처럼 경혈 두드리기를 하자 부종
이 즉시 사라지는 모습을 보고 이렇게 말했다. "내가 받았던 전통의
학의 해부학과 생리학, 병리학 등의 수련은 내가 지금 목격하고 있
는 종류의 현상에 대해서는 암시조차 주지 못했다."

독감 예방주사의 부작용

다음은 의학박사 척 게브하르트가 쓴 글이다.

나는 EFT의 약간 수정된 버전을 약 6개월 동안 사용해온 미국의
전통 수련의이다. 독자들이 기대하는 대로, 나는 내 환자들에게서

아주 성공적이고 상당한 효과를 보고 있다. 나는 내과 전공이고 사우스웨스트 조지아 주에서 개원한 여섯 명의 내과 의사 중 한 명이다. 나는 내 환자들에게 지금까지 해왔듯이 전형적인 치료방법을 쓰고 있다. 하지만 환자가 진료 도중에 극심한 불편을 호소하면, 그리고 상황이 허락한다면, 그것을 가라앉히기 위해 경혈 두드리기를 시도한다. 하지만 이 기법을 행하기 전에 나는 먼저 평소대로 환자를 검진하고 진단하여 모든 중요한 문제를 처치한다. 물론 새로운 방법을 시도할 대상인 그 급성 증상도 포함해서 말이다. 자, 이제 본격적인 사연으로 들어가보자.

빌은 나의 아주 능력 있는 조수로부터 독감 예방주사를 맞았는데, 처음에는 별문제가 없었다. 그는 60세 남자였는데 나에게 고혈압과 고지혈증 치료를 받고 있었다. 그 외에는 아주 건강했고, 균형 잡히고 현실적인 사람으로 어떤 심리적 문제도 없었다.

다음 날 아침 일찍 그가 전화해서, 예방주사 맞은 왼팔이 주사 맞은 지 수 시간 후부터 욱신거리고 아프며 부어오르기 시작했다고 말했다. 진료실에 왔을 때 보니 부어오른 부위의 크기가 삶은 달걀 반 개 정도의 크기였다(정말로 예외적인 현상이었다). 너무 아파서 옷소매만 닿아도 참기가 힘들 지경이었다. 그의 체온은 38도였고 이마에서 식은땀이 흘렀다.

나는 항히스타민제와 진통제를 처방하고 스테로이드제를 즉시 투여하게 했고, 그에게 호흡에 문제가 있거나 정신을 잃을 것 같은 느낌이 있으면 즉시 전화하라고 일렀다.

그가 처방을 가지고 일어나려고 할 때, 나는 처방약이 효과를 나타낼 때까지 불편을 다소나마 가라앉혀주기 위해 그의 이마와 왼쪽 어깨와 왼쪽 팔의 경혈을 두드려주었다.

몇 지점을 두드려주니 약간 효과가 나타나는 것 같았다, 그런데 침술사들이 L5라 부르는 지점인 왼쪽 팔꿈치 안쪽을 두드려주자, 그는 "우와! 이거 아주 좋은데요"라고 말했다. 내가 L5를 계속 두드리고 있었던 30초 동안에 염증으로 부어올랐던 혹은 처음의 10분의 1 크기로 줄어들었고, 붉은 기가 사라지고 더 이상 아프지 않다고 했다.

미열과 발한도 해소되고 병감도 사라져버렸다. 이 반응은 그에게도 나에게도 놀라운 일이었다. 그는 지금은 괜찮아졌다는 것을 보여주기 위해 주먹으로 좀 전에 심하게 아팠던 부위를 쳐보기까지 했다. 한 달 후에 다시 만났을 때, 그는 그 후에 통증과 부종은 다시 생기지 않아서 내가 처방했던 약도 복용할 필요가 없었다고 말했다.

이것은 내가 목격한 경혈 자극 반응 중 가장 극적인 사례로 꼽힐 만하지만, 실은 내가 병원에서 날마다 경험하고 있는 무수한 일들 중의 하나일 뿐이다.

내가 받았던 전통의학의 해부학과 생리학, 병리학 등의 수련은 내가 지금 목격하고 있는 종류의 현상에 대해서는 암시조차 주지 못했다. 당신도 알다시피, 이 같은 극적인 호전을 목격하는 사람은 누구나 그 자리에서, 우리의 신체와 마음이 작용하는 방식에 대한 이전의 지식에는 중요한 수정과 새로운 방향의 연구가 필요함을 깨닫게 된다. 이것은 매우 가슴 뛰는 일이다.

게브하르트 박사는 신체적 질환에 EFT를 이용하는 많은 의사들 중 한 사람이다. 한 학회에서는 의사 한 분이 다가와서 내 손을 잡으면서, 2년 전의 같은 학회에서 내가 시연해준 EFT 연습에 대해 감사를 표했다. 그는 자신의 진료실에서는 접수할 때 모든 초진 환자들에게 EFT를 행하고 있다고 했다. 이렇게 하면 현재의 문제 중에서 감정과 관련된 측면은 대개는 제거되어서 의사는 그다음에 남아 있는, 즉 정말로 의학적인 측면만을 다룰 수 있게 되기 때문이다.

수영 챔피언 팀 가턴의
비非호지킨 림프종 2단계 진단 후 에너지 치유

수영 세계챔피언인 팀 가턴Tim Garton은 1989년 비非호지킨 림프종* 2단계로 진단받았다. 당시 그는 49세였는데, 복부에 축구공만 한 종양이 나 있었다. 수술 후 12주 동안 4회의 화학요법을 받고 나서 8주 동안 방사선 치료를 받았다. 처음에는 말기 암으로 생각했었는데 다행히 치료가 성공적이어서 1990년에 팀은 완치되었다는 말을 들었다. 하지만 다시는 전국대회나 국제대회에는 나갈 수 없을 것이라는 말도 들어야 했다. 그러나 1992년, 팀 가턴은 수영 경기장으로 다시 돌아와서 100미터 자유형 세계챔피언이 되었다.

---

* Non-Hodgkin Lymphoma: 림프조직 세포가 악성으로 전환되어 생기는 종양을 말하며, 림프종에는 호지킨 림프종과 비호지킨 림프종(악성 림프종)이 있다.

그러나 1999년 7월 초순에 그는 또 전립선암 진단을 받았다. 7월 하순에 전립선 절제 수술을 했는데, 암이 전립선 밖으로 전이되어서 수술로는 완전히 제거할 수가 없었다는 말을 들었다. 그는 다시금 매주 복부에 방사선 치료를 받았다. 8주의 시술 후에 암은 치료되었다.

2001년에 다시 림프종이 생겼는데, 이번에는 목에 생겼다. 수술로 제거한 후, 팀은 다시 방사선 치료를 받았으나 목에 심한 화상이 남았다. 다음 해에는 목의 다른 쪽에 림프종이 생겨서 기관지를 눌렀는데, 빨리 자라는 림프종이라서 응급수술이 필요하다는 진단을 받았다.

림프종이 이미 전신에 퍼져 있다고 했다. 그래서 이번에는 골수와 줄기세포 자가이식을 받았는데 그리 성공적이지 않았다. 위장으로의 전이가 의심됐다. 주치의는 이제 그를 위해 할 수 있는 일이 없다고 했다. 별로 낙관적이지 않은, 매우 실험적인 내과 치료가 유일한 대안이었다. 그는 재발한 낮은 등급의 림프종에 약간의 효과가 입증된 단일클론항체, 즉 리툭산^Rituxa 주사를 맞았다. 리툭산은 면역계가 암을 집중 공격할 수 있도록 암의 위치를 알려주는 신호를 제공하도록 만들어진 약이었다.

당시 팀은 도나 이든^Donna Eden에게서 훈련받은 에너지 의학 시술자인 킴 웨드맨^Kim Wedman의 시술을 받으려고 신청했다. 팀과 그의 아내는 바하마로 가서 3주 동안 있었는데, 첫 주는 킴을 데려가서 함께 지냈다. 킴은 한 시간 반 걸리는 시술을 매일 행했다. 이 시술에는 기본적인 에너지 조율, 경혈 추적, 차크라^chakra 정화, 그리고 전기적, 신경림프적, 신경혈관적으로 관련된 지점들에 대한 시술 등이 포함되어 있었다.

킴은 팀과 아내에게 하루에 두 번 20분씩 행하는 에너지 의학의 자가요법을 가르쳤고, 그들은 킴과 함께 지냈던 첫 주와 다음 두 주 동안 그것을 성실하게 따라 했다. 이 자가요법은 기본적인 에너지 조율과, 위장과 신장과 면역체계를 관장하고 방광으로 기운을 공급하는 경락을 위한 특정 기법을 포함하고 있었다.

덴버의 집으로 돌아온 후 암이 얼마나 빨리 퍼져 있는지를 알아보기 위해서 팀은 "더 이상은 할 수 있는 일이 없다"고 말했던 암 전문의에게 다시 검사를 받아보기로 했다. 그런데 모든 사람들에게 놀랍고 또 기쁘게도, 팀의 암은 치유되어 있었다. 검사 후 이 책을 쓴 지금까지, 4년 동안 그는 치유된 상태를 그대로 유지하고 있다. 그는 매년 PET 촬영을 하고 있지만 암은 새로 발견되지 않았다.

무한한 마음에서 물질이 창조된다

이 모든 연구의 배경을 이루는 그림은 '에너지가 물질을 만든다'는 것이다. 우리는 자신이 지구의 자기장으로부터 옆 사람의 심장이 일으키는 자기장에 이르기까지, 에너지의 장들 속에 잠겨 있다는 사실을 알고 있다. 우리의 신체기관도 장을 지니고 있고, 세포도 장을 지니고 있다. 이 장들은 치유가의 의도와 활동에 반응한다. 그리고 그 치유가는 우리 자신이 될 수 있다.

우리는 질병이 물질 차원에 뚜렷이 나타나기 전에 사람의 에너지장에서 먼저 나타날 수 있고, 우리 몸을 이루고 있는 물은 주변의 에너지장에 예민하다는 사실도 알고 있다. 우리는 소리의 주파수가 물질을 변화시키고, 아원자 입자를 관찰하는 행위가 입자의 행동을 변화시킬 수 있다는 것도 알고 있다.

마지막으로 우리는 치유의 의도를 실은 에너지가 가해지면 물질도 흔히 그 의도를 따른다는 사실을 목격한다. 침술 같은 고대의 치유법에서 EFT와 같은 현대의 변형판에 이르기까지, 모든 에너지 요법들이 에너지가 세포에 미치는 영향력을 보여준다. 수천 건이 넘는 연구들이 에너지 치유가 불안증과 우울증 같은 심리적 상태와, 통증과 자가면역질환을 포함한 모든 신체적 증상에 효과가 있음을 보여준다.

과학은 에너지장을 물질의 부수현상으로 여겨왔음에도 불구하고, 이제는 무수한 증거들이 물질이야말로 에너지의 부수현상임을 보여주고 있다. 이것이 치유를 위해 시사하는 점은, 에너지장을 변화시키면 우리 몸의 세포들도 반응한다는 것이다

앨버트 아인슈타인은 에너지와 물질의 관계를 이해하고 있었다. 그의 유명한 방정식은 $E=mc^2$이다. E는 에너지이고 m은 물질이다. 이것들은 방정식의 양편에서 서로 균형을 이루고 있다. 그는 말했다. "우리가 물질이라 부르는 것은 감각으로 감지하기에는 진동이 너무 낮은 에너지이다. '물질'은 없다."

우리는 물질주의자로 남기로 선택할 수 있다. 삶에서의 불균형, 감정의 혼란, 신체의 질병 등에 직면했을 때, 우리는 약이나 수술 또는 마약 같은 물질적 해결책을 찾을 수 있다.

반면 우리는 에너지의 길을 선택할 수도 있다. 사람의 에너지가 변하면 물질도 따라서 변한다. 인간으로서 존재해야 한다는 불가피한 도전에 직면하여, 우리는 아인슈타인의 조언을 받아들이고 방정식의 에너지 쪽 측면을 바꿀 수 있다. 에너지의 길을 택하면, 우리는 단순하고 우아하고도 널리 효과 있는 방법으로써 물질의 압제에서 해방될 수 있다. 문제를 결과가 아니라 원인의 차원에서 다룰 수 있게 되기 때문이다.

물질에 빠져들어 있는 주의를 해방시키면, 우리는 에너지가 지니고 있는 본연의 지능을 알아보게 된다. 집착 없는 의식의 차원으로 옮겨가면, 우리는 무한한 지성의 비국소적 장 속의 무한 가능성으로 들어서게 된다.

이 우주적인 비국소적 장에 자신을 동조시키면, 우리는 무한한 가능성의 장에 접속된다. 그러면 더 이상 물질이 제공하는 비좁은 울타리 속에 갇히지 않는다. 이러한 상호작용은 우리 몸의 세포들을 패턴화시켜서, 무한한 지성의 장의 끝없는 가능성에 우리의 물질적 형체를 조율시켜준다. 그리하여 그 속에 거하도록 자신을 안착시키면, 우리는 물질적 사고에 한정되어 있을 때는 꿈꾸지 못했던 완전히 다른 삶을 창조해내게 된다.

생각을 실천하기

이번 주에 할 일들

- 혼자 있을 때 날마다 적어도 수 분간 노래하라.
- 물을 깊이 경험하라. 물줄기를 따라 산책하고, 목욕을 즐기고, 분수에서 물을 맞으라.
- 잔물결과 물그림자를 눈여겨 살피라.
- 물을 마시기 전에 물잔을 가슴에 대고 축복을 보내라.
- 의식적으로 소리를 사용하라. 일주일 내내 명상음악 채널 외의 음악은 금하라.
- 일기에다 소리와 물에 대한 자신의 경험을 적으라.

이 장의 온라인 확장판에는 다음이 포함되어 있다.

- 전자기장을 감지하는 생물에 대한 연구들
- 최상의 사이매틱스 동영상 | 언스트 클라드니의 소리꼴
- 소리 치유 사례
- 도슨의 검류기 동영상
- 물의 기억 동영상
- 물의 속성 변화에 관한 러스텀 로이 교수의 발표

온라인 확장판에 접속하려면 MindToMatter.club/Chapter2를 방문하라.

3장

감정이
환경을 형성한다

1892년 어느 밝은 봄날 아침, 한스 버거Hans Berger라는 젊은 독일 병사가 의기양양하게 말을 타고 가고 있었다. 그는 뷔르츠부르크Würzburg 시에서 군사 훈련에 참가 중이었고, 그의 부대는 말을 몰아 대포들을 제 위치로 끌고 가고 있었다.

그때 갑자기 버거의 말이 뒷다리를 들어 올려 그를 마차 바퀴 바로 앞으로 던져버렸다. 깔리기 직전의 결정적인 순간에 동료들이 필사적으로 대포 수레를 멈췄다. 버거는 제복이 흙투성이가 되었을 뿐, 죽음을 면할 수 있었다.

그날 저녁 버거는 코부르크Coburg의 아버지에게서 안부를 묻는 전보를 받았다. 그의 아버지는 전에는 한 번도 전보를 보낸 적이 없었다. 그날 아침 버거의 누나가 '그에게 뭔가 끔찍한 일이 생긴 것 같은 불길한 예감에 사로잡혀서' 아버지에게 전보를 보내보라고 독촉한 것이다.

버거는 자신의 공포감이 100킬로미터나 떨어져 있는 누나에게 어떻게 전해질 수 있었는지를 이해해보려고 애썼다. 그는 원래 천문학자가 되고 싶어했으나 마음을 바꾸었다. 그는 군에서 전역한 후, 뇌의 작용을 연구하는 정신과 의사가 되었다(Millett, 2001).

1924년 6월, 전에 뇌종양으로 수술을 받느라 두개골이 일부 열려 있는 17세 소년의 뇌를 연구할 기회가 그에게 생겼다. 그는 뇌의 활동을 측정할 방법이 있는지를 알아보고 싶었다. 처음에는 성공하지 못했지만, 그는 자신이 만든 기구를 수 주일 동안 매만진 끝에 마침내 감격스럽게도 '검류기의 연속적인 진동'을 관찰할 수 있게 됐다.

그는 자신의 논문에 이렇게 적었다. "내가 지금까지 20년도 넘게 매달려온, 일종의 뇌 거울이라 할 수 있는 뇌파도(electroencephalogram)를 그려내는 꿈이 과연 이뤄질 수 있을까?"(Millett, 2001)

한스 버거

1929년, 장비와 기술을 계속 개선한 끝에 버거는 알파파와 베타파라는 두 가지 뇌파를 마침내 발견해냈다. 불행하게도 버거의 연구 결과는 당대의 의학을 지배하고 있던 뇌 이론에는 맞지 않는 것이어서 동료들에 의해 배척당했다. 영국과 미국의 과학자들은 그가 측정하고 있는 것은 전기적 잡음(artifact)이라고 생각했고, 어떤 사람은 "뇌 표면으로부터 의미 있는 뭔가를 기록해낼 수 있을지 매우 의심스럽다"라고까지 공격했다.

버거는 대학교수직 은퇴를 압박받았고 건강마저 악화됐다. 그는 결국 우울증에 빠져 1941년에 자살해버렸다. 뇌파 측정기(EEG)가 널리 쓰이게 된 1960년대에 이르러서야 의식연구가들은 마음과 뇌 사이의 관계를 탐구하기 시작했다. 이제 우리는 뇌의 기능뿐만 아니라 의식 상태의 지도도 익히 알고 있고, 감마파와 같은 새로운 뇌파도 계속 발견하고 있다(Hughes, 1964).

소통하는 뇌: 박수의 '물결'

나는 뉴욕에 자주 가는데, 브로드웨이 뮤지컬을 보러 가기를 좋아한다. 〈모르몬교의 성전〉(The Book of Mormon)[*]이 개봉됐을 때, 나는 표를 가장 먼저 산 사람 중의 하나였다. 청중들은 뮤지컬 공연 내내 배꼽을 잡고 웃었다. 마지막에 출연자들은 기립박수를 받았다.

그런데 갑자기 박수 소리가 변했다. 천여 명의 사람들이 각자 따로 박수를 치는 것이 아니라 모든 사람이 일정한 리듬에 맞춰 박수를 치기 시작한 것이다. 짝, 짝, 짝, 짝. 리듬에 맞춘 박수 소리는 계속 이어져서 배우들이 다시 무대에 서서 앙코르 인사를 하게 만들었다. 박수 소리는 배우들에게 관객의 찬동을 전했고, 배우들은 거기에 노래 한 곡으로 응했다.

당신의 뇌 속 신경세포들도 이와 비슷한 행동을 하고 있다. 그것들은 일정한 리듬에 맞춰 함께 발화하고, 뇌를 가로질러 서로 소통한다. 이 리듬의 패턴은 초당 사이클 수, 곧 헤르츠(Hz)로 측정된다. 관객이 함께 천천히 박수를 친다고 생각해보자. 이는 수백만의 신경세포들이 천천히 함께 발화하는, 느린 뇌파이다. 관객이 빠르게 박수를 친다고 생각해보자. 이는 수백만의 신경세포들이 함께 빠르게 발화하는, 빠른 뇌파이다.

오늘날의 EEG는 뇌의 다양한 부위들로부터 뇌파의 패턴을 계산해낸다. 대개의 EEG는 두개골 표면에 부착한 열아홉 개의 전

---

[*] 처음 파견을 가는 모르몬 교인이 주인공으로, 아프리카의 열악한 상태와 종교의 모순이라는 민감한 주제를 해학적으로 다룬 연극이다. 토니 어워즈(뮤지컬계의 아카데미상)에서 아홉 개의 상을 받았다.

극을 이용한다.

한 연구팀은 이렇게 논평했다. "과학 자들은 이제 뇌의 상태와 EEG의 상관관계 에 너무나 익숙해져 있어서 그것이 얼마나 경이로운지를 잊고 있는 듯하다. 하나의 전 극은 대략 1억에서 10억 개 사이의 신경세 포가 포함된 신경조직 부위에서 평균된 신 경 연접활동 수치를 제공해준다."(Nunez & Srinivasan, 2006) 우리가 EEG에서 뇌파의 변동

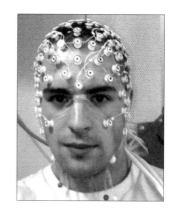

전형적인 전극 배열

을 지켜보고 있을 때, 그것은 곧 우리 뇌의 수십억 신경세포의 발화 패턴이 변화해가는 광경을 지켜보고 있는 것이다.

뇌파는 무엇이며, 무엇을 하는가?

현대의 뇌파 측정기가 측정해내는 뇌파에는 다섯 가지 기본 파형이 있다. 감마파는 가장 주파수가 높은(40~100Hz) 뇌파이다. 이 파는 뇌가 학습할 때, 현상들 사이를 연관 지을 때, 그리고 다양한 뇌 부위들로부터의 정보를 통합할 때 가장 잘 나타난다.

뇌가 감마파를 많이 만들어낸다는 것은 복잡한 신경조직과 높 은 자각의식을 반영하는 것이다. 승려가 연민의 마음으로 명상을 할 때, 그들의 뇌에서 다량의 감마파 발화가 관찰되었다(Davidson & Lutz, 2008).

이들의 뇌파를, 일주일 전부터 하루에 한 시간씩 명상을 했던 초보 명상가들의 뇌파와 비교해보았다. 초보자의 뇌도 승려의 뇌와 비슷한 양상을 보였다. 그러나 승려에게 연민의 정을 떠올리게 하면, 뇌는 마치 〈모르몬교의 성전〉 뮤지컬에서 청중들이 박수를 치듯이 리듬에 맞춰 발화하기 시작했다.

승려의 뇌에서 측정된 감마파의 발화는 여태껏 기록된 것 중 가장 컸다. 이때 승려는 지복(bliss)의 상태에 들어가는 중이라고 말했다. 감마파는 아주 높은 수준의 지적 기능, 창의성, 통합, 극치 상태, 그리고 '통달(in the zone)'의 느낌과 연관되어 있다. 감마파는 초당 40회 정도로 뇌의 앞에서 뒤쪽으로 흐른다(Llinás, 2014). 연구자들은 이 진동파를 의식의 신경상관자(NCC: neural correlate of consciousness), 곧 의식의 주관적인 경험과 뇌의 활동을 연결지어주는 하나의 상태로 보고 있다(Tononi & Koch, 2015).

뇌 연구자들은 뇌파의 진폭이 말뜻 그대로 파의 크기를 의미한다고 말한다. 진폭이 큰 감마파는 큰 감마파, 작은 진폭의 감마파는 작은 감마파로 봐야 한다는 뜻이다. 뇌파를 측정하면 마루(peaks)와 골(valleys)이 나타나는데, 마루로부터 골 사이의 거리가 진폭이 된다. 진폭은 마이크로볼트microvolt로 측정하는데, 뇌파의 진폭은 전형적으로 10마이크로볼트에서 100마이크로볼트 사이이고 감마파처럼 빠른 뇌파의 진폭이 가장 작다.

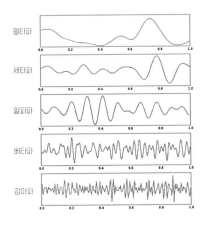

가장 느린 파로부터 가장 빠른 파까지의 뇌파

다음으로 빠른 뇌파는 베타파(12~40Hz)이다. 전형적으로 베타파는 높은 베타파와 낮은 베타파의 두 부분으로 나뉜다. 높은 베타파는 원숭이처럼 부산한 마음(monkey mind)이다. 높은 베타파(15~40Hz)는 당사자가 불안하고, 욕구불만이 있고, 스트레스를 받고 있음을 반영하는 뇌파다.

스트레스가 심해질수록 뇌가 생성하는 베타파의 진폭도 커진다. 성냄, 공포, 비난, 죄의식, 수치심 같은 부정적인 감정은 EEG에서 베타파의 큰 발화를 일으킨다.

이런 베타파는 합리적 사고, 의사결정, 기억, 객관적 평가 등을 맡은 뇌 부위의 작용을 정지시킨다(LeDoux, 2002). 이럴 때는 '생각하는 뇌' 부위인 전전두피질로 가는 혈액이 80퍼센트까지 줄고, 산소와 영양이 부족한 우리의 뇌는 명료하게 생각하는 능력이 급격히 감소한다.

　　낮은 베타파(12~15Hz)는 우리 신체의 자동기능과 동조하는 주파수 대역이다. 그래서 이것은 감각운동 리듬 주파수(SMR: sensorimotor rhythm frequency)라고도 부른다.

　　베타파는 정보처리와 선형적 사고를 위해서 필요하다. 그러므로 정상 수준의 베타파를 유지하는 것이 좋다. 당신이 문제해결, 시작詩作, 목적지까지 가장 빠른 길 계산하기, 또는 장부 맞추기 등의 일에 집중할 때, 베타파는 당신의 친구가 된다. SMR은 평온하고 집중된 정신 상태를 나타낸다. 이에 비해 스트레스는 높은 베타파, 특히 25헤르츠 이상의 베타파를 만들어낸다.

　　알파파는 최적의, 이완된 각성 상태이다. 알파파는 높은 주파수인 '생각하는 마음'의 베타파와 '연결짓는 마음'의 감마파를 가장 낮은 두 주파수인 세타파(4~8Hz), 델타파(0~4Hz)와 이어준다.

　　세타파는 얕은 수면 상태의 특징이다. 생생한 꿈을 꿀 때는 안구가 빠르게 움직이고, 뇌는 주로 세타파를 보인다. 세타파는 급속안구운동(REM: rapid eye movement) 수면*의 주파수이다. 세타파는 또한 최면 중인 사람, 치유자, 무아경에 있는 사람, 고도로 창조적인 상태에 있는 사람 등에게서 우세한 주파수다(Kershaw & Wade, 2012). 좋거나 나쁜 감정적 경험의 회상도 세타파를 유발할 수 있다.

　　가장 느린 주파수는 델타파이다. 델타파는 깊은 수면의 특징이다. 델타파의 아주 큰 진폭은 비국소적인 마음에 접속해 있는 사

---

* 몸은 자고 있으나 뇌는 깨어 있는 상태의 수면을 말하며, 논렘(NREM) 수면과 대응한다. 대부분의 꿈은 렘 수면 상태에서 이루어진다.

람에게서 발견되는데, 완전히 깨어 있을 때도 나타날 수 있다. 명상가, 직관적인 사람, 치유가 등은 보통 사람보다 훨씬 더 많은 델타파를 보인다.

꿈 없는 깊은 수면에 든 사람의 눈은 움직이지 않는다. 델타파는 이 같은 논렘(NREM: non-rapid eye movement) 수면에서도 지배적으로 나타난다.

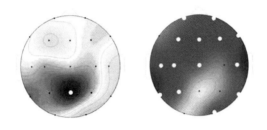

이런 형태의 차트('Z-점수' 차트)에서 중간 정도의 음영은 정상 활동을,
밝은 쪽은 활동의 감소, 짙은 쪽은 활동의 증가를 나타낸다.
왼쪽의 뇌는 다양한 활동이 일어나고 있는 모습이다.
오른쪽의 뇌는 세타파의 중간 대역 주파수가 활발히 활동하는 모습인데,
경험 많은 치유가에게서 흔히 보이는 패턴이다.

일상의 현실에서 깨어나기

EEG의 개척자인 맥스웰 케이드Maxwell Cade는 중간 범위 주파수인 알파파는 두 빠른 주파수인 베타파와 감마파, 그리고 두 느린 주파수인 세타파와 델타파 사이의 다리를 이룬다는 점에 주

목했다(Cade & Coxhead, 1979). 바이오피드백biofeedback[*]과 뉴로피드백
neurofeedback[**] 기술은 사람들에게 알파파 상태에 들어가는 법을 가르
치는 데 초점을 둔다. 가장 이상적인 상태는 뇌의 다른 모든 리듬
을 연결해주는 알파파가 충분히 많은 상태라고 할 수 있다. 높은 베
타파가 최소화되면 부산하고 불안한 상태가 매우 줄어든다. 그러면
감마파와 세타파가 균형을 이루고, 델타파가 그 배후에 깔려 있게
된다.

생물물리학자인 케이드는 의식 상태 측정에 관심을 갖기 전
에는 영국 정부기관에서 레이더와 관련된 일을 하고 있었다. 그는
1976년에 혼자서 '마음의 거울'(mind mirror)이라는 기계를 개발했다.
이는 뇌파를 명료한 사진으로 보여주는 독
특한 EEG 장치였다.

그의 학생인 안나 와이즈Anna Wise는 이
기계에 대해서 이렇게 적었다. "마음의 거울
이 다른 형태의 뇌파 측정기와 다른 점은,
개발자의 관심이 병적인 상태(의학 장비의 경
우처럼)가 아니라 '깨어 있는 마음'이라고 불
리는 최적의 상태에 초점을 두고 있었다는
것이다. 마음의 거울의 발명자는 문제가 있

맥스웰 케이드

---

[*] 생체의 자기제어, 즉 생체의 신경생리 상태 등을 어떤 형태의 자극 정보로 바꾸어서 그 생체에 전
달하는 조작을 말한다. 미국에서는 이미 일종의 자기 통제법으로 쓰이고 있다.

[**] 뇌파를 통제하는 바이오피드백 기술을 신경이란 의미의 접두사 뉴로neuro와 결합해 뉴로피드백
neurofeedback이라 부른다.

는 사람들을 대상으로 여긴 게 아니라, 가능한 한 가장 고도로 진화된, 영적으로 깨어 있는 사람들을 대상으로 상정했다. 그와 동료들은 요기^{yogi}*든 선사禪師든 치유가든 간에, 그들 사이의 공통적인 뇌파 패턴을 발견했다."

깨어 있는 마음

케이드는 20년이 넘도록 '마음의 거울'을 이용하여, 깊은 영적 수련을 한 4,000명 이상의 사람들의 뇌파 패턴을 기록했다. 그는 깨어 있는 마음 상태가 이 집단의 공통점임을 발견했다. 그는 또 그들이 모두 아주 많은 알파파를 가지고 있음을 발견했다.

말했듯이, 알파파는 위로는 베타파와 감마파가 있고 아래로는 세타파와 델타파가 있는 정중앙 스펙트럼의 뇌파이다. 깨어 있는 마음 상태에 있는 사람이 많은 알파파를 가지면 그것이 위의 높은 주파수와 아래의 낮은 주파수 사이를 연결해준다. 케이드는 알파파가 베타파 주파수의 의식적인 마음과 세타파-델타파 주파수의 잠재의식-무의식을 연결해주므로, 그것을 알파 브리지$^{alpha\ bridge}$라고 불렀다. 이것은 모든 수준의 마음을 통합시키는 의식의 흐름을 허용한다.

케이드는 이렇게 썼다. "의식이 깨어난다는 것은 의식의 잠

---

* 요가^{yoga} — 산스크리트어로 통합(join, unite)의 뜻 — 를 수행하는 베단타 철학의 수행자. 물질세계로부터의 해탈을 추구한다.

1970년대 '마음의 거울' 최초 버전과 맥스웰 케이드

으로부터 점차 깨어나서 일상의 현실을 점점 더 생생하게 인식하게 되는 것이다. (잠이 아니라) 일상의 현실로부터 깨어난다는 점만이 다를 뿐이다!"(Cade & Coxhead, 1979)

나는 에코메디테이션EcoMeditation**이라는 명상법을 개발했는데, 이것은 아주 단순하지만 지속적이고 자동적으로 사람을 '깨어 있는 마음' 상태의 EEG 패턴으로 데려다줄 수 있다. 에코메디테이션은 긴장 완화를 방해하는 것들을 제거하기 위해 EFT 두드리기 기법을 이용한다. 그리고 뇌와 신체에 안전하다는 신호를 보내주는 일련의 간단한 신체이완 연습을 익히게 한다. 이것은 신념이나 철학에 기대지 않고, 그 대신 깊이 이완된 상태를 자동적으로 만들어주는 생리적 신호를 신체에 보내는 방법을 쓴다. 이에 대한 설명은 EcoMeditation.com에서 무료로 얻을 수 있다.

에코메디테이션을 하는 동안에는 델타파가 많이 나온다. 델타파는 국소적 자아 너머, 저 위에 있는 많은 자원들과 연결되는 곳이다. 앞서 말했듯이 치유가, 예술가, 음악가, 직관적인 사람들, 그리고 무아경에 든 사람들은 델타파를 많이 만들어내는 경향이 있다.

작곡가나 놀이에 열중한 아이처럼 창조적 무아경에 있는 사람들은 보통 많은 델타파를 가지고 있다. 창조적인 일에 몰입해 있을

** 이번 장의 끝(189쪽)에 부록으로 실어두었다.(편집부 주)

때 그들은 외부세계에 대해서는 까맣게 잊어버린다. 그들의 뇌파는 대부분 델타파이고, 알파파와 세타파가 조금 있고, 베타파는 그저 기능을 유지할 정도만 있다(Gruzelier, 2009).

사람들이 명상 상태에서 큰 진폭의 델타파를 보인다는 사실은 나를 매료시켜왔다. 그들은 초월적 경험을 이야기한다. 그들은 우주와 하나가 된 느낌, 깊은 조화와 행복의 느낌을 묘사한다(Johnson, 2011). 앨버트 아인슈타인은 이것을 '모든 생명과 자연계 전체를 포용하는' 확장된 의식 상태라고 말했다. 과학자들도 신비주의자가 될 수 있다!

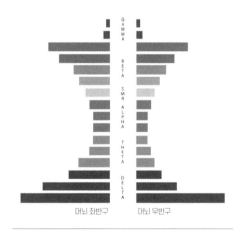

'마음의 거울' 그래프상의 정상적인 뇌 기능:
대뇌 좌우반구가 균형을 이루고
여섯 가지 주파수가 모두 나타난다는 점에 주목하라.

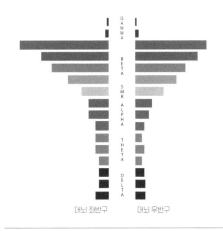

불안:
불안한 사람은 베타파가 매우 많고
알파파, 세타파, 델타파는 아주 적다.

알파파 활동 증가:
의식 통합의 실마리를 찾은 사람은, 베타파가 보여주듯이
아직도 확연한 불안이 남아 있지만, 알파파가 증가한다.
세타파도 많아졌지만 좌우반구 사이에 균형이 이루어져 있지는 않다.

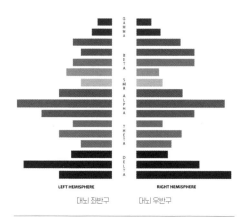

균형 잡힌 뇌 활동:
많은 델타파와 세타파, 그리고 적은 베타파를 보이는
'깨어 있는 마음' 상태의 패턴.
풍부한 알파파가 의식적 마음(베타파)과
무의식적, 잠재의식적 수준(세타파와 델타파) 사이에서
'알파 브리지'를 제공해준다.

프로그래머 속에 갇힌 음악가

한 워크숍에서 나는 중등도의 불안증을 가진 42세 남자 프렘prem
에게 에코메디테이션을 가르쳤다. 그는 자신의 삶이 더 창조적이
기를 원하는 컴퓨터 프로그래머였다. 그는 기타 연주를 했는데, 좋
아하는 취미였음에도 불구하고 시간을 내기가 힘들다고 했다. 그
는 이렇게 말했다. "나 자신을 위한 시간을 도저히 낼 수가 없어
요." 그의 핵심 신념 중의 하나는 이것이었다. "인생은 힘들다. 전

력질주를 해야 한다. 놀 시간은 없다."

워크숍을 시작했을 때, 프렘의 EEG는 좌반구와 우반구에서 높은 수준의 베타파를 보였다. 베타파는 스트레스에 전형적으로 나타나는 뇌파다. 그의 알파파는 아주 적었다. 알파파는 높은 주파수와 낮은 주파수를 연결해주는, 이완된 각성 상태의 하나로 이상적인 뇌파다.

프렘의 EEG 그래프는 많은 세타파와 델타파를 보여줬지만 알파파는 아주 적어서 병목 모양을 이루고 있었다, 그래서 그는 자신의 창조적인 측면에 다가갈 수가 없었던 것이다. 또한 그가 보인 큰 진폭의 베타파는 만성불안, 스트레스, 그리고 탈진 상태의 특징이다(Fehmi & Robins, 2007).

프렘이 에코메디테이션에 익숙해지자, 우뇌 쪽이 더 크긴 하지만, 뇌의 좌우반구 모두에 알파파가 크게 발화하기 시작했다. 불안하고 스트레스에 쌓여 있던 그의 베타파는 사라졌다. 그의 뇌는 전에는 없었던 감마파를 만들어내기 시작했다.

프렘은 명상가는 아니었다. 명상 강의를 들은 적은 있지만 명상 습관을 들이는 데 성공해본 적은 없었다고 했다. 그러나 에코메디테이션은 빠른 시간에 그를 깊은 명상 상태에 자리 잡게 했다. 그의 뇌파는 깨어 있는 마음 상태의 패턴으로 안정되었다.

스트레스가 없어지니 전전두피질로 가는 혈액이 다시 풍부해졌고, 뇌의 실행중추가 지닌 생물학적, 지적 자산에 접속된 그의 사고는 명료해졌다.

우리는 워크숍 참가자들의 참가 전후 심리검사와 함께 생물학적

반응도 검사해보았다. 프렘의 코르티솔(주요 스트레스 호르몬) 수치
는 상당히 떨어져 있었다. 스트레스 수준이 떨어지면 체내의 생물
학적 자원들은 세포의 회복, 면역 기능, 그리고 그 밖의 다른 유익
한 기능들을 위해 더 많이 사용될 수 있다.

이것은 프렘의 타액 면역글로불린 A(SIgA: 핵심적인 면역지표) 수치에
서 명백하게 나타났다. 이 수치는 워크숍이 끝나가는 사이에 상당
히 높아져 있었다. 그의 안정 시 심박수는 분당 79회에서 64회로
떨어졌고, 혈압은 118/80에서 108/70으로 떨어졌다. 이 모든 지표
들은 새로운 균형을 찾은 그의 뇌 기능을 반영하고 있었다.

다른 워크숍 참가자들에게서도 비슷한 긍정적 효과들이 발견됐다.
모든 참가자에게서 코르티솔 평균치가 내려갔고 SIgA 수치는 높아
졌다. 안정 시 심박수는 70에서 60으로 떨어졌다(Groesbeck 등, 2016).
에코메디테이션으로 스트레스 반응을 반전시키고 나서부터 프렘
은 삶의 빛을 보기 시작했다. 그의 전두엽으로 혈액이 다시 흐르고,
하드드라이브에 불이 제대로 들어왔다. 그는 이제 힘을 얻은 느낌
이었다. 자신에게 든든한 자원이 있음을 깨달았다. 그는 자신이 연
주할 능력이 있음을 알았다. 삶의 통제력을 다시 얻은 것이다. 할
수 있다는 느낌, 살아 있는 느낌을 가지자 그의 모든 것이 변했다.

워크숍이 끝난 후 다시 검사할 때, 그가 처음에 되뇌었던 "삶은 힘
들다. 놀 시간이 없다"는 말을 되뇌게 했더니 그는 크게 웃었다.
"우리 아버지가 말씀하시는 것 같아요." 그는 근엄한 아버지가 놀
기 좋아하는 아들을 꾸짖는 것처럼 무서운 눈빛으로 쏘아보며 손
가락을 가로저었다.

프렘은 워크숍 내내 에코메디테이션을 수행했고, 끝날 무렵에는 금방 이완된 상태로 들어갈 수 있게 되었다. 그는 기타를 연주하며 자신의 창조적인 측면을 받들어 돌볼 시간 계획을 짜기 시작했다.

EEG를 연결한 참가자의 워크숍 세션

의식이 변하면 뇌파도 변한다

뇌파와 신경경로 물질의 에너지장은 끊임없이 진화해가는 춤사위와도 같다. 의식이 변하면 뇌파도 변하고 다양한 신경경로들이 합류한다.

그 양극단은 사랑과 공포다. 공포 상태가 되면 알파 브리지는 사라진다. 그러면 세타파와 델타파는 남아 있을 수 있지만 잠재의식 속의 자원과 온 우주와의 연결은 끊어진다.

베타파는 뇌를 두려움으로 채운다. 뇌를 생존 모드로 존재하게 한다.

우리가 지복의 상태에 있을 때, 뇌는 깨어 있는 마음 상태의 패턴을 보인다. 거기서 한 걸음 더 나아가면 케이드가 '진화된 마음'(Evolved Mind)이라 부른 대칭적인 패턴으로 갈 수 있다. 의식이 사랑으로 가득 차 있으면, 우리의 뇌는 풍부한 세타파와 델타파에 의식과 잠재의식을 연결하는 알파 브리지까지 가세하여 사뭇 달리 기능하게 된다.

감정이 뇌의 상태를 만들어낸다. 뇌파는 의식이 생성시킨 장을 반영한다. 사랑과 기쁨과 조화와 관련된 신경다발을 지나가는 신호는 특징적인 에너지장을 만들어낸다(Wright, 2017). EEG 전문가인 주디스 페닝턴Judith Pennington은 에코메디테이션을 하고 있는 사람의 뇌를 모니터링하다가, 세타파와 델타파의 패턴이 '깨어 있는 마음' 상태로부터 '진화된 마음' 상태로 발전해가는 양상을 관찰했다.

감정은 신경전달물질도 만들어낸다. 신경전달물질로는 세로토닌serotonin, 도파민dopamine, 엔도르핀endorphins, 옥시토신oxytocin, 그리고 아난다미드anandamide 등이 있다(Kotler & Wheal, 2017). 세로토닌은 만족과 관련되고, 도파민은 보상 감각과 관련이 있다. 엔도르핀은 통증을 차단하고 희열감을 높여준다. 옥시토신은 '붙여주는 호르몬'(bonding hormone)이어서 타인들과 친밀해진 느낌을 자극한다. 아난다미드는 '지복 분자'(bliss molecule)라 불리는데, 산스크리트어의 지복(ananda)이라는 말을 따서 지은 이름이다. 이것은 마리화나의 주성분인 향정신성 분자 THC와 동일한 뇌 수용체와 결합한다. 마음이 변화하면 그 변화가 신경전달물질 형태를 띤 분자적 현실을 만들어내는 것이다. 이런 물질들이 뇌 속에 넘쳐나면 우리는 만족감, 안정감, 유대감, 지복감, 평온 등을 느낀다. 감정이 고조되면 우리는 말 뜻 그대로 신체가 생산해내는 '마약'으로써 한껏 고조된 상태(getting high)가 되는 것이다.

뇌파는 감정이 만들어내는 에너지장의 표현이다

한 영향력 있는 연구에서는 기공과 참선을 비롯한 다섯 가지 전통의 수행자들의 뇌파 패턴을 조사했다(Lehmann 등, 2012). 이 연구는 정상적인 의식 상태의 뇌 기능과 명상 상태의 뇌 기능을 비교해보았다.

이런 연구의 어려운 점 중 하나는 단 한 시간 동안, 단 한 사람에게서만 EEG가 수백만 개가 넘는 데이터를 생산해낸다는 점이다. 이 데이터들은 1,000분의 1초마다 뇌의 각 부위에서 우세한 주파수를 말해주는데, 그 주파수는 끊임없이 변한다. 이 엄청난 자료를 판독하는 데에는 경험과, 당신이 찾고 있는 바를 묘사해줄 모델을 필요로 한다.

전체 뇌 기능의 완전한 그림을 확보한 연구자들은, 가장 많은 정보를 주는 모델은 베타파와 델타파를 비교하는 것이라고 결론지었다. 그들은 명상 전, 명상 중, 그리고 명상 후의 델타파와 베타파의 비율을 측정했다. 명상의 전통마다 챈팅chanting*, 동작, 좌선 등 사

---

* 경전 암송, 찬송가 가창, 코란 낭송처럼 종교적 의식으로 노래를 부르거나 경전을 소리 내어 읽는 의식들이 모두 포함된다.

뭇 다양한 방식을 가르치지만, 그것들은 모두 베타파는 감소시키고 델타파는 증가시킨다는 공통점을 가지고 있었다.

연구자들은 고립된 국소적 자아라는 느낌이 사라졌음을 시사하는 뇌 기능 변화로서, '전반적으로 뇌 부위들 사이의 기능적 상호 의존성이 줄어든' 것을 발견했다. 베타파는 적고 델타파가 많은 이 뇌파 패턴은, 명상자의 의식이 비국소적인 우주적 장과 일체가 된 상태로 전환할 때 일어나는, 연구자들이 '무집착의 초연한 놓아 보내기, 자아 경계의 해체와 완전한 일체 상태의 주관적 경험'이라고 말한 상태의 특징이다.

이는 몰입 상태, 변성의식, 그리고 국소적 자아의 경계가 해체되는 우주적인 비국소적 장과의 연결을 말하는 수백 명의 명상가들의 뇌파도에서 내가 본 것과 같은 뇌파 패턴이다.

신비체험

한 워크숍에서, 우리는 델타파가 아주 많이 나오는 사람들의 말을 녹화했다. 우리는 그들에게 명상 중에 무엇을 경험했냐고 물었다. 우울증으로 고생했던 줄리라는 이름의 한 여성은 다음과 같이 말했다.

"처음에는 눈을 감고 있는 것이 고통스러웠어요. 피부의 따끔거리고 가려운 느낌이 낱낱이 다 느껴졌습니다. 목은 간질거리고 기침이 나오려고 했어요. 옆 사람의 숨소리도 날 괴롭혔고요. 하지만 다음 순간 이 모든 걸 잊어버리기 시작하면서 평화로운 느낌이 들었습니다.

숨이 몸속으로 들어왔다가 다시 나가는 것을 느낄 수 있었어요. 마치 강물이 흐르는 것 같은 느낌이었어요. 나는 헬륨 풍선처럼 떠다니기 시작했습니다.

다른 장소로 간 것 같았는데, 거기는 아름다웠어요. 바위와 나무들과 태양을 느낄 수 있었어요. 난 그 모든 것의 일부인 것 같았어요. 마치 우주 만물의 완벽함 속으로 빨려 들어간 것처럼….

네 개의 크고 파란 존재가 내 곁으로 떠내려왔는데, 그들로부터 흘러나오는 놀라운 사랑과 연결감이 느껴졌습니다. 그들은 사람 같은 윤곽을 가졌는데 투명했고 높이가 약 5미터 정도였습니다. 아름다운 감청색 안개로 이루어진 존재였죠.

나는 최근에 삶에서 일어난 온갖 일 때문에 걱정이 많았는데 그중 한 존재가 내 곁으로 떠오자 마음이 편안히 놓였습니다. 그녀는 마치 모든 일이 잘될 것이라고 말해주는 것 같았어요. 내 가슴은 사랑으로 가득 찼고, 나는 사랑이 모든 것임을 깨달았습니다.

그녀는 자신이 언제나 나를 위해 존재하고 있음을 상기시켜주기 위해 빛나는 다이아몬드를 나에게 주었어요. 나는 그것을 내 가슴 속에다 넣었습니다. 그것은 너무나 오래된 우울과 비참한 고통을 모두 녹여버렸고, 그것들은 물방울이 되어서 땅으로 떨어졌어요.

당신이 우리에게 다시 방으로 돌아오라고 했을 때, 나는 마치 수백만 킬로미터 멀리 떨어져 있는 것처럼 느꼈어요. 나는 다시 평화의 느낌을 내 몸 안으로 가져왔습니다. 돌아오기가 어려웠어요.

난 지금도 나의 일부는 늘 그곳에 있다는 걸 깨달아요."

신비체험의 공통점

줄리가 묘사한 것은 전형적인 신비체험이다. 인간은 의식이 싹튼 이래로 지금까지 줄곧 초월적인 체험을 해왔다. 그녀의 경험은 다른 많은 사람들의 체험과 비슷한 특징을 보인다.

- 평화에 잠긴 느낌
- 걱정과 의심이 사라짐
- 국소적 자아와 육신의 제약으로부터 떨어져 나온 느낌
- 자연과 우주와 모든 생명을 포용한 비국소적 마음과 하나가 된 경험
- 상징적 안내자와의 만남
- 치유의 힘을 지닌 상징적 선물을 받음
- 선물이 그녀의 몸과 국소적 자아와 하나가 됨
- 경험에 의해 변화된 존재의 느낌

나와 함께 연구했던 신경과학자들은 경험 많은 명상가들에게 명상 중에 일체감을 느끼게 되면 검지로 세 번 두드리는 것과 같은, 미리 정한 신호를 해달라고 부탁해놓았다. 그러면 우리는 EEG 그래프상의 이 지점에 표시를 해놓을 수 있었고, 이것을 통해 그들의 의식 상태와 뇌 상태 사이의 상관관계를 들여다볼 수 있었다.

그들의 국소적 자아가 비국소적인 마음과 하나가 되기 위해 육신에 대한 집착을 버릴 때는 델타파가 크게 늘어나는 것이 관찰되었다. 큰 진폭의 델타파는 — 줄리가 자신에게 선물을 준 파란 존재와 교감했을 때와 같이 — 명상가가 두 상태를 하나로 통합시킬 때 안정화되었다(Pennington, 2017).

명상을 일상생활의 일부로 만들기 시작하면 사람들은 이전보다 더 많은 알파파와 세타파와 델타파를 발달시킨다.

역사를 통틀어 신비체험들은 서로 비슷한 점을 보여준다. 17세기 인도의 성자 투카람Tukaram은 〈당신 안에서 나를 잃어버릴 때〉(When I Lose Myself in Thee)라는 시에서 다음과 같이 썼다(Hoyland, 1932).

신이시여, 당신 안에서 날 잃어버릴 때,
나는 보고, 아옵니다,
당신의 온 우주는 당신의 아름다움을 드러내고,
생명 있거나 생명 없는 뭇 존재들이
당신을 통하여 있음을.

이 광활한 세계란
그 속에서 당신이 우리에게
자신을 보여주는 형체일 뿐,
그 속에서 당신이 우리에게
말하는 목소리일 뿐.

말이 무슨 소용 있겠나이까?

오소서, 주여, 오시옵소서,

당신으로써 날 온전히 채워주소서.

우리는 투카람의 시에서 줄리의 경험과 유사한 성질을 발견할 수 있다. 그는 비국소적 의식 속으로 사라지면서 자신의 국소적 자아에 대한 느낌을 잃어버린다. 그는 우주와 일체가 되는 경험을 한다. 우주가 자신에게 말해오고, 말을 할 필요도 없는 일체감을 느낀다.

17세기에는 투카람 같은 신비가의 뇌파를 기록할 EEG가 없었지만, 우리는 줄리 같은 사람들의 유사한 경험을 살펴봄으로써 그들의 뇌에서 일어나는 신경신호의 형태를 추측해볼 수 있다.

인도의 성자 라마크리슈나Ramakrishna(1836~1886)는 한 번에 수 시간씩 지속되는 지복 상태로 빠져들곤 했다. 신체가 뻣뻣해지면서 초월체험에 빠져든 그는 주변을 인식하지 못했다. 명상에서 깨어난 그는 종종 한동안 말을 하지 못했다. 한번은, 말할 수 있게 된 후에, 100만 개의 태양 같은 것을 본 이야기를 했다. 빛으로부터 밝은 형체가 나오더니 사람의 형상을 취했다가 다시 빛과 하나가 되었다는 것이다.

《세계의 종교들》(The World's Religions)의 저자인 신학자 휴스턴 스미스Houston Smith는 신비체험의 전문 연구가이다. 그는 '일체 경험'은 역사를 통틀어 신비주의의 공통점이

인도의 성자 라마크리슈나는 종종 저절로 신비체험 상태에 빠져들었다.

라고 말한다. 이 경험은 시대나 문화와는 상관이 없다. 신비가들은 일체성을 인용을 통해 에둘러 말하지 않는다. 그들은 몸소 경험한 일체성을 말한다(Smith, 2009).

그들이 산꼭대기에서 내려와 자신의 경험을 주변 사람들에게 들려준다. 그들의 이야기에 영감을 받은 사람들은 때로 그들을 숭배하고 그들을 중심으로 종교를 만들기도 한다. 그러나 모든 신비가들이 가리키는 것은 직접적인 일체성 체험이다. 이것은 성직자나 종교의례 같은 매체를 통해 중재된 간접 경험은 멀리하라는 명령이다.

신비가들은 모두 같은 체험을 했기 때문에, 서로를 반대하거나 자신의 길이 다른 사람의 길보다 우월하다고 믿지는 않는다. 오직 이등칸의 종교조직들이 서로 충돌한다. 종교는 다를지라도 신비체험은 하나다. 스미스는 신비체험을 인간 의식의 정점으로 여긴다(Smith, 2009).

현대과학이 이룩한 돌파는, 이제 우리는 신비가들의 뇌 속을 움직이는 정보의 흐름을 그려낼 수 있다는 것이다. 고대의 항해자들이 미지의 바다를 탐험하여 해도海圖를 그려냈듯이 말이다. 과학은 이제 우리에게 스미스 같은 신비주의자가 주관적으로 알았던 것 — 신비체험은 뇌 속에서 공통적이고 예측할 수 있는 패턴을 만들어낸다는 것 — 을 객관적으로 보여주고 있다.

뇌의 우측 측두엽은 주변 공간에 대한 몸의 상대적 위치와, 자신과 다른 것들 사이의 경계를 구분하여 인식하는 역할을 맡고 있다. 신경영상 연구는 무아경 상태에서는 뇌의 이 부위가 연결이 끊어진다는 것을 보여준다(Wotler & Wheal, 2017). 라마크리슈나와 다른 신비가들이 국소적 자아가 비국소적 우주심과 합일하여 사라진 경험을 묘사할 때, 그것은 그들 뇌의 객관적 작용을 반영하는 경험이었던 것이다. 체내에 옥시토신이 치솟을 때 그들은 우주와 합일하고, 뇌 속에 아난다미드가 넘칠 때 그들은 지복 상태에 든다.

델타파와 비국소적 의식의 접속

나의 친구이자 동료인 조 디스펜자Joe Dispenza 박사는 여러 해 동안의 명상 워크숍을 통해 뇌 스캔을 모아서 지금은 만 개가 넘는 스캔을 종합한 자료를 가지고 있다. 이런 사람들의 마음 지도에서 나타나는 공통적인 패턴에 대한 연구는 워크숍 참가자들의 경험에 대한 멋진 통찰을 가져다준다.

조가 수집한 자료가 보여주는 것은, 이런 사람들이 보통 사람들보다 더 많은 세타파와 델타파를 가지고 있다는 것이다. 명상가들의 뇌에서 나오는 기본적인 델타파의 양은 '보통' 뇌보다 훨씬 많다(Tatcher, 1998). 명상가들은 국소적인 마음에 대한 집착을 풀어서 비국소적인 마음과 합일하는 체험에 몰입하는 수행을 해왔다.

반복적인 명상은 뇌를 이전의 정상적인 상태보다 더 많은 델타파를 만들어내는 새로운 기능의 영역으로 옮겨가게 한다. 조가 처음에 수백 명, 그다음에 수천 명을 조사하다가 주목하게 된 것은, 그들의 뇌가 보통 사람들의 뇌와는 사뭇 다른 방식으로 정보를 처리한다는 것이었다(Dispenza, 2017).

이들 중 많은 사람들의 뇌 활동은 레드 존red zone에 있는데, 이 것은 델타파의 양이 정규화된 마음 지도의 데이터베이스에서 발견 되는 평균치보다 두 편차 이상 많음을 의미한다(Tatcher, 1998). 이 통 계가 실질적으로 뜻하는 것은, 일반인 중에서는 단지 2.5퍼센트만 이 경험 많은 명상가들이 보여주는 델타파 능력치를 지니고 있다는 말이다. 조의 상급반 워크숍에서 뇌파 변화를 측정한 신경과학자들 은 워크숍이 진행된 4일 이상의 기간에, 뇌의 델타파 활동이 기본 치보다 평균 149퍼센트나 증가하는 것을 발견했다(Dispenza, 2017).

델타파의 골에서 마루까지의 진폭은 100~200마이크로볼트다 (ADInstruments, 2010). 에코메디테이션 중인 사람을 검사해보면 가끔 은 1,000마이크로볼트가 넘는 사람도 볼 수 있다. 때로는 100만 마 이크로볼트까지 치솟는 경우도 있다. 대부분의 EEG 장치는 그렇 게 높은 수치의 델타파는 측정할 수도 없다.

이것은 현대에는 줄리, 과거에는 투카람이 말한 것과 같은 강 력한 영적 체험과 상관관계가 있다. 수천 년에 걸쳐 모든 전통의 신 비가들이 이런 체험을 보고해오고 있다. 국소적 자아와 국소적 마 음이 비국소적 자아와 우주적 마음 속으로 녹아드는 느낌 같은 것 을 객관적으로 측정할 수는 없다. 그러나 그런 경험을 하고 있는 뇌 가 정보처리를 어떻게 하고 있는지는 측정할 수 있다. 공통분모는 큰 진폭의 델타파이다. 이 에너지는 황홀경의 신경전달물질인 아난 다미드와 유대(bonding)의 호르몬인 옥시토신뿐만 아니라 세로토닌 과 도파민 같은 분자들과도 잘 들어맞는다. 이런 종류의 경험은 아 주 드문 예외가 아니다. 연구에 의하면 미국인의 40퍼센트와 영국

인의 37퍼센트가 적어도 한 번은 국소적인 마음 너머로 데려가주
는 초월적 경험을 해본 적이 있다. 그들은 흔히 이것을 이후의 모든
경험을 이해할 수 있게 해주는, 생애에서 가장 중요한 경험이라고
말한다(Greeley, 1975; Castro, Burrows & Wooffitt, 2014).

　　그러나 오직 소수만이 자신의 이런 경험을 다른 사람에게 이
야기했다. 아이들은 그것을 부모에게 말하지 않는다. 환자는 그것
을 의사에게 이야기하지 않는다. 아내는 그것을 남편에게 말하지
않는다. 이런 내용의 이야기는 일반적인 사회관습을 벗어나기 때문
이다. 우리에게는 이런 것을 전할 수 있는 언어도, 분위기도 없다.

세타파와 치유

　　때로는 이처럼 변성된 뇌의 상태가 극적인 치유를 수반한다.
조 디스펜자가 가르친 명상 워크숍에서, 우리가 호세라 부를 한 멕
시코 남자가 비슷한 신비체험을 말했다(Dispenza, 2017).

　　호세는 암으로 의심되는 뇌종양 진단을 받은 직후 워크숍에
왔었다. 그는 곧 생명을 위협할 수도 있는 수술을 받을 예정이었다.
명상 중에, 줄리와 마찬가지로 호세도 다른 세계의 존재를 보았다.
그들 중의 하나가 손을 호세의 머리로 뻗더니 한동안 안에서 무엇
을 찾았다. 호세는 자신의 두개골이 절개되어 열리고 뇌 조직이 재
배열되는 것을 신체 감각을 통해 생생하게 느꼈다.

　　워크숍 다음 날 호세는 엑스레이를 새로 촬영해볼 수 있도록

자신의 일정을 바꿨다. 그는 휴스턴으로 비행기를 타고 가서, 집으로 돌아오기 전에 유명한 암 병원인 엠디 앤더슨[MD Anderson] 병원의 의사와 상담을 했다. 워크숍 바로 다음 날 촬영한 새로운 사진에는 종양이 흔적도 없이 사라져 있었다.

강력한 치유 체험 중에는 EEG에서 종종 큰 진폭의 세타파가 관찰된다. 세타파는 에너지 치유 세션 동안의 변화를 알려주는 신호파의 의미로 자리 잡고 있다(Benor, 2004). 한 사람이 다른 사람에게 치유 에너지를 보내고 있으면, 처음에는 치유자에게서, 다음에는 치유를 받는 사람에게서 큰 세타파가 관찰된다. 이런 전환은 흔히 치유자의 손이 따뜻해지는 것을 느낄 때 — 에너지 흐름을 주관적으로 경험하고 있을 때 — 일어난다(Bengston, 2010).

한 연구에서는, 치유자와 환자를 모두 EEG에 연결했다. 치유자의 EEG 판독에서는 정확히 7.81헤르츠의 지속적인 세타파가 14회 나타났다. 환자의 EEG도 같은 주파수로 전환되었는데, 이는 치유자와 치유를 받는 사람 사이의 주파수 동조 현상을 보여준다(Hendricks, Bengston, & Gunkelman, 2010).

자신을 치료하지 못한 의사

내가 열었던 한 연수 프로그램에서, 아니스[Anise]라는 한 명석한 의사가 EEG에 연결한 채로 모든 참가자 앞에서 자신의 문제를 다루는 시범에 자원했다. 아니스는 의사면허뿐만 아니라 약학박사 학위도 가지고 있었다. 게다가 그는 안수 치유와 그 밖의 몇 가지 기법을 시술하는 자격도 가지고 있었다.

아니스는 13년 전에 섬유근통(fibromyalgia)* 진단을 받았다. 관절통, 피로, 그리고 '뇌 안개(brain fog)'** 등의 증상이 때로는 심하게, 때로는 약하게 왔다. 결국 그녀는 너무나 쇠약해져서 더 이상 일을 할수 없는 지경에 이르렀다.

그날 그녀의 통증은 1에서 10까지의 강도로 따졌을 때 7 수준이었고, 머리가 안개처럼 뿌예지는 증상이 너무 심해서 강의를 거의 이해할 수가 없었다. 걷기도 힘들었고 몸을 움직이기 편하게 하기 위해서는 베개를 여기저기에 세 개나 받쳐야만 했다.

아니스는 함께 참석한 남편 달Dal에게 지금은 10대인 두 딸을 포함한 가족의 모든 경제적 부담을 지우고 있는 자기 자신이 불만스럽고 화가 나 있었다. 분노의 또 다른 원천은, '그 모든 의학 수련에도 불구하고 나 자신조차 치료할 수가 없다니' 하는 느낌이었다.

워크숍을 하는 동안 우리는 가끔 '1분의 경이'(1 minute wonder)*** 와 같은 광경을 목격하곤 했는데, 아니스의 경우는 그게 아니었다. 그녀에게는 길고 복잡한 치유의 과정이 필요했다. 그녀는 자신이 회

---

* 만성적인 전신성 근육뼈대 계통 통증과 경직감을 특징으로 하는 질환. 일차적으로 통증 증후군이나 다양한 신경정신 증상들과 관련이 있어 피로, 개운치 못한 수면, 인지장애, 불안, 우울증 등이 나타난다. 중추신경계가 질환의 병태생리에 큰 역할을 하는 것으로 생각된다.

** 머리가 혼란스럽고 안개같이 흐려서 분명하게 생각하지 못하거나 표현하지 못하는 상태, 혹은 명확하게 사고 또는 집중할 수 없거나 정보를 기억할 수 없는 상태.

*** 60초 안에 경이로운 사람의 이야기를 소개하는 동영상 프로그램.

복된 모습을 상상할 수가 없었기 때문에 미래에 대한 비전을 만들기가 힘들었다.

게슈탈트^{Gestalt}**** 치료사인 바이런 케이티^{Byron Katie}는 내담자들로 하여금 자신과 외부세계에 대한 그들의 생각에 딴지를 거는 도발적인 질문을 스스로 던지게 한다. 그런 질문들 중의 하나는, "이런 사연이 없다면 나는 누구이겠는가?" 하는 것이다. 또 다른 식의 질문은, "이 장애는 내 삶에 어떤 이익을 주고 있는가?" 같은 것이다. 나는 그와 같은 질문을 아니스에게 던졌다. 그리고 그것은 그녀가 여덟 살일 때 가족 중 한 사람에게서 정서적으로 학대받았던 기억을 떠올리게 했다. 그녀는 병이 났고, 그 병은 그녀에게 방패가 되어주었다. 그녀는 병을 이유로 자신의 침대에 숨어 있을 수 있었고, 학대하는 사람을 상대하지 않아도 되었다.

질병이 문제의 가면을 쓴 하나의 해결책이 될 수 있다는 핵심을 파악하고 나서, 우리는 아직도 그녀의 삶에 자리 잡고 있는 어린 시절의 학대자에 대한 그녀의 분노를 모두 놓아 보내게 하기 위해 에너지 심리기법을 사용했다.

통증 체감도가 7에서 1로 내려가면서 그녀는 미소 짓기 시작하더니, 결국은 자신이 스스로 만들어낸 곤경에 대해 웃음을 터뜨렸다. 그녀는 자신의 '적'이 사회적으로 성공하지 못했다는 사실을 떠올렸다. 그리고 성인이 된 이후 처음으로 그 관계에서 자신에게 힘이

**** 프리츠 펄스^{Fritz Perls}가 창시한 실존주의적 심리요법. 각 개인이 사고, 감정 및 행동을 통합하도록, 그리고 현재의 인식과 경험에 비추어 더욱 현실적으로 자신의 위치를 알도록 돕는다.

부여된 느낌을 받았다.

그녀는 자신의 미래의 가능성에 대해 이야기하기 시작했다. 그녀는 브라질에서 아주 좋은 일자리를 제안받고 있었지만, 미국에서 누리고 있는 의료혜택 없이는 몸을 제대로 운신할 수가 없다는 생각 때문에 그것을 받아들일 수가 없었다. 그런데 이제는 그 가능성이 열렸다. "어떨 것 같아?" 그녀가 남편에게 묻자, 남편 달은 눈을 반짝이면서 "너무 좋지"라고 대답했다.

세션을 마치고 나서 아니스는 일어서서 방 안을 걸었다. 통증이 사라졌으므로 그녀는 마음껏 팔을 흔들고 다리도 자유롭게 움직였다. 그녀는 달과 함께 저녁 만찬을 나누면서 자신들의 밝은 미래를 이야기하기 위해 그날 워크숍을 떠났다. 그녀는 의식이 전환되었을 뿐만 아니라 몸도 극적으로 해방되었다.

의식이 뇌의 정보처리 방식을 바꿔놓는다

참가자들을 EEG로 모니터하는 워크숍 세션을 시작할 때 전형적으로 보이는 것은 걱정과 스트레스를 나타내는 베타파의 높은 수치이다. 알파파나 감마파, 세타파는 적다. 알파파가 없다는 것은 참가자들이 의식적인 마음(베타파)과 자신의 창의성, 직관, 우주적 장(세타파와 델타파)을 연결 짓지 못하고 있음을 의미한다.

참가자들이 번쩍이는 통찰을 경험하면 뇌의 좌우 반구 모두에서 알파파의 큰 발화가 일어난다. 아니스가 자신의 '적'은 자신처럼 성공하지 못했다는 것을 깨닫는 순간에도 알파파가 워낙 크게 발화하는 바람에 측정기의 측정 범위를 넘어버렸다.

세션이 마무리될 무렵에, 우리는 아니스의 뇌에서 깨어 있는 마음 상태의 전형적인 패턴을 보았다. 비판적 사고가 작동 중임을 나타내는 높은 베타파도 약간 있었지만, 그녀가 자신의 신체와 교감하고 있음을 보여주는 SMR(낮은 베타파)이 더 많았다. 창조력, 직관, 우주적 정보의 장과 연결된 상태를 보여주는 다량의 세타파와 더 많은 델타파도 나타났다. 뇌의 각 부위들을 연결하여 정보를 더욱 통합적으로 처리하는 능력을 나타내는 감마파도 증가했다.

그녀의 심리적 돌파도 엄청났지만, EEG 그래프는 그에 따른 뇌 기능의 변화를 실시간으로 보여주고 있었다. 그녀가 경험한 것은 단순한 심리적 변화뿐만 아니라, 뇌가 정보를 조직하는 방식의 전환이었다.

이는 단순한 마음의 변화 이상의 것이다. 새로운 신경다발이 서로를 연결하여 배선하는, 뇌 자체의 변화인 것이다. 새로운 신경다발은 온 생애에 걸쳐 끊임없이 형성되고, 오래된 것들은 가지 치듯 잘려 나간다(Restak, 2001).

우리가 명상을 하거나 다른 형태의 에너지 심리학인 두드리기(EFT)를 하거나 그 밖에 어떤 방법으로든 의식을 전환시킬 때, 뇌는 빠르게 변화한다. 뇌는 마음을 통해서, 특히 '주의 훈련'(attention training)이라고 알려진 것을 통해서 의도적으로 변화될 수 있다(Schwartz & Begley, 2002). 진정한 의식 변성은 신경경로를 새로운 패턴으로 바꿔놓는다. 그러면 뇌의 전반적 상태가 전환되어 새로운 평형상태가 확립된다.

한 연구팀은 이렇게 말했다. "불어나고 있는 신경영상 연구들은 다양한 정신적, 신체적 질병 상태와 연관된 신경회로를 적절한 수련과 노력을 통해 체계적으로 변화시킬 수 있다는 이론을 뒷받침하고 있다."(Schwartz, Stapp, & Beauregard, 2005) 우리는 제 기능을 못하고 있는 우리의 뇌 신경망을 마음으로써 바꿔놓을 수 있다.

큰 알파 브리지와 세타파 발화를 일으키는 것은 단지 무아경에 든 신비가나 치유가들만이 아니다. 고도의 수행 능력이 필요한 사람들은 뇌를 이런 방식으로 조율하면 일의 성취에 큰 도약을 이뤄낼 수 있음을 발견하고 있다. 미 해군 특수부대(U.S. Navy SEALs)는 급변하는 전투 상황에서 효율적으로 작전을 수행해야만 한다. 그들은 버지니아 주의 노퍽Norfolk에 특별히 건축된 '마인드 짐Mind Gym'에 있는 수백만 달러짜리의 고성능 EEG 장치를 이용하여 그들이 '무아경(ecstasis)'이라 부르는 상태에 들어가는 방법을 배운다(Cohen, 2017). 무아경의 '스위치를 올리면', 그들의 뇌는 초고도의 임무 수행이 가능해지는 몰입 상태, 곧 하나의 대체현실 속으로 들어선다. 엘리트 법정 변호사, 올림픽 선수, 그리고 구글 전문가 같은 정상의 사람들 또한 자신을 무아경에 들도록 훈련시킨다.

이런 몰입 상태의 특징은 《불을 훔친 사람들》(Stealing Fire)*이라는 책에 잘 묘사되어 있다(Kotler & Wheal, 2017). 그중에는 무아無我 상태와 시간을 초월한 느낌이 있다. 무아경에 있는 사람은 국소적인

---

* 스티븐 코틀러Steven Kotler와 제이미 휠Jamie Wheal의 저서로 현대의 프로메테우스들의 이야기, 폭발하는 인간의 잠재력에 관한 이야기이다.

자아를 초월한다. 뇌전도腦電圖는 자아 감각의 자리인 뇌의 전전두피질의 활동이 정지된 모습을 보여준다. 베타파의 재잘거림이 중지된 것이다. 그들은 국소적 마음의 불안한 강박에서 멀어진다. '기분좋은' 신경전달물질인 세로토닌, 도파민, 아난다미드, 옥시토신 등이 뇌 속에 넘치는, 체내의 화학적 변화가 일어난다.

이 상태에서 그들은 비국소적 관점을 가지게 된다. 그들 앞에는 무한한 선택과 결과의 가능성이 열린다. 자아는 한정된 현실 속에 갇혀 있지 않고 다양한 가능성을 시도할 수 있다. 이것은 '우리가 입력되는 정보에 일상적으로 적용하는' 필터가 떨어져 나가게 하고, 문제해결력과 초월적인 창조력(super-creativity)을 도약적으로 촉진해준다. 코틀러와 휠은 이런 뇌파 상태가 만들어내는 수행 능력 향상에 관한 연구사례를 검토했다. 여기에는 정신집중력이 490퍼센트 향상되고, 창의성이 배가하고, 생산성이 500퍼센트나 높아지는 것 등이 포함되어 있다.

투카람에 남긴 옛날 기록이든 줄리와 미 해군 특수부대 같은 현대의 일이든, 사람들은 무아경에서 공통된 경험을 한다. 이 경험은 신경전달물질과 관련되어 있다. 즉, 지복 상태에 들어감(아난다미드), 국소적 자아 속에 가둬놓는 육신으로부터의 분리감(엔도르핀), 비국소적 우주와 합일하는 국소적 자아(옥시토신), 고요와 평온(세로토닌), 그리고 경험을 통한 변화라는 보상(도파민)이 그것이다.

이것이 성능이 업그레이드된 마음의 특징인 바, 우리는 이제 그것이 물질의 차원에서 일으키는 변화를 측정할 수 있는 EEG와 신경전달물질 분석법을 보유하고 있다. 과거에는 무아경의 상태는 오직 신비가들만이 도달할 수 있는 것이어서, 그것을 공부하고 금욕적 규율을 지키는 엄격한 수행을 통해 영적 입문을 하는 데만도 수십 년이 걸렸다. 그러나 이제 우리는 '마음만 먹으면 스스로 무아경의 체험을 재현할 수 있게 하는' 정확한 신체-뇌 조절법을 알고 있다. 과학기술은 우리에게 '신성을 만나는 방법의 요약집'을 제공해준다(Kotler & Wheal, 2017). 현재 스포츠, 사업, 전투, 과학, 명상 그리고 예술 등의 각 분야에서의 최고의 수행 능력을 발휘하는 사람들은 이런 상태를 일상적으로 유도해낸다. 앞으로 우리가 이러한 상태의 생리학적 지도를 완성하여 무아 상태를 학습할 수 있는 기술로 바꿔놓는다면, 그것은 누구나 경험할 수 있는 것이 된다.

화가였던 나의 짧은 경력, 신념의 총알 피하기

나의 화가 경력은 다섯 살 때부터 시작됐는데 출발이 좋지 않았다. 우리 가족은 미국으로 막 이주해와서, 나는 본의 아니게 콜로라도 주 콜로라도 스프링에 있는 하워드 초등학교에 갇혀 사는 신세가 됐다. 나의 영국식 억양은 선생님들의 호의적이지 않은 주의를 끌었다. 그들은 문제를 고치기 위해 나를 언어 교정반에 집어넣었는데, 거기서 나는 말더듬과 언어장애를 얻었다.

하루는 미술 과제를 집에 가져와서 부모님께 보여드렸다. 나는 다른 유치원생들과 함께 카우보이를 그리도록 지시받았다. 나는 최선을 다했고, 선생님은 아주 잘 그렸다고 칭찬해주었다. 드물게 칭찬을 받아 흥분한 나는 그 그림을 엄마에게 자랑하려고 집에 가지고 온 것이다.

엄마는 웃음을 터뜨리며 내 그림을 조롱했다. 엄마는 주방을 돌면서 춤추고 소리를 지르며 해부학적으로 부정확한 카우보이의 팔과 다리 각도를 연극하듯이 흉내 냈다. 나는 충격을 받고 여동생과 함께 쓰는 내 방의 이층침대 속으로 기어들어갔다. 그 후로 나는 배나 비행기 그림만 끄적거렸지, 사람의 형상은 다시는 그리지 않았다.

마흔다섯 살이 될 때까지 말이다.

나는 EFT 두드리기와 명상을 매일 규칙적으로 수행하기 시작했다. 나는 나의 핵심적인 신념을 살펴보았는데, 그중의 하나는 '나는 미술에 소질이 없다'는 것이었다.

'이건 정말 사실일까?' 나는 나 자신에게 물어보았다. 그러던 중 마침 화랑을 경영하는 가까이 지내던 여성과 함께, 나는 지역 대학교에서 열리는 하루짜리 수채화 수업에 등록했다.

붓을 집었을 때, 나는 내 손이 살아 움직이는 것을 느꼈다. 나는 쉽게 몰입해 들어갔다. 마치 한 100년 동안 그림을 그려왔던 것처럼 느껴졌다. 나는 스펀지처럼 지식을 흡수하여 선생님이 아는 모든 기법을 하루 만에 다 배워버렸다. 화가 행세를 하던 내 친구는 내가 초보자라는 것을 믿지 못하겠다는 듯, 내가 어디에선가 남몰래 미술 학위를 받은 게 틀림없다고 의심했다.

다음에 나는 이틀간 사람의 얼굴을 그리는 수채화 수업을 받았다.

나는 선생님의 고급 기법을 다 알아야
겠다고 대들어서 첫날 수업이 끝나기도
전에 그녀의 지식을 모두 빨아들였다.
그러고는 규칙적으로 그림을 그리기
시작했다. 체계적인 것을 좋아하는 성
미인 나는 완성한 그림들에 이름을 붙
이는 대신 1, 2, 3의 순서로 번호를 매
겼다. 대부분이 초상화였다. 나는 나

수채화 #13: 운명의 천사

의 사랑을, 나의 혼란을, 나의 고통을 그렸다.

여덟 개의 작품을 그린 다음, 나는 가장 좋은 그림 네 개를 동네의
커피숍 겸 갤러리에 가져갔다. 주인은 그림에 감명을 받고 나의 개
인전을 주선해주었다. 6주 후에 개인전을 열기로 했다. 그는 말했
다. "전날에 와서 서른여섯 점을 걸어놓으세요."

걸어 나오는 동안 나는 태연한 척하느라고 애를 썼지만 속으로는
떨고 있었다. 서른여섯 점! 그는 내가 카우보이 그림을 제외하고
는 일생 동안 여덟 점의 그림밖에 그린 적이 없다는 사실을 모르고
있었다. 이제 주당 60시간 일하고 있는, 게다가 어린 두 아이의 홀
아버지인 나는 6주 안에 서른 점의 그림을 더 그려야만 했다!

업무 중 쉬는 시간에 나는 체계적으로 그림을 그리기 시작했다. 나
는 마감일을 맞추려면 헨리 포드Henry Ford를 본받아 생산라인의 자
동차를 조립하듯이 그림을 생산해내야만 한다는 것을 깨달았다.
사뭇 비예술적이긴 하지만 필요한 일이었다.

나는 이젤 세 개를 일렬로 늘어놓았다. 각각의 수채화는 다음 칠을

하려면 10분은 말려야 한다. 그래서 나는 한 이젤에 물감을 칠한 후 다음 이젤로 옮겨가 작업을 했다. 그런 다음에는 세 번째 이젤로. 그리하여 첫 번째 이젤로 돌아올 때는 칠이 다 말라 있어서 이 과정을 반복할 수 있었다.

수채화 물감은 다루기가 힘든 매체다. 그림이 투명하기 때문에 실수를 하면 불투명한 유화물감이나 아크릴처럼 덧칠로 덮을 수가 없다. 만일 칠을 잘못하거나 다른 물감을 화폭에 떨어뜨리면 그 그림은 망치는 것이다. 서른 점의 그림을 모두 완성하여 액자에 넣는다는 일은 나에게 큰 부담이었다. 하지만 일에 몰입해 들어가자, 나는 애쓰지 않고 쉽게 그림을 그려가는 동시에 마음속에서는 각 그림에 대한 구상까지 할 수 있음을 알아차리게 되었다.

나는 기일을 지켜 첫 번째 전시회를 열었다. 사람들은 내 그림을 좋아했고 일곱 점이 팔려나갔다. 대담해진 나는 지역의 가장 명망 높은 전시장인 시청 홀에 도전했다. 거기서는 몇 주마다 지역 화가들이 돌아가면서 전시회를 하고 있었다. 이번에도 전시장 매니저는 나의 개인전을 주선해주었다. 나는 이렇게 다시 한번 그림을 그리고, 전시회를 여는 과정을 즐겼다.

전시회 초청장

그 후 《영혼의 의학》(Soul Medicine)이라는 책을 나의 멘토인 노엄 셸리Norm Shealy 박사와 공동 저술하는 기회가 생겼다. 나는 나의 에너지와 얼마 안 되는 자유시간을 그림 그리기 대신 저술에 바치기로 결심했다. 내가 그렸던 것 중에서도 가장 야심찬 대작을 그리던 도중에, 나는 붓을 놓고 대신에 저술 작업을 시작한 것이다.

이 경험은 나에게 많은 교훈을 주었다. 그중 하나는, 우리의 머리는 사실이 아닌 것에 대한 믿음으로 가득 차 있다는 점이다. 나의 경우에는 '나는 미술에 소질이 없다'는 것이 밑바닥의 믿음이었다. 또 다른 교훈은, 이런 밑바닥의 믿음은 아주 어린 시절에 생긴다는 점이다. 이것은 우리가 거기에 도전하지 않으면 우리의 전체 삶을 형성해버려서, 우리는 자신이 어렸을 때 들었던 거짓말을 실현시키는 데에 평생을 고스란히 바치게 될 수도 있다. 이후로 나는 나의 경력 대부분을 다른 사람들이 자신의 제약적인 밑바닥 신념을 찾아내고 뒤집도록 돕는 일에 바쳤다.

나의 시청 전시회 개막식에 왔던 친구 중에 앨리스Alice란 여성이 있었다. 그녀는 유리 작품을 만드는 공예가였는데 오랫동안 작품으로 생계 꾸리기를 힘들어했다. 앨리스는 나에게 "놀라워. 개인전 기회를 얻기란 불가능인데. 난 한 번도 개인전을 열어본 적이 없어"라고 말했다. 나는 그 말에 대꾸하지 않았다. 그저 마음속으로 이마의 땀을 닦으며 생각했다. '휴, 몰랐던 게 다행이군. 나는 전시를 겨우 두 번 했을 뿐인데. 그게 그렇게 열기 어렵다는 사실은 꿈에도 몰랐는걸.'

리셉션에서 만난 다른 수채화가는 풍경화 전문이었다. 그녀는 나에게 "당신은 초상화를 그리시네요. 얼굴은 수채화로 그리기가 정말 어려운데!"라고 큰 소리로 말했다. 나는 속으로 혼잣말을 했다. '누가 알았나요? 난 몰랐어요…. 또 다른 신념의 총알을 피했군.'

한 가지 믿음을 와해시키고 나자, 나는 다른 믿음들도 무너뜨리기 시작했다. 나는 나 자신을 작게 한정시켜온 모든 믿음에 대해 의문을 던지기 시작했다. 부모님, 선생님, 애인, 그리고 친구들로부터 인정받지 못하여 버려버렸던 나 자신의 일부들을 되찾아내기 시작한 것이다. 주위 사람들이 둘러쳐놓은 제약의 울타리 속의 자신으로 머무르는 대신, 그 이전의 나를 찾아내고, 그가 되기 시작한 것이다.

이것이 인간 잠재력 회복운동(human potential movement)의 모든 것이다. 우리의 내면에는 무한한 능력과 권능과 통찰이 존재한다. 우리 주변 사람들의 무지로 인해 그것이 제약되었을 수는 있지만, 그것은 여전히 거기에 있다. 우리는 스스로 믿는 것보다 훨씬 더 큰 존재다. 그 가리개를 걷어내고 자신의 존엄한 존재 속으로 들어서면, 우리는 과거의 제약의 반영물이 아니라 주변 세계를 창조해가는 사람이 된다.

매 순간이 결정의 순간이다. 나는 존엄한 존재가 될 것인가, 아니면 내가 아는 나보다 못난 존재처럼 그렇게 계속 지낼 것인가?

내가 만일 '나는 미술에 소질이 없다'는 검증된 밑바닥 신념 속에 얌전히 갇혀 있었다면 어땠을까? 만일 경험 많은 친구들에게 미리 물어보아서 개인전 기회를 얻는 것은 불가능하고, 얼굴은 수채화로 그리기가 가장 어렵다는

수채화 #21: 심장이 너무 크다

말을 들었다면 어땠을까? 결과는 미술 수업도 안 듣고, 개인전도 못하고, 창조성의 폭발도 경험하지 못하고, 또 아마 책도 못 썼을 것이고, 저술과 연구로의 진로 변화도 없었을 것이다. 이것이 케케묵은 믿음의 상자 속에 갇힌 삶의 결말이다. 새로운 마음의 열린 세계에서 살기는커녕, 새로운 마음이 없으니 새로운 물질도 없다.

사고실험으로서, 당신이 남은 평생을 지금 가지고 있는 자신에 대한 믿음을 그대로 간직하고 산다고 상상해보라. 이것은 당신 앞에 놓인 갈림길의 한 가지 선택지다. 그 갈림길에서 다른 방향을 택한다면 당신은 머릿속의 모든 제약적인 믿음에 도전하여 훨씬 빨리 자신의 잠재력에 가닿을 것이다. 때로는 성공도 하고 때로는 실패도 할 테지만, 어떤 경우에도 당신은 성장해간다. 당신은 선생님과 부모님이 당신에게 지어준 한정 대신, 자신의 본성의 경계를 탐사해가기 시작한다. 당신의 새로운 마음은 당신의 새로운 물질이 된다.

당신은 실로 지금 이 순간 갈림길에 서 있다. 어느 방향을 선택할 것인가? 이 책에서 나의 사명은, 당신이 "나는 내 안의 위대한 존재를 알고 있다. 그리고 나는 그것을 온전히 표현하기로 결심했다!"라고 말할 수 있도록 용기를 부추기는 것이다.

사회과학자들은, 우리의 성격은 생애의 아주 초기에 형성되어서 시간이 지나도 별로 변하지 않는다고 믿어왔다. 1989년 뉴욕 타임스의 한 헤드라인은 '개성: 중요한 성격은 평생 변하지 않음이 발견됨'이라고 선언했다(Goleman, 1987). 그 기사는 불안함, 친절함, 새로

운 경험에 대한 욕구 같은 우리 밑바탕의 성격은 변하지 않음을 보
여주는 한 연구를 전하고 있다.

　　그러나 지금까지 행해진 것 중 가장 장기간에 걸친 성격 연구
는, 우리의 성격은 삶의 과정을 거치는 동안 알아볼 수 없을 정도로
변할 수도 있음을 보여준다(Harris, Brett, Johnson & Deary, 2016). 이 연구
는 1,208명의 14세 소년들을 1950년부터 조사하기 시작했다. 그들
의 선생님들은 여섯 가지 성격 특질을 평가하는 여섯 개의 질문을
이용했다.

　　연구자들은 그로부터 60년 후에, 이제 평균 77세가 된 응답자
들을 추적해갔다. 그들은 응답자들에게서 10대 때의 자아와 겹치는
점이 거의 없다는 사실을 발견했다. 그들은 성격이 거의 변하지 않
았을 것으로 예상했는데, 의외로 그렇지 않음을 발견하고 깜짝 놀
랐다. 한 연구자는 "거의 어떤 관련성도 찾아보기 힘들었다"고까지
말했다(Goldhill, 2017).

　　우리의 어린 시절의 믿음과 성격은 평생 우리를 따라다니지
않는다. 변화에 책임을 지고 마음의 바람직한 습관을 꾸준히 실천
해가면 우리는 극적으로 변화할 수 있다. 이 변화는 일주일이나 한
달 내에 나타나지 않을 수도 있다. 그러나 오랜 시간의 꾸준한 실천
은 당신을 완전히 다른 사람으로 바꿔놓을 수 있다.

감정이 주변 세계를 형성한다

우리는 자신을 결정을 내리고 삶을 이끌어가는 자율적인 인격체라고 생각한다. 그러나 사실 우리는 연결망 매트릭스의 한 부분일 뿐이다. 우리는 신경망과 보이지 않는 에너지장을 통해 서로 연결되어 있다.

우리의 생각과 감정은 마음과 몸 안에 있는 것이 아니다. 그것들은 흔히 부지불식간에 우리 주변 사람들에게 영향을 미친다. 주변 사람들의 생각과 감정 역시 잠재의식과 무의식의 차원에서 우리에게 영향을 미치고 있다.

연구에 의하면 정보를 공유할 때 뇌가 동기화된다. 한 사람이 말하고 다른 사람이 그것을 듣고 있으면, 말하는 사람의 뇌에서 활동하고 있는 부위와 같은 뇌 부위가 듣는 사람에게서도 활성화된다.

드렉셀Drexel 대학의 생체의학 공학자들은 프린스턴Princeton 대학의 심리학자들과의 공동연구에서, 이런 현상을 측정하기 위해서 머리에 쓸 수 있는 뇌영상 헤드밴드를 개발했다(Liu 등. 2017). 이것은 기능적 자기공명 영상장치(fMRI)[*]를 사용하여 뇌의 언어영역의 활동을 감시하는 연구를 바탕으로 나아간 연구이다. 이 결과에 의하면, 특히 말하는 사람이 생생하고 감정적인 경험을 기술할 때, 듣는 사람의 뇌 활동도 말하는 사람의 뇌 활동과 일치하게 된다.

---

[*] Functional magnetic resonance imaging: 사람, 동물의 뇌 또는 척수 활동과 관련된 혈류 동태 반응을 시각화하는 방법 중 하나이다. 뇌 기능을 반영하는 MRI의 총칭이지만, 통상 혈액 산소화 수준 의존 방법인 BOLD(Blood Oxygenation Level Dependent)법을 가리킨다.

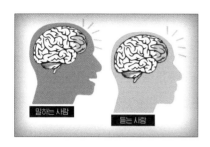

대화 중 뇌의 연결

연구자들은 한 명의 영어 사용자와 두 명의 터키어 사용자가 실생활 이야기를 말하는 것을 녹음했다. 연구자들은 그들이 말하는 동안 그들의 뇌를 스캔했다. 이 녹음을 열다섯 명의 영어 사용자에게 틀어주고 이들의 뇌 측두엽과 전전두엽의 활동을 측정했다. 이 부위들은 다른 사람들의 목적, 욕망, 신념 등을 식별하는 능력에 관련된 부위들이다. 이 부위들은 듣는 사람들이 영어 이야기를 들을 때만 활성화되고 터키어를 들을 때는 활성화되지 않았다. 연구자들은 또한 말하는 사람과 듣는 사람의 뇌 사이의 '연결(coupling)' 정도가 클수록 이해도도 더 커진다는 것을 발견했다. 이것은 우리의 뇌가 다른 사람의 경험을 더 잘 반영할수록, 우리가 그들을 더 잘 이해하게 됨을 보여준다.

원격 에너지장

에너지장은 원거리에서도 다른 사람에게 영향을 줄 수 있다. 하버드 의대 스폴딩Spaulding 재활병원의 정신과 의사인 에릭 레스코위츠Eric Leskowitz는 2007년에 캘리포니아 볼더 크리크Boulder Creek에 있는 하트 매스Heart math 연구소를 방문했다. 그가 눈가리개를 하고 명상을 하는 동안에 그의 심박수와 심장의 율동성을 검사실의 기사가 지속적으로 확인하고 있었다.

심장 율동성은 알파파 활성도의 증가와 연관이 있다. 이것은 심박동 사이의 간격이 고르고 규칙적인 상태를 말한다. 이것은 사랑과 연민 같은 긍정적인 감정에 의해서 만들어진다. 부정적인 감정은 심장의 율동성을 저해한다.

연구팀은 레스코위츠가 모르는 임의의 시간 후에, 그의 뒤에 서 있던 숙련된 명상가들에게 심장이 율동하는 상태에 들어가도록 신호를 보냈다. 그러자 레스코위츠의 심장도 율동성이 증가했다 (Leskowitz, 2007). 명상가들은 그와 접촉하지 않고도 레스코위츠의 심장-뇌 기능을 전환시킬 수 있었다.

한 후속 연구에서는 140회 반복된 10분짜리 실험에서 25명의 자원자로부터 같은 효과를 측정해냈다. 그리고 원거리에서도 똑같은 심장 동조 현상을 발견했다(Morris, 2010). 연구자는 이렇게 적었다. "동조된 에너지장이 작은 집단의 참여자들의 의도에 의해서 증강되거나 생성될 수 있다…. 참여자들 사이에서 심장의 리듬이 동조된다는 증거는 심장에서 심장으로 생물학적 소통이 일어날 수 있는 가능성을 뒷받침해준다."

우리의 신체와 뇌는 항상 주위의 사람들과 동기화되고 있다. 다른 사람들이 감동하는 광경을 보면 우리의 뇌는 마치 우리도 감동하고 있는 것처럼 같은 식으로 활성화된다(Schaefer, Heinze, & Rotte, 2012). 이것은 뇌는 우리가 관찰하고 있는 감각을 그대로 반영하는 거울신경세포(mirror neuron)*를 가지고 있기 때문이다. 이 거울신경세포는 얼굴의 표정과 목소리의 어조에도 공감하여 발화하는데, 이는 우리가 주위 사람들이 발하는 언어적, 비언어적 감정 신호에 매우 예민함을 말해준다.

사람에게서 사람으로 전달되는 것이 긍정적인 감정만은 아니다. 우리의 뇌는 다른 사람들의 고통에도 동조한다. 영국 버밍햄의 연구자들은 대학생들에게 운동을 하다가 국소적으로 다친 사람이나 주사를 맞는 사람들의 사진을 보여주었다. 그러자 거의 3분의 1의 학생들이 사진에서 보는 것과 동일한 부위에서 통증을 느꼈다.

그래서 연구자들은 기능적 자기공명 영상장치(fMRI)를 이용하여 사진을 보고 감정적 반응만을 느꼈던 열 명의 학생들과 실제로 신체적 통증을 느꼈던 열 명의 학생들을 비교해보았다. 스무 명의 학생 모두가 감정을 처리하는 뇌 부위의 활동 증가를 보였다. 그러나 통증을 처리하는 뇌 부위의 활동은 실제로 통증을 느낀 학생들에게서만 증가했다(Osborn & Derbyshire, 2010).

주사 맞기

또 다른 예로, 아기들은 가족에게 안 좋은 일이 있을 때만이 아니라 낯선 사람이 흥분할 때도 소리쳐 운다(Zahn-Waxler, Radke-Yarrow, Wagner, & Chapman, 1992). 아기들의 신경계는 주위 사람들과 아주 잘 동조되고, 감정

---

* 사람이나 동물이 특정 움직임을 수행할 때나 다른 개체의 특정한 움직임을 관찰할 때 신경세포가 다른 동물의 행동을 '거울처럼' 반영한다. 즉, 관찰자 자신이 스스로 행동하듯이 느낀다.

을 처리하는 뇌 부위는 다른 사람의 감정에 쉽게 감응하여 점화한다.

감정 전염

감정은 전염성이 있다(Hatfield, Cacioppo, & Rapson, 1994). 당신의 가장 친한 친구가 웃으면 당신도 친구를 따라 웃게 된다. 그가 우울해 있으면 당신도 우울해진다. 감기에 걸린 학생들로 가득 찬 교실에 들어가면 당신도 감기에 걸리듯이, 당신은 주변 사람들의 감정을 받아들인다. 예컨대 학생들이 농담을 하며 명랑하게 웃고 있는 교실에 들어서면 당신도 행복해지는 것이다. 감염성 질환이 전염되는 것과 마찬가지로 감정도 전염된다. 공포, 스트레스, 슬픔 같은 부정적 감정만 그런 것이 아니라 기쁨이나 만족감 같은 감정도 마찬가지다(Chapman & Sisodia, 2015).

프레이밍햄Framingham은 보스턴에서 30킬로미터 떨어진, 매사추세츠 주의 매력적인 뉴잉글랜드 마을이다. 1600년대 중반에 처음 사람이 정착하기 시작했고, 지금은 17,000여 가정의 보금자리다. 1600년대 후반, 이곳의 인구는 근처의 세일럼으로부터 악명 높은 세일럼 마녀재판(Salem witch trials)[*]을 피해 이주해온 사람들로 크게 늘었다. 그들이 정착한 마을의 구역은 아직도 세일럼 구역(Salem's

---

[*] 1692년 미국 매사추세츠 주의 세일럼 빌리지Salem Village(지금의 Danvers)에서 자행된 마녀재판이다. 뉴잉글랜드 총독의 명령으로 구성된 특별재판부에 의해 185명이 감옥에 갇히고 25명이 목숨을 잃었다. 미국 역사에서 하나의 치욕스러운 사건으로 기억되고 있다.

프레이밍햄 도심 공원

End)이라 불린다.

의학 문헌에서 이 마을은 프레이밍햄 심장 연구로 유명하다. 1948년에 국립 심장연구소(National Health Institute)의 선견지명 있는 한 연구진이, 20세기 초반에 지속적으로 증가되고 있던 심장질환과 뇌졸중의 원인을 찾기 위해서 이 야심찬 연구 프로젝트를 시작했다.

그들은 30세에서 62세 사이 5,209명의 프레이밍햄 주민들을 모아서 심리적, 신체적 측면을 모두 포함하는 포괄적 검사를 실시했다. 대상자들은 2년마다 후속검사를 받았다. 1971년에 이 연구는 원래의 참여자들의 자녀들과 그들의 배우자를 포함한 5,124명을 대상으로 진행되었고, 지금도 여전히 원래의 참여자들의 손주들과 증손주들까지 참여하고 있다.

이 연구에서 얻어진 자료의 보고寶庫는 연구자들로 하여금 심장질환 이상의 훨씬 많은 것들을 들여다볼 수 있게 해주었다. 20세 이상인 4,379명에 대한 부속연구는 그들의 행복도와, 그것이 주위의 사람들에게 어떤 영향을 미쳤는지도 살펴보았다(Fowler & Christakis, 2008).

이 연구는 한 사람의 행복이 다른 사람의 행복을 1년 동안이나 북돋아줄 수 있음을 발견하였다. 프레이밍햄의 사회적 연결망에 속한 한 사람이 행복해지면 그의 이웃이나 배우자나 형제, 또는 친구가 행복해질 가능성은 34퍼센트까지 높아졌다. 1마일(1.6킬로미터)

안에 사는 친구가 행복해지면 연구의 참여자가 행복해질 가능성은 25퍼센트 더 높아졌다.

공동연구자인 하버드 대학 의료사회학자(medical sociologist) 니콜라스 크리스타키스Nicholas Christakis는 말한다. "당신은 당신의 감정 상태가 자신의 선택과 행동과 경험에 달려 있다고 생각할 것이다. 하지만 그것은 직접적인 인연이 없는 사람들을 포함한 다른 사람들의 선택과 행동과 경험에도 달려 있다. 행복은 전염성이 있다."《러브 2.0》(Love 2.0)의 저자인 바바라 프레드릭슨Barbara Fredrickson은 이것을 '긍정성 공명'(positivity resonance)이라 불렀다(Fredrickson, 2013). 우리 의식의 주파수가 사랑일 때, 우리는 그 공유 에너지장에 공명하는 사람들과 자연스럽게 연결된다.

행복의 파급효과

행복한 사람은 주변 사람들에게 영향을 줄 뿐만 아니라 그 이상의 파급효과를 보여주었다. 세 단계나 떨어져 있는 사람들도 더 행복해졌다. 행복한 사람을 아는 친구를 가지면 행복해질 가능성이 15퍼센트 정도 높아지고, 거기서 한 단계 더 멀어져도 가능성은 6퍼센트 높아진다.

부정적 감정 또한 전염성이 있다. 그러나 그만큼은 아니다. 행복한 사람과의 연결이 행복을 가져다줄 가능성은 평균 9퍼센트인데 비해, 불행한 사람과의 연결이 불행을 가져다줄 가능성은 평균 7

퍼센트였다.

감정의 전염은 집단 내에도 존재한다(Barsade, 2002). 감정은 집단 내부의 역학에 영향을 미쳐서 협동이 더 잘 되고, 업무 수행 능력이 커지고, 갈등이 줄어들게 할 수 있다. 감정 전염에 관한 몇 가지 중요한 연구보고서를 쓴 시갈 바르세이드Sigal Barsade는 이렇게 말한다. "감정의 전염은 종업원들이나 업무팀들의 감정과 판단과 행동에 직접적인 영향을 미쳐서, 그룹이나 조직에 미묘하지만 중요한 파급효과를 가져올 수 있다." 팀 구성원들, 그리고 특히 팀 지도자의 긍정적 감정은 팀 전체의 성과를 향상시켜준다. 그러나 스트레스에 시달리는 지도자는 주위의 모든 사람의 성과를 저하시킨다.

감정 전염으로 피폐해진 조직 문화

다음은 스타신 코발리스Stacene Courvallis가 쓴 글이다.

우리 회사는 특수 건설장비를 만드는데, 업계 내에서 견실한 성장의 본보기로 존경을 받고 있다.

최근의 건설 붐 확대에 따라 우리 회사도 확장을 했다. 우리는 빠르게 새로운 사람들을 많이 고용했는데, 나에게 보고하는 고위 임원인 윌마Wilma도 새로 온 사람 중의 한 명이었다. 그녀의 이력서는 완벽해 보였고, 당당하게 면접을 통과했다.

일을 맡고 석 달 동안 그녀의 성과는
훌륭했다. 그런데 윌마는 나에게 여러
프로젝트와 사람들에 대한 염려를 털
어놓기 시작했다. 늘 일찍 퇴근하는 몇
명의 임원들, 다른 부서의 예산 초과,
민감한 소유권 정보를 가지고 있는 엔

감정 에너지는 긍정적이건
부정적이건 팀 전체에 퍼져나간다.

지니어가 경쟁사 사람을 친구로 두고 있는 일 등에 대해서 말이다.
그녀는 자기 생각을 우리 조직의 건강을 염려하는 뜻으로 각색했
고, 나는 그녀가 그런 점을 지적해주는 것을 고맙게 여겼다.

얼마 안 가 윌마의 불평 토로를 듣는 것은 내 일과의 한 부분이 돼
버렸고, 그녀는 계속 문제를 찾아냈다. 그녀는 회사 문화가 너무
안이하고 다른 임원들이 나에게 충분한 존경을 표하지 않는다고
느꼈다. 그녀는 우리의 강령과 목표를 더 분명하게 할 필요가 있
고, 직원 수를 줄여서 이익을 더 늘릴 수 있다고 믿었다.

나는 우리 회사가 내가 알고 있는 것보다 훨씬 잘못 돌아가고 있지
않은지를 의심하기 시작했고, 다른 임원진들도 의심하기 시작했
다. 재정적 성공이 가속되고 있음에도, 우리 사무실의 활기차고 재
미있던 분위기는 점점 나빠지기 시작했다.

그러던 중 재무담당이사(CFO)인 제이슨Jason이 나에게 개별 면담을
요청했다. 그는 윌마가 자신에게 다른 사람들의 결점에 대해 이야
기를 해왔는데, 제이슨은 그녀의 우려가 타당하다고 믿지 않는다
고 말했다. 이것을 좀더 깊이 살펴보고 나서, 나는 하나의 패턴을
발견했다. 그녀는 자신의 대화 상대만 제외하고 다른 모든 매니저

들을 비방함으로써 자신의 유능함을 피력하고 있었던 것이다.

나는 또 진정한 문제는 나 자신임을 깨달았다. 나는 윌마의 이야기에 빠져들어서 우리 직원들에 대한 신뢰감과 회사의 방향성에 대한 확신을 잃어버렸다. 그리고 무의식중에 이런 마음을 나머지 사람들에게 퍼뜨려서 정서적으로 고양된 조직 문화를 잃어버리게 만들고 있었던 것이다.

곧장 검색을 해보니 이 문제의 이름이 드러났다. 감정 전염(emotional contagion)이었다. 건강치 못한 감정이 질병이 퍼지듯이 가까이 있는 사람들 사이에 퍼져나갈 수 있었다. 우리 회사가 전체가 거기에 감염되었던 것이다.

감정 전염을 깨닫고 나자, 마주치게 되는 모든 조직에서 이것이 눈에 띄었다. 법정에 갔을 때는 건물 전체를 가득 채우고 있는 불만과 불행의 두터운 안개를 느낄 수 있었다. 음반 가게에 갔을 때는 종업원들의 미소에 진정성이 느껴졌고, 그들이 서로 즐겁게 교감하고 있음을 알 수 있었다.

나는 금요일 오후에 윌마를 해고했다. 그러자 월요일 아침에는 전체 사무실의 분위기가 바뀌어 있었다. 사람들은 다시 편안해져 있었다. 우리 회사는 재미있고 창조적인 일터로 다시 되돌아와 있었다. 더 이상 대화의 흐름 속에 방어 자세가 끼어 있지 않았다. 신뢰가 다시 돌아왔다. 나쁜 감정의 매개체가 제거되자 이전의 긍정적인 분위기가 빠르게 자리를 되찾았다. 무엇보다도 좋은 것은, 내가 다시 나 자신과 회사에 만족을 느끼게 된 것이다.

감정 전염이 세상의 모습을 좌우한다

감정은 팀, 가족, 또는 공동체 안에서만 전염되는 것이 아니다. 그것은 그보다 훨씬 더 큰 규모의 소셜 네트워크를 통해서도 전염되어 퍼져나간다.

689,003명의 페이스북 사용자에 대한 거대한 실험에서, 감정 전염에 사람들 사이의 접촉이 반드시 필요한 것은 아님이 밝혀졌다(Kramer, Guillory, & Hancock, 2014). 그룹 내 모든 사람들의 감정이 동조되어 그들의 뇌파가 변하여 거대한 공동의 장을 만들어낼 수도 있는 것이다.

이 연구는 페이스북 사용자들에게 전해지는 뉴스(news feeds)에서 감정적인 내용물의 양을 조절하는 자동 시스템을 이용했다. 연구자들에 의하면, 사용자들에게 긍정적인 감정의 전달물이 줄도록 조작하면, "사람들은 긍정적인 게시물은 적게 만들어내고 부정적인 게시물을 더 많이 만들어냈고, 부정적인 감정 표출을 줄이면 반대의 패턴이 나타났다."

이것은 페이스북에서 타인들이 표현한 감정이 우리 자신의 감정에 영향을 미침을 보여줌으로써, 소셜 네트워크를 통해 대규모의 감염이 일어날 수 있다는 실험적 증거가 된다. 이것은 개인적 접촉과 비언어적 단서가 감정 전염이 일어나는 데에 필수적인 것은 아님을 보여주었다.

이것은 우리의 깨어 있는 의식 차원 아래에서 일어나는 일이지만, 우리는 온라인 소셜 네트워크상의 사람들을 포함한 타인들과 늘 자신의 감정을 공유하고 있다. 버몬트 대학(University of Vermont)에서 이루어진 한 연구는 인스타그램Instagram에 올려진 사진들은 그것을 올리고 있는 사람의 기분을 반영한다는 것을 발견했다. 연구자들은 우울한 사람들과 우울하지 않은 사람들이 올린 사진들을 비교해보았다. 166명의 사람들이 올린 43,950장의 사진을 비교해본 결과, 우울한 사진을 올린 사람들 중 절반은 최근 3년 동안에 우울증 진단을 받은 적이 있었다(Reece & Danforth, 2017).

연구자들은 우울한 사람들은 사진을 더 어두운 분위기로 처리한다는 것을 발견했다. 가장 일반적으로는 잉크웰Inkwell이라는 필터를 선택하는데, 이것은 사진에서 색을 제거하고 흑백으로 만드는 것이다. 행복한 사람들은 발렌시아Valencia라는 필터를 더 많이 사용하는데, 이것은 사진을 더 따뜻하고 밝은 분위기로 만들어준다. 우울한 사람들은 다른 사람들과 공유하는 사진에서 색깔을 말뜻 그대로 '빼버린다.'

이런 색깔의 선택을 우울증 진단의 도구로 사용했을 때 70퍼센트의 적중률을 보였다. 이는 일반 개업의들의 성공률인 42퍼센트보다도 훨씬 높은 것이다.

뉘른베르크 집회

무의식을 통한 부정적 감정의 전파는 소셜 미디어가 나오기 오래전부터 수천 년 동안 인간 사회를 조종해왔다. 집단 히스테리의 예는 역사책의 어디에서나 발견할 수 있다. 1930년대에 아돌 프 히틀러Adolf Hitler는 군중의 열광을 부추기고 독일과 국가사회당 (National Socialist Party)의 힘을 국민과 전 세계에 보여주기 위해, 독일 뉘른베르크에서 거대한 집회를 개최했다.

대형현수막, 뻗다리(goose-step) 행진, 군악, 횃불 행진, 불꽃놀 이, 그리고 대형 화톳불 등이 수십만 군중을 사로잡았다. 아돌프 히 틀러와 그 밖의 나치 거물들이 행한 연설은 당의 이념을 장황하게 선전했다. 성황을 이룬 이런 행사들을 통한 감정 전염은 히틀러의 전망 아래에 온 나라를 통합시킬 수 있도록 도왔다.

1934년의 집회는 100만 군중을 모았다. 미국의 언론인 윌리엄 샤이러William Shirer는 허스트Hearst 신문사를 위해 독일을 취재하러 막 도착했는데, 당장 대중 집회부터 가보기로 했다. 그는 자신의 일기 에다 장엄한 중세의 도시에서 목격한 첫날 저녁의 인상을 적었다. 그는 사람의 물결 속에 휩쓸려서 같이 환호하고 있는 자신의 모습 을 발견했다. 히틀러가 묵고 있는 호텔 앞에는 만여 명의 사람들이 모여 "우리는 우리의 총통을 원한다!"며 환호했다.

샤이러는 이렇게 썼다. "마지막에 히틀러가 잠시 발코니에 나 타났을 때, 나는 특히 여성들의 표정에서 약간 충격을 받았다. 그들 은 내가 언젠가 루이지애나의 오지에서 보았던 광신도들의 얼굴을 떠올리게 했다…. 그들은 히틀러를 마치 메시아인 것처럼 우러러보 았는데, 그들의 얼굴은 정말이지, 뭔가 인간의 것이 아닌 것처럼 바 뀌었다."

다음 날 아침, 샤이러는 대회의 개회식에 참석하고 이렇게 적

아돌프 히틀러가
1934년 뉘른베르크 집회에서 연설하고 있다.

었다. "나는 비로소 히틀러의 놀랄 만한 성공의 이유를 일부나마 이해하기 시작하고 있었다…. 오늘 아침의 개회식은 멋진 쇼 이상이었다. 거기에는 신비주의적인 요소가 있었고, 부활절이나 장엄한 고딕 성당의 크리스마스 미사 같은, 종교적인 열광도 있었다. 홀은 밝은 색조로 만들어진 깃발의 바다였다. 히틀러의 도착조차도 극적으로 기획됐다. 군악대는 연주를 중지했다. 3만여 명이 꽉 찬 홀에 정적이 흘렀다. 다음 순간 군악대가 바덴바일러 행진곡(Badenweiler March)*을 연주하기 시작했다…. 히틀러는 강당의 뒤에서 나타났고 그 뒤를 괴링Göring, 괴벨스Goebbels, 헤스Hess, 히믈러Himmler 등과, 다른 보좌관들이 따랐다. 그는 3만 명이 손을 들어 경의를 표하는 동안 긴 중앙 복도를 성큼성큼 걸어 내려왔다."

거기에 참석한 사람들에게, 그 사건은 마취적인 것이었다. "히틀러가 내뱉는 한 마디 한 마디는 마치 높은 곳으로부터 영감을 받은 것처럼 보였다. 인간의, 아니, 적어도 독일인의 비판적 능력은 그 순간 모두 사라져버렸다. 그리고 선언된 모든 거짓은 고고한 진리 그 자체로 받아들여졌다."(Shirer, 1941)

---

* 제1차 세계대전 초기인 1914년에 바이에른 근위보병연대가 프랑스의 바동빌레르 지역에서 승리한 뒤 자축용으로 만들어진 행진곡. 나치 시대에 독일식 제목인 '바덴바일러'로 개명됐는데, 히틀러가 이 행진곡을 정치 집회에서 자신이 입장할 때 군악대에게 연주시키면서 유명해졌다.

이것이 감정 전염의 힘이다. 히틀러의 통치, 세일럼의 마녀재판, 1960년대의 적색 공포(Red Scare)*, 1994년의 르완다 학살**, 2003년의 이라크 전쟁, 2007년의 대불황, 그리고 북한의 핵 교착상태 등등, 이런 집단 히스테리의 시대는 대개 관련된 모든 사람에게 불행한 결말을 가져다준다.

시장 거품

주식시장 거품은 감정 전염의 또 다른 예이다. 투자자들은 투기구매의 물결 속에서 부침하는 경기순환의 주기를 잊어버린다. 1996년에 연방준비제도 이사장인 앨런 그린스펀Alan Greenspan은 이를 '비이성적 과열'이라 불렀다. 역사가인 니얼 퍼거슨Niall Perguson은 그의 저서 《금융의 지배》(The Ascent of Money)에 이렇게 적었다. "호황과 불황은 결과일 뿐, 그 근저에는 우리의 감정적 변덕이 있다."(Perguson, 2008)

---

* 미국 역사에서 강한 반공 시기였던 1917년부터 1920년까지, 또 1947년부터 1957년까지 두 차례에 걸쳐 나타난 공산주의, 무정부주의, 급진주의, 노동조합주의, 기타 비미국적(un-American) 사상과 행위에 대한 전국민적 공포 히스테리의 열풍.

** 1994년 르완다 내전 중, 정치적 선동에 휩쓸린 후투족이 벌인 대량 학살. 반목세력이던 투치족은 물론이고 후투족 온건파까지 눈에 띄는 대로 살해했다. 르완다 정부는 100일 동안 117만 4,000명이 살해당한 것으로 추정하며, 이는 당시 투치족의 약 7할, 전체 르완다 인구의 약 2할에 해당한다.

2018년 2월 20일 회사들의 수익에 대비한 주가의 비율(Shiller, 2018).
역사적으로 중앙값은 16이다.
이는 전형적으로 기업의 주가가 실제로 벌어들인 수익보다
열여섯 배 높게 매겨졌다는 뜻이다.
이 비율이 16이 넘는 부분은 거품이다.
2018년 초의 비율은 33이었다.

1929년 10월, 예일 대학의 경제학 교수 어빙 피셔Irving Fisher는 미국의 주식 가격은 "영구적으로 높은 안정 상태로 보이는 지점에 도달했다"고 선언했다.

그는 완전히 틀렸다. 시장은 수일 후부터 떨어지더니 폭락을 거듭했다. 다음 3년이 지나서, 증시는 89퍼센트나 떨어졌다. 그리고 1954년까지 1929년의 수준을 회복하지 못했다.

이 폭락을 설명할 방법을 찾던 중에, 전설적인 경제학자 존 메이너드 케인스John Maynard Keynes는 국민의 마음을 사로잡고 있던 감정의 전염을 알아차리고, 그것을 '마음이라는 무형의 기계의 오작동'이라고 불렀다(Perguson, 2008).

거품은 전 역사에 걸쳐 존재해왔다. 1634년에는 네덜란드의 튤립 구근 값이 오르기 시작하자 투기꾼들이 시장에 몰려왔다. 네

덜란드의 튤립 파동이 시작되었다. 어떤 구근은 갈수록 더 비싼 가격으로 뛰며 하루에 열 번이나 주인이 바뀌기도 했다. 1637년 1월, 귀해진 튤립은 주택 가격보다 더 비싸게 팔리기도 했다. 그러다가 2월 5일, 그 거품이 갑자기 꺼져버렸다.

헨드릭 헤리츠존 폿의 작품 〈바보들의 마차〉

튤립 파동의 감정 전염은 1637년 헨드릭 헤리츠존 폿Hendrik Gerritsz. Pot에 의해 〈바보들의 마차〉(Wagon of Fools)라는 제목으로 화폭에 담겼다. 그림은 베틀을 버리고 꽃의 여신 플로라Flora가 높이 앉아 있는 마차를 따라가는 일단의 네덜란드 방직공들을 묘사하고 있다. 여신은 양팔에 튤립 꽃다발을 들고 있고 알코올중독자, 돈놀이꾼, 그리고 두 얼굴을 가진 여신인 포르투나Fortuna*가 함께 있다. 이들은 죽음의 바다로 이끌려가고 있다.

우리의 뇌파 패턴이 감정 전염에 의해 지배될 때, 우리가 느끼는 느낌은 현실처럼 생생하다. 스트레스와 관련된 베타파가 치솟고, 알파파는 감소한다. 자기 주변의 집단 히스테리에 영향받지 않고 남아 있으려면 마음이 강해야만 한다. 그러나 우리는 자신의 신경망 내에서 일어난 감정과 남들을 통해 건네받은 감정을 쉽사리 구별하지 못한다.

---

* 운명과 행운의 여신. 이 여신의 표시인 키(방향타)는 인간 사회의 운명을 조종하는 것으로 여겨진다.

깨달은 뇌의 지도를 그리다

역사가들은 의식의 극단적인 상태들을 기록할 수 있었다. 그 연속체의 범위는 한 문명을 온통 전쟁으로 몰고 가는 감정 전염으로부터 신비가들의 깨달음의 경지까지 포함한다.

그러나 현대의 신경과학은 의식에 관여하는 신경신호를 지도화하여 감정적 뇌에서 활성화되는 신호의 경로를 기록할 수 있게 해준다.

신비체험을 하고 있는 사람들의 뇌파를 기록할 때, 우리는 의식의 주관적인 상태를 뇌 기능의 객관적인 그림으로 번역하고 있는 것이다. 의식이 국소적인 마음의 두려움, 곤경, 걱정으로부터 벗어나면 뇌파도 바뀐다. 이것은 다른 신경경로가 개입했음을 가리키고, 그것은 다시 뇌의 전자기장을 변화시킨다. 이제 우리는 내면의 평화라는 주관적인 느낌을 EEG를 사용하여 객관적으로 지도화함으로써 뇌 속의 정보 흐름의 객관적인 그림으로 그려낼 수 있다.

신비체험 중에 마음은 물질을 떠난다. 의식은 국소적 자아와만 하나로 어울려 있기를 그치고, 의식적 현실과 무의식적 현실 사이에 알파 브리지가 만들어지는 동안 EEG 그래프는 알파파가 크게 발화하는 것을 보여준다.

이제 의식은 국소적 자아에 대한 집착을 초월하여 비국소적인 마음과 하나가 된다. EEG는 비국소적인 마음과 우주적 장과의 연결을 알리는 델타파가 처음 발화한 후 큰 진폭으로 안정되는 양상을 보여준다.

변성의식 상태를 경험할 때, EEG는 큰 진폭의 알파파와 세타파와 델타파를 동시에 기록한다. 호세의 종양이 없어진 것과 같은 신체적 치유가 일어날 때, 대개는 세타파의 발화가 뚜렷이 나타난다.

이처럼 국소적인 뇌와 비국소적인 마음이 합일할 때 변성이 일어난다. 줄리가 보았던 존재와 그녀가 받았던 다이아몬드 같은 상징물은 국소적인 마음과 비국소적인 마음이 통합된 새로운 개인적 현실의 상징이 된다. 신비체험이 끝나면 체험자는 국소적인 현실로 돌아온다. 하지만 그들은 변화해 있다. 그들은 줄리가 가슴 속에 넣어두었던 다이아몬드 같은, 정서적, 신체적 치유를 상징하는 선물을 가지고 돌아올 수도 있다. 이런 과정은 갇혀 있던, 오래된 에너지를 해방시켜준다. 줄리의 경우에는 녹아서 빗방울처럼 땅에 떨어진 우울증이 그것이다. 그들은 뇌종양이 사라진 호세처럼, 신체적 치유를 경험할 수도 있다.

물질은 마음에 의해 변화한다. 많은 연구들이 명상가들은 뇌 조직이 더 크고, 수면은 더 깊고, 질병은 적고, 면역력은 높고, 정서적으로 건강하고, 염증은 적고, 노화는 느리고, 세포 간 소통은 원활하고, 신경전달물질은 균형 잡혀 있고, 수명은 더 길고, 스트레스는 적음을 보여주고 있다.

우리의 변성된 정신적, 감정적, 신체적 상태는 이제 주위로 방사된다. 우리가 더 행복해지면, 우리는 만나는 사람들에게 그 영향을 끼친다. 그들은 다시 자기 주위의 사람들에게 영향을 끼친다, 그리하여 변화된 마음의 상태는 공동체에 두루 퍼져나간다. 긍정적인 감정의 전염이 일어나는 것이다.

예수회의 사상가인 피에르 테야르 드 샤르댕^{Pierre Theihard de Chardin}은 누스피어^{Noosphere*}라는 말을 만들어냈는데 이것은 인식권(Orb of awareness)으로 번역되기도 하는, 인류가 만들어낸 의식의 장^場을 말한다. 지구상의 다른 모든 생명체도 포함시키면 사이코스피어^{psychosphere}, 곧 장 속 모든 것의 의식권(Orb of consciousness)이 된다. 나는 지구의 집단적 감정의 결을 묘사하기 위해 에모스피어^{emosphere}라는 용어도 사용한다.

우리는 인간의 사이코스피어 안에 있는 치유장의 일부이다. 우리의 에너지는 사회를 감염시키는 부정적 감정과는 동조되지 않는다. 우리는 그런 장에 끼지 않는다. 우리의 마음의 변화는 우리의 건강과 영적 변성을 뒷받침해주는 새로운 물질적 현실을 만들어낸다.

생각을 실천하기

이번 주에 할 일들

- 매일 아침과 저녁에 적어도 10분씩 에코메디테이션을 수행하라.
- 다른 사람들과 의도적으로 연결하는 긍정적인 감정 전염을 일궈내라.
- 일하는 날의 시작과 끝에 적어도 10분씩을 배우자와 함께 보내라.
- 배우자가 의논하고 싶어하는 일에 대해 이야기하고, 그(그녀)가 말한

---

* 그리스어의 nous(정신/사고)와 sphaira(공/공간)를 합쳐 만들어진 혼성어다.

것을 요약해보라.

- 가게에 갈 때 종업원과 눈을 마주치라.
- 긍정적 감정의 연결을 북돋우기 위해 사람들에게 미소 짓는 연습을 하라.
- 당신을 귀찮게 하는 사소한 일들을 일기에 적으라.

이 장의 온라인 확장판에는 다음이 포함되어 있다.

- 정신과 의사 에릭 레스코위츠의 오디오 인터뷰
- 에코메디테이션 7단계(다음 쪽 참고)
- 감정 전염 동영상
- 추가적인 사례와 참고문헌

온라인 확장판에 접속하려면 MindToMatter.club/Chapter3를 방문하라.

에코메이테이션 7단계

에코메디테이션은 애쓰지 않고 쉽게 명상 상태에 들어가는 7단계 명상법이다. 시작하기 전에 전화기를 *끄라.* 방해받지 않는 20분의 시간을 자신에게 선물하라. 아침에 일어나자마자, 잠자리에 들기 전에, 혹은 낮의 휴식시간에 이것을 할 수 있다. 방해받지 않는 조용한 장소에 똑바로 앉으라. (본 내용은 원서에는 없으나 국내 독자들을 위해 추가로 번역해서 실은 것입니다. 여기에 약식으로 포함되어 있는 EFT 두드리기의 전체 과정을 배우고 싶은 분은 eftkorea.net을 참고하십시오. 편집부 주.)

1. 지금 나 자신에게 선물하고 있는 20분의 방해받지 않는 시간 외에는 아무것도 중요하지 않은, 고요하고 평화로운 상태에 있겠노라는 의도를 품고 EFT 타점들을 손끝으로 톡톡톡 두드리라. (타점의 위치는 그림을 참고하라.) 각자 편한 대로 순서를 정해 각 타점들을 다 두드렸으면 처음으로 돌아가 다시 한번 반복하라. 너무 오래 두드릴 필요도 없고, 세게 두드릴 필요도 없고, 정확한 위치를 찾으려 애쓸 필요도 없다. 몸의 왼편과 오른편 중 어느 쪽의 타점을 두드리든 무방하다.

   이 시간은 오로지 당신만을 위한 것이다. 신경 쓰이는 모든 일은 내려놓고 오로지 현재에 머물 수 있게 하라. 두드리면서 이렇게 말하라. "나는 마음의 평화를 방해하는 모든 것을 놓아 보낸다. 나는 몸의 모든 긴장을 풀어놓는다. 나와 마음의 평화 사이를 가로막는 과거와 현재와 미래의 모든 것을 내려놓는다."

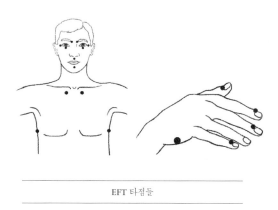

EFT 타점들

2. 눈을 감고 혀가 입 안에 편안히 놓여 있게 하라.

3. 손을 느끼라. 발을 느끼라. 손 안의 공간을 느끼라. 발 안의 공간을 느끼
라. 다리, 팔 상체, 목, 머리 안의 공간을 느끼라. 온 몸 안의 공간을 느끼
라. 눈 뒤의 광활한 빈 공간을 상상하라. 양 미간의 광활한 빈 공간을 상
상하라. 명상 중 언제든 생각이 일어나면 그저 놓아 보내라. 그것이 하
늘의 구름처럼 떠서 지나가는 모습을 집착 없이 지켜보라.

4. 6초 동안 들이쉬고 6초 동안 내쉬며 천천히 호흡하라. 숨을 들이쉴 때
마다, 또 내쉴 때마다 마음속으로 하나부터 여섯까지 세라. 혀가 얼마
나 이완되어 있는지를 알아차리라. 눈 뒤의 넓은 빈 공간을 상상하라.
혀가 이완되어 있게 하라.
통증이나 결림 같이 몸에 육체적인 감각이 일어나면 그냥 그것을 지켜
보라. 그것에 대해서 아무것도 할 필요가 없다. 주의를 호흡에만 집중
하고 들이쉬면서 여섯까지, 내쉬면서 여섯까지 세라.

5. 가슴 속 심장이 있는 곳을 심상화하라. 들숨과 날숨마다 여섯까지 세면 서 심장을 통해 숨을 들이쉬고 내쉰다고 상상하라. 혀가 이완되어 있게 하라.

6. 숨을 내쉴 때마다, 당신이 사랑하는 사람이나 장소를 향해 심장으로부 터 사랑의 광선을 쏟아 보낸다고 상상하라. 숨을 몇 번 쉴 동안 이 상태 로 머물라. 눈 뒤의 넓은 빈 공간을 의식하라. 혀가 입 안에 얼마나 편안 히 놓여 있는지를 의식하라.

7. 사랑의 광선을 다시 몸으로, 심장이 있는 곳으로 가져오라. 그 사랑을 몸 안의 어디든 불편하거나 아픈 부위로 보내라. 명상을 끝내기 전에 6 초씩의 호흡을 세 번 하라.

명상을 끝냈다고 느끼면, 주의를 당신이 앉은 방으로 가져오 라. 눈을 뜨고 가까이 있는 물체를 바라보면서 그것의 색깔, 재질, 무게 등의 성질을 관찰하라. 시선을 옮겨 가장 멀리 있는 대상을 바 라보라. 호흡을 알아차리라. 앉아 있는 의자나 방바닥 위 당신 몸의 무게를 알아차리라. 손과 발을 느끼라. 시간을 의식하라.

자신을 지금 여기로 다시 데려오라. 명상 상태는 우리의 평안 을 도와주지만, 명상이 끝날 때마다 자신을 '현실세계'로 향하게 하 고 거기서 잘 기능하게 하는 것도 중요하다.

이것을 일주일 동안 날마다 하면, 하루의 나머지 시간 동안 기분이 달라져 있음을 깨닫게 될 것이다. 한 달 동안 이것을 날마다 하면, 당신은 이것에 빠져들 것이다. 이것은 20분밖에 안 걸리지만 당신은 30분이나 45분으로 점점 시간을 늘리고 싶어질 수도 있다. 그러고 싶으면, 그렇게 하라.

4장

에너지가
DNA와 세포를 조절한다

당신은 하루는커녕 1초 전과도 같은 사람이 아니다. 당신의 신체는 놀랄 만큼 빠르게 세포를 교체하여 장기들을 회춘시키고 있다.

당신의 신체는 37조 개 정도의 세포를 지니고 있다(Bianconi 등, 2013). 이것은 알려진 우주의 은하계 숫자보다 더 많다. 시시각각 오래된 세포는 죽어가고 새로운 세포들이 그것을 대체한다. 매초 81만 개의 세포가 교체되고 있다.

당신의 신체는 매일같이 1조 개의 적혈구 세포를 생산해낸다(Wahlestedt 등, 2017). 이것은 엄청난 숫자다. 이것을 0으로 표기하면 1,000,000,000,000이 된다.

적혈구는 당신의 정맥과 동맥들을 순환하면서 신체의 낱낱의 세포들에 산소와 영양분을 배달해준다. 혈액세포 각각의 수명은 4개

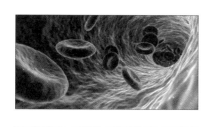

순환하고 있는 적혈구 세포들

월 가량이다. 그 후에는 간에서 이것들의 주요성분을 추출하고, 나머지는 재활용을 위해 비장(spleen)으로 보낸다. 당신은 6개월 전에 있었던 적혈구를 지금 하나도 가지고 있지 않다. 모든 것이 교체되어 있다.

당신의 몸은 끊임없이 스스로 재생하고 있다

소화기관의 내벽도 빠르게 교체되고 있다. 이것은 나흘에 한 번꼴로 교체된다. 당신의 폐 조직은? 여드레에 한 번 교체된다. 가

장 치밀한 조직인 뼈도 끊임없이 재생하여, 매년 10퍼센트의 뼈 조직이 교체되고 있다.

뇌에는 약 840억 개의 신경세포가 있고, 신경이 아닌 세포(교세포)도 비슷한 숫자로 존재한다(Azevedo 등, 2009). 우리의 뇌에서는 새로운 신경세포가 끊임없이 자라나고 있고, 각각의 신경세포는 150조 개의 시냅스로 이뤄진 신경망을 통해 수천의 다른 신경세포들과 연결될 수 있다(Sukel 등, 2011). 우리의 뇌는 매초 적어도 한 개 이상의 신경세포를 교체하고 있다(Walløe, Pakkenberg, & Fabricius, 2014).

해마(hippocampus)는 기억과 학습을 담당하는 뇌 부위다. 해마는 끊임없이 새로운 신경세포와 시냅스를 만들어내면서 다른 신경세포 가지를 쳐낸다. 어떤 신경경로는 줄어들고 있어서 그 부위의 해마 부피도 줄어든다. 또 어떤 신경경로들은 성장하고 그 부피도 확장된다.

환자가 간이식을 받을 때, 기증자의 간의 절반을 떼어 이식받는 사람에게 이식한다. 간세포는 재생속도가 아주 빨라서 8주 이내에 기증자의 간은 원래의 크기로 자란다(Nadalin 등, 2004). 지금 당신의 가장 오래된 간세포의 나이는 5개월 정도다.

세포 종류	교체 주기	BNID
혈액 중성구	1~5일	101940
뼈 조골세포	3개월	109907
뼈 파골세포	2주	109906
심근세포	매년 0.5~10%	107076, 107077, 107078
자궁경부	6일	11032
대장 내면세포	3~4일	107812
지방세포	8년	103455
소장 파네츠Paneth 세포	20일	107812
렌즈 세포	평생	109840
간세포	0.5~1년	109233
폐 꽈리세포	8일	101940
난자(여성 생식체)	평생	111451
췌장 베타파 세포(쥐)	20~50일	109228
혈소판	10일	111407, 111408
적혈구	4개월	101706, 107875
골격	매년 10%	107076, 107077, 107078
피부 표피세포	10~30일	109214, 109215
소장 상피세포	2~4일	107812, 109231
정자(남성 생식체)	2개월	110319, 110320
줄기세포	2개월	109232
위장	29일	101940
혀의 미뢰(쥐)	10일	111427
기관지	1~2개월	101940
적혈구(호산구)	2~5일	109901, 109902

조직마다 세포가 재생되는 속도가 다르다.
이 표는 일부 조직의 교체 주기를 보여준다.
BNID는 하버드 대학의 유용한 생물학적 번호
데이터베이스를 가리키는 약자다.

　심장조차도 재생된다. 최근까지도 과학자들은, 심장은 재생되지 않아서 심장세포는 죽으면 교체되지 않는 것으로 믿고 있었다. 그러나 최근의 연구는 심장 조직에는 줄기세포 영역이 있어서 손상되었거나 죽은 세포들을 교체할 수 있으며, 전체 심장은 사람의 일생 동안 적어도 세 번 재생됨을 보여주고 있다(Laflamme & Murry, 2011).

　안구 표면의 각막세포는 24시간 안에 재생될 수 있다. 당신의 피부는 매달 완전히 교체된다. 위 내벽은 매주 새로워지고 대장 내벽은 더 빨리 교체된다. 어제의 당신이었던 그는 오늘의 당신이 아니다.

세포 분열 과정

　새로운 당신을 환영한다!

　우리 신체를 구성하는 기본적 요소들의 이 같은 끊임없는 순환은 우리가 얼마나 빠르고 완전하게 치유될 수 있는지에 대해 심오한 암시를 주고 있다.

　우리의 신체는 치유되게끔 프로그램되어 있다. 치유는 처방이나 의사나 약초나 대체요법가로부터 얻어오는 것이 아니다. 치유과정에 대한 이해가 깊어질수록, 우리는 마음을 물질로 바꿔놓는 능력을 더 잘 갖추게 된다.

신체는 당신이 동원해주는 재료를 사용한다

아침에 거울을 볼 때마다 당신은 어제의 얼굴이 당신을 마주 보고 있다고 믿을 것이다. 그러나 하루가 지나는 동안에 당신의 몸에서는 약 600억 개의 세포가 교체되어 있다. 당신은 물리적으로도 어제의 당신과는 다른 존재인 것이다.

이렇게 매일같이 일어나는 신체의 광범위한 리모델링은 아무 노력 없이 저절로 일어나는 일은 아니다. 당신이 섭취하는 음식과 마시는 물처럼 당신이 '몸에 들이는' 물질이 당신 몸이 만들어내는 세포의 질을 좌우한다. 고품질의 음식을 섭취하면 당신의 신체는 그 재료를 가지고 세포의 구성 분자인 고품질의 단백질을 만들어낸다.

당신이 저품질의 음식을 섭취하면 신체는 오직 수준 이하의 그 물질로 새로운 단백질을 만들어낼 수밖에 없다. 음식에 비타민 성분이 결핍되어 있으면 당신의 몸은 절충을 할 수 밖에 없고, 이런 거래는 결국 건강을 해치게 한다.

신체를 공장으로, 그리고 신체가 만드는 세포를 자동차로 생각해 보자. 만일 가장 양질의 강철이 운송 회사에 의해 하역장에 배달되고 훌륭한 유리, 탄력 있는 고무 등 최상급 재료가 있으면 그 공장은 고품질의 자동차를 제조할 수 있다.

그러나 만일 잘 부서지는 고무

우리는 대부분 정크푸드를 먹지 않고
건강한 음식을 택할 줄 안다.
그러나 자신이 흡수하는 에너지에 대해서는
거의 신경을 쓰지 않는다.

나 탁한 유리, 혹은 약한 강철밖에 없다면 그 결과물은 형편없어질 것이다. 조악한 재료로는 훌륭한 자동차를 만들어낼 수 없다. 적절치 못한 물질이 들어가면 신체의 제조 공정을 통해 나오는 물질의 품질도 낮아진다. 쓰레기가 들어가면 쓰레기가 나올 뿐인 것이다.

이것이 '물질적' 측면에 대한 방정식의 전부다. 그렇다면 에너지 측면은 어떨까?

세포는 장 속에서 재생한다

세포는 또한 에너지 환경 속에서 복제된다. 품질 낮은 물질은 품질 낮은 세포를 만들어낼 것이고, 열등한 에너지는 열등한 분자를 만들어낼 것이다. 우리의 신체는 에너지장 속에 몸을 담그고 있다. 그러니 세포 재생이 일어나는 환경의 에너지장의 종류가 거기서 나오는 생물학적 산물을 결정한다.

지금 나는 얼그레이 차를 즐기고 있는 중이다. 나는 부엌으로 가서 티백을 컵에 넣고, 직접 우물에서 길어온 톡 쏘는 맛의 생수를 컵에 부었다. 그리고 컵을 전자레인지 안에 넣고 타이머를 물 끓이기에 충분한 2분에 맞추었다.

보이지는 않지만, 전자레인지 속의 파동이 컵에 든 물의 상태를 변화시켰다. 2분 내에 물은 실내온도인 25도에서 비등점인 100도가 되었다. 물질이 에너지에 의해 변화된 것이다.

마찬가지로, 우리 몸의 세포들도 주변의 에너지장에 둘러싸여 있다. 눈에 보이지는 않을지라도 이 장들은 세포의 물질을 변화시킨다. 원자로 사고로 누출된 강한 방사선 같은 것은 세포에 돌연변이를 일으킬 수도 있다.

당신 몸의 세포들이 활기차게 동조된 뇌가 만들어낸 사랑과 공감과 친절의 에너지에 둘러싸여 있다면 무슨 일이 일어날까? 세포들은 긍정적인 감정의 찬란한 장 속에서 길러진다.

여기 내가 좋아하는 치유의 에피소드가 하나 있다. 글렌다 페인Glenda Payne의 몸이 퇴행하기 시작했을 때, 그녀는 실로 절망적인 상황에 처했다. 그녀가 마음을 사용하여 자신을 구해낸 사연은 수천 명의 사람들에게 영감과 용기를 주었다.

말기 근육퇴행 환자의 춤

다음은 글렌다 페인이 쓴 글이다.

나는 내가 사랑하는 직업을 가졌다. 나는 온실 제조회사의 도매 프로그램 매니저였다. 내게서 이상 증상이 발견됐을 때, 나는 막 프랑스로 우리의 시장을 확장하고 있었다. 계단을 오르기가 점점 더 힘들어지고 있었다. 가파른 언덕을 1~2킬로미터 정도 막 뛰고 난 느낌이었다. 대퇴부 근육이 다리 들기를 힘들어했다. 계단 끝에 도달할 때면 숨이 차올랐다.

휴식시간을 더 가져도 근육통과 무력증은 더 심해졌고, 숨이 심하게 가빠지다가 급기야는 의식을 잃어버리는 무서운 증상이 나타났다. 접시를 씻거나 계산대 앞에 줄을 서거나 식품점 카트를 미는 것 같은 단순한 일조차 나를 바닥에 엉덩방아 찧게 만들어서 당황시키곤 했다. 나는 가쁜 숨을 필사적으로 쉬면서, 정신을 잃지 않으려고 싸웠다. 어느 날 오후에 나는 직원과 이야기를 하며 서 있다가 맥없이 바닥에 쓰러져 정신을 잃어버렸다. 그 후로 나는 차를 오래 몰 수 없었다. 나는 다시 직장으로 돌아가지 못했다.

의사는 이유를 찾지 못했다. 한 전문의에게서 다른 전문의로 옮겨다니며 5년간 전전한 끝에, 온갖 검사를 다 해본 후에야 최종진단을 받았다, 희귀한 질환인 미토콘드리아 봉입체 근육염(mitochondria inclusion body myositis)이었다. 의사들은 나에게 해줄 수 있는 것이 아무것도 없다고 말했다.

나의 삶은 아무런 가망도 없는 절망의 구렁텅이로 떨어졌다. 나는 포기할 준비가 되어 있었다. 거실 소파와 침대가 나의 세계의 전부가 돼버렸다.

어느 봄날, 여동생이 EFT 두드리기 시연이 담긴 5분짜리 동영상을 보여주었다. 우리는 함께 EFT 두드리기에 빠져들었다. 그해 여름에 우리는 한 웨비나webinar*에서 도슨 처치가 조 디스펜자 박사를 인터뷰한 내용을 들었다.

---

* 웹web과 세미나seminar의 합성어로 인터넷상에서 열리는 회의. 오프라인상에서 열리는 회의 대신 음성이나 문서, 인터넷을 활용한 회의가 점차 활성화되어 새로운 정보교환 방식으로 떠오르고 있다.

인터뷰에서 디스펜자 박사는 자신이 몸소 겪은 의학적 기적을 이야기했다. 그는 프로 자전거경주 선수였다. 한 경기 중에 그는 방향을 꺾다가 큰 트럭에 치였다. 상처는 너무나 심각해서 그가 다시 걸을 희망은 거의 없었다. 그는 완전히 마비된 채로 침대에만 누워 있어야 했을 때, 자신이 마음으로 몸의 신경과 세포들과 어떻게 대화했는지를 이야기했다. 그는 자신이 '의식의 통일장'이라 부르는 장 속으로 건강한 몸의 심상을 투사했다. 그리고 그것이 먹혔다는 것이다.

나는 끊임없는 통증 속에서 기진맥진한 상태로 그렇게 누워 있으면서도, 그가 완전히 회복할 수 있었다면 나도 그렇게 될 수 있으리라는 희망을 놓지 않았다.

도슨은 그 웨비나에서 나와 실시간 통화를 하면서 작업을 했다. 디스펜자 박사의 이야기를 듣고 나서 전화로 몇 분 동안 도슨과 함께 두드리기를 해본 그 시간이 나의 인생을 바꿔놓았다. 나와 여동생은 EFT 두드리기가 우리의 온 생애를 괴롭혀왔던 큰 문제를 해결하는 데도 도움이 된다는 것을 깨달았다. 우리는 자격증을 취득하기로 마음먹었다.

10월에, 우리는 도슨의 자격증반에 처음으로 등록했다. 그는 시연 중에 다시 나를 상대로 작업을 했다. 4일간의 워크숍 마지막 날, 나는 도슨에게 다가가서 "무엇이 없어졌는지 알아맞혀보세요"라고 말했다. 나는 목발을 던져버리고 모든 사람이 보는 앞에서 춤을 췄다. 나는 워크숍에 참석하려고 휠체어를 탄 채 호텔에 왔다가, 춤을 추며 걸어 나왔다. 그 이후로 나는 스쿠터도 사용하지 않았다.

조와 도슨의 인터뷰를 처음 들은 지 3년 후에, 나는 EFT 시술가 자격과정과 에너지 심리학 자격과정을 동시에 마쳤고, 책을 써서 출판했으며, 샤먼shaman식 치유가로 정식 입문했다. 요즘 나는 두 번째 책을 쓰고 블로그를 만들기 위해서 자료를 수집하고 있다.

지금도 나에겐 좋은 날도 있고 나쁜 날도 있다. 나에겐 아직도 많은 휴식이 필요하다. 아직도 외출할 때는 대부분 목발을 가지고 다닌다. 갈수록 점점 덜 사용하게 되기는 하지만 말이다. 짧은 거리의 평지일 경우에만 잠시 해보는 정도이긴 하지만, 나는 하이킹도 다시 할 수 있게 됐다. 산을 오르는 것은 아직 힘들다. 산을 오른다면 그다음엔 적어도 하루는 완전히 쉴 생각을 해야만 한다. 그래도 나는 내 몸에 귀 기울이는 법을 알고 있다.

주어진 모든 도구를 활용하여 내가 행복해질수록, 내 몸 역시 더 행복해지고 더 많은 활동을 해낼 수 있다. 한때 고독한 절망에 빠져 있던 가망 없었던 그 존재가 환희로운 영감에 찬 삶 속으로 변신해 나왔다. 나는 매 순간, 삶이 나 자신에게 주기로 한 것을 무엇이든 즐긴다.

나는 비록 파트타임으로만 치유 활동을 하고 있지만, 내가 함께 작업하는 사람들은 나로 하여금 몸을 늘 친절히 대하도록 자극해준다. 나는 충분히 쉬어야만 내 고객과 독자들을 더 많이 도울 수 있다. 나는 이 일을 사랑한다! 조 디스펜자의 이야기를 들은 것이 나에게 그랬듯이, 나의 이야기도 그들에게 영감을 주고 삶을 변화시키게 되기를 희망한다.

4년 후의 글렌다

심각한 병이 단숨에 사라질 때

나는 심각한 질병으로부터 완치된 많은 예들이 정신적인 장 (field)의 영향을 받은 것이라고 믿는다. 이런 사람들의 몸은 세포가 복제되어 성장해가는 동안 긍정적인 에너지 속에 푹 잠겨 있다. 당신의 몸이 매초 만들어내는 81만 개의 새로운 세포 하나하나가 친절과 사랑의 에너지 환경 속에서 태어난다면, 그 환경은 그들의 발달 과정을 모양 짓는다.

의학적 치료 없이 암이 소멸되는 사례를 의학 전문가가 목격하는 것은 역사적으로도 드문 일이다. 이에 대해 처음으로 논평한 저자들 중 한 사람은, 아마 이런 일은 8만 건의 사례 중에서 한 번 정도로 일어났을 것이라고 말한다(Boyd, 1966). 동시대의 다른 추정은 1만 건 중 한 번 정도라고도 했다(Boyers, 1953).

그러나 현대의 연구는 암의 소멸이 흔하게 일어난다는 사실을 발견하고 있다. 한 연구는 유방암의 약 5분의 1이 의료 개입 없이 마음과 몸에 의해 치유된다고 보고했다(Zahl, Mæhlen, & Welch, 2008). 다른 연구들도 백혈구를 공격하는 한 종류의 암으로부터 자연치유되는 환자들의 비율도 이와 비슷하다고 보고하고 있다(Krikorian, Portlock, Cooney, & Rosenberg, 1980). 의학 보고서의 문헌목록은 의

사랑과 친절의 정신적, 정서적, 영적
장을 만들 때, 우리는 곧 몸을 재생시킬
건강하고 활기찬 생태계를 조성해주는 것이다.

학문헌 속에서 3,000건 이상의 자연치유 사례가 발견되었다고 한다
(O'Regan & Hirshberg, 1993).

암이 퍼지는 데는 암세포 집단 사이의 신호와 협력을 필요
로 한다. 이 신호는 스트레스에 의해 촉발된다(Wu, Pastor-Pareja & Xu,
2010). 스테로이드와 에피네프린이라고도 불리는 아드레날린은 두
가지의 주요 스트레스 호르몬이다. 높은 수치의 아드레날린은 난소
암 세포가 원래의 종양으로부터 멀리 퍼져나가도록 촉발한다. 이
호르몬들은 또한 암세포의 파괴를 억제하여 사망을 앞당기는 FAK
라는 효소를 활성화시킨다(Sood 등, 2010). 전립선과 유방의 암세포를
파괴하는 다른 효소도 아드레날린에 의해서 작용이 저지된다(Sastry
등, 2007).

스트레스 수준을 낮춰주면 때로는 아주 빠르게 이것을 역전시
킬 수 있다. 연구자들은 몇 시간의 감정 치유를 통해 종양의 크기가
절반 이하로 줄어든 사례를 보고하고 있다(Ventegodt, Morad, Hyam, &
Merrick, 2004). 자연치유를 경험한 사람이나, 진단 이후 다른 사람들보
다 훨씬 오래 산 사람들 중에는 세계관이 바뀐 사람이 많다. 그들은
타인과의 관계에서 좀더 이타적으
로 변하고, 자신의 치료에 스스로 능
동적으로 참여한다(Frenkel 등, 2011). 명
상에 의해 생성되는 '지복 분자'(bliss
molecules)인 아난다미드도 암세포 형
성을 억제해준다. 마음이 변하면 물
질도 변한다.

타인들과의 연결, 그리고 이타심은
치유된 사람들의 특징이다.

줄어드는 종양

앞장에서 읽었던 에너지 치유 연구가 빌 벵스턴은 몇 가지 무작위 대조군 실험의 피험자였다. 그와 그의 대학원생들은 시종일관 생쥐의 악성종양을 치유시킬 수 있었다. 다음에 그는 자신의 방법을 사람에게 적용해보았다. 다음 이야기는 세포들이 긍정적인 에너지장에 둘러싸여 있을 때 일어날 수 있는 치유의 사례다 (Bengston, 2010).

빌의 학생 중 하나인 로리Laurie는 말기 유방암 진단을 받았다. 암은 먼저 임파선으로 퍼진 다음 전신으로 전이되었다. 그녀는 4개월의 시한을 선고받은 상태였다. 빌의 이야기를 들어보자.

"그녀는 모든 충고를 뿌리치고 나에게서 치료받기를 원했다…. 나는 로리를 때로는 하루에도 여러 시간씩, 일주일에 6일간, 2개월 동안 치료했다. 그 과정은 매우 힘들어서 내 겨드랑이와 서혜부에 혹이 생겼을 정도였는데, 내가 그녀를 더 이상 만나지 않게 됐을 때야 사라졌다.

그녀의 주치의가 행한 엑스선 검사, 혈액검사, CAT 사진 등, 기본적인 의학검사에서 종양은 줄어들고 있었다. 결국에는 모두 사라졌고… 로리와 나는 암에서 해방된 5주년 기념일과 10주년 기념일을 축하했다."

로리와 같은 사람들의 몸속에서 재생되는 세포들은 친절이라는 보이지 않는 마이크로웨이브에 푹 잠겨 있어서 치유를 일으킨 것일지도 모른다. 인체가 매초 만들어내는 81만 개의 이 세포들은 긍정적 감정이 형성시킨 에너지장 속에 푹 잠겨 있었다.

의식이 전환될 때 우리는 의도적인 변화를 만들어내기 시작하고, 그것은 글렌다와 로리가 그랬던 것처럼 에너지의 성질을 변화시키고, 그 장 속에서 새로운 세포들이 만들어진다. 그런 긍정적인 정신 상태를 몇 주일 동안 유지하고 있으면 이제 수조 개의 새로운 세포들이 그 상태에 의해 모양 지어진다.

자, 이제 인간이 만들어낸 에너지가 세포 형성에 미치는 영향을 보여주는 직접적인 증거들을 살펴보자.

에너지가 세포의 형성을 이끈다

연구자들은, 세포를 다양한 범위의 주파수에 노출시켜놓고 배양하면 그중 일부 주파수는 특정 종류의 세포 성장에 특히 도움이 된다는 사실을 밝혀냈다. 건강한 세포의 성장을 재촉해주는 일부 주파수는 바로 우리의 뇌가 만들어내는 주파수들이다. 우리의 의식에 의해 생성되는 전자기장이 세포의 재생에 직접적인 영향을 미칠 수 있다는 것이다.

우리의 세포들이 가장 민감하게 반응하는 신호의 대부분은 주파수 스펙트럼의 아주 낮은 쪽에 있다. 이런 미세전류들은 에너지

주파수 창이란 특정 세포들이
반응하는 에너지의 좁은 주파수대이다.

를 운반하지는 않는 대신 정보를 운반한다(Foletti, Ledda, D'Emilia, Grimaldi, & Lisi, 2011).

세포들은 전형적으로 아주 좁은 주파수대에 민감하다. 세포들이 이 좁은 주파수대에만 반응하고 그 위나 아래 주파수대에서는 반응하지 않기 때문에, 연구자들은 이것을 '주파수 창'(frequency window)이라 부른다.

1950년부터 2015년까지 과학문헌에 발표된 175편의 연구논문을 살펴본 결과, 특정한 주파수들이 세포 재생과 회복을 촉발하는 것으로 밝혀졌다. 저자들은 이렇게 말한다. "파동은 세포에 영향을 미친다…. 영향을 미치지 않는 넓은 주파수 영역을 경계로 분리된 특정 주파수에서만 말이다."(Geesink & Meijer, 2016) 이 주파수들은, 피아노를 칠 때 듣기 좋은 화음이 있는 것처럼 음계상의 주파수들이 서로 조화롭게 공명하는 악보와 비슷하다. 저자들은 다양한 주파수들이 신체에 미치는 영향을 나열해놓았다.

- 신경세포와 시냅스 형성을 자극한다.
- 척수 조직을 회복시킨다.
- 파킨슨병의 증상을 완화한다.
- 암세포 성장을 억제한다.
- 기억력을 향상시킨다.

- 다양한 뇌 부위의 신경세포 발화를 동기화시킨다.
- 집중력을 증가시킨다.
- 상처의 치유를 촉진한다.
- 염증세포의 활동을 둔화시킨다.
- 골 재생을 촉진한다.
- 당뇨병 환자의 신경 퇴행을 줄여준다.
- 유익한 유전자의 발현을 촉발시킨다.
- 인대와 힘줄 같은 결합조직의 성장을 촉진시킨다.
- 체내를 순환하는 줄기세포의 양을 증가시킨다.
- 근육, 골, 피부로 분화되도록 줄기세포를 자극한다.
- 면역계에서 백혈구의 활동을 증진시킨다.
- 성장호르몬의 합성을 촉진시킨다.
- 활성산소(노화의 일차적 원인으로 간주되는 산소 원자)를 조절한다.
- 세포들이 손상된 조직에 모여 결합되게 함으로써 심장근육을 회복시킨다.

건강의 척도인 생체지표

　에너지장이 세포에 미치는 영향을 보여주는 이 환상적인 연구를 살펴보면, 당신은 이 연구가 지닌 치유적 잠재력에 매료될 것이다. 당신은 당신의 건강과 주변 사람들의 건강을 극적으로 호전시킬 수 있는 가능성을 보게 될 것이다.

당신은 또한 과학자들이 점검하는 몇 가지 공통적인 생물학적 지표가 있다는 것을 알게 될 것이다. 여기에는 유전자 발현, 성장호르몬(GH: growth hormone) 수치, 텔로미어telomere라 불리는 노화 지표, 그리고 순환하는 줄기세포의 수 등이 포함되어 있다. 연구자들이 이런 생체지표들을 사용하는 이유는, 이것이 우리의 면역계와 염증 시스템의 활성화와 상관되어 있기 때문이다.

건강한 활동은 염증을 감소시키고 면역력을 증강시킨다. 보건의 목표는 신체 내에 면역계가 최대의 기능을 발휘하게 하고 염증은 최소한으로 줄이는 것이다.

줄기세포는 어떤 종류의 세포로도 바뀔 수 있는 '백지(blank)' 세포다. 이것들은 체내를 순환하다가 우리가 손가락을 베거나 흡연에 의해 폐 조직이 손상되어 세포를 회복시킬 필요가 생길 때, 필요한 세포의 종류가 무엇이든지 간에 그 세포로 변신한다. 이것들은 신체의 요구에 따라 골세포, 근육세포, 폐세포, 또는 피부세포로 변할 수 있다. 이러한 융통성이 줄기세포를 치유에 매우 중요한 것이 되게 하여, 연구자들은 줄기세포의 수를 면역계 기능의 효율성을 가리키는 지표로 사용한다.

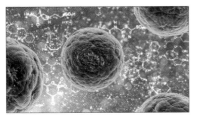

줄기세포는 신체의 요구에 따라
어떤 종류의 세포로도 변할 수 있는 '백지' 세포다.

관심을 끄는 또 다른 물질은 성장호르몬, 곧 GH(growth hormone)다. 이름에 성장이라는 단어가 있지만, 그것이 우리를 더 크게 성장시켜준다는 뜻은 아니다. GH는 우리 몸의 세포를 회복시키고 재생시킨다. 대개는 잠자는 동안, 우리는 낮의 활동으로 인해 신체에서 손상된 조직을 회복시키기 위해 더 많은 GH를 생산한다. 우리의 신체를 젊고 건강하고 강하게 유지하기 위해서는 높은 수준의 GH가 필요하다. 활력이 떨어진 환자들은 흔히 GH 수치가 낮다. 어떤 치료행위가 GH 농도를 높여주었다면 그것은 도움이 된 것이다.

산화스트레스는 연구의 또 다른 초점이다. 우리가 숨 쉬는 공기 중의 산소는 구조가 안정되어 있는데, 이는 두 개의 산소 원자가 결합되어(O_2) 있기 때문이다. 그러나 두 개의 산소가 짝을 이루고 있지 않으면 한 개의 산소 원자는 우리 세포에 손상을 준다. 이것을 활성산소라 부른다. 활성산소의 산물인 산화스트레스는 노화의 가장 보편적인 원인으로 간주된다.

많은 연구가 되어 있는 또 다른 분자는 텔로미어다. 텔로미어란 우리 세포에 있는 염색체의 양쪽 끝을 말하는데, 세포가 분열할 때마다 약간씩 짧아진다. 텔로머라제Telomerase는 텔로미어의 끝에 DNA 분자를 추가시키는 효소다. 성장하여 나이가 들면 우리 염색체 끝의 텔로미어에 있는 DNA 사슬은 1년에 1퍼센트의 비율로 감소한다. 이것이 텔로미어의 길이를 생물학적 노화의 매우 믿을 만한 지표로 만든다.

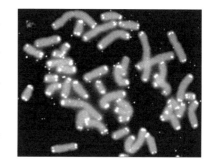

염색체 끝에 있는 밝은 점이 텔로미어다.

스트레스를 받으면 세포의 분자들이 소모되기 때문에 세포가 더 빨리 죽게 된다. 스트레스에 의해 죽은 세포를 대체하기 위해서는 체세포가 더 자주 분열해야 한다. 세포가 더 자주 분열하면 텔로미어는 더 빨리 짧아진다. 그래서 스트레스를 받는 사람들은 텔로미어의 길이가 더 빨리 짧아지고, 반면에 건강한 사람들은 텔로미어가 길다. 스트레스를 받는 사람들이 편안히 쉴 줄 아는 사람들보다 더 젊은 나이에 죽는 이유는 이 때문이다. 과학자들은 텔로미어의 길이로 생물학적 연령을 알아낼 수 있어서, 이것을 인기 있는 유전자 검사법으로 만들었다.

마음의 창, 뇌파

에너지장의 주파수 창이 세포와 분자들에 영향을 미친다는 사실을 보여주는 수천 편의 연구가 있다. 내가 특별히 관심을 가진 것은 우리 뇌파의 주파수, 특히 델타파, 세타파, 알파파, 감마파 등이 만들어내는 주파수다. 이것들은 우리 몸에서 자연스럽게 생기기 때문이다. 뇌파의 주파수가 변하면 그것은 세포에 영향을 미친다. 나는 우리 안에서 저절로 생성되는 뇌파를 이용하여 세포의 환경을 변화시킬 수 있는 방법에 매료됐다.

내가 워크숍에서 명상과 EFT 두드리기를 가르치면, 참가자들에게서 이 네 가지 뇌파의 수치가 올라간다. 이것은 당신도 스스로 유도해낼 수 있는 주파수들이다. 의약품도, 약초도, 특별한 신념도, 환각제도 전혀 필요 없다!

지난 한 세기에 걸친 연구는 우리의 뇌가 뇌파로 측정할 수

있는 에너지장을 만들어낸다는 사실
을 보여주었다. 명상과 두드리기를
할 때 우리가 만들어내는 의식 상태
는 특유한 에너지장을 만든다는 것
도 보여주었다. 아주 빠른 파인 감마
파와 마찬가지로 아주 느린 파인 델
타파, 그리고 세타파와 알파파도 우
리가 이런 마음의 상태를 유도하면

실황 치유 세션에서 참석자가 EEG에 연결되어 있다.
모든 청중이 그녀의 뇌파를 볼 수 있다.

극적으로 변한다. 가장 느린 뇌파로부터 가장 빠른 뇌파에 이르기
까지, 다섯 가지의 각 뇌파에 관한 연구들을 살펴보면 그 각각에 연
관된 광범위하고 흥미로운 치유사례들을 발견하게 될 것이다.

델타파

0~4헤르츠의 가장 느린 뇌파인 델타파는 생체 조직에 여러
가지 유익한 변화를 일으킨다. 정상적인 뇌에 대한 주요 연구들은
0~4헤르츠 범위의 뇌파와 치유 사이의 몇 가지 연관성을 발견했다.

수면을 연구한 한 연구팀은 수면 패턴을 살펴보기 위해 사람
들이 잠들기 전에 EEG 모니터를 연결했다(Gronfier 등, 1996). 그들은
EEG 판독 외에 GH(성장호르몬) 수치도 10분마다 측정했다. 연구자
들은 뇌에서 델타파가 가장 많이 나올 때 GH의 수치도 가장 높아
진다는 것을 발견했다.

10대에서 80대까지의 다양한 연령대로 이루어진 다른 그룹
에서도 델타파와 GH 수치 사이의 상관성이 발견됐다(Van Cauter,

Leproult, & Plat, 2000). 나이가 들수록 델타파와 성장호르몬의 생산이 모두 감소했다. 성장호르몬은 델타파 수면 동안에 합성된다.

아메드Ahmed와 비에라스코Wieraszko는 기억과 학습을 담당하는 뇌 부위인 해마로부터 살아 있는 조직 조각을 잘라냈다(2008). 그들은 델타파 대역의 아주 낮은 주파수인 0.16헤르츠가 해마의 신경세포들 사이의 시냅스 연결부 활동을 증가시킨다는 사실을 발견했다. 이는 기억과 학습이 델타파 활동에 의해 증진된다는 것을 의미한다.

미주리 주 세인트루이스St. Louis에 있는 워싱턴 의과대학의 연구자들은 알츠하이머 환자의 뇌의 특징인 신경세포 사이의 끈적끈적한 반斑(plaque)인 베타-아밀로이드[*]를 살펴보았다(Kang 등, 2009). 그들은 수면 중에, 뇌파가 주로 세타파와 델타파 상태일 때는 뇌가 베타-아밀로이드 생산을 멈추고 독성 물질도 제거된다는 사실을 발견했다. 이런 효과는 뇌가 델타파 상태에 들어가는 수면인 깊은 수면 상태에서 더 크게 나타났다.

한 연구진은 텔로머라제 생산에 관여하는 RNA와 다섯 가지 단백질을 분석하다가, 0.19~0.37헤르츠 주파수대에서 이 분자들이 가장 크게 공명한다는 것을 발견했다(Cosic, Cosic, & Lazar, 2015). 이 연구에서 가장 놀랄 만한 점은, 다른 주파수는 텔로머라제에 영향을 미치지 않았다는 사실이다. 이 분자는 델타파 내에서도 아주 작은 주파수 창에서만 정교하게 반응했다.

---

[*] 알츠하이머 환자의 뇌에서 발견되는 아밀로이드 플라크의 주성분으로서 알츠하이머병의 기전과 증상 진행에 결정적으로 관여하는 물질이다.

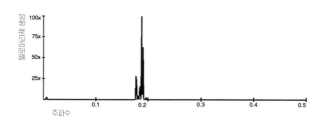

열 개의 텔로미어 공명 극치가 0.19헤르츠 주파수 창에 몰려 있다.

생체 전자기장에 관한 100편 이상의 과학논문을 발표한 마르코 마르코프Marko Markoff의 연구에서 영감을 받은 한 연구팀은, 0.5~3헤르츠 사이의 델타파가 신경세포의 재생을 자극한다는 사실을 발견했다(Sisken, Midkiff, Tweheus, & Markov, 2007).

델타파는 무한과 연결되는 느낌이 들 때 EEG 그래프에서 발견되는 뇌파다. 이때 사람들은 전형적으로 국소적 자아가 비국소적 자아와 합일하는 신비체험을 보고한다. 큰 진폭의 델타파가 나올 때 명상가들은 대자연과 다른 인간 존재들, 그리고 무한에 연결되는 것을 느낀다. 그들은 분리된 개인으로 존재하는 느낌, 곧 아인슈타인이 '분리 망상'(delusion of separateness)이라 부른 것을 잃어버린다. 대신에 그들은 만물과의 일체감을 경험한다.

뇌가 델타파를 만들어낼 때, 우리는

초월적 상태에 있는 사람들은 비국소적 마음과의 합일을 경험하고, 큰 진폭의 델타파를 보여준다.

텔로미어를 성장시키고 GH를 증가시킬 뿐만 아니라 신경세포를 재생시키고 베타-아밀로이드도 제거하는, 세포 차원의 온갖 유익한 생리적 변화를 일으키는 잠재력을 지닌 주파수 속에 몸의 세포들을 푹 잠기게 해주는 것이다. 그러니까 우리는 델타파 상태에서 그저 멋진 주관적 체험만 하는 것이 아니라, 우리 몸이 번성할 수 있는 객관적인 에너지 환경을 만들어내는 것이다.

세타파

세타파는 4~8헤르츠로 진동하는, 뇌파 중에서 두 번째로 느린 파다. 이것은 치유가들에게서 가장 흔히 관찰되는 주파수다. 베커Becker는 치유가가 한창 에너지 치유를 하고 있을 때 가장 흔히 나타나는 뇌파가 세타파임을 발견했다(1990). 치유를 시작하기 전에는 일상적인 의식을 의미하는 높은 베타파나 델타파, 그 밖의 뇌파 패턴을 보였을 테지만, 아픈 사람의 몸에 손을 대거나 환자 근처에서 치유의 만남을 시작하면 뇌파는 세타파로 바뀐다.

이것은 그들이 어떤 치유 전통에 속해 있든지, 또는 그들이 가지고 있는 신념이 무엇이든지 상관없이 일어나는 현상이다. 어떤 이는 기공의 대가였고 다른 사람은 아메리카 원주민 주술사였다. 또 어떤 이는 카발라 전통의 시술자였고, 어떤 이는 기독교 신앙을 가진 치유가였다. 그러나 소속과는 무관하게, 치유에 몰입하기만 하면 그들의 뇌는 세타파 상태로 들어갔다(Kelly, 2011).

세타파는 신체의 여러 유익한 변화와 연관되어 있다. 한 연구팀은 다양한 주파수가 DNA 회복에 미치는 효과를 연구했다. 그들

은 7.5~30헤르츠 사이의 전자기장이
분자 결합을 증진시켜줄 수 있음을
발견했다(Tekutskaya, Barishev, & Ilchenko,
2015). 그리고 이 범위 안에서도 9헤
르츠가 가장 효과가 좋은 것으로 입
증되었다.

치유 세션

인간과 동물의 연골세포에 관
해서는 많은 연구가 있다. 왜냐하면
연골세포의 회복은 발목을 삐거나 인대가 늘어났던 경험이 있는 사
람들이 증명하듯이, 건강에 필수적이기 때문이다. 연구팀은 박동하
는 전자석을 이용하여, 인체의 연골세포가 세타파 대역의 한가운데
인 6.4헤르츠 주파수에 의해 재생된다는 것을 발견했다(Sakai, Suzuki,
Nakamura, Norimura, & Tsuchiya, 1991). 이 주파수는 또한 노화의 가장 일
반적 원인인 활성산소를 중화시키는 분자인 항산화제의 활동을 증
가시킨다.

일본 토호東邦 의대의 연구팀은 깊은 복식호흡을 수행하는 피
험자들의 EEG 신호를 분석해보았다. 그들은 '기분 좋은' 신경전달
물질인 세로토닌이 증가하고 알파파, 델타파와 더불어 세타파가 증
가하는 것을 관찰했다(Fumoto, Sato-Suzuki, Seki, Mohri, & Arita, 2004). 다른
연구는 5헤르츠와 10헤르츠를 교차시킨 주파수가 열일곱 명의 요
통 환자에게서 증상을 많이 호전시키는 것을 발견했다(Lee 등, 2006).

두 명의 러시아 과학자들은 수용액 속의 DNA 분자에 5.5헤
르츠와 16.5헤르츠 사이의 주파수들이 미치는 효과를 살펴보았

다. 그들은 DNA 분자가 9헤르츠에서 가장 크게 자극되고, 그 효과는 처치하지 않은 대조군보다 두 배 이상 높다는 것을 발견했다 (Tekutskaya & Barishev, 2013).

알파파

당신이 만일 뉴로피드백이나 바이오피드백 훈련을 하고 있다면 알파파에 대해서 많이 들어보았을 것이다. 이 훈련은 의지로써 알파파를 유도해낼 수 있는 법을 터득하도록 고안되어 있다. 알파파의 주파수는 8~13헤르츠다.

알파파는 위로는 베타파와 감마파, 아래로는 세타파와 델타파의 사이인 뇌파 스펙트럼의 한가운데에 있다. 뇌 연구의 전설적 선구자인 맥스웰 케이드는 알파파는 높은 주파수대와 낮은 주파수대 사이의 다리 역할을 한다고 믿었다. 베타파는 의식적인 마음의 활동을 반영하고, 세타파와 델타파는 잠재의식과 무의식의 마음을 나타낸다. 케이드는 이 '알파 브리지'가 의식적인 마음을 무의식의 직관적 지혜와 우주적 장의 비국소적 원천에 연결해준다고 믿었다. 정말 잘 통합된 사람은 큰 진폭의 알파파를 만들어낼 수 있다.

알파파는 또한 우리 신체에 좋은 일을 해주는 것으로 밝혀졌다. 알파파는 세로토닌 같은 기분 좋은 신경전달물질의 수치를 높여준다. 운동하는 사람들은 알파파 수치가 높아지면, 세로토닌이 많이 분비되며 감정 상태가 고양된다(Fumoto 등, 2010). 다른 연구에서는 참선 수행자들이 알파파 상태를 유도했을 때 동일한 현상이 일어났다(Yu 등, 2011).

한 선구적인 연구에서는 DNA
를 다양한 주파수에 노출시켜보았
다. 이 연구에서는 10헤르츠의 알파
파 주파수가 DNA 분자의 합성을 상
당히 증가시키는 것으로 나타났다
(Takahashi, Kaneko, Date, & Fukada, 1986).

해마의 신경세포는 이 범위
(4~12헤르츠)의 주파수에서 발화하는
데, 10헤르츠와 그 이상의 주파수에

명상은 뇌파에 유익한 변화를 일궈낸다.
'알파 브리지'는 의식적인 마음을
무의식의 근원에 연결해주는 열쇠다.

서는 뇌의 학습과 기억 회로의 연접이 증강된다(Tang 등, 1999). 뇌의
다른 부위들도 8~10헤르츠 대역을 사용하여 이 주파수에서 진동하
는 신경세포들과 소통한다(Destexhe, McCormick, & Sejnowski, 1993).

그러므로 알파파는 유전자 발현을 촉진시키고 기분을 좋게 해
줄 뿐만 아니라, 뇌가 최상의 수행 능력을 발휘하도록 조율해준다.
명상가들이 규칙적인 명상 후에 보고하는 확장된 감정의 느낌은 그
저 주관적인 자기평가가 아니다. 그것은 DNA, 신경전달물질, 뇌파
등을 통해 측정할 수 있는 객관적인 생물학적 사실인 것이다.

베타파

베타파의 주파수 범위는 13~25헤르츠이다. 베타파에는 두 가
지 종류가 있고, 현대의 많은 연구자들이 베타파를 두 종류로 나눈
다. 13~15헤르츠의 낮은 베타파는 SMR(sensorimotor rhythm)이라고도
부른다. 이것은 신체 기능의 관리와 연관되어 있다.

높은 베타파의 주파수는 15~25헤르츠다. 이것은 생각하고 있는 뇌에서 항상 나타나며, 어떤 일에 집중할 때 증가한다. 스마트폰으로 목적지까지의 경로 찾기, 블로그에 포스트 작성하기, 언어수업 듣기, 또는 복잡한 레시피로 요리하기 등은 당신의 뇌에서 높은 베타파의 진폭을 증가시킨다.

스트레스는 높은 베타파의 진폭을 비정상적으로 커지게 만든다. 친구와 다툴 때, 불가능한 마감일을 앞두고 있을 때, 밤중의 어두운 집에서 무서운 소리가 들릴 때, 어린 시절의 상처를 떠올릴 때, 또는 부정적인 생각을 할 때 당신의 뇌는 높은 베타파 상태로 들어간다. 그래서 이 뇌파는 스트레스의 신호로 간주된다. 이것은 코르티솔과 아드레날린의 증가, 그리고 신체의 온갖 유해반응과 연관되어 있다. 공포와 불안은 높은 베타파를 만들어내고, 여러 가지 유익한 세포 기능을 저해한다. 뇌가 높은 베타파에 싸여 있으면 당신의 신체는 훨씬 빠르게 노화한다.

감마파

감마파는 가장 최근에 발견된 뇌파다. 감마파는 뇌의 모든 부위로부터 오는 정보를 동기화하여 통합시키는 일에 관여한다(Gray, 1997). 당신을 몇 주일 동안 괴롭히던 문제에 대한 통찰이 번쩍 떠올랐다고 생각해보라. 어려운 과제를 완벽하게 수행해낸 만족감을 상상해보라. 아이들이 놀 때, 화가가 그림을 그릴 때, 또는 작곡가가 대작을 작곡할 때 동기화된 뇌 기능을 생각해보라. 이때 나타나는 것이 감마파다. 감마파는 베타파가 끝나는 25헤르츠에서 시작하여

100헤르츠 너머까지 올라간다.

MIT 대학의 리-후에이 차이Li-Huei Tsai가 이끄는 연구팀은 알츠하이머병에 감마파가 미치는 영향을 시험해보았다. 그들은 생쥐들이 미로를 다니게 해놓고 길 찾기와 기억을 담당하는 해마 부위의 뇌파를 기록했

연구자들은 변압기, 멀티미터, 솔레노이드 코일, 테슬라미터, 탐침 등을 사용하여 극저주파 발생기를 만든다.

다. 막다른 곳에 이를 때 생쥐의 뇌는 날카로운 감마파의 폭발을 보여주곤 했다. 그러나 알츠하이머에 잘 걸리도록 유전자 조작을 한 생쥐의 뇌는 같은 식으로 반응하지 않았다. 이들은 신경세포 조직들 간의 동기화가 잘 안 되기 때문에 감마파의 발화가 그보다 적었다.

다음에 연구자들은 생쥐의 뇌에다 40헤르츠의 감마파 주파수로 불빛을 비춰주었다. 그러자 한 시간 만에 베타-아밀로이드의 수치가 절반으로 줄어들었다. 연구자인 차이는 "우리는 이 결과에 깜짝 놀랐다"고 말했다(Iaccarino 등, 2016).

그 메커니즘을 찾다가, 그녀는 감마파가 소교小膠세포(microglia)* 라는 뇌세포의 한 종류를 가동시킨다는 점을 발견했다. 이 세포들은 뇌의 청소부로서, 기형 단백질과 죽은 세포들을 처리한다. 감마파에 노출되자 이 세포들이 두 배나 늘어나서 베타-아밀로이드를 처리하기 시작한 것이다.

캘리포니아 대학의 비카스 소할Vikkas Sohal은 이렇게 말한다.

---

* 뇌에서 면역기능을 담당하는 신경원세포의 일종으로 조직 내에서 변성된 뉴런이나 이물질 등을 잡아먹는다. 물질의 운반과 파괴, 제거, 병원성 대사 물질의 청소 등 중요한 역할을 한다.

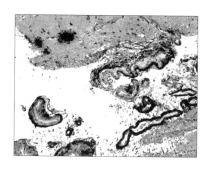

알츠하이머병은 신경신호를 방해하는
반(plaque)을 뇌 속에 만들어낸다.

"만일 감마 진동이 뇌의 소프트웨어 부분이라면, 이 연구는 소프트웨어를 돌려서 하드웨어를 바꿀 수 있다는 사실을 암시한다."(Yong, 2016)

한 연구에서는, 알츠하이머병의 특징인 인지기능 저하를 보인 다섯 명의 환자의 해마를 빛으로 자극했더니 증상이 개선되는 것을 발견했다(Saltmarche, Naeser, Ho, Hamblin, & Lim, 2017). 여기서 발전시킨 새로운 기법에서는 10헤르츠(알파파)와 40헤르츠(감마파)의 자극을 조합하여 사용한다(Lim, 2014, 2017).

감마파는 체내의 다른 여러 가지 유익한 변화들과도 연관되어 있다. 75헤르츠의 주파수는 항염증 단백질을 생산하는 유전자를 후생적으로 촉발시킨다(De Girolamo 등, 2013). 감마파 스펙트럼의 하단에 있는 50헤르츠의 주파수는 근육, 골, 피부 또는 무엇이든 간에 필요한 세포로 분화하는 '백지' 세포인 줄기세포의 생산을 증가시킨다(Ardeshirylajimi & Soleimani, 2015). 60헤르츠 주파수는 코르티솔 같은 스트레스 호르몬이 코드화되어 있는 스트레스 유전자의 발현을 제어한다. 이 주파수는 또, 신체의 다른 모든 유전자의 15퍼센트 정도를 교대로 제어하는 Myc라는 핵심 유전자를 활성화시킨다(Lin, Goodman, & Shirley-Henderson, 1994).

스트레스에 지친 의식의 상징인 높은 베타파는 실제로 DNA 합성을 억제한다. 골세포가 25헤르츠의 베타파에 노출되면 성장이 억제된다. 그러나 75헤르츠 또는 그 이상의 감마 주파수는 골세포의 성장을 촉진한다. 125헤르츠의 주파수에서는 절정에 이르러, 베타파 주파수에 노출됐을 때보다 성장률이 세 배나 높아졌다(Ying, Hong, Zhicheng, Xiauwei, & Guoping, 2000).

이전까지는 많은 연구들이 펄스 전자기장(PEMF: pulsed electromagnetic field) 장치 같은 외부 장치를 통해 주파수를 만들어냈기 때문에 확정적인 결론을 내리기보다는 추론에서 그쳤다. 그리고 뇌파와 세포 변화의 상관관계를 연계시키는 것과 같은 다른 연구들은 인과관계를 밝히기보다는 두 현상 간의 관련성만을 보여준다.

그러나 거시적으로 보면 우리의 신체는 가장 느린 델타파로부터 가장 빠른 감마파에 이르기까지 뇌파에 민감하게 반응하고, 이 상관관계를 이해하면 뇌파를 이용하여 세포를 치유할 수 있는 것이다.

마음의 변화 = 장의 변화 = 세포의 변화

뇌파와 연관된 세포 변화의 다양한 양상과 그 수만 해도 놀랄 만한 일이다. 우리가 만들어내는 뇌파가 매 순간 신체에 큰 변화를 일으킨다는 사실에 대한 정보를 가지고, 우리는 과연 어떻게 그 과정이 최적의 건강 상태를 향해 가도록 방향을 조정할 수 있을까?

연구결과들은 많은 영적 수행이 뇌파를 변화시킴을 보여주고 있다. 마음챙김 명상은 여러 가지 유익한 뇌파 변화를 일으킨다. 56편의 논문과 총 1,715명의 실험대상자를 검토한 메타분석은 알파파와 세타파가 증가했음을 보여준다(Lomas, Ivtzan, & Fu, 2015). 다른 연구들은 심장의 율동성은 불안을 상징하는 베타파 대역을 안정시키는 한편 알파파와 감마파를 만들어낸다는 것을 보여준다(Kim, Rhee, & Kang, 2013). 단지 3개월만 마음챙김 명상을 수행하면 당신은 텔로미어를 성장시킬 수 있다(Jacobs 등, 2011).

　내가 조 디스펜자의 상급반 워크숍에서 행한 연구는, 수천의 사람들이 어렵지 않게 자신의 델타파와 감마파 수치를 높일 수 있음을 보여준다(Church, Yang, Fannin, & Blickheuser, 2016). 나는 나의 에코메디테이션 워크숍에서 명상하는 사람들에게 EEG 모니터를 연결해놓고, 불안한 마음의 특징인 베타파가 사라지는 반면에 감마파, 알파파, 세타파 그리고 델타파는 증가하는 것을 목격했다. EEG 전문가인 로라 아이크만Laura Eichman은 워크숍 참석자들을 관찰한 후 이렇게 말했다.

　"스테파니Stephnie의 뇌파가 보여준 것이 우리가 측정해본 모든 사람들에게 전형적으로 나타나는 패턴이다. 10분 정도 에코메디테이션을 하면 사람들은 자신의 심장 에너지에 동조되고, 그 에너지를 밖으로 보내어 다른 사람들과 연결된다. 스테파니의 델타파 진폭이 엄청나게 커지고, 이어서 곧 감마파가 커지는 게 보였다. 높은 감마파 대역이 낮은 델타파를 타고 있었다.

　나는 판독화면을 표준인 10밀리볼트에 맞춰놓고 있었는데 이건 평상적인 뇌 활동을 측정하기에 충분한 범위다. 하지만 스테파니의 뇌는 너무나 많은 델타파를 만들어내서, 나는 주파수 창을 20밀리볼트로 조정해야만 했다. 하지만 그것도 충분치 않았다. 그녀의 뇌 활동을 포착하기 위해서는 30밀리볼트, 40밀리볼트로 범위를 계속 높여야만 했다.

낮은 주파수대인 델타파와 높은 주파수대인 감마파 사이의 이같은 연결은 치유가나 심령술사에게서 몇 번밖에 본 적이 없다. 나중에 스테파니에게 그녀의 체험에 대해 물어봤더니 체험이 뇌파도와 일치했다. 그녀는 자신이 빛으로 차 있는 존재라는 사실에 대한 '내적인 앎'을 경험했다고 보고했다."

에코메디테이션은 EFT 두드리기, 마음챙김, 심장의 조화로운 율동, 그리고 뉴로피드백 등을 조합한 단순하고도 품격 있는 기법으로, 모든 기법의 장점을 통합한 것이다. 이 모든 방법이 우리의 체세포가 그 속에서 재생되고 있는 에너지장을 전환시켜준다.

만일 내가 당신의 혈관을 돌고 있는 줄기세포 수를 늘려주고, 텔로미어를 길어지게 하고, 뇌 속의 베타-아밀로이드를 없애주고, 기억력과 집중력을 높여주고, 세로토닌을 증강시키고, DNA를 회복시켜주고, 염증을 조절해주고, 면역계를 강화시켜주고, 피부와 골세포와 연골세포와 근육세포를 회복시켜주고, 세포를 회복시켜주는 성장호르몬을 많이 분비시켜주고, 뇌신경세포의 연결을 도와주는 알약을 주겠다면 당신은 돈을 얼마나 내겠는가?

이것은 가치를 매길 수 없을 만큼 중요한 일임에도 불구하고, 무료이다. 에코메디테이션은 10년이 넘도록 인터넷상에서 무료로 보급되고

건강과 행복을 증진시키는 마법의 약이 있다면?

있다. 나는 전 세계에서 수천 명의 사람들을 가르쳤다. 우리 세대에서 가장 큰 의학적 돌파구일 수도 있는 그것을 가장 가난한 사람으로부터 가장 부유한 사람들에 이르기까지 공짜로 사용할 수 있다는 사실은 역설적이다.

유익한 뇌파 상태를 만들어주는 모든 것이 그저 화면을 두드려 간단한 지시를 따르기만 하면 되도록 준비되어 있다. 이것을 선택하면 우리의 에너지장이 바뀌고, 우리의 몸이 매초 만들어내는 81만 개의 세포가 우리의 뇌가 만들어내는 건강 증진의 파동 속에 푹 잠기는 것이다.

환상의 뇌파 레시피

가능한 뇌파 상태의 수는 무한하다. 우리가 일상적으로 익숙하게 들어 있는 뇌파 상태가 있다. 이것은 우리의 일상적인 정신적 활동이 만들어내는 것이다. 그것은 각자의 고유한 뇌가 정보를 처리하는 방식이다. 이것은 자신의 뇌가 평소에 기능하는 각 뇌파의 진폭을 당신이 설정해놓았기 때문에 당신에게 친숙하게 느껴지는 것이다. 당신은 세타파, 알파파, 델타파와 일정한 비율을 이루는 진폭의 베타파에 익숙해져 있다.

각 개인의 뇌파의 비율은 레시피와 비슷하다. 각자의 습관적인 혼합 비율은 자신이 가장 자주 먹는 음식과도 같다. 당신은 그 음식의 냄새와 맛과 모양에 익숙해져 있어서, 자신이 먹는 것에 거의 주목하지 않는다.

극치 상태는 다르다. 그것은 정교한 비율의 뇌파를 재료로 만든 최고급 요리와도 같다. 델타파를 더 넣으면 당신은 우주와의 합일을 경험한다. 세타파를 더 넣으면 당신은 치유의 파동을 경험한다. 높은 진폭의 알파파를 넣으면 당신의 의식적인 마음과 무의식적인 마음이 서로 소통을 시작한다.

아마도 당신의 일상적인 레시피는 이럴 것이다.

- 베타파: 20μV(마이크로볼트)
- 알파파: 25μV
- 세타파: 30μV
- 델타파: 100μV

이것은 매우 평범한 숫자 조합이다. 여기에 잘못된 것은 하나도 없고, 대부분의 사람들의 뇌는 날마다 이 범위 안의 어딘가에 머문다.

당신이 극치 체험을 할 때는 이 숫자들이 바뀐다. 당신이 고양된 상태에 들어갈 때 뇌가 맛보는 요리의 레시피는 다르다. 알파파는 평소의 25마이크로볼트에서 60마이크로볼트로 올라간다. 걱정이 만들어내는 베타파는 20마이크로볼트에서 5마이크로볼트로 줄어든다. 세타파와 델타파는 각각 50마이크로볼트와 200마이크로볼트로 늘어난다. 당신은 무한한 장과 연결된 심원한 내적 느낌을 느끼고, 모든 존재와 일체감을 느끼게 된다. 이것은 다음과 같은 경험에 의해 촉발될 수 있다.

- 봄의 첫날
- 감명을 주는 영화
- 좋아하는 노래
- 아기가 당신의 손가락을 잡을 때
- 발 마사지
- 친구와의 다정한 순간
- 영감을 주는 대화
- 1마일(약 1.6킬로미터) 달리기
- 연설 후 박수를 받을 때
- 완벽한 한 잔의 커피
- 당신이 좋아하는 작가의 새 책
- 밀린 과제를 완수했을 때
- 잡동사니를 치운 후 깨끗해진 공간을 바라볼 때
- 낯선 사람이 보내는 미소
- 골대에 농구공을 넣었을 때
- 강아지가 태어나는 것을 볼 때
- 완벽한 일몰
- 사랑에 빠지기
- 해변 산책

우연히 외부 자극에 의해 당신은 새로운 뇌파의 레시피를 맛보았고, 그것은 환상적이다. 만일 극치 경험의 그 순간에 당신의 뇌를 EEG 모니터에 연결하면 뇌파는 이렇게 나올 것이다.

- 베타파: 5μV
- 알파파: 60μV
- 세타파: 50μV
- 델타파: 200μV

당신의 일상적인 레시피와는 얼마나 다른 숫자인지를 보라. 높은 스트레스로 인한 베타파는 모두 사라졌다. 알파파가 세타파, 델타파와 함께 높이 타오른다. 뇌가 정보를 다른 방식으로 처리하면 뇌파의 비율은 완전히 달라진다.

고급 요리를 한 입 씹으면 우리의 미각은 음식의 맛에 놀란다. 우리는 한 입 한 입 그 맛을 음미한다. 이 레시피는 친숙하지 않고 이국적이다. 마찬가지로, 우리가 극치의 순간에 경험하는 뇌파의 혼합률은 친숙하지 않다. 뭔가 특별한 것이다.

우리는 그것을 무아경 또는 초월 상태, 고양된 상태, 변성된 상태, 무형의 존재와의 채널링channelling*, 사랑에 빠짐, 천사의 방문, 황홀감, 천국에 가닿음, 마법 같은 순간, 극치 체험, 아니면 인도령을 만남 등등으로 부를 수도 있다. 그것을 무엇이라 부르든 간에,

---

* 자기 외의 의식과 초자연적인 방식으로 교통交通하는 것을 가리키는 말로, 그로부터 얻은 메시지를 말로 전달하거나 글로 기록하는 사람은 '채널러'라고 불린다. 채널링은 채널러가 트랜스 상태에 들어가거나 잠을 자는 동안 이뤄지는 경우가 많다.

이 워크숍 참석자의 습관적인 뇌파 레시피는
두려움으로 인한 베타파가 많고,
약간의 세타파와 델타파가 있고,
알파 브리지는 매우 적다.

명상 후에 알파 브리지가 크게 발화한 모습.
세타파와 델타파가 확대되고
베타파의 높은 진폭은 사라졌다.

우리는 이 새로운 경험을 특별한 것으로 받아들인다. 우리는 평소의 음식보다 훨씬 더 맛있는 요리를 맛보고 있는 것이다. 그것은 평소의 자신처럼 느껴지지 않는다, 그 때문에 우리는 그것을 신성의 만남, 아니면 자신과는 동떨어진 어떤 인격과의 접속으로 여기게 된다.

단지 잠깐뿐일지라도, 이러한 레시피를 만들어낸 것은 당신의 뇌다. 이처럼 환상적인 비율을 만들어낸 당신의 뇌는 그것을 다시 만들 수 있다. 의지로써 그렇게 되도록 훈련할 수 있는 것이다.

워크숍에서 사람들을 처음 EEG에 연결하면 우리는 그들의 개인적 레시피 조합을 보게 된다. 그들은 흔히 스트레스를 받고 불안한 상태에 있어서 많은 고주파수의 베타파를 가지고 있으며 알파파, 세타파, 델타파는 적다. 알파 브리지 없이 무의식이나 우주로부터 단절되어 있는 이런 존재 상태가 그들에게는 정상적인 것이다.

명상을 한 후에는 정보를 처리하는 방식이 완전히 변한다. 그들은 새로운 레시피를 맛보고 그것을 좋아한다. 그들은 자신의 의식적 마음과 무의식적 마음을 연결해주는, 큰 알파 브리지를 가지게 된다. 그들은 세타파의 치유 주파수와 델타파의 초월 주파수에 접속되어 있다.

그들의 뇌가 매일 같이 이처럼 맛있는 새로운 뇌파 요리를 즐길 수 있도록, 그들을 설득하여 지속적으로 수행하게 만들 수만 있다면 그들은 습관적으로 행복을 느낄 수 있게 된다. 그것이 그들의 새로운 정상 상태가 되는 것이다. 그리하여 마침내 그들의 초기 설정값이 바뀌면, 최고급 요리가 그들의 주식이 된다! 그들의 신체는 날마다 치유의 장 속에 푹 잠겨 있게 된다.

뇌가 이 같은 고양된 상태에 들어갔을 때 돌파를 체험한 워크숍 참석자의 한 사례가 여기 있다.

먼 해변의 파도 소리

해럴드Harold는 심각한 중년의 위기에 처해 있었다. 연방정부의 고위직 관리인 그는 3개월 전 인질 협상을 하던 중에 의식을 잃고 쓰러졌다. 의사는 그에게 스트레스가 심했다면서, 52세 남자의 신체로서 다른 이상은 발견되지 않았으니 휴식을 취하고 명상을 배우라고 조언했다. 그는 정신을 잃었을 때 소실된 청력을 제외하고는 이상에서 완전히 회복되었다. 검사 결과 그의 왼쪽 귀는 80퍼센트 정도 청력이 소실됐다.

그는 나의 권유로 캘리포니아 주 빅서Big Sur에 있는 에살렌 연구소 (Esalen Institute)에서 열리는 나의 일주일짜리 수련 프로그램에 등록하기로 했다. 그는 15년 동안 에살렌에서 다양한 수업을 들어왔는데 마사지, 온수욕, 직접 기른 먹거리, 그리고 해변 경치의 조합이 그에게 활력을 주곤 했다.

그를 만났을 때 나는 그의 지적이고 유머 있고 탁 트인 세계관에 놀랐다. 그는 만족할 만한 오랜 결혼생활, 성공한 아들, 베스트셀러인 저서, 일가를 이룬 직업에다 모든 물질적 혜택을 누리고 있었다. 그런데 이제 와서 그는 자신의 삶 어딘가에서 방향이 잘못 꺾인 것 같은 불안감에 사로잡혀 있었다. 그는 스트레스가 많은 그의 직업을 그만두고 조기 은퇴를 해야 할지, 든든한 건강 전략을 어떻게 짜야 할지를 안내해줄 뭔가가 필요했다.

자신이 바라는 변화를 가져오는 데 도움이 되기를 바라는 마음으로, 해럴드는 전체 참가자들 앞에서 나의 코칭 시범 대상이 되기를 자청하여 나왔다.

수련을 시작하기 전에, 우리는 사람들의 행복도를 평가하기 위한 몇 가지 검사를 했다. 이 검사에는 우울증, 불안, 통증, 행복감, 그리고 외상 후 스트레스 증상(PTSD: post-traumatic stress disorder)의 심리학적 평가 등이 포함되어 있었다. 우리는 해럴드의 생리적 지표들도 측정했다. 이 검사에는 코르티솔(주된 스트레스 호르몬), 타액의 면역 글로불린 항체 A(SIgA, 면역 기능의 일차적 지표), 그리고 안정기의 심박수 등이 포함되어 있었다. 우리는 해럴드를 EEG에 연결하여 세션 중 그의 뇌파 상태를 지켜볼 수 있었다.

전체 참가자들 앞에서 나와 함께 작업을 하면서, 그는 늙어 병들어 가면서 외톨이가 되는 것에 대한 두려움을 이야기했다. 그는 자신이 인질 협상 중에 갑자기 정신을 잃었을 때 얼마나 충격을 받았는지를 다시 이야기했다. "내가 갑자기 바닥에 쓰러졌어요." 그는 자신이 겪고 있는 청력 저하를 받아들이면서도, 그것이 점진적인 내리막길의 시작이 아닌지를 걱정했다.

그는 나와 작업하는 동안 긴장을 풀고 자신의 감정을 조율하기 시작했다. 그의 호흡과 근육이 이완됐다. 그의 EEG는 세타파와 델타파가 발화되고, 알파파가 확대되고, 베타파가 감소되는 것을 보여주었다. 이것은 모두 그가 '불안한 마음'에서 벗어나서 자신의 직관과 신체 감각을 다시 조율해가고 있음을 가리키는 지표였다. 마음이 바뀌면서 뇌 기능도 전환된 것이다.

우리는 그의 두려움과 좌절에 대해 계속 작업을 해나갔다. 그리고 그가 휴식과 창조력을 결합시킬 수 있다면 성취할 수 있는 목표가 무엇인지를 찾아냈다. 에너지 심리학이 그의 건강 위기로부터 생긴 걷잡을 수 없는 모든 감정을 해결하도록 도움을 주었고, 코칭 심리학은 그의 앞에 놓여 있는 기회와 그가 스스로 설정할 수 있는 새로운 목표가 선명해지게 해주었다.

나중에 내가 물었다. "80퍼센트 소실된 왼쪽 귀의 청력은 어떤가요?" 그는 놀란 것처럼 말했다. "거의 사라졌어요…. 이젠 15퍼센트 정도만 안 들리는데요."

나는 물었다. "청력이 80퍼센트 소실되었는지는 어떻게 알았습니까?"

그는 단호하게 답했다. "의사가 말해줬습니다. 그건 의학적 진단이었어요."

나는 제안했다. "그 믿음에 대해 작업해봅시다."

그리고 우리는 '그것은 의학적 진단이고 의사가 그렇게 말했고, 그래서 그것은 사실임이 틀림없다' 같은 믿음에 집중했다.

그런 믿음에 의문을 제기하는 과정을 그에게 가르친 후에, 나는 다시 그에게 왼쪽 귀에 대해 물었다. 그는 눈을 감고 의도적으로 귀에 의식을 집중했다. 그러다 갑자기 그가 눈을 크게 떴다. 그리고 거의 소리 지르듯이 크게 외쳤다. "해변에 부서지는 파도 소리가 들려요! 에살렌에 15년 동안 다녔는데 파도 소리를 들을 수가 없었어요. 지금은 들립니다!"

수행은 뇌가 균형 잡는 습관을 길러준다

에코메디테이션 수련의 첫날 아침에, 나는 극치 상태를 얻는 방법을 사람들에게 가르친다. 신체로 보내는 올바른 신호 조합을 가지고 있다면 이것은 어렵지 않다. 처음에는 이 레시피에 들어가는 데 4분 정도 걸린다. 오후가 되면 참여자들은 90초 내에 할 수 있게 된다.

그들은 눈을 감고 명상을 시작할 때마다 환상적인 기분을 느끼며 자신이 천국에 왔다고 생각한다. 뇌파 상태는 아직 시작에 지나지 않는다. 그다음 우리는 그들에게 눈을 뜬 채로 그 마법의 레시피를 불러오도록 훈련시킨다. — 처음에는 명상실 안에서. 안전한 장소에서 에코메디테이션 상태에 안착하고 나면, 우리는 그들을 바깥으로 보내기 시작한다.

그들은 오솔길이나 정원을 걸으면서 그 상태를 유지하는 법을 터득한다. 그런 후 다시 명상실로 돌아와 눈을 감고 알파파의 진폭을 높이게 한다. 그런 다음 그들은 다시 밖으로 나간다. 우리는 그들에게 명상실과 바깥 사이를 들락거리고, 눈을 뜨고 감기를 계속 반복하게 한다.

대개 3일이 지나면 그들은 밖에서 눈을 뜨고서도 새로운 상태를 유지할 수 있게 된다. 우리는 그들로 하여금 설정값을 바꾸어 새로운 일상적 상태를 설치하는 작업을 시작하게 한 것이다. 의사인 수잔 알베르스Susan Albers는 이렇게 적었다. "수업 다음 날 아침에 나는 생애 처음으로 명상을 하는 데 성공했다. 52년 평생에 말이다. 나는 조용하고 얌전한 사람이 아니다. 그런데 나는 그런 사람이었다! 이 얼마나 뜻밖의 일인가?"

마이케 리넨캄프Maaike Linnenkamp라는 다른 참석자는 이렇게 적었다. "에코메디테이션은 나를 더 고요해지고 이완되게 만들었고, 더 맑은 마음을 가져다주었다. 이것은 내가 케케묵은 사고방식을 깨부수고 늘 그 속에 들어앉아 있곤 했던 불쾌한 기억을 놓아 보낼 수 있게 할 정도로 강력한 것이었다. 생애 처음으로, 나쁜 사건을 회상하면서도 불안해지지 않았다. 나중에 친구에게 이것을 이야기할 때도 여전히 불안감이 느껴지지 않았다는 것이 그저 믿기지 않는다. 너무나 감사하다. 이 기법을 늘 실천할 것이다."

캘리포니아 에살렌 연구소의
에코메디테이션 워크숍에 참석한 사람들

수잔과 마이케와 그들의 친구들은 이 최고급 뇌파 요리를 만드는 법을 배웠고, 그것을 일상적인 뇌 식단으로 바꿔놓았다. 그들은 자신들의 뇌가 그 맛있는 음식을 언제나 요리해낼 수 있도록 훈련시켰다. 이것은 마치 고급 와인을 맛보고 나서 값싼 와인으로 돌아간다거나, 부드러운 극미세사 섬유를 즐기다가 거친 섬유로 된 옷을 다시 입는다거나, 최신 모델의 휴대폰을 사용하다가 다시 구형 모델로 돌아간다거나 하기가 어려운 것과 같다. 과거에 늘 먹던 요리로 돌아가는 것은 어려운 일이다. 이전의 뇌 상태가 지금은 생소하게 느껴진다. 당신은 뇌를 업그레이드시킨 것이다.

조화로운 뇌 상태는 유전자 발현을 촉발한다

나는 신체적, 심리적 증상 모두에 작용하는 감정 치유의 효과를 입증하는 많은 연구에서 책임연구자로 일했다. 가장 최근의 연구는 후생유전을 통해 스트레스가 감소될 수 있는지를 살펴보는 것이었다. 영향을 받은 유전자의 수와 그 의미는 놀랄 만한 것이었다.

이라크와 아프가니스탄에서 미국의 퇴역군인들이 돌아온 이후로, 심리치료사들은 PTSD 환자들을 많이 만나고 있다고 했다. 마셜Marshall 의대의 임상심리학자인 린다 재로닐라Linda Geronilla 박사는 퇴역군인들과 EFT 두드리기 세션을 몇 번밖에 안 했는데도 악몽, 플래시백, 과민증 같은 PTSD 증상들이 사라져버렸다고 말했다.

린다와 나는 EFT가 PTSD 치료에 효과가 있는지를 알아보기 위한 연구를 설계했다. 우리의 예비연구에는 단 일곱 명의 퇴역군인밖에 참여하지 않았지만 아주 성공적이어서, 우리는 통계학적으로 유의미한 결과를 얻을 수 있었다(Church, Geronilla, & Dinter, 2009). 아주 적은 수의 집단에서도 통계학적으로 의미가 있는(그 결과가 우연일 가능성이 20분의 1밖에 안 되는) 결과를 얻었다면 그 치료는 매우 효과가 좋다는 뜻이다.

그래서 나는 동료들과 함께 전국 규모의 무작위 대조시험을 시작했다. 우리는 보훈병원에서 통상적인 치료를 받고 있는 퇴역군인 그룹과 통상적인 치료에 덧붙여 EFT 시술을 받는 두 번째 그룹을 비교해보았다.

이 연구를 마치는 데는 수년이 걸렸는데, 결과는 똑같았다. PTSD 증상은 60퍼센트가 감소되었다(Church 등, 2013). 이 연구결과를 발표한 후에 린다도 재현연구를 했는데, 거의 같은 결과를 얻었다(Geronilla, Minewiser, Molon, McWilliams, & Clond, 2016).

나는 퇴역군인들의 체내에서, 특히 게놈genome 차원에서 무슨 일이 생겼는지가 궁금했다. 2009년에, 나는 EFT 세션을 열 번씩 받은 퇴역군인 집단을 대상으로 유전자 발현에 대한 연구를 시작했다. 이 연구를 마치는 데는 6년이 걸렸지만 결국 여섯 개의 스트레스 유전자가 제어되고 있음이 밝혀졌다. 그들의 면역력은 높아진 반면 염증 수치는 내려갔다(Church, Yount, Rachlin, Fox, & Nelms, 2016).

EFT가 극적인 유전자 변환을 일으킨다

상상력이 풍부한 심리치료사 친구인 베쓰 마하라지[Beth Maharaj]는 박사논문을 위해 획기적인 연구를 고안해냈다. 그녀는 새로운 형태의 유전자 검사법을 발견했다. 이전의 임상시험은 퇴역군인들이 검사실에서 혈액 샘플을 뽑아야 했지만, 새로운 검사는 타액으로 하는 것이었다. 참여자들은 컵에다 침만 뱉으면 되었다. 그러면 우리는 수백이 아니라 수천의 유전자 발현을 조사할 수 있었다.

베쓰는 네 명의 대상자에게 한 시간의 플라시보 세션을 하게 하고, 그로부터 일주일 후에는 한 시간의 EFT 세션을 한 다음, 각 세션 전후의 타액 샘플을 비교했다. 그녀는 놀랍게도 EFT가 72개의 유전자를 변화시킬 수 있음을 발견했다(Maharaj, 2016). 이 유전자들의 기능은 매우 흥미로운 것이었다.

- 악성종양 억제
- 태양의 자외선에서 보호
- 2형 당뇨병의 인슐린 저항
- 기회감염에 대한 면역
- 항바이러스 활성도

- 신경세포 사이의 시냅스 연결

- 적혈구와 백혈구 생성

- 남성의 생식력 증진

- 뇌내 백질조직 구축

- 대사 조절

- 신경의 가소성(plasticity) 증가

- 세포막 강화

- 산화스트레스 감소

　유전자 발현의 이 같은 변화는 대단한 것이고, 베쓰가 다음 날 참여자들을 다시 검사했을 때는 약 절반의 효과가 그대로 남아 있었다. 단 한 시간의 요법으로 이것은 대단한 성과다.

명상이 암 유전자를 조절한다

　내 친구 조 디스펜자는 베쓰의 사례에서 영감을 받아 그의 한 상급반 워크숍 참석자들을 대상으로 검사를 해보기로 했다. 나는 30명으로부터 타액 샘플을 받았다. 검사실의 결과가 나왔을 때, 우리는 나흘간의 명상 중에 여덟 개의 유전자가 상당히 상향 조정되어 있음을 발견했다.

　나는 연구팀과 함께, 조의 다른 워크숍에서 나온 100개의 EEG 스캔 자료를 살펴봤다. 우리는, 나흘 동안 명상한 후에는 사람들이 18퍼센트 정도 더 빠르게 명상 상태에 들어갔고, 불안감을 일으키는 베타파와 통합적인 델타파의 비율이 62퍼센트 개선되었음을 발견했다(Church, Yang 등, 2016).

사람들의 뇌가 조의 강력한 명상 수행에 의해 조절되는 동안, 그들의 유전자도 변하고 있었다. 우리가 변화를 발견했던 이 여덟 개의 유전자 기능은 생리적 변화를 말해주는 강력한 증거다. 이 유전자들은 새로운 경험과 학습에 대한 반응으로 새로운 신경세포가 자라나는 신경발생에 관여한다. 이들은 또 세포를 노화시키는 영향력으로부터 신체를 보호하는 역할도 하는 것으로 보인다.

이 유전자들 중 몇 개는 조직이 손상되거나 노화된 곳으로 줄기세포를 이동시키는 능력을 포함하여, 세포의 회복에 관여한다. 이 유전자들은 또 세포에 모양과 형태를 만들어주는 세포 틀의 구축, 특히 세포 골격, 견고한 분자의 틀을 만드는 일에도 관여한다.

이들 여덟 개의 유전자 중 세 개는 암성癌性 세포를 찾아내고 제거하여 악성종양의 성장을 억제한다. 이들의 이름과 기능은 다음과 같다.

CHAC1은 세포 내 산화작용의 균형을 조절한다. 글루타티온 glutathione은 활성산소를 감소시키는 핵심 호르몬인데, CHAC1은 세포 내의 글루타티온 수준 조절에 도움을 준다(Park, Grabińska, Guan, & Sessa, 2016). CHAC1에는 다른 여러 가지 기능도 있어서, 신경세포를 형성하고 적절하게 성장하는 데 도움을 준다(Cantagrel 등, 2010). 또한 산화와 신경세포 형성을 조절하는 단백질 분자의 적절한 형성을 돕는 것으로도 알려져 있다.

CTGF(결합조직 성장인자: connective tissue growth factor)는 세포를 회복하고 치유시키는 많은 과정에서 중요한 역할을 한다(Hall-Glenn & Lyons, 2011). 이 기능은 상처 치유에서부터 골 성장과 연골과 기타 결합 조직의 재생에 이르기까지 다양하다. CTGF는 상처받고 손상된 세포로 새로운 대체 세포가 이동하는 것을 도와준다. 치유 과정에 새로운 세포가 성장하고 세포가 서로 결합하도록 조절하기도 한다. 이 유전자의 발현이 감소하면 암과 섬유근통 같은 면역질환으로 이어진다.

TUFT1은 세포 회복과 치유에서 다양한 기능을 한다(Deutsch 등, 2002). 이것은 줄기세포의 한 부류의 기능을 돕는다. 어린이의 치아발달 과정에서 TUFT1은 에나멜의 미네랄화 과정을 시작하게 한다. 또한 산소 수치의 조절과 신경세포 분화에도 관여하는 것으로 여겨진다.

DIO2는 뇌와 내분비 조직에서 여러 종류의 중요한 역할을 한다(Salvatore, Tu, Harney, & Larsen, 1996). 이것은 갑상선 조직에도 풍부하지만 다른 조직들에도 많이 발현되어서 각 부위의 세포들이 갑상선 기능과 동기화되게 한다. 인슐린 저항을 감소시켜 대사를 도와, 결국은 대사질환을 감소시키는 역할을 하고(Akarsu 등, 2016), 갈망과 탐닉의 조절도 돕는다. 특히 우울증 같은 기분의 조절을 돕기도 한다.

C5orf66-ASI는 종양 억제에 관여하는 유전자다(Wei 등, 2015). 신체의 암성 세포를 찾아내고 제거하는 종류의 RNA를 부호화한다.

KRT24는 세포의 골격이 될 단백질 분자를 합성하는 부호를 만든다. 그리고 이 분자들이 규칙적으로 배열되도록 조직하는 데

도움을 주고(Omary, Ku, Strnad, & Hanada, 2009) 대장암에 관여하는 특정한 종류의 암세포를 억제한다(Hong, Ho, Eu, & Cheah, 2007).

　　ALS2CL은, 특히 두부와 목에 잘 생기는 편평세포암(squamous cell carcinoma)에 작용하는, 종양을 억제하는 유전자 부류의 하나다(Lee 등, 2010).

　　RND1은, 세포의 성장기에 세포 구조를 견고하게 만들어주는 분자들이 조직을 이루도록 도와준다. RND1은 또한 다른 신경세포와 연결되는 신경세포 부위의 성장에 촉매작용을 한다. 이것은 또 목과 유방의 암 같은 특정 종류의 암을 억제한다(Xiang, Yi, Weiwei, & Weiming, 2016).

　　새로운 기술들이 우리로 하여금 세포핵과 뇌 속의 정보 흐름을 자세히 들여다보아 EFT, 명상, 그 밖의 스트레스를 감소시키는 수행법들을 행하는 중에 어떤 일이 생기는지를 알아낼 수 있게 해주고 있다. 우리는 이런 기법들이 체내에 일으키는 변화가 결코 사소한 것이 아니라는 사실을 발견하고 있다. 마음이 만들어내는 변화가 우리 몸을 이루고 있는 물질에도 깊은 변화를 일으킨다는 사실이 드러나고 있다.

　　브라이스 로고우Bryce Rogow는 전직 해병대 의료팀으로서 이라크에서 네 번 파병근무를 했다. 그는 가장 격렬했던 몇 차례의 전투 때 그곳에 있었고, 대량학살의 공포를 목격했다. 그는 PTSD(외상 후 스트레스 장애)로 제대하고 나서 자기치유법을 찾아 나섰다. 여기 그의 이야기가 있다.

싸움터로부터 내면의 평화로

다음은 브라이스 로고우가 쓴 글이다.

많은 친구들이 나를 보고 모순의 길을 걷고 있다고 말한다. 한편으로 나는 영적 추구자이다. 나는 일본의 참선 수도원에서 명상을 공부한 요가 지도자다. 그리고 세계 최고의 치유가 몇 사람으로부터 심신상관 의학을 배우고 있다.

다른 한편으로, 나는 미 해병대의 위생병이자 시체 화장 담당자로서 이라크에서 전투에 네 번 배치되었던 전역군인이다. 제대한 후에 나는 PTSD 진단을 받았고, 한동안 상실감과 절망감에 시달린후, 정신적 신체적 고통을 식혀줄 가장 효과적인 기법을 배우기 위해 자기발견과 치유의 여정에 나섰다.

미 해병대 정찰부대로 처음 배치된 다음, 나는 베트남의 후에 시(Hue city)에서 미군 사상 가장 치열한 시가전으로 기록되고 있는, 대규모의 도시 공습이 있었던 2004년 11월 팔루자Fallujah의 두 번째 전투로 배치됐다.

그곳에 배치된 우리는 모두가 남은 생을 늘 붙어 다닐, 그것과 함께 살아갈 방법을 배워야만 할 어떤 광경의 이미지를 지니고 있다. 나에게 그 첫 이미지는, 폭도들이 들이나 도로변에 매설해놓은 사제폭탄을 파내다가 우리 부대의 내 첫 번째 친구가 사망한 후에 심어진 것이다.

나의 정신이 기능을 유지하도록 하는 나만의 방법은, 의료팀만 가질 수 있었던 진통제에 중독되는 것에 더하여, 나는 이미 죽었다는 사실을 받아들이는 것이었다. 그리고 나는 이미 죽었으므로 나에게는 아무 일도 일어날 수 없다고 계속 나 자신에게 다짐하는 것이었다.

2008년에 명예제대했을 때, 나는 내가 전쟁에서 살아남았다는 사실에 놀랐다. 미래의 파병 가능성으로부터 완전히 풀려났을 때, 내가 기대했던 물밀 듯한 안도감은 전혀 오지 않았다. 나는 이라크에서 경험했던 것과 같은 강도의 공포심을 품은 채 미국의 도시를 걷고 운전해야만 했다. 나는 보훈병원의 정신과 의사가 선의로 처방해준, 위험한 행동으로 이끌 수 있는 중독성 높은 약인 클로나제팜 clonazepam을 비롯한 약품과 술에 오랫동안 의존해야만 했다.

그 상태를 벗어나서 내가 스스로 길을 찾아야만 한다는 것을 깨달은 후, 나는 아시아의 진짜 대가로부터 명상을 배우기로 결심하고 일본으로 가서 오카야마 시에 있는 소겐지曹源寺라는 전통적인 참선 수도원에서 수행을 했다. 여러 시간을 반가부좌 자세로 앉아 있는 것은, 물고문이 금지된 이후로 심문의 강도를 높이기 위해 사용했던 '스트레스 자세(stress position)'를 연상시켰다.

나는 그 경험을 빠른 시간에 가능하게 해준 진정한 현대의 선사 쇼도 하라다原田 正道 노사에게 진심으로 감사드린다. 그러나 수도원을 떠나자 나는 혼자서 그렇게 깊은 명상을 계속 이어갈 수가 없다는 것을 깨달았다. 명상 수행을 내 삶의 유용한 일부분으로 만들기 위해서는 더 빠르고 더 쉬운 방법, 그리고 몸과 마음에 대한 더 깊은 이해가 필요했다.

나는 어느 날 인터넷 검색을 하다가 도슨 처치라는 사람이 그가 에
코메디테이션이라고 부르는 '명상 중의 명상'을 이미 집대성해놓
았다는 것을 우연히 발견하고 정말로 놀랐다.

처음 그의 에코메디테이션을 접했을 때, 나는 단지 웹페이지를 읽
고 단계대로 따라 했을 뿐인데 2분 내에 모든 치유의 원천을 일깨
우고 있는 나 자신을, 그리고 이전에는 며칠이나 몇 주는 아니더라
도 몇 시간은 명상을 해야만 얻을 수 있었던 깊은 이완과 행복의
상태에 들어가 있는 나 자신을 발견했다.

브라이스는 재향군인회의 에코메이테이션 사용을 열성적으로
지지하게 되었다. 그는 이토록 단순하고 비용도 적게 드는 자기치
유법을 모든 전역군인이 활용할 수 있어야만 한다고 믿는다.

지금까지 수천 명의 사람들이 EcoMeditation.com에서 간단한
일곱 단계의 방법을 따라 하고서 브라이스가 가졌던 것과 똑같은
깊고 즉각적인 평화를 체험했다. 그들의 신체적 변화를 살펴보면
코르티솔 수준이 심박수와 함께 떨어지는 것이 발견된다(Groesbeck
등, 2016). 행복감이 높아지면서 면역 호르몬 수치도 올라간다. 우울
증, 불안감, 통증 등은 상당히 약해진다. 내적 평화가 스트레스를
감소시키고, 유전자 발현의 수준에 이르기까지 신체에 유익한 변화
를 일으킨다.

마음의 상태가 곧 유전적 현실이다

개인의 유전자 검사가 지금은 널리 보급되어 있다. 많은 사람들이 자신이 보유한 유전자를 알고 있고, 그 유전자 프로필을 바탕으로 특정 질병에 대한 자신의 민감성을 파악하고 있다. 워크숍에서 나는 종종 "나는 XYZ 유전자를 가지고 있는데, 그렇다면 나는 XYZ 질병에 걸릴 운명이란 뜻이 아닌가?" 하는 질문을 받는다.

사람들은 유전자 검사 결과를 가지고 많은 걱정을 하고 있다. 그러나 앞의 유전자 목록에서 보았듯이, 많은 유전자들이 두드리기와 명상에 의해 극적으로 전환된다.

당신이 가지고 있는 유전자 자체보다는, 당신이 그것을 가지고 무엇을 하느냐가 당신의 운명을 더 크게 결정한다. 신체가 오랫동안 높은 수준의 스트레스에 시달리고 있다면 당신은 암 유전자의 발현 가능성을 높이고 있는 것이다.

그러나 반대의 선택을 한다면, 그리하여 두드리기와 명상을 매일 하고 스트레스를 감소시킨다면 당신의 유전자 발현은 바뀐다. 매초 만들어지는 81만 개의 세포들이 사랑과 친절의 에너지장 속에서 태어난다면 세포들의 유전자는 상향조정되어 발현한다.

마음이 물질이 된다는 것은 추상적인 형이상학의 명제가 아니다. 그것은 우리가 그 속에서 살고 있는 신체만큼이나 물질적인, 물리적 사실이다. 생각할 때마다, 순간순간 우리의 마음은 세포가 재생되는 환경인 에너지장을 만들어내고 있다. 긍정적 생각은 우리의 세포들이 그 속에서 번성할 수 있는 에너지 문화를 제공해준다. 재생되는 세포에 영양을 주는 생각들이 물질 분자를 번성시키는 것이다. 에너지는 후생유전학적으로 생명과 치유의 과정을 제어한다. 의식을 무한히 고양시켜 뇌 속에 에너지 레시피의 불꽃을 일으키면 세포들은 우리가 제공하는 영감 충만한 에너지의 형틀 속에서 형체를 띠게 된다.

생각을 실천하기

이번 주에 할 일들

- 이타적인 행동을 하기

    낯선 사람에게 미소 짓기

    가게 점원에게 감사하기

    가까운 사람에게 기대치 않은 멋진 일을 해주기
- 사랑하는 사람에게 편지나 이메일 써 보내기
- 걷기, 달리기 또는 운동할 때 에코메디테이션 오디오 듣기

온라인 확장판에는 다음이 포함되어 있다.

- 뇌 스캔 동영상
- 에너지 치유 연구 데이터베이스
- EEG 뉴로피드백 전문가와의 오디오 인터뷰

- 추가적 사례와 참고문헌

온라인 확장판에 접속하려면 MindToMatter.club/Chapter4를 방문하라.

5장

동조된
마음의 힘

나는 하와이의 해변에 누워 있다. 구름 한 점 없고, 산들바람이 해변을 찰랑거리게 하는 아름다운 날이다. 아이들은 내 주위에서 놀고 있고, 피서객들은 즐겁게 물놀이를 하고 있다. 스노클링 하는 사람들은 해안에서 좀 떨어진 산호초에서 거북이 무리를 구경하고 있고, 카약과 패들보드를 타는 사람들은 만灣을 종횡무진하고 있다.

나는 저술을 마치기 위해서 하와이로 날아왔다. 출판사 마감일이 임박했고, 두 아이를 돌보는 홀아버지로서 해야 할 일들과 사업 경영상의 바쁜 일들 사이에 끼어 있자니 집에서는 도무지 작업의 진도가 나가지 않았다. 하와이로의 탈출은 나 자신에게 원고를 완성할 기회를 줄 좋은 방법인 것 같았다.

아침 내내 일을 한 후에, 나는 휴식을 취하기로 했다. 노트북 앞에서 일하는 동안 해변의 행복한 장면들이 보였다. 내 마음은 이렇게 외치고 있었다. '넌 하와이에 와 있잖아! 왜 해변에서 즐기지 못하고 이 어두운 콘도에서 웅크리고 있는 거야?'

이런 생각에 몇 시간을 들볶인 후, 나는 마침내 그들의 논리에 항복하고 해변으로 향했다.

이제 나는 따뜻한 모래 위에 누워 있는데, 마음이 다시 떠들기 시작한다. '너 지금 해변에서 뭐하고 있니? 네가 하와이까지 온 목적은 책을 쓰기 위해서야. 그런데 넌 지금 책은 안 쓰고 그저 누워서 아무것도 안 하고 있네.'

젠장, 맞는 말이다. 나는 잠시 생각하다가 한숨을 내쉬며 담요를 말아 들고 콘도로 향한다.

이것이 우리가 늘 처하게 되는 진퇴양난의 상황이다. 우리 마음속의 잔소리꾼은 우리가 어떤 선택을 하든지 상관없이 늘 우리를 집적거린다. 콘도 안에서 집필을 하고 있으면 잔소리꾼은 해변에서 즐기지 못한다고 야단친다. 그러다가 밖으로 나가면 또 책을 쓰지 않는다고 야단친다. 나는 이러지도 저러지도 못한다. 마음속의 잔소리꾼을 만족시킬 수 있는 방법은 없다. 우리 중 많은 사람들이 이처럼 하염없이 반복되는 부정적 생각의 쳇바퀴 속에 갇혀 있다.

부정적 생각에 사로잡힌 마음

심리적으로 정상인 사람들을 연구해본 결과, 이들은 보통 날마다 약 4,000개의 생각을 하는 것으로 밝혀졌다. 물론 22~31퍼센트는 원하지도 않는데 제멋대로 막 끼어드는 생각들인데, 그중 96퍼센트는 일상적인 활동과 관련하여 반복적으로 하게 되는 생각들이다(Klinger, 1996). 클리블랜드 클리닉Cleveland Clinic의 건강 프로그램은 "우리 생각의 95퍼센트는 반복적이고, 80퍼센트는 부정적인 것"이라고 말한다.

2,000년 전에 붓다Buddha는 마음이 바로 우리가 겪는 고통의 근원임을 밝혔다. 〈바가바드 기타Bhagavad Gita〉*에서 아르주나Arjuna는 이렇게 한탄한다. "오, 크리슈나Krishna시여, 마음은 정말로 변덕스럽고

---

* 〈베다〉, 〈우파니샤드〉와 함께 힌두교 3대 경전의 하나로 꼽히는 철학서다. 왕권을 차지하기 위해 골육상잔을 일삼는 현실에 회의를 품은 고대 인도국 왕자 아르주나가 스승인 크리슈나(비슈누 신의 여덟 번째 화신)에게 고뇌와 함께 나눈 대화를 묶은 것으로, 산스크리트어로는 '거룩한 자의 노래'라는 뜻이다.

격동적이고 완강하여 고집이 셉니다." 우리는 대부분 빠져나갈 방법을 모르는 부정적 사고의 쳇바퀴 속에 사로잡혀 있다. 그렇다면 우리의 크고도 복잡한 뇌는 왜 그런 식으로 진화했을까?

부정적 사고의 진화적 가치

반복적 사고와 부정적 사고는 진화적 생물학의 측면에서 보면 이해가 가는 일이다. 반복적 사고는 일상생활 속에서 반복되는 문제를 배후에서 다룰 수 있게 해주고, 바짝 경계하고 있는 부정적 생각들은 주변 환경에서 일어날 수 있는 위협으로부터 지켜줌으로써 우리의 먼 선조들의 생존에 큰 도움을 주었다.

뇌는 '살아남아야 할' 조건에서는 베타파가 기본이 되도록 설계되어 있다. 베타파는 두려움의 뇌파 신호이다. 우리 선조들에게 두려움은 '살아남게' 해준 은인이었다. 편집적으로 과민한 경계상태는 그들의 생존과 직결되어 있었다. 숨어 있는 호랑이를 한순간이라도 늦게 알아차리면 잡아먹히고 말았으니 말이다.

10만 년 전에 살았던 10대의 두 자매를 상상해보자. 하나는 허그Hug, 다른 한 소녀는 거그Gug라고 하자.

허그는 가장 행복한 소녀다. 날마다 개울에서 마을로 물을 길어 올 때, 소녀는 기쁨에 겨워 노래를 부른다. 소녀는 멈춰서 노란 장미의 향을 맡아본다. 그리고 아이들이 웃는 소리를 듣고 또 잠시 멈춘다. 해가 뜨면서 드리우는 오렌지와 회색의 색조를 바라보며 경이에 떤다. 그녀는 마을의 모든 사람들에게서 좋은 점을 발견한다.

그녀의 자매인 거그는 그와 정반대다. 그녀는 의심이 많고 편집증적이다. 거그는 항상 무엇이 잘못되었는지를 살피고 문제점을 찾아낸다. 그녀는 마을 사람들의 불완전한 점을 샅샅이 알고 있다. 거그가 개울에서 마을로 물을 길어 올 때, 사람들은 그녀를 피한다. 모든 사람들에게서 좋은 면을 보고, 거그의 동행을 허용해주는 허그만이 예외다.

어느 날 그들은 숲에 몸을 숨기고 기다리던 호랑이의 습격을 받았다. 거그는 항상 위협을 경계하고 있어서, 허그보다 먼저 호랑이를 발견했다. 그녀는 비명을 지르고, 허그가 호랑이를 발견하고 도망가기 시작한 것보다 나노 초(nano second) 정도 빨리 도망가기 시작했다.

허그는 호랑이에게 잡아먹혔다. 그녀는 사춘기에도 이르지 못한 나이였다. 그러나 거그는 살아남아서 자식을 낳음으로써 위협을 잘 발견하는 자신의 유전자를 다음 세대에 전해주었다.

나쁜 일을 발견해내는 능력이 저마다 조금씩 더 발달해가는 이 과정을 1,000세대만큼 반복해보자. 그러면 이제 환경 속에서 문제를 발견해내는 능력은 자연선택에 의해 완벽하게 다듬어진다. 바로 이것이 당신과 나, 우리 모두를 지금 여기에 있게 한 것이다. 거그로부터 우리가 물려받은 원시인의 뇌는 아무런 문제도 없을지라도 위험을 살피기 위해 부지런히 지평선을 눈으로 훑고 있다.

우리의 먼 선조들은 두 가지 종류의 실수를 할 수 있었다. 하나는 숲에 호랑이가 숨어 있는데 없다고 생각하는 것이고, 다른 하

우리의 뇌는 환경의 위험 신호에
매우 민감하도록 진화했다.

나는 숨어 있는 호랑이가 없음에도
있다고 생각하는 것이다(Hanson, 2013).

두 번째 실수에는 진화상의 직
접적인 벌칙이 없다. 나쁜 일을 살피
면서 위협을 경계하고 다니면 당신
은 거그처럼 아주 괴팍한 사람이 될
뿐이다. 하지만 그로써 당신의 생존
은 보장받는다.

첫 번째 실수는 죽음이라는 벌칙을 준다. 숲에 숨어 있는 호랑
이를 단 한 번만 알아차리지 못해도 잡아먹힌다. 위협을 지속적으
로 경계하는 능력이 결여된 허그와 같은 사람은 유전자 풀pool로부
터 제거된다.

만일 대자연이 하와이 해변에서 나를 지켜보고 있었다면, 대
자연은 어딜 가든 문제점을 찾는 능력을 잘 발달시킨 나에게 금상
을 주었을 것이다. 유감스럽지만, 원시인의 뇌는 나의 행복에 대해
서는 아무런 관심도 없다. 내가 무엇을 택하든 간에, 내 안의 잔소
리꾼은 그저 나를 자근자근 씹는다.

열쇠를 복사해주지 못한 주황색 앞치마

홈 디포 체인The Home Depot chain*은 주황색 앞치마를 입은 직원들의 모습으로 유명하다. 어느 날 나는 열쇠를 복사하기 위해 동네의 홈 디포로 걸어 들어갔다. 그것은 나의 낡은 레저용 자동차인 1983년형 포드 에코놀린Ford Econoline의 열쇠였다. 열쇠 복사기를 다루는 남자가 자리에 있어서 나는 그에게 열쇠를 보여주었다.

그는 열쇠를 마치 세균덩어리라도 되는 것처럼 마지못해 받더니 고개를 흔들면서 말했다. "이런 종류의 열쇠는 취급하지 않습니다."

나는 포드 자동차 회사가 이 차를 300만 대 정도 생산했으니 아주 드문 종류가 아니라는 점을 지적했다. 그는 미심쩍어하면서 마치 극복 불가능의 어려움이라도 표현하듯이 다시 말했다. "이건 양면 열쇠예요."

나는 간청 조로 말했다. "하지만 지난주에는 같은 열쇠를 복사해주셨는데요."

그가 열쇠를 레이저 판독기에 집어넣자, 스캔 후에 빨간 불이 들어왔다.

그가 안됐다는 듯이 말했다. "안 되는데요, 우리는 이런 건 취급하지 않아요."

나는 다시 부탁했다. "한 번만 더 해주실 수 있겠어요?"

그는 스위치를 주먹으로 쳐서 다시 켰다. 레이저가 열쇠를 스캔하

---

* 미국의 가정용 건축자재 유통회사.

자 이번에는 녹색 불이 들어왔다.

이번에는 "깎을 공열쇠가 없네요"라고 말하며 그가 머리를 흔들었다.

나는 또 공손하게 요청했다. "그래도 한 번 살펴봐줄 수 있으세요?"

그는 재고를 뒤지더니 결국 공열쇠를 찾아냈고, 열쇠를 복사해주었다. 이 모든 것은 세상일에 좌절한 한 사람의 기분 때문에 일어난 일이었다. 그의 '초능력'이 레이저를 고장나게까지 한 것이다.

내 안의 성급한 나는 그의 어깨를 붙잡고 격려해주고 싶어했다. ― 그에게 《긍정적 사고의 힘》(The Power of Positive Thinking)이란 책을 한 권 사줄까? 내 워크숍 무료입장권을 줄까? 감동적인 나의 연설 중 하나를 들려줄까?

내 안의 연민이 나를 그의 의식 속으로 확장시켰다. ― 있지도 않은 어려움이 보이는 마음으로 산다는 건 어떤 걸까? 당신의 생각이 대체 어디서 그 간단한 일을 시작하기도 전에 당신을 주저앉힐까? 실패하게끔 되어 있는 마음속에 들어앉아 있는 것은 어떤 기분일까?

원시인의 뇌

우리의 선조들은 수천 년 전에 사바나를 떠났지만, 우리는 대부분이 아직도 주변에서 무엇이 옳은지보다는 무엇이 잘못되었는지를 더 열심히 찾는다.

아침에 일어날 때, 우리의 뇌는 세타파와 델타파의 수면 상태다. 뇌가 알파파 속으로 들어서면서 하루를 위해 점차 깨어나는 동안, 우리는 가사 상태에 있는 것처럼 느낀다. 그런 다음에 베타파가 끼어들면서 우리는 생각을 하기 시작한다. 그리고 걱정도 함께 말이다. 호랑이를 발견해내던 진화적 메커니즘이 시동을 거는 것이다. 종이호랑이 행렬이 마음속을 지나간다. 우리는 다음처럼 생각에 시동을 건다.

오늘이 부장님 책상에 보고서를 갖다 놓아야 하는 날인가, 아니면 다음 주던가?
아침으로 무얼 먹지? 살찌지 않을까?
간밤에 남편이 코 고는 소리가 들렸던가?
오늘 우리 애들 기분은 어떻지? 걔들이 날 또 우울하게 만들까?
오늘 신으려고 했던 구두가 옷에 어울리는 것 같진 않아.
커피가 다 떨어지지 않았나?
간밤에 뉴스에 나온 재난 소식을 알아봐야지.
날씨가 어떻지?
제인이 내 페이스북 포스트에 댓글을 달아주지 않았으면 난 미쳐버릴 거야.
출근길이 얼마나 막힐까?

잠에서 깨기만 하면 당신의 뇌는 온갖 걱정으로 당신을 골치 아프게 만든다. 하지만 우리의 뇌는 바로 그렇게 되도록 진화해온

생존의 질문은 두 가지다.
먹을 것인가, 먹힐 것인가?

것이다. 거그는 눈을 뜨는 순간부터 적대적인 환경을 경계하여 살펴야만 했다. '잠자는 동안에 호랑이가 동굴로 기어들지는 않았을까?' 그녀는 잠에서 깨자마자 예민하고 의심 많고 편집증적으로 행동했던 원시인이었다. 반면 행복하고 만족스럽고 평화로운 기분으로 깨어나는 그녀의 자매 허그는 생사를 갈라놓은 작은 생존의 단서를 놓쳐버렸다.

호랑이가 없는 오늘날에도 우리는 깨어나기 바쁘게 걱정부터 시작한다. 생각이 마음에 넘쳐난다. 수문이 열리고, 우리의 마음에는 불안의 격류가 휘몰아친다. 하루를 시작하러 현관을 나서기도 전에, 우리는 조바심으로 벌써 기운이 다 소진되어버린다.

원시인의 뇌는 우리의 몸에서 세금을 걷어간다. 의학논문지 〈브리티시 메디컬 저널British Medical Journal〉에 발표된 논문에 의하면 가벼운 불안감도 사망위험률을 20퍼센트나 높여놓을 수 있다고 한다(Russ 등, 2012). 나쁜 것을 찾아내고 좋은 것은 무시하는, 우리 선조들을 살아남게 한 바로 그 기술이 오늘날은 우리 자신을 죽이고 있는 것이다. 원시인의 뇌는 치명적인 조건이다.

하루종일 그 여인을

먼 길을 가고 있던 두 비구에 관한 재미있는 이야기가 있다. 그들은 어느 날 아침 홍수로 물이 불어난 개울가에 당도했다. 한 젊은 여성이 건너지 못하고 둑에 서 있었다. 연장자인 비구가 그녀를 넓은 어깨 위에 태우고, 두 비구는 무사히 물을 건너갔다. 그 여성은 나이든 스님에게 감사 인사를 하고 갈 길을 갔다.

두 비구는 해가 질 녘까지 말없이 걸었다. 하지만 뭔가 긴장된 기운이 감돌았다. 결국 젊은 비구의 감정의 댐이 폭발했다. 그가 말했다. "불교의 계율은 여성과 접촉하는 것을 금하고 있습니다. 그런데 어떻게 그런 행동을 하실 수가 있습니까?"

나이든 비구가 말했다. "여보게, 나는 아침에 그녀를 들었다가 내려놓았네. 그런데 자네는 하루종일 그 여인을 마음에 들고 있구먼."

분개한 젊은 비구의 반추 작용은 일이 끝나고 나서도 한참 동안 스트레스 수치를 올리고 있었던 것이다. 이것이 과거에 매이거나 미래를 불안해할 때 바로 우리가 하고 있는 짓이다. 정말로 위험에 빠졌을 때만 개입하도록 대자연에 의해 설계된 시스템을 늘 사용하여, 우리는 자신의 재생력과 치유력을 갉아먹으면서, 생각과 함께 스트레스에 찬 메시지를 몸으로 내보낸다.

나는 애리조나 대학의 연구심리학자인 오드리 브룩스[Audrey Brooks] 박사와 함께, 의료계 종사자들을 대상으로 하나의 연구를 행

의료계 종사자들이
집단으로 EFT 두드리기를 하고 있다.

했다. 그들의 직업은 척추지압사, 간호사, 심리요법사, 의사 또는 대체의학 시술자들이었다. 우리는 1일간의 EFT 두드리기 워크숍 전과 후의 그들의 심리적 고통 수준을 측정했다. 우리는 다섯 번의 워크숍에 참석한 사람들을 평가해보았는데 마지막 연구까지 총 216명이었다(Church & Brooks, 2010).

하루의 과정을 마치자 불안, 우울증, 그리고 그 밖의 정신건강 문제의 증상들이 평균 45퍼센트 호전된 것이 발견됐다. 6개월 후에 추적검사를 했을 때는, 두드리기를 계속했던 사람들이 가장 낮은 스트레스 수치를 보였다.

그러나 놀라운 발견 중의 하나는 바로 의료계 종사자들이 많은 스트레스를 받고 있다는 사실이었다. 연구를 위해 우리가 사용했던 척도에서, 60점은 치료가 필요한 불안증과 우울증을 나타낸다. 연구를 시작할 때 이들의 평균점수는 59점이었다. 이는 진단의 문턱인 60점에서 단 1점 모자라는 점수다. 그것도 평균이 그랬다. 즉 많은 사람들이 자신의 환자들보다 더 스트레스가 많았다는 것이다. 의료계 종사자가 된다는 것이 원시인의 뇌에서 탈출했음을 의미하지는 않는다.

우울증의 소용돌이

다음은 EFT 트레이너 나오미 잰즌Naomi Janzen이 쓴 글이다.

그 끔찍한 관계가 끝장난 후, 나는 우울증에 빠져 18개월을 지냈다. 그것을 떨쳐버리려고 온갖 짓을 다 했지만 떨쳐지지 않았다. 나는 분노와 회한의 끝없는 쳇바퀴에 빠져 있음을 느꼈다. 나는 부정적인 생각과 느낌의 소용돌이 속으로 계속 끌려들고 있었다.

우울증에 관한 팸플릿을 읽을 때, '그것을 떨쳐버리라'는 식의 조언을 보면 화가 치밀곤 했다.

나는 무수한 도구를 가지고 있었다. 누군가가 거기서 벗어날 수 있는 능력을 가지고 있다면 그건 바로 나일 것이라고 생각했었다. 하지만 방어기제가 무너지자 나는 매일 새벽 3시 11분에 잠에서 깼다. 나에게 상처를 준 그 남자에 대한 생각을 멈출 수가 없었다. 쳇바퀴는 계속 돌고 있었다. 나는 나에게는 실현되지 않을 것임을 알고 있는 정의正義에 집착하고 있었다. 소용돌이는 나를 반복적인 생각의 쳇바퀴 속으로 빨아들였다.

헤어진 지 20년이 지나서도 새로울 것 없는 이야기를 하염없이 되뇌는 친구가 있다면, 그를 가엾이 여기라. 그들은 하염없는 분노와 회한의 소용돌이 속에 갇혀 있는 것이다.

EFT가 이 끝없는 쳇바퀴, 그 소용돌이로부터 나를 구출하여 마른 땅 위로 데려다주었다. 현재 나의 직업은 다른 사람들을 그 소용돌이에서 탈출하도록 돕는 일이다.

나오미 잰즌이 말한, 부정적인 생각의 목록을 끝없이 되뇌는 마음의 소용돌이는 과거에는 그녀의 선조들을 살아남을 수 있게 해 주었지만 오늘날에는 백해무익한 것이 되었다. 이런 패턴은 우리 마음의 평화를 빼앗아가고, 코르티솔을 치솟게 하고, 우리의 몸에서 재생과 치유에 필요한 자원을 박탈한다. 나오미같이 아주 현명한 사람들조차도 종종 욕구불만을 발견하고, 자신이 이런 소용돌이 밖에 있다고 말할 수 없을 정도다. 원시인 뇌의 정신적 패턴의 순환 고리를 깨기 위해서는 EFT 같은 강력한 심리적 도구가 필요하다.

스트레스 호르몬의 연소

의료계 종사자들에 대한 연구를 끝낸 후에, 나는 EFT가 얼마나 빨리 스트레스를 제거해줄 수 있는지에 관심이 끌렸다. 나는 신체의 변화를 측정해낼 방법을 찾다가, 그것이 코르티솔이라는 것을 알아냈다.

코르티솔은 아드레날린(에피네프린이라고도 불린다)과 함께 두 가지의 주요 스트레스 호르몬이다. 아드레날린은 짧은 시간 동안 작동하는 '싸움 아니면 도망(fight-or-flight) 반응'* 호르몬이라고 볼 수 있다. 스트레스를 받으면 아드레날린 수치가 즉각 올라간다. 3초 이내

---

* 하버드 의대의 월터 캐넌이 제시한 개념으로, 각 개인은 스트레스 유발요인에 대처하여 생리적, 신체적 평형상태를 유지하려 하는데. 이것은 적을 만났을 때 싸우려 하거나 도망가려 하는 반응 중 하나에 빗대어 적절히 설명될 수 있다.

에 심박수가 빨라지게 하고, 혈관을 수축시키고 폐를 확장시킨다. 이것은 우리 안의 원시인이 위험에서 벗어나는 데 필요한 신체적 활력을 제공해준다.

코르티솔은 장시간 작용하는 스트레스 호르몬이다. 이것은 종 일 완만한 곡선을 그리면서 규칙적으로 오르내린다. 아침에는 빠 르게 증가하면서 기운을 북돋워 하루의 활동을 준비하게 한다. 우 리가 깊이 잠들어 있는 새벽 4시경에 코르티솔은 가장 낮은 수치를 보인다. 이 수치는 아침 8시경에 가장 높고, 이후로 차차 내려가서 저녁 8시에서 10시 사이가 되면 우리는 졸리기 시작한다.

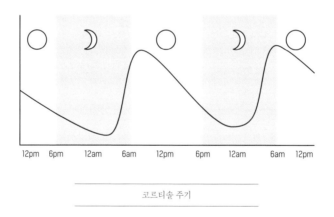

12pm 6pm 12am 6am 12pm 6pm 12am 6am 12pm

코르티솔 주기

그러나 스트레스를 받으면 아드레날린처럼 수초 내에 바로 증 가한다. 스트레스는 일상의 느린 코르티솔 리듬도 깨버린다. 당신 이 호랑이를 피해 도망칠 때, 코르티솔은 아드레날린과 함께 증가 한다. 코르티솔이 만성적으로 높아지면 다음과 같은 신체 전반의 손상이 일어난다.

- 혈압 상승
- 뇌 기억중추 신경세포의 사멸
- 혈당 상승
- 심장 질환
- 세포 회복력 저하
- 노화 촉진
- 알츠하이머병
- 피로
- 비만
- 당뇨병
- 상처 치유 지연
- 골 회복 지연
- 줄기세포 감소
- 근육량 감소
- 피부 주름 증가
- 골다공증

시간이 지남에 따라, 높은 수치의 코르티솔은 세포 대사를 파괴하여 칼슘이 뇌세포로 들어가게 하고 체내에서 가장 해로운 분자인 활성산소를 생산한다. 활성산소는 퇴행성 질환과 노화를 재촉한다(McMillan 등, 2004). 코르티솔 수치가 높으면 세포의 에너지 공장인 미토콘드리아도 기능 이상을 일으킨다(Joergensen 등, 2011). 그다음에는 피로감을 느끼고 기력이 급락한다. 코르티솔은 감정 조절과 기억과 학습을 담당하는 해마의 신경세포들을 죽게 한다(Sapolsky, Uno, Rebert, & Finch, 1990). 코르티솔은 스트레스와 불안의 신호파인 높은 베타파를 동반한다.

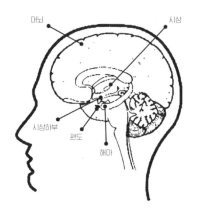

코르티솔은 감정과 관련된 중뇌에 속해 있는
해마의 신경세포를 죽인다.

만성적 코르티솔 분비

그럼 몇 분 동안 스트레스를 받으면 우리 몸은 망가져버리는가?

그렇지 않다. 우리의 몸은 갑자기 올라간 스트레스를 재빨리 정상적인 기저 수준으로 돌릴 수 있게끔 설계되어 있다. 스트레스가 일어나고 바로 2분 후면 우리 신체는 위험에 대한 반응으로 생긴, 빨리 작용하는 아드레날린 분자들을 분해한다(Ward 등, 1983). 천천히 연소하는 코르티솔은 소멸되는 데 약 20분이 걸린다(Nesse 등, 1985). 우리의 신체는 객관적인 위협에 대한 반응으로 코르티솔을 재빨리 생성하고, 위협이 없어지면 얼른 분해시키도록 설계되어 있는 것이다.

그런데 코르티솔과 아드레날린 분자가 빨리 분해된다면 그 수치가 시간이 지나도 계속 유지되는 것은 왜일까?

생각, 특히 강한 감정을 일으키는 생각에 의해서다. 이것이 우리 뇌의 부정적 성향의 신경회로로 신호를 보낸다.

우리는 스트레스를 주는 환경 요인들에 주의를 돌림으로써 만성적 코르티솔 생산이 일어나게 하고 있다. 부정적인 생각은 호랑이가 숨어 있지 않아도 코르티솔 농도를 높인다. 우리의 똑똑한 뇌는 과거에 일어났던 나쁜 일, 혹은 미래에 일어날지도 모르는 나쁜 일을 생각해낼 수 있다. 그것이 일어난 적도 없고 일어날 수도 없는 것이라 하더라도, 우리는 거기에 집중하여 그려보고 생각하고 상상하고, 그것에 대해 이야기하고 최악의 상황까지도 가정할 수 있다.

신체는 실제의 위협과 상상 속 위협의 차이를 구분하지 못한다. 몸은 마음이 부정적인 생각으로 지어낸 위협은 생존에 실질적인 위협이 되지 않는다는 것을 알 방법이 없다. 우리는 순전히 생각만으로도 코르티솔 수치를 올려 세포를 죽이는 결과를 불러올 수 있다.

스트레스 호르몬 수준 재설정하기

워크숍 참석자들이 한숨을 쉬다가도 EFT 두드리기를 하고 나면 편안하게 이완되는 모습을 보면서, 나는 그들 체내의 보이지 않는 스트레스 호르몬에 무슨 일이 일어났는지가 궁금했다. 이 의문에 답하기 위해, 나는 그들의 코르티솔 수준을 검사하는 연구를 기획했다. 나는 캘리포니아 주 퍼시픽 의료센터(California Pacific Medical Center)와 애리조나 대학의 동료들과 함께 EFT 시행 전후의 코르티솔 수치와 더불어 불안과 우울증 같은 심리 상태를 검사하는 최초의 연구를 행했다(Church, Yount & Brooks, 2012).

이 야심 찬 연구는 다 마치기까지 여러 해가 걸렸다. 이것은 캘리포니아에 있는 다섯 군데의 통합 의료센터에서 행해졌고, 83명의 시험대상자가 참여했다. 이 연구는 과학적 입증의 황금 표준(golden standard)인 삼중 맹검(triple-blind) 무작위 대조 시험으로 행해졌다. 그 결과는 도발적인 것이었고, 북미에서 가장 오래되고 권위 있는 정신과 논문지에 발표되었다.

우리는 한 번의 치료 세션 전과 후에 대상자들의 정신건강 상태를 평가하고, 코르티솔 수치도 측정했다. 한 집단은 EFT 요법을, 두 번째 집단은 상담요법을, 그리고 세 번째 집단은 단순히 쉬기만 했다.

결과는 놀랄 만한 것이었다. 불안증과 우울증 같은 심리적 증상은 상담요법을 받은 집단과 휴식을 취한 집단에서도 감소되었지만 EFT를 한 집단에서는 그보다 두 배나 더 감소되었다. 코르티솔은 24퍼센트가 감소했는데, 이는 EFT가 신체 내부에도 효과를 발휘함을 보여주는 수치였다.

사랑을 잃고 폐인이 된 남자

코르티솔 연구 참여자의 한 사람인 딘^{Dean}은 상담요법 집단에 임의 배정된 58세 남성으로서 정신과 간호사였다. 그의 심리장애 점수는 상담요법 후에도 이전과 마찬가지로 높았다. 그래서 나는 그의 상태가 염려됐다.

두 번째 치료 세션에는 상담요법 대신 EFT 기법을 사용했다. 우리는 여자친구와의 결별이라는 무거운 감정적 부하를 둘러싼 기억에 대해 두드리기 작업을 진행했다. 그는 날마다 그 이별을 생각한다고 말했다.

그는 자동차에 여자친구를 태워 공항으로 가서 비행기를 태워주었던 마지막 날에 대해 이야기했다. 그는 그녀가 승강 통로를 내려가던 뒷모습을 회상하며 '후회로 망연자실하여' 눈물을 흘렸다.

성인 시절의 이 사건은 그에게 어린 시절의 일을 상기시켰다. 다섯 살 때 텔레비전 광고를 보았는데, 그 광고는 지나 롤로브리지다^{Gina Lollobrigida}*를 '세계에서 가장 아름다운 여성'으로 소개했다.

---

* 이탈리아 여배우로 〈꽃피는 기사도〉, 〈노트르담의 꼽추〉, 〈로마의 여인〉 등에 출연하며 세계적인 스타가 되었다. 사진기자이자 조각가로도 활동하여 피델 카스트로와의 독점 인터뷰를 했다.

어린 딘은 그 광고를 보고 나서 화장실로 가서 변기 위에 올라가 거울을 바라봤다. 그는 자신이 결코 잘생기지 않았고 앞으로도 그렇게 될 수 없을 것이라고 결론지었다. 그 기억을 묘사할 때 그는 명치에 심한 통증을 경험했지만, EFT 두드리기 후 세션이 끝날 즈음에는 훨씬 통증이 나아졌음을 느꼈다.

며칠 후 딘의 코르티솔 수치 측정결과가 검사실에서 왔는데, 두드리기 세션 후에는 코르티솔 수치가 4.61ng/ml에서 2.42ng/ml로 약 48퍼센트 감소된 것으로 나타났다. 하지만 이전의 상담요법 세션 후에는 2.16ng/ml에서 3.02ng/ml로 오히려 40퍼센트 증가했었다 (Church, 2013). 이는 마음만 다루는 요법보다는 신체까지 개입시키는 요법이 일반적으로 효과가 더 좋다는 다른 연구들의 결과와도 일치한다.

나중에, 5일 동안 합숙 워크숍을 한 사람들의 몸에는 어떤 일이 일어났는지를 밝혀볼 기회가 있었다. 게슈탈트 요법, 롤핑Rolfing 요법*, 인본주의 심리학(humanistci psychology)**, 그리고 그 밖의 여러 가지 획기적 접근법이 최초로 개발되었던 캘리포니아 주의 에살렌 연구소에서 이 특별한 워크숍이 열렸다.

연구팀은 불안증, 우울증 그리고 외상 후 스트레스 장애 같은

---

* 이다 롤프에 의해 창시된 치료법으로 중력을 이용하며 육상선수나 무용가, 요통 환자, 척추가 굽은 사람, 비염증성 관절염 환자 등에게 효과를 나타낸다.

** 자유의지와 자아실현에 대한 인간의 욕구를 강조하는 심리학의 한 분야이다.

에살렌 연구소 정문

심리적 상태와 함께 포괄적이고 다양한 생리적 지표를 측정했다(Bach 등, 2016). 예상했던 대로, 그 워크숍 주간에 정신건강 상태는 크게 향상됐다.

더구나 생리적 지표의 변화는 기대 이상이었다. 코르티솔 수치는 37퍼센트나 떨어졌다. 면역 지표인 타액의 면역글로불린 A는 113퍼센트나 올랐다. 안정 시의 심박수는 8퍼센트 감소했고, 혈압은 6퍼센트 떨어졌다. 혈압, 코르티솔, 그리고 심박수의 변화는 참여자들이 세션 시작 시보다 그 주의 끝 무렵에 훨씬 스트레스를 덜 받고 있음을 보여주었다.

이전의 연구에서 한 시간의 EFT 세션이 코르티솔 수치를 24퍼센트 감소시켰던 것에 비해서, 5일간의 두드리기는 그보다 더 큰 스트레스 감소 효과를 가져왔다. 참여자들의 통증은 57퍼센트 감소했고, 행복감은 31퍼센트 높아졌다. 6개월 후 심리적 증상을 다시 평가해보니, 개선되었던 대부분의 상태가 잘 유지되고 있었다. 이러한 신체적 건강과 정신적 건강의 밀접한 연관성은 명상, EFT, 그밖의 다른 스트레스 감소 기법들에서 공통적으로 발견되고 있다.

EFT 두드리기와 명상은 스트레스를 낮춰준다. 스트레스는 켜짐 아니면 꺼짐밖에 없는 전기 스위치와는 다르다. 이것은 차츰차츰 더 밝아지거나 어두워지게 할 수 있는 조명 스위치와 같다. 우리가 휴식을 취할 때 이 스위치는 코르티솔 수치와 베타파를 좀더 낮아지게 한다. 스트레스를 받으면 우리는 바늘이 반대 방향으로 움직이게 한다. 유전자 발현, 호르몬, 뇌의 상태, 스트레스는 전부 이처럼 연속적으로 작동한다. 긍정적이든 부정적이든 우리가 품고 있는 강한 감정은 모두가 이 바늘을 한 방향, 아니면 다른 방향으로 움직이게 한다.

스트레스와 이완 상태 같은 신체 작용들은
이와 같이 하나의 연속선상에서 오르락내리락하고 있다.

동조된 마음 = 동조된 물질

원시인의 뇌는 효율적이지 않다. 베타파로 어지럽고 코르티솔에 중독된, 혼돈 상태다. 영상 연구에 의하면 뇌의 네 개의 엽(lobes)[*]은 동조되어 있지 않아서, 신경세포들은 조화롭다기보다는 제멋대로 발화하는 모습을 보인다. 과학 문헌에서 효율성을 표현하는 말은 동조성(coherence, 문맥에 따라서는 일관성이라고도 옮김)이다. 뇌가 극치의 효율로 기능할 때, 뇌파도는 뇌의 각 부위들과 신경세포 그룹들 간

---

[*] 뇌를 구성하는 전두엽(frontal lobes), 측두엽(temporal lobes), 두정엽(parietal lobes), 후두엽(occipital lobes)의 네 엽을 말한다.

의 동조된 상태를 보여준다.

의식이 스트레스로 방해를 받으면 뇌는 동조성이 없어진다. 이런 상태에서는 마음이 만들어내는 것도 일관적이지 않게 된다.

그러나 스트레스를 떨어뜨리고, 제멋대로인 마음을 잠잠해지게 훈련시키고, 의식에서 부정적 생각을 없애면 뇌도 동조된다. 고도로 동조된 상태에서 마음은 물질세계에 놀랄 만한 결과를 만들어낼 수 있다.

동조된 빛의 힘

LED(Light Emitting Diode, 발광 다이오드)나 백열전구는 동조성 없는 빛을 사용하는 반면, 레이저는 동조된 빛을 사용한다. 바꾸어 말하면, 레이저는 광선이 제각기 아무 방향으로나 퍼져나가는 것이 아니라 서로 나란히 진행하도록 만들어놓았다. 이렇게 동조된 빛의 성질은 레이저를 놀라울 만큼 강력한 빛으로 만들어놓는다. 60와트 백열전등에서 나오는 빛은 몇 미터만 멀어져도 빛이 흐릿해진다. 백열전등은 에너지의 10퍼센트만이 빛으로 전환되고, 또 그 빛에는 동조성이 없다.

그러나 60와트의 빛을 동조시켜 레이저로 만들면 그것은 강철도 자를 수 있다.

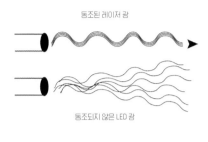

동조된 레이저 광

동조되지 않은 LED 광

동조된 빛과 동조되지 않은 빛

겨우 0.005와트의 작은 전력을 쓰는, 강의에 사용하는 보통의 휴대용 레이저 포인터는 20킬로미터 밖까지 비출 수 있다(Nakamura, 2013). 그보다 1조 배 강한 전력(10억 와트)을 사용하는 과학용 레이저는 달에 반사되어 지구까지 되돌아올 수 있다(Shelus 등, 1994).

정신이 동조된 상태도 비슷하다. 우리의 뇌파가 동조되어 있을 때, 뇌가 만들어내는 생각의 질도 집중되어 있고 효율적이다. 그래서 문제에 주의를 돌려서 집중하여 문제를 해결해낼 수 있다.

멍한 머리

뇌가 동조되어 있지 않으면 명료하게 생각할 수가 없어진다. 우리는 '머리가 멍해져서' 괴로워하고, 흐릿해진 뇌는 명료하게 생각할 수가 없게 된다. 냉정을 잃으면 문제가 불투명해져서 우리는 쉽게 혼란해지고 인지력이 급격히 떨어진다. 뇌 연구가 조셉

고더드 우주비행센터(Goddard Space Flight Center)의
우주관측용 레이저

르두Joseph LeDoux는 이것을 '감정에 의한 의식의 적대적 매수'라고 부른다 (LeDoux, 2003).

뇌 연구에 의하면 말이나 심지어는 하나의 단어가 감정적 반응을 촉발하는 데는 1초도 안 걸린다고 한다(Davidson, 2003). 우리가 스트레스를 인식할 때, 우리의 뇌는 이미 촉발되어 있는 상태이다. 우리는 1초도 안 되어 감정적 반응에 휩싸이고, 머리가 멍해져서 명료하게 생각할 수 없게 된다. 객관성을 유지할 수가 없고 문제를 현실적으로 생각할 수도 없게 된다. 스트레스는 뇌의 인지중추인 전두엽으로부터 혈액을 70퍼센트 이상 감소시키는 결과를 초래할 수 있다. 혈액은 산소를 운반하기 때문에, 이는 뇌가 정상적으로 산소를 공급받지 못하게 됨을 의미한다. 스트레스의 결과로 뇌로 가는 혈액과 산소가 줄어들면 우리는 올바른 생각을 할 수 없게 된다. 원시인은 머릿속에서 복잡한 계산을 해야 할 필요가 없었다. 그는 그저 호랑이로부터 도망갈 수만 있으면 되었다.

원시적인 생존 반응이 생각과 감정에 의해서 촉발되면 그 결과로 생물학적 자원은 일대 재배치가 일어난다. 혈류가 전전두엽에서 빠져나와 근육으로 간다. 생각하는 뇌 부위인 전전두엽 피질 속에서 당신이 가지고 있던 현명한 기술들은 갑자기 더 이상 사용할 수 없게 된다. 이것은 하드 드라이브에 많은 데이터를 가지고 있는 컴퓨터와 같다. 컴퓨터의 플러그를 뽑아버리면 저장된 모든 데이터는 아직 그대로 있지만 거기에 더 이상 접근할 수가 없다. 그것을 사용할 수 있게 해주는 전력이 없는 것이다.

전전두엽 피질이 혈액을 잘 공급받지 못하면 플러그를 뽑은 컴퓨터와 같아진다. 뇌의 그 부위에 저장된 모든 자원들 — 심리치료에서 배운 기술들, 책에서 읽은 훌륭한 해법들, 수업에서 연마한 방법들, 전문가로부터 배운 전략들 — 을 원시인의 뇌가 사용할 수 없게 된다.

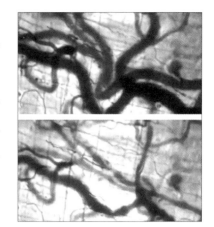

스트레스 신호 전(위)과 14초 후(아래)의 모세혈관. 아래의 모세혈관들은 70퍼센트 이상 수축되어 있다.

그러나 다시 동조된 상태가 되면, 당신의 자원들은 온라인으로 연결된다. 달을 향하는 레이저 광선처럼, 당신은 영감에 찬 장기 계획을 수립할 수 있다. 문제에 대해 명료하게 생각하고, 목표에 집중하고, 상상력이 열려서 창조성이 솟아난다. 이것이 동조된 마음의 힘이다.

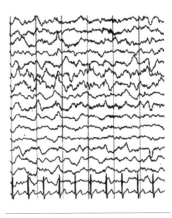

동조되지 않은 뇌파 　 동조된 뇌파. 뇌의 모든 부위가 함께 작동하고 있다.

동조된 마음과 물리학의 네 가지 힘

　동조된 마음은 레이저가 빛의 힘을 한곳에 모으듯이 주의력을 집중시킨다. 마음을 고도로 동조시킬 수 있는 사람들은 비범한 일을 해낼 수 있다. 오늘날의 놀라운 연구들은 동조된 마음이 물질 우주의 힘들을 말뜻 그대로 '구부러지게' 할 수 있음을 보여주고 있다. 물리학에는 중력과 전자기력, 그리고 강한 핵력(강력)과 약한 핵력(약력)이라는 네 가지 기본적인 힘이 있다.

　강한 핵력은 원자들이 함께 뭉쳐 있게 하는 힘이다. 원자의 핵에 있는 양성자와 중성자는 거대한 양의 에너지를 가지고 있다. 그리고 이들을 함께 뭉쳐 있게 하는 데 필요한 에너지도 엄청나다. 그래서 이 힘을 강력이라고 하는 것이다. 이 힘은 원자 구성요소들 사이의 아주 가까운 거리에서 작용한다.

약한 핵력은 방사성 붕괴가 일어나게 하는 힘이다. 방사성 붕괴 과정에서 원자의 핵은 함께 뭉쳐 있기에 충분한 에너지가 없어서 와해된다. 그것이 방사성 없이 안정된 다른 원소가 될 때까지 장시간에 걸쳐서, 이 불안정한 핵으로부터 에너지와 물질이 풀려나오게 된다.

각각의 방사성 물질들은 각기 다른 붕괴 속도를 가지고 있다. 어떤 것은 아주 길고 또 다른 것은 아주 짧다. 우라늄uranium-238의 반감기는 매우 길어서 약 35억 년 정도이다. 다른 요소인 프랑슘francium-233의 반감기는 단 22분에 지나지 않는다.

이 반감기는 매우 일정해서 이것으로 시간을 맞추어도 될 정도다. 정확한 시간 측정이 필요한 과학자들은 원자시계를 사용하고, 세계 각지에 있는 400개의 고도로 정밀한 원자시계가 알려주는 시간 조합을 사용한 척도인 국제원자시(International Atomic Time)를 실험의 기준시간으로 삼는다. 1초는 세슘cecium-133 원자가 9,192,631,770번 진동하는 데 걸리는 기간으로 정의된다.

2004년 스위스 실험실에서 만들어진, 3,000만 년에 1초의 오차밖에 나지 않는 세슘 원자시계

연구에 흔히 사용되는 방사성

원소는 아메리슘americium-241이다. 이 원소는 1944년에 발견됐고, 반감기는 432년이며 상온에서 안정적인 알파 입자로 알려진 물질을 방사한다. 이 물질은 연기탐지기(화재경보기)를 작동시키는, 우리의 가정 어디서나 볼 수 있는 물질이다. 알파선은 단 3센티미터까지만 가고, 거의 모든 고체에 부딪혀 멈추기 때문에 안전하다. 연기 입자가 탐지기에 들어가면 알파 입자와 부딪쳐서 전류가 떨어지게 하여 경보가 울린다.

약한 핵력은 전자기력이나 중력에 영향받지 않는다. 실제로, 이 약한 핵력은 중력보다 1조 배의 1조 배나 강하다.

원자의 방사선은 안정되어 있어서 원자시계를 작동시킬 정도로 동조성이 강하다는 말을 듣고서, 당신은 아마 그것을 변화시키기가 매우 어려우리라고 상상할 것이다. 하지만 많은 연구자들이 인간의 에너지장을 변화의 매체로 사용하여 변화시켜보려고 애쓰는 것이 바로 그것이다.

$$QI = MC^2$$

엄신嚴新이라는 기공의 대가는 자신의 환자에게 기(QI, 氣), 곧 생명 에너지를 투사한다. 중국 과학아카데미(Chinese Academy of Sciences)의 한 부서인 고에너지 물리학 연구소(Institute of High Energy Physics)의 과학자들은 엄신의 능력에 대해 엄밀한 객관적 검증을 해보기로 했다.

　　그들은 그에게 투명한 용기 안에 있는 2밀리미터 크기의 작은 아메리슘-241 판의 붕괴 속도를 변화시켜보라고 했다. 물리학의 네 가지 기본적 힘의 하나인 방사성 물질의 붕괴 속도는 고온, 강한 산성, 엄청나게 강력한 전자기장, 또는 극도의 압력에도 영향받지 않는다.

　　처음 여덟 번의 시도에서, 엄신은 아메리슘 근처에서 약 20분 동안 기 에너지를 보냈다. 두 번째 아메리슘 판은 대조군으로 사용됐다. 그는 실험대상의 방사성 알파 입자의 붕괴 속도를 변화시킬 수 있었다. 반면에 대조군은 변하지 않았다. 그는 요구받은 대로 붕괴 속도를 낮추기도 하고 높이기도 할 수 있었다(Yan 등, 2002).

　　다음 세 번의 시도에서, 연구자들은 그것이 먼 거리에서도 효과가 있는지를 조사해보기로 했다. 그들은 엄신을 아메리슘으로부터 100미터에서 200미터 떨어져 있게 했다. 결과는 근처에서 한 것과 차이가 없었다.

　　다음에 그들은 멀리 떨어진 도시에서 하면 효과가 약해지는지를 실험해보았다. 그다음 5년 동안, 그들은 그에게 1,500킬로미터에서 나중에는 2,200킬로미터까지 점점 더 먼 거리에서 목표물에 기를 투사하게 했다. 추가로 행해진 39회의 실험들은 그가 같은 방 안에 있을 때와 마찬가지로 먼 거리에서도 동일한 효과를 만들어낼 수 있음을 보여주었다.

　　이 50회의 실험은 각각 엄신이 약 20분의 실험 과정에서 방사성 붕괴 속도를 11.3퍼센트까지 낮추고, 9.5퍼센트까지 높일 수 있다는 사실을 보여주엇다. 정상적일 때 아메리슘의 반감기는 432년

이어서 하루에 0.0006퍼센트의 속도밖에 안 되므로 실험기간 동안의 시간 경과로는 이 결과를 설명할 수가 없다.

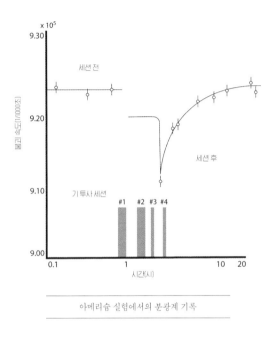

아메리슘 실험에서의 분광계 기록

연구팀의 일원인 핵물리학자 펑 루Feng Lu는 이렇게 적었다. "이 실험은 자연계에 대한 기존의 관점을 바꿔놓았다. 연구결과는 인간의 잠재력이 이전까지 생각해왔던 것보다 훨씬 더 크다는 것을 보여주었다."

빌 벵스턴 박사는 자신의 저서《에너지 치유법》(The Energy Cure)에서 치유가 베넷 메이릭Bennet Mayrick에 의한 실증적 결과를 기술했다 (Bengston, 2010). 한번은 베넷에게 방사성 붕괴 속도 측정기를 연결했다. 그리고 실험실 기사가 베넷에게 방사성 물질의 붕괴가 더 빨라지도록 집중하라고 했다.

벵스턴은 그 일을 이렇게 기록했다. "실험실 기사가 비명을 질 렀다. '뭔가가 잘못됐어. 이 기계가 내가 믿고 있는 것보다 더 빨리 붕괴가 일어날 수 있다고 말하고 있잖아.' 그러자 베넷이 장난스럽 게, '그럼 늦어지게 해주겠소'라고 대답했다. 곧 실험실 기사는 붕 괴가 정상속도보다 거의 절반가량 늦어졌다고 중얼거렸다."

벵스턴이 베넷에게 어떻게 그런 일을 해낼 수 있었느냐고 물 었을 때, 베넷은 처음에는 붕괴 속도가 빨라지게 하기 위해서 구름 을 상상했고, 다음에는 그것을 마음으로 지워버리고 느려지게 하기 위해서 얼어붙은 바위를 상상했다고 말했다.

나의 유레카 순간

2017년 6월 26일, 나는 초조한 마음으로 가이거 계수기(Geiger counter)의 포장을 풀었다. 최근 몇 달 동안 나는 나보다 훨씬 경험 많은 동료들에게 벵스턴과 엄신의 실험 내용을 복사하여 이메일 로 보냈고, 실험을 재현해보도록 독촉했다. 그런데 아무도 관심이 없는 것 같았다.

필요한 장비는 간단하고 비싸지도 않았다. 그저 가이거 계수기와 아 메리슘-241 판이 들어 있는 들어 있는 연기탐지기만 있으면 된다. 방법론도 기초적인 것이다. 치유자가 방사성 붕괴의 속도를 느려지게 할 수 있는지 없는지를 확인만 하면 된다. 가이거 계수기는 방사선을 표준 과학 단위인 마이크로시버트^{microsievert} 또는 분당 카운트(CPM: counts per minute)로 측정할 수 있다. CPM은 방사성 물질에서 얼마나 많은 전자가 나왔는지를 세는 것이다.

나는 장비를 우리 집 주방에 설치해놓고 기본 방사능 값을 어떻게 재는지를 알아봤다. 그리고 우리 집의 기본값은 12CPM에서 22CPM 사이를 오가고 평균은 18CPM이라는 것을 알아냈다.

다음에 가이거 계수기를 방사능이 나오는 가정용 연기탐지기 위에다 올려놓았다. 방사선 측정값은 평균 60CPM까지 올라갔다. 거기서 5센티미터 정도만 떨어져도 측정값은 정상으로 돌아갔다. 연기탐지기는 가정에 설치해도 안전하도록 만들어진 것이기 때문에 방사선을 측정하려면 연기탐지기 바로 곁에다 계수기를 갖다놓아야만 했다.

나는 에코메디테이션 일곱 단계를 수행하고 나서 베넷 메이릭이 사용했던 것과 같은 이미지인 얼어붙은 바위를 마음속에 떠올렸다. 가이거 계수기에는 아무런 변화도 기록되지 않았다.

나는 이렇게 생각했다. '그래, 일어나지 않는구나. 이런 능력은 베넷이나 엄신 같은 소수의 사람들만이 가지고 있나 보다.'

하지만 나는 계속 명상을 하기로 마음먹고 손을 연기탐지기의 양쪽에 얹어놓았다. 그리고 마치 내담자를 치유하듯이 손을 통해 에너지를 내보냈다.

숫자가 올라가기 시작했다. 처음에는 60대 후반, 다음에는 70대로. 내가 잠시 명상에 들었을 때는 80CPM 이상까지 올라갔다. 10분 동안 실험을 했는데 평균은 80CPM이었다.

그리고 명상을 중지하니까 숫자는 60CPM으로 다시 떨어졌다. 다음 10분 동안은 가이거계수기를 연기탐지기로

2017년 6월 26일의 첫 번째 실험

부터 60센티미터 떨어진 곳에다 놓아두었더니 배경 측정값이 시작했을 때와 같은 평균 18CPM으로 돌아갔다.

나는 머릿속에서 솟아오르는 의문에 싸인 채 집 안을 서성거렸다.

• 두 번째 실험에서도 같은 결과를 얻을 수 있을까?

• 나는 왜 낮추지는 못하고 올릴 수만 있었을까?

• 다른 사람들도 이 일을 할 수 있을까? 이 효과는 일반적인 사람들보다는 재능 있는 치유가들에게서 더 현저하게 나타날까?

• 훈련을 받으면 누구나 이런 일을 할 수 있을까? 이것은 배울 수 있는 기술일까? 이 능력은 수행을 하면 향상되는 것일까?

• 에너지 치유에 대한 나의 신념이 좋은 결과를 낳은 것일까?

• 회의심이 이것을 재현하는 데 장벽이 될까?

• 어떤 힘이 방사선 수준의 변화를 만들어낼 수 있는 것일까? 어떻게 하면 이 실험을 방법론적으로 완벽하게 해낼 수 있을까?

• 내 마법의 티셔츠 때문에 일어난 일은 아닐까? (농담이다.)

나는 너무나 신이 나서 일상의 일을 하러 사무실로 돌아갈 수가 없었다. 나는 고색창연한 선홍색의 내 자동차 1974년형 젠슨 힐리에 뛰어올라 소리쳐 연호하고 허공에 주먹을 내지르면서 운동하러

체육관으로 차를 몰았다. 삶이 우리에게 그런 순간을 가져다줄 때
는 축하를 해줘야 한다!

이제 나는 엄신과 베넷 메이릭 외의 다른 사람들도 그런 결과를
만들어낼 수 있다는 사실을 알고 있다. 방사능에 변화를 일으킬
수 있는 클럽의 회원 수가 이제는 두 사람에서 세 사람으로 늘어
난 것이다.

그날 오후 아내 크리스틴Christine이 직장에서 돌아왔을 때, 나는 그
녀에게 우리가 클럽 멤버를 세 명에서 네 명으로 늘릴 수 있을지
보자며 식탁에 앉게 했다.

10분 동안 측정한 배경 방사능은 평균 17CPM이었다. 가이거 계수
기를 연기탐지기 위에 올려놓고 10분간 측정했더니 평균 60CPM
이었다. 크리스틴이 손을 연기탐지기 위에 놓고 10분 동안 명상했
을 때 CPM은 57로 떨어졌고, 내가 가장 어린 손주의 얼굴을 떠올
려보라고 했을 때는 52로 떨어졌다.

크리스틴은 1분 동안 52CPM을 유지할 수 있었다. 내가 베넷 메이
릭이 상상했던 심상을 이용하여 CPM을 올려보라고 했을 때, 바늘
은 수 초 동안 올라가지 않고 다시 떨어졌다. 그녀가 다른 상상으
로 시도해보아도 여전히 올라가지 않았다. 흥미로운 것은, 나는 올
릴 수는 있는데 낮추지를 못했고, 그녀는 내릴 수는 있는데 올리지
를 못했다.

그녀가 시험을 중지한 후 가이거 계수기로 10분간 측정했더니 평
균치는 61CPM이었다. 연기탐지기에서 떨어진 곳에서 다시 10분
간 측정한 배경 방사선 수치는 18CPM으로 나타났다. 이제 공식

멤버가 네 명으로 늘어났다. 그리고 어쩌면 수백만 명으로 더 늘어
날지도!

제5의 힘

물리학의 네 가지 힘의 하나인 방사성 붕괴 속도를 변화시키
는 능력은 몇 가지 의문을 일으킨다. 만일 한 힘이 다른 세 가지 힘
이 아닌 다른 어떤 힘에 의해 변화된다면, 그 힘에 의해 다른 세 가
지 힘들도 변화될 수 있을까? 두 가지 핵력보다 훨씬 약한 중력이
나, 아니면 전자기력도 변화될 수 있을까?

캘리포니아 어바인California-Irvine 대학의 방사선과 교수였던 조이
존스Joie Jones 박사는 러시아 물리학자 유리 크론Yuri Kronn과 팀을 이루
어, 전자기력이 변화될 수 있는지를 알아내는 기발한 실험을 고안
했다. 그들은 이를 위해서는 '제5의 힘'이 필요함을 지적하고 그것
을 '미묘한 에너지'(subtle energy)라고 불렀다(Kronn & Jones, 2011).

그들은 의도적으로 미묘한 에너지를 주입시킨 다양한 물체들
의 전기전도성을 측정했다. 그들은 이 물체들의 전자기력이 대조군
에 비해 25퍼센트 감소했음을 발견했다.

치유 의도에 관한 한 실험에서는 치유대상 주위의 전자기력을
측정했다(Moga & Bengston, 2010). 치유대상은 발암물질을 주입한 생쥐
였다. 연구 첫날에는 치유가가 생쥐들에게 30분 동안 의도적인 치
유 에너지를 국소적인 방식으로(같은 방에서) 보냈고, 12주 동안은 비

국소적인 방식으로(먼 곳에서) 보냈다. 생쥐 우리에 있던 자기장 측정 장치의 수치는 20~30헤르츠였다가 8~9헤르츠로 떨어졌고, 그다음 에는 1헤르츠 이하로 더 떨어졌다가 원래대로 높아졌다. 그리고 이 런 오르내림이 계속 반복되었다.

국소적 치유와 비국소적 치유는 같은 효과를 보였다. 연구자 들은 이어서 다른 다양한 치유방법으로도 시험을 해보았는데, 태극 권과 힐링 터치healing touch(기 마사지)에 의해서도 마찬가지의 자기장 변 화가 나타났다. 그들은 유사한 현상을 측정한 다섯 가지 다른 연구 에 대해서도 문헌연구를 했다(Moga & Bengston, 2010).

이 연구는 물리학의 네 기본법칙 중 적어도 두 가지는 — 전자 기력과 약한 핵력은 — 치유 의도를 가진 동조된 마음에 의해 변화 될 수 있음을 암시한다.

크론과 존스는 그들의 실험이 다른 실험실에서는 안 되고 특 정한 실험실에서만 성공적으로 수행된다는 점을 발견했다. 그들 은 그 이유를 몰라서 당혹했고, 그 차이를 찾아내는 데는 시간이 걸 렸다. 결국 재현에 실패한 실험실은 죽은 동물에 대해 실험을 행했 던 실험실임이 밝혀졌다. 크론은 그런 실험실을 위해서 '말끔한 청 소'(clean sweep)*라는 이름의 에너지 중화법을 개발했고, 그것을 행한 후에는 실험을 성공적으로 재현할 수 있었다(Kamp, 2016).

크론은 과학자 자신이 자신의 연구에 영향을 미친다는 사실을 발견했다. 그는 이렇게 말한다. "당신 자신의 에너지가 당신이 기록

---

* 미국 TV 시리즈의 하나로, 선정된 주택의 구조와 인테리어를 이틀 동안 멋지게 개조해주는 내용 이다.

하고 있는 에너지 패턴을 왜곡시킨다. 마찬가지로, 실험을 재현하면서 그것이 성공하기를 바라지 않는다면 성공하지 않을 것이다. 혹은, 공동연구자 중 한 사람이 '일진이 안 좋은' 날이라면 에너지 패턴을 정확하게 측정할 수 없게 된다."(Kamp, 2016)

크리스틴과 내가 일상적인 의식 상태에서 가이거 계수기 근처에 있을 때는 아무런 일도 일어나지 않는다. 그러나 명상을 했을 때는 측정값이 변했다. 마찬가지로 베넷 메이릭은 생생한 심상을 사용했고, 엄신은 아메리슘 판의 방사성 붕괴를 촉진하거나 저지하려는 의도를 품고 거기에 기를 보냈다.

이런 식으로 물질을 변화시키려면 마음이 동조된 상태가 되어야 한다. 불안의 신호인 베타파가 우세하거나 세포에 코르티솔과 아드레날린 같은 스트레스 호르몬이 주입되어 뇌파가 동조되어 있지 않을 때, 우리는 몰입상태에서 벗어나고 우리의 의도에는 명료성과 힘이 결여된다.

그러나 자신을 누그러뜨려 널찍한 알파 브리지 — 우리의 의식적인 마음을 높은 진폭의 세타파, 그리고 델타파와 이어주는 — 가 형성된 명상 상태로 들어가면 우리는 동조된 마음의 힘에 접속된다. 이런 상태에서 우리의 의도는 물질에 영향을 미친다.

동조된 마음과 능동적 의도

캘리포니아 주 볼더 크리크Boulder Creek에 있는 하트매스HeartMath

연구소의 롤린 맥크레이티Rollin McCraty 박사는 율동적으로 동조된 심
박동이 일으키는 효과를 20년 넘게 연구해왔다.

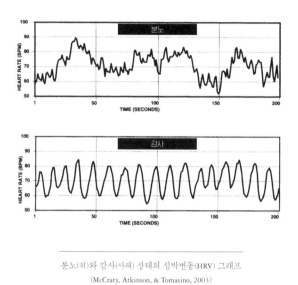

분노(위)와 감사(아래) 상태의 심박변동(HRV) 그래프
(McCraty, Atkinson, & Tomasino, 2003)

심장의 율동성, 곧 일관성(coherence)은 몸 전체에 영향을 미치
는, 신체의 전반적 건강 상태를 나타내는 믿을 만한 지표다. 율동적
인 심장은 코르티솔 분비를 감소시키고 알파파의 진폭을 키워준다.
이것은 뇌뿐만 아니라 순환계와 소화계도 조화로워지게 하고, 면역
계도 강화시켜준다(McCraty, Atkinson, & Tomasino, 2003).

맥크레이티McCraty는 이렇게 말한다. "현재의 과학적 이해에 의
하면, 모든 생물학적 소통은 특화된 수용체에 맞는 신경전달물질을
통해 — 열쇠가 특정한 자물쇠를 여는 것과 같이 — 화학적, 분자적
수준에서 일어난다. 그러나 따지고 보면 실제로 메시지는 약한 핵

력 신호에 의해 세포 내부로 전달된다.

이것과 관련된 발견들로부터 체내의 원자와 양자 차원에서 일어나는 에너지 소통의 새로운 패러다임이 등장했다. 이것은 종래의 화학 모델, 분자 모델의 틀 안에서는 제대로 설명할 수 없었던 무수한 관찰된 현상들과 아귀가 맞다. 생명을 위협하는 상황에 대한 '싸움 아니면 도망 반응'(fight-or-flight reaction)은 너무 즉각적이고 다양해서 '열쇠-자물쇠(key-lock)'식 소통 모델은 맞지 않는다. 그러나 양자 물리학과 내적, 외적인 전자기나 에너지 신호 시스템의 틀 안에서는 그런 현상들을 이해할 수 있고, 이 틀은 세포와 사람, 그리고 환경 사이의 에너지 소통망도 설명해줄 수 있을 것이다.

알파파와 베타파 리듬 같은 뇌의 몇 가지 전기적 리듬은 심장의 리듬과 저절로 동기화되는데, 뇌와 심장의 이 같은 동기화는 신체가 생리적으로 동조된 상태에 있을 때 특히 눈에 띄게 잘 일어난다. 이 동기화는 적어도 부분적으로는 전자기장의 상호작용에 의해서 매개되는 것 같다. 직관과 창의성과 최적의 수행능력이 발휘되게 하는 과정에도 심장과 뇌의 동기화가 관련된 듯하므로 이것은 중요하다."(McCraty, Atkinson, & Tomasino, 2003)

동조 상태는 DNA도 변화시킨다

하트매스 연구소의 한 기발한 실험은 태반胎盤의 DNA를 이용하여 동조된 상태에서 인간의 의도가 일으키는 효과를 조사해보았

DNA 분자는 이중나선 구조를 가지고 있다.
그것의 꼬인 정도는
자외선 흡수율을 통해 측정할 수 있다.

다. DNA 샘플에서 분자가 꼬인 정도는 분자의 자외선 흡수율을 통해 측정할 수 있다. 이 방법으로 분자의 이중나선 코일이 단단히 꼬여 있는지, 덜 단단히 꼬여 있는지를 판단할 수 있다.

이 연구는 하트매스 기법을 훈련받은 사람들에게 샘플 DNA의 나선을 감거나 풀려는 특정한 의도를 품은 채 사랑과 감사의 느낌을 일궈내게 했다.

결과는 심오했다. 어떤 경우에는 DNA의 구조에 25퍼센트나 변화가 일어났다. 참여자들에게 나선을 감게 하든지 풀게 하든지 상관없이 비슷한 결과가 일어났다.

참여자들이 DNA를 변화시키려는 의도를 품지 않고 동조된 상태에 들었을 때는 지역 주민들과 학생들로 구성된 대조군과 마찬가지로 변화가 없었다. 훈련받은 참여자들이 DNA를 변형시키려는 의도는 품었지만 동조된 상태에 들어가지 않았을 때도 마찬가지로 DNA는 변하지 않았다.

그 효과가 얼마나 구체적으로 특정될 수 있는지를 알아보기 위해 고도로 훈련된 자원자들을 대상으로 행한 한 실험에서는, 세 개의 병에 넣은 DNA를 준비했다. 자원자들에게는 세 개의 샘플 중 하나는 그대로 두고 두 개의 샘플만 DNA 나선을 더 단단히 감게 했다. 나중에 실험실에서 자외선 분석을 통해 측정한 결과는 정확하게 지시한 그대로였다. 즉, 자원자들이 의도를 보냈던 두 샘플에서만 변화가 일어난 것이다.

이것은 이 효과가 단순히 무형의 에너지장의 소산이 아니라 의도자의 의도와 깊은 상관관계를 가지고 있음을 의미한다.

연구자들은 이 효과가 샘플과 참여자들의 심장 사이의 거리가 가까워서 생긴 것일 수도 있다는 의심을 품었다. 심장은 강한 전자기장을 일으키기 때문이다. 그래서 DNA 샘플에서 약 800미터 떨어진 곳에서 비슷한 실험을 행했지만, 결과는 같았다. 다섯 번의 비국소적 시험도 같은 결과를 보였고, 모두 통계적으로 유의미한 수준이었다.

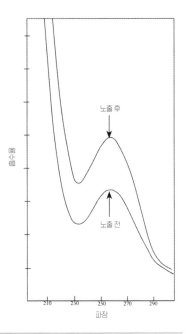

인간의 의도에 노출되기 전과 후의
DNA의 자외선 흡수율
(McCraty, Atkinson, & Tomasino, 2003)

이 연구들은 DNA 분자가 의도에 의해 변형될 수 있다는 것을 보여준다. 심장을 더 잘 동조시키는 참여자들은 자신의 의도로써 DNA에 더 큰 영향을 미쳤다. 훈련을 받지 않아서 심장을 동조시키는 방법을 모르는 참여자들에 의한 대조군 실험에서는 강한 의도를 보냈음에도 불구하고 효과가 나타나지 않았다. DNA 분자를 변형시키기 위해서는 의도와 동조성이 모두 필요했다.

연구자들은 이런 견해를 내놓았다. "'양자 진공'(quantum

vacuum)[*]과 그 상응하는 물리적 차원의 구조 사이에는 에너지의 연결이 존재한다. 그리고 이 연결은 인간의 의도에 의해 영향을 받을 수 있다."

또한 맥크레이티와 그의 동료들은 DNA에 영향을 미치는 긍정적 감정은 자연치유, 신앙의 보상으로 오는 건강과 장수, 그리고 기도의 긍정적 효과 같은 현상에도 일정한 역할을 할 것으로 추측했다.

전설에 의하면 약초와 침을 쓰는 중국 의학의 치료방식은 부차적인 형태의 치유였다. 침술의 교과서이자 2,000년 묵은 고서인 《황제내경黃帝內經》의 첫 부분은 이렇게 시작한다. "옛사람들은 도를 깨달아 정기精氣로써 호흡하고, 명상으로써 몸과 정신을 하나로 하였다."

먼 과거, 침술의 원조들은 동조된 의도와 에너지만을 통해서도 치유가 일어난다는 것을 믿었다. 이는 서양에도 존재했던 믿음이다. 낭만파 시인 윌리엄 블레이크William Blake는 스스로 이렇게 묻고 답했다. "이치가 그렇다는 확고한 신념이 그것을 그렇게 만드는 것일까? … 상상의 시대에는 이 확고한 신념이 산을 옮겼다."(Blake, 1968)

엄신은 기와 관련해서 아메리슘-241만이 아니라 살아 있는 세포에도 실험을 했다. 그는 암세포와 정상세포에 동조된 마음을 5분간 보냈는데, 암세포의 DNA는 해체되었고 정상세포들은 손상되지 않았다(2006). 다른 연구에서는 결장과 전립선, 유방의 암세포에서도 유사한 효과가 나타났다.

---

* 양자역학에 따르면 진공은 아무것도 없는 공간이 아니라, 찰나에 입자와 반입자가 끊임없이 생성되었다가 소멸하며 요동치고 있는 공간이다.

인간이 만들어내는 치유 에너지의 효과는 무수한 연구를 통해
측정됐다. 주로 기공, 안수치유, 레이키 등의 치유법을 대상으로 한
90가지의 무작위 대조시험 문헌을 체계적으로 연구해본 결과, 수준
높은 실험들 중 약 3분의 2에서 이런 기법들이 효과가 있음이 발견
됐다(Hammerschlag, Marx, & Aickin, 2014).

그래, 그럴 수 있어. 하지만 어떻게?

과학계에서는 보통 어떤 일이 어떻게 일어나는지를 이해하기
전에 '그 현상'이 먼저 관찰된다. EFT 두드리기에 관한 연구들도
불안, 우울, 공포감 등이 치료될 수 있다는 '사실'을 먼저 보여주었
다. 그것이 '어떻게' 치유되는지(코르티솔 감소, 뇌의 동조, 유전자 발현 등)가
규명된 것은 그보다 10여 년 후의 일이다. 의학계에서는 아스피린
이 통증을 줄여준다는 사실을 알고 나서 100년이 지나서야 그 원리
를 파악하게 되었다. 페니실린이 박테리아를 죽인다는 사실도 과학
계가 그 원리를 이해하기 30년도 더 전에 이미 발견되었다.

그렇다면 동조된 마음의 의도는 어떻게 물질에 영향을 미칠
수 있을까?

우리는 물질적 현실을 사실로 여긴다. 그러나 양자의 세계에
서는 모든 가능성이 동시에 존재하고, 그것은 결국 확률로 귀착된
다. 이론적으로는, 확률 곡선에 나타나는 어떤 무한한 가능성의 무
더기도 현실이 될 수 있다. 그러나 오직 하나의 가능성만이 현실이

된다. 그러면 이 무더기는 특정한 현실로 '붕괴되었다(collapsed)'고 말해진다.

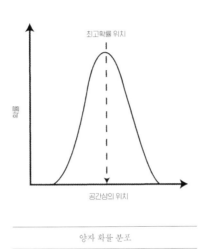

최고확률 위치

확률

공간상의 위치

양자 확률 분포

가능성의 무더기가 붕괴하는 방향을 결정하는 요인들 중의 하나는 관찰행위이다. 양자 우주에서 현상과 시간과 공간은 관찰자의 영향을 받는다. 양자의 장에는 모든 가능성이 존재하고, 관찰행위가 그것을 확률로 붕괴시킨다.

이를 관찰자 효과라고 부른다. 아원자 입자가 관찰될 때, 그것은 무한수의 가능성으로부터 특정한 확률의 현실로 붕괴한다. 관찰자가 없으면 그것은 결정되지 않은 가능성의 상태로 남아 있다. 그러다가 관찰될 때만 '정의된 확률'의 현실이 되는 것이다. 물질적 현실을 창조하기 위해서는 관찰이 필요하다는 과학의 발견은 물질 세계와, 그것을 창조하는 의식의 역할에 대한 우리의 이해에 심오한 함의를 던져준다.

관찰자 효과

관찰자 효과는 이중 슬릿 실험이라는 고전물리학의 시연을 통해 측정된다. 이는 지난 세기에 수백 번 되풀이하여 실험됐다. 이것은 관찰자의 존재가 어떻게 관찰대상의 결말을 변화시키는지를 보여준다.

전자 같은 아원자 입자들은 물리학의 고정된 법칙을 따라 행동할 것으로 여겨지는데, 입자들이 그 생각에 늘 협조해주지는 않는다. 이중 슬릿 실험은 입자를 관찰하는 행위가 입자의 행동에 영향을 미친다는 사실을 보여준다.

실험자들은 전자電子들을 두 개의 슬릿(좁고 긴 구멍)이 나 있는 판을 향해 발사하고, 그것이 어떻게 되는지를 기록했다. 만일 전자가 입자처럼 행동한다면 당신은 그것이 건너편 벽에 가서 부딪힌 수직의 두 자국을 보여주리라 기대할 것이다. 이는 마치 페인트칠을 한 테니스공을 이 슬릿을 향해 던지면 공들이 그 뒤의 벽에 두 줄로 수직의 페인트 자국을 만들어내는 것과 같다.

그러나 전자들은 테니스공 같이 행동하지 않는다. 그 대신 서로 간섭하여 물결무늬를 만들어낸다. 이런 현상은 광자光子, 물, 그리고 소리에 의해서도 일어난다.

그런데 한 개의 광자를 발사하여 이중 슬릿을 통과하게 하면 어떤 일이 일어날까? 그것은 여전히 두 슬릿을 동시에 통과한 것처럼 간섭 패턴을 만들어낸다.

그러나 슬릿 근처에 탐지기를 놓고 그 과정을 관찰하면 전자는 테니스공처럼 행동한다. 파동이 간섭한 물결무늬는 사라져버린다.

만일 더 큰 입자가 슬릿을 통과하면 이들 또한 테니스공처럼 행동한다. 그러나 아원자나 전자나 광자의 차원에서는 관찰되지 않는 한 파동처럼 행동한다. 관찰을 하면 이들은 예측 가능한 테니스공 같은 입자로 나타난다. 관찰이라는 행위가 파동을 입자로, 곧 에너지를 물질로 붕괴시켜 실험결과를 완전히 바꿔놓는 것이다.

이중 슬릿 실험 장치

이중 슬릿 실험은 아원자 입자가 입자와 파동의 성질을 겸비할 수 있고, 관찰이라는 행위가 입자의 행태를 바꿔놓는다는 것을 보여준다. 노벨상 수상자인 물리학자 리처드 파인만Richard Feynman은 이렇게 말했다. "이 실험은 고전물리학의 어떤 방법으로도 설명이 불가능한 현상으로, 양자역학의 핵심이 여기에 있다. 사실, 이것은 양자역학의 유일한 미스터리를 담고 있다."(Feynman, Leighton &

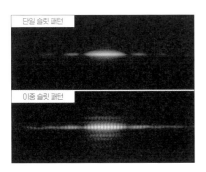

단일 슬릿은 예측했던 대로의 선을 만든다.
이중 슬릿은 관찰된 전자들의 간섭에 의해
물결무늬를 만들어낸다.

Sands, 1965)

전자와 광자는 가능성의 물결 속에 존재한다. 관찰행위가 그 파동을 하나의 확률적 현실로 붕괴하도록 촉발시킨다.

멀리 떨어져 있는 입자들 사이의 얽힘

양자물리학의 두 번째 중요한 원리는 얽힘(entanglement) 현상이다. 물리학자들은 레이저를 발사하여 수정(crystal)을 통과하게 함으로써 얽힘 현상을 만들어낼 수 있다. 광자도, 물질의 전자도 '얽힐' 수 있다. 두 개의 전자가 서로 얽히면 하나는 시계방향으로 돌고, 다른 하나는 반시계방향으로 돈다. 그런데 이 스핀을 측정하는 행위가 회전의 방향을 결정한다.

한 쌍의 전자가 얽혀 있으면, 그들은 거리와 상관없이 그 상태를 유지한다. 만일 파리에 있는 물리학자가 한 전자가 시계방향으로 회전하는 것을 측정하면, 샌프란시스코에 있는 동료는 그와 얽혀 있는 전자가 반시계방향으로 도는 것을 관찰하게 될 것이다. 둘 사이의 거리가 아무리 멀어도 그 효과는 그대로 남아 있다.

델프트Delft 기술대학교의 연구자들은 얽혀 있지 않은 두 개의 전자를 가지고 중요한 실험을 했다. 각 전자는 하나의 광자와 얽혀 있었는데, 얽힌 후 두 광자를 제3의 장소로 옮겨놓고, 거기서 두 광자는 서로 얽혔다. 그런데 이것이 그들의 파트너인 전자들도 마찬가지로 서로 얽히게 만들었다(Hensen 등, 2015).

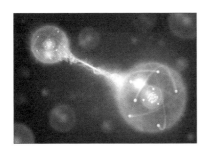

먼 거리에 떨어져 있는 원자 입자들 사이의 얽힘

이지과학 연구소(Institute of Noetic Sciences)의 딘 라딘Dean Radin과 아르너 들로름Arnaud Delorme이 행한 한 기발한 연구는, 인간의 마음에 의한 관찰효과를 로봇의 관찰과 비교하여 실험했다. 연구자들은 이중 슬릿 실험을 로봇이나 인간 관찰자에 의해 '관찰되게' 했다. 인간 관찰자들은 2년 이상의 기간에 걸쳐서 온라인으로 총 5,738세션에 참여했다. 실험의 결과는, 실제로 살아 있는 마음인 인간의 관찰은 기계의 관찰보다 훨씬 더 큰 관찰자 효과를 나타냈다(Radin, Michael & Delorme, 2016).

관찰자 효과와 얽힌 입자들

관찰자 효과는 또한 얽힌 입자들에서도 나타난다. 두 개의 서로 얽힌 광자를 이용한 연구에서, 각 광자는 수평과 수직 방향이 중첩된 상태로 존재한다. 즉 그들만의 작은 우주에 내버려두면 두 광자는 방향이 결정되지 않은 상태로 남아 있는데, 관찰자가 하나의 광자를 관찰함으로써 이 '닫힌 계'에 개입하면 가능성의 물결은 하나의 현실로 붕괴하여 광자는 수평 또는 수직 방향이 된다. 그리고 그것과 얽혀 있는 다른 광자는 반대의 방향을 취함으로써 이에 반응한다(Moreva 등, 2014).

물리학자 워너 하이젠버그[Werner Heisenberg]는 이렇게 말했다. "우리가 관찰하는 것은 자연 그 자체가 아니라 우리가 의문을 던지는 방식을 접하게 된 자연이다."(1962)

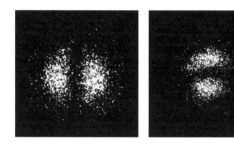

관찰될 때까지, 얽힌 광자들은
반대 극성을 취하지 않는다.
(Ficker, Krenn, Lapkiewicz, Ramelow, & Zeilinger, 2013)

양자물리학자인 아미트 고스와미[Amit Goswami] 박사는 이렇게 말한다. "가능성의 영역에서 전자는 우리로부터, 의식으로부터, 분리되어 있지 않다. 그것은 의식 자체의 가능성, 물질적 가능성이다. 의식이 전자의 가능한 단면들 중 한 단면을 선택함으로써 가능성의 물결을 붕괴시키면, 그 단면은 현실이 된다."(Goswami, 2004)

그래서 과학자의 마음은 객관적인 현상을 치우침 없이 목격하는 것이 아니라, 스스로 끼어들어서, 끝없는 바다처럼 잠재되어 있는 가능성 중 어느 것이 하나의 현상으로서 존재계에 발을 들여놓을지에 영향을 미친다. 고스와미는 이어서 이렇게 말한다. "가능성을 현실로 바꿔놓는 중개자는 의식이다. 대상을 관찰할 때마다, 우리는 가능성의 모든 스펙트럼을 보는 것이 아니라 하나의 특유한 현실을 본다. 이것이 실제로 일어나는 사실이다. 그러니 의식의 관찰은 가능성의 물결이 붕괴하게 만드는 충분조건이다."

과학은 물질적 현상에 대한 객관적인 측정인가?

　　과학이란 일반적으로 물질적 현상을 객관적으로 측정하는 것으로 여겨지고 있다. 과학자가 암세포를 죽이는 분자를 발견하여 그 결과를 명망 있는 저널에 발표할 때, 우리는 그것이 사실이라고 믿는다. 연구팀이 감정 전염 같은 사회현상을 조사하여 그 효과를 보여주는 통계분석을 제시하면 우리는 그것이 존재한다고 확신한다.

　　하지만 만일 모든 과학이 관찰자 효과에 의해 좌지우지되고 있다면 어떻겠는가? 만일 과학자들이 전자나 광자 차원에서만이 아니라 항성과 은하계의 차원에서도 자신이 발견하기를 기대하고 있는 바를 발견하는 것이라면? 만일 과학자들의 마음이 그들이 관찰하는 물체를 형성시키는 것이라면? 만일 그들의 강한 신념이 자신이 관찰하는 효과를 전부, 또는 부분적으로 만들어내고 있는 것이라면? 만일 과학자가 가진 신념의 강도가 실험의 결과를 결정하는 것이라면?

　　신념은 과학의 전 분야에 스며들어, 과학을 모양 짓는다. 과학자들은 측정할 뭔가가 있다고 믿기 때문에 그 뭔가를 측정하러 나선다. 뭔가가 거기에 있다고 믿지 않는다면 그들은 그것을 찾지도 않을 것이고, 그래서 그것을 발견할 길도 없을 것이다.

　그 한 가지 예를 에이즈(AIDS:Acquired Immune Deficiency Syndrome) 환자의 영적 상태에 대한 연구에서 볼 수 있다. 초기의 에이즈 연구는 물질 차원을 대상으로 하는 생물학의 한 현상으로서의 질병에만 초점을 두었다. 한 연구팀이 환자의 영적인 상태를 평가하는 질문을 포함시킨 것은, 그와 같은 태도로 수백 번의 연구가 행해진 후였다.

　놀랍게도, 그들은 환자가 신과 우주에 대해 지니고 있는 신념이 병의 경과에 영향을 미친다는 사실을 발견했다. 벌을 내리는 신을 믿는 환자의 혈류 속 바이러스의 양은 자애로운 신을 믿는 환자보다 세 배나 빠른 속도로 증가했다. 우울증, 위험한 행동, 치료기술보다도 환자가 지닌 신앙이 더 확실하게 환자의 생존 가능성을 예측해냈다(Ironson 등, 2011).

　이 기념비적인 연구 이전까지는 영적인 믿음의 중요성이 알려져 있지 않았다. 그것이 존재하지 않아서가 아니라, 아무도 그것을 살펴볼 생각을 해본 적이 없기 때문이다.

　과학자가 마음속에 품고 있는 신념이 모든 모퉁이에서 그들이 발견하는 물질적 현실을 모양 지어내는 것이다.

기대효과

　1963년 하버드 대학에서 행해진 한 영향력 있는 동물실험에서, 연구자들은 '기대효과'라고 알려진 것을 측정했다. 어떤 일이 일어날 것으로 기대하고 있으면, 그는 그것이 일어나고 있음을 더 잘 알아차리게 된다. 로버트 로젠탈Robert Rosenthal 교수는 학생들에게 두 집단의 실험 쥐를 주었다. 그는 학생들에게, 한 집단을 가리키며 이 쥐들은 특별히 미로를 잘 찾도록, 곧 '미로에 밝게'(maze bright) 길러졌고 다른 집단의 쥐들은 '미로에 둔하게'(maze dull) 길러졌다고 말했다. 그러나 실제로는, 이 쥐들은 무작위적으로 두 집단으로 나뉘었을 뿐이었다. 학생들은 실험을 행했는데, 예상대로 그들은 '미로에 밝은' 쥐들이 다른 쥐들보다 좋은 성적을 낸다는 사실을 발견했다(Rosenthal & Fode, 1963).

다음에 로젠탈은 교사들을 대상으로도 비슷한 실험을 행했다. 그는 교사들에게 시험을 치른 결과 몇몇 학생들이 그해부터 실력이 부쩍 늘고 있는 것으로 나타났다고 말해줬다. 그러나 실제로 그 학생들은 무작위로 선정된 대상이었다. 그해 말에, 특정된 학생들의 아이큐(IQ: Intelligence Quotient) 점수는 대조군 학생들보다 높게 나왔다(Rosenthal & Jacobson, 1963). 신념이 물질세계에서의 수행능력에 유의미한 변화를 일으켰다. 마음이 물질을 만들어낸 것이다.

아무것도 모르고 결정체를 침전시킨 신입생

MIT 공대에서 화학실험을 감독하던 한 대학원생이, 자신과 동료 학생들이 학과 과정의 일부로서 배워야 했던 한 수업에 대해 이야기해주었다. 그들은 수업 중에 과포화된 소듐아세테이트 용액으로부터 결정체를 침전시켜야만 했다. 이것은 화학 초년생으로서는 주의를 집중해야만 하는, 해내기 까다로운 과제였다. 대부분의 학생들은 여러 번 시도해야만 했고, 그래도 항상 성공하는 것은 아니었다. 그들은 이 과정이 어렵다는 것을 알고 있었다. 그래서 성공적인 결정 침전이란 실험실에서는 하나의 통과의례와 같은 것이었다.

그 학기에는 한 신입생이 조수로 실험에 참여했다. 그는 실험을 처음으로 했는데도 단번에 소듐 결정체를 침전시킬 수 있었다. 감독자는 매우 놀랐다. 학생이 그것을 다시 시도했을 때도 결과는 똑같았다. 그 신입생은 시도할 때마다 매번 수월하게 결정체를 침전시켰다. 감독자는 부러움과 놀라움이 섞인 목소리로 외쳤다. "걔는 재능이 있어요." 그 신입생은 완전 초보라서 그것이 얼마나 어려운 과정인지를 언질조차 받아본 적이 없었던 것이다.

과학자들이 얻어낸 결과가 제각기 다른 경우는 물리학과 화학 같은 실증적 과학에서는 일어날 수 없는 일로 되어 있다. 분자와 원자들은 같은 조건하에서 항상 같은 식으로 행동하는 것으로 되어 있다. 표준 과학의 패러다임에서는 과학자의 의도나 신념이나 에너지장이 결과에 영향을 줄 일이 없다.

그러나 보고에 의하면, 몇몇 화학자들은 실험요소들이 특정하게 행동하도록 만드는 데 다른 사람보다 소질이 있고, 그들은 그렇게 되도록 '사주하는' 데 자신의 의도의 힘을 발휘할 수 있다고 한다(Sheldrake, 2012). 물리학자 프레드 앨런 울프Fred Alan Wolf는 이렇게 말한다. "우주의 법칙이란 단지 우리 자신의 집단의식의 법칙일지도 모른다."(Wolf, 2001). 신경과학 전문가인 로버트 호스Robert Hoss는 이렇게 말한다. "고형의 물질이란 환영에 지나지 않는다. 가장 근본적인 차원으로 들어간다면 우리는 우주의 무한한 에너지장 속에서 나타났다 사라졌다 하는 아원자 입자들의 일종의 조직적인 수프 같은 것을 보게 될 것이다."(Hoss, 2016)

마음의 과학

과학은 대상의 규모와 종류에 따라 분류될 수 있다. 우선 원자와 아원자 입자 같은 물질의 가장 근본적인 차원을 연구하는 물리학이 있다. 다음에는 이 입자들이 어떻게 모여서 분자가 되고 상호작용하는지를 살펴보는 화학이 있다. 이런 과학은 물질의 냉정하고 엄밀한 객관적 사실을 측정하기 때문에 물질과학 — 혹은 순수과학, 혹은 '단단한 과학'(hard science) — 이라 불린다. 이들은 살아 있는 존재의 감상적인 예측 불가능성보다는 수학에 그 기반을 둔다.

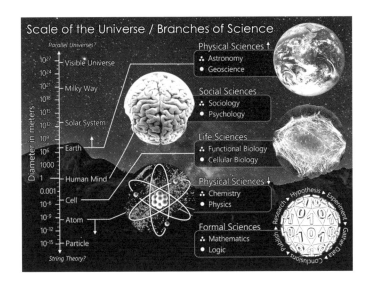

우주의 규모에 따라 분류된 과학 분야들

생물학과 기타 생명과학 분야들은 물리학과 화학을 기반으로 하여 그 위에서 살아 있는 세포와 조직과 유기체를 연구한다. 이들은 흔히 불안정하고 예측 불가능한 방향으로 진화해가는 복잡한 계 안에서 상호작용한다. 지질학과 천문학도 견고한 물체를 연구한다. 지질학은 행성이 무엇으로 어떻게 구성되어 있는지를 살핀다. 천문학은 항성과 은하계와 우주의 물질적 구조와 움직임을 연구하기 위해 연구대상의 규모를 크게 확대한다.

그다음에는 마음을 연구하는 '무른 과학'(soft science)이 있다. 심리학은 개개인의 행동을 살피고, 사회학은 집단들 사이의 상호작용을 연구한다. 자연과학을 하는 사람들은 흔히 자신은 마음의 차원이 아니라 물질 차원을 다룬다는 이유로 '무른' 과학을 하는 사람들에 대해 우월감을 느낀다. 1907년에 원자는 대부분 공간으로 되어 있고 아원자 입자들이 전자기장에 의해 서로 묶여 있음을 발견한 물리학자 어니스트 러더퍼드Ernest Rutherford는 다른 과학 분야들을 얕잡아보고 이렇게 경멸했다. "과학에는 오직 물리학밖에 없다. 나머지는 모두가 우표수집 같은 것이다."

재현성의 위기

과학자들은 논문을 발표할 때 '연구방법(methods)' 부분을 공개할 것을 요구받는다. 이는 실험이 어떻게 준비되었는지를 분명하고 자세하게 설명하여 다른 과학자들이 이전의 연구결과를 재현하고자 할 때 동일한 실험을 할 수 있게 하기 위함이다.

하나의 논문에 발표된 발견이 실제의 효과를 보여주는 것일 수도 있다. 하지만 다른 별개의 연구팀이 동일한 결과를 얻으면 처음의 연구가 발견한 효과가 진짜일 가능성이 높아진다. 이런 이유로 재현연구는 과학에서 중요하다.

그래서 미국 식품의약국(FDA: Food and Drug Administration)도 신약의 시판을 허가하기 전에 약물의 효능을 입증하는 두 개의 연구결과를 요구한다. 미국 심리학회(American Psychological Association)도 '경험적으로 입증된 요법'의 기준을 정할 때, 그 치료법이 효과가 입증된 것임을 선언하기 전에 재현연구 결과가 있어야 한다는 동일한 기준을 차용했다(Chambless & Hollon, 1998).

2000년대 초에 거대 생명공학 회사인 암젠Amgen은 일부 중요한 연구들을 재현해보기 시작했다. 이 회사는 이전의 연구를 바탕으로 종양 생물학을 연구하는 데 수백만 달러를 쏟아부었다. 만일 최초의 연구에서 발견된 효과가 확실하다면 암 치료약 개발의 다음 단계는 견실한 바탕 위에서 진전될 수 있을 것이다. 회사는 그들의 과학자들에게 이전의 연구들 중에서 어떤 것이 자신들의 연구에 가장 중요한지를 물어보아 지표가 될 만한 53개의 연구를 추려냈다.

10년 동안 연구한 끝에, 암젠은 53개의 연구 중 단지 여섯 개만을 재현할 수 있었다. 연구자들은 이를 '충격적인 결과'라고 말했다(Begley & Ellis, 2012).

그보다 수개월 전에는 또 다른 거대 제약회사인 바이엘Bayer 사가 비슷한 분석결과를 발표했다. 이로 인해 얼마나 많은 중요한 연구들이 재현될 수 있는지를 알아내려는 지속적인 노력이 이어졌다. 암에 대한 다섯 가지의 생물학적 시험을 재현하려는 시도 중에서 오직 두 가지만이 성공을 거뒀다(eLife, 2017). 스탠퍼드 대학의 역학자인 존 이오아니디스John Ioannidis는 이 결과를 이런 말로 요약했다. "종합하자면, 재현성에 문제가 있다."(Kaiser, 2015)

소프트 사이언스(무른 과학)는 어떨까? 270명의 연구자로 구성된 국제적인 집단이 심리학계에서 가장 권위 있는 세 개의 저널에서 2008년 한 해 동안 발표된 연구 100편을 재현실험했다. 그들은 재현이 가능한 것은 그중 절반도 안 된다는 사실을 발견했다(Open Science Collaboration, 2015).

〈네이처〉지는 연구자들의 재현경험을 알아보기 위해 1,576명의 연구자들에게 설문을 했다. 결과는 그들의 70퍼센트 이상이 다른 과학자들의 연구결과를 재현해보려다가 실패한 경험이 있는 것으로 나왔다. 그중 절반 이상은 자기 자신의 연구조차도 재현하지 못했다(Baker, 2016).

과학에서 '재현성 위기'의 원인은 그 뿌리가 많다. 다양한 요인이 성공적인 재현실험을 방해한다. 그중에는 무계획적인 실험실 관리, 통계적 설득력을 지니지 못한, 너무 작은 표본의 크기, 그리고 특이하여 반복하기 힘든 특수한 기법 등이 있다.

또한 긍정적인 결과는 보고하고 부정적인 것은 카펫 밑으로 쓸어 넣어버리는 선택적 보고도 큰 역할을 한다. 이런 연구는 파일 캐비닛의 맨 밑에 서랍 속에 던져 넣어버려서 다시는 빛을 보지 못할 것이기 때문에, 은유적으로 파일 서랍 연구(file drawer studies)라고 불린다. 심리학 분야의 연구를 분석한 바에 따르면 그중 50퍼센트 정도는 발표된 적이 없다고 한다(Cooper, Deneve, & Charlton, 1997).

연구를 재현하기 힘들게 만드는 또 다른 요인은, 신념이 결과에 영향을 미칠 수 있다는 것이다. 과학자들은 신념을 가지고 있다. 그들은 사람이다. 그들은 명예의 추구, 이기주의, 질시, 지역주의 등에서 자유로운 신급神級의 지성인들이 아니다. 그들은 각자가 자기만의 변덕과 취향과 요구를 가지고 있다. 그들에게는 연구비와 일거리, 그리고 종신직을 얻기 위한 성공적인 연구가 필요하다. 뮤지

컬 〈마이 페어 레이디My Fair Lady〉[*]가 영
원한 명성을 부여한 '피그말리온 효
과'(Pygmalion effect) [**]에 의해, 그들은
자신의 연구와 사랑에 빠진다. 과학자
들은 모든 사람이 그러듯이 많은 가정
을 품고 자신의 연구에 접근한다.

과학자들은 자신이 하고 있는
것을 믿고, 찾을 수 있으리라고 생각
하는 효과를 찾으려고 두리번거린다.

물리학이나 화학 같은 자연과학의 실험은
관찰자 효과의 영향을 받지 않는 것으로 간주된다.
그래서 이들 실험 중 맹검으로 행해지는 것은
1퍼센트 미만이다.

그들의 강한 신념은 결과를 왜곡시킬 수 있다. '기대효과'라 불리는
현상 말이다. 이것을 배제하기 위해서 대부분의 의학연구는 맹검으
로 행해진다. 두 집단의 자료를 분석하는 통계전문가는 어떤 것이
실험군 또는 대조군의 자료인지를 모른다.

물리학, 화학 같은 자연과학에서는 그렇지 않다. 설문조사에
의하면 이 분야의 연구 중 맹검으로 행해지는 것은 1퍼센트 미만이
다(Sheldrake, 1999; Watt & Nagtegaal, 2004). 실험을 행하는 연구자들은 어느
자료가 실험군의 것인지를 알고 있어서, 그들의 마음속에 있는 신
념과 기대가 그들이 물질로부터 관찰하려는 효과를 얼마든지 만들

---

* 버나드 쇼의 작품인 《피그말리온》을 번안하여 뮤지컬로 만든 것으로, 언어학자 히긴스 교수가 런
던의 꽃팔이 소녀를 6개월 만에 귀부인으로 만들고 말겠다는 친구와의 내기에서 이기고 그녀와 맺어
진다는 이야기다.

** 타인의 기대나 관심으로 인하여 능률이 오르거나 결과가 좋아지는 현상이다. 조각가였던 피그말
리온은 자신이 만든 아름다운 여인상을 진심으로 사랑하게 되었고, 여신 아프로디테가 그 사랑에 감
동하여 여인상에게 생명을 주었다.

어낼 수 있다. 관찰자 효과는 무른 과학이 다루는 사람과 사회의 규모에서만이 아니라 물질과학이 다루는 원자와 분자의 차원에서도 측정된다.

과학자의 신념체계 강도 측정

과학자들의 신념은 얼마나 강력할까? 예지력(precognition)에 관한 실험을 행했던 코넬대학의 사회심리학자 다릴 벰Daryl Bem의 연구에는 흥미로운 실험이 등장한다. 천여 명이 참여하고 아홉 번에 걸쳐 행해진 일련의 실험에서, 그는 미래의 사건에 대한 예지력의 존재를 뒷받침하는 통계적으로 유의미한 연결성을 찾아냈다(Bem, 2011).

벰의 비판자들은 예지는 존재하지 않는다고 너무나 강력히 믿고 있어서, 연구자들은 훨씬 더 엄격한 접근법을 적용했다. 우선, 그들은 아홉 번의 실험결과를 통합하여 최대한 큰 자료목록을 만드는 대신, 각각의 실험을 따로따로 분석했다(Radin, 2011). 더 작은 자료목록에서 어떤 효과를 찾아내는 것은 훨씬 더 어려운 일이다. 그리고 그들은 심리학 연구에서 일반적으로 사용되는 것과는 완전히 다른 통계기법을 사용했다(Wagenmakers, Wetzels, Borboom, & Van Der Maas, 2011).

그들이 사용했던 통계기법은 현상에 대한 두 가지 선입관을 요구했다. 첫 번째는 그것이 참이라는 신념이고, 다른 하나는 그것은 거짓이라는 신념이다. 그들은 '예지력은 존재하지 않는다'는 신념이 100,000조 대 1의 가능성으로 우세하도록 설정했다(Radin,

2011). 아니나 다를까, 이것은 예지의 효과를 사라지게 했다.

벰의 연구팀은 같은 방법을 사용하여 자신들의 자료를 재분석해보았다. 그들은 예지력이 참일지도 모른다는 아주 작은 신념만 지니더라도, 그 아홉 번의 실험의 최종결과는 그것이 존재함을 보여준다는 사실을 발견했다. 얼마나 작은 신념이었을까? — 예지가 일어날 수도 있다는 1억분의 1의 가능성에 대한 믿음만 있으면 되었다(Bem, Utt, &Johnson, 2011).

효과를 찾아내는 데는 예지력에 대한 진짜 신봉자가 될 필요도 없었다. 당신이 그저 한 귀퉁이의 믿음 — 1억분의 1의 가능성 — 만을 허용하는 견고한 회의론자라 하더라도 연구는 예지력의 존재를 입증해냈다. "만일 한 사람이 인과역전(retrocausal) 효과가 존재할 수도 있다는 가능성을 가지고 출발한다면, 그 가능성이 지극히 적더라도 이미 존재하는 증거의 힘은 그 사람의 신념을 예지력 쪽으로 너끈히 바꿔놓을 것이다."(Radin, 2011)

확고한 신념

별개의 한 연구팀이 벰의 연구를 재현하는 데 실패했다(Ritchie, Wiseman, & French, 2012). 이에 자극받아 14개국의 서로 다른 33개의 실험실에서 90번의 실험이 벌어지는 대규모의 연구 노력이 쏟아졌다. 이번에 벰은 비판자들이 내세우는 비전통적인 통계법과 표준적인 확률 계산법 둘 다를 사용했고, 이 두 가지가 모두 예지력의 존재를

대부분의 회의론자들은
예지력의 존재를 믿지 않는다.

뒷받침한다는 사실을 발견했다(Bem, Tressoldi, Rabeyron, & Duggan, 2015).

벰의 첫 번째 실험과, 그의 자료에 대한 비판자들의 재분석은 과학자들 사이의 신념이 얼마나 강력해질 수 있는지를 보여주는, 뜻밖의 환상적인 통계 비교치를 제공해준다. 벰을 폄하하는 사람들은 예지력이 존재할 수 있는 1억분의 1의 가능성에 대한 믿음을 받아들이지 못하여 놀랍게도 자신들의 믿음의 문턱을 100,000조 대 1로 설정했다(Radin, 2011). 이것은 가장 완강한 근본주의자들이라면 자랑스러워할 종류의 확고한 신념이다.

과학자들의 70퍼센트가 실험의 재현에 실패한다는 〈네이처〉지의 조사도 과학에 대한 그들의 신뢰를 별로 훼손하지 못했다. 그들의 신념은 여전히 강력했다. 대부분은 아직도 발표된 논문을 믿는다. 설문에 의하면 그들은 예상보다 훨씬 더 낙천적이다. "73퍼센트는 자기 분야의 논문을 적어도 절반은 신뢰할 수 있다고 생각한다고 말했다. 그중 물리학자와 화학자들이 가장 큰 확신을 보였다."(Baker, 2016)

과학연구가 행해지는 방식을 들여다보면 우리는 그것이 좋게든 나쁘게든 신념의 영향을 많이 받는다는 사실을 발견하게 된다. 사실에 대한 객관적인 평가자가 되어야 한다는 이상적인 과학자상은 현실과는 동떨어져 있다. 과학자들은, 특히 자신의 연구에 대해서는 열렬한 신봉자이다. 그들은 물질로부터 마음을 분리시키지 못한다.

사실, 과학은 물질에 대한 객관적 측정이 아니다. 과학이란 과학자의 내면의식, 곧 마음과 물질로 이루어진 물질세계 사이의 춤사위다. 마음을 바꾸라. 그러면 물질도 바로 따라서 변할 것이다.

얽힘과 관찰자 효과는 어떤 규모에서 작용하는가?

21세기 초까지 얽힘과 관찰자 효과는 오직 미시적 규모에서만 일어난다는 것이 물리학계의 정론이었다. 그것은 아원자 세계만의 고유한 속성이어서 원자보다 큰 구조물에는 너무나 친숙한 상식 수준의 인과법칙인 뉴턴Newton의 물리학이 적용됐다. 얽힘은 입자들 사이에 빛보다 빠른 속도의 정보소통을 필요로 했기 때문에 아인슈타인은 그것을 싫어해서 '으스스한 원격작용'이라고까지 불렀다 (Born, 1971).

그래서 물리학자들은 한 세기 동안 이 으스스한 작용을 미시세계에만 한정해놓았다. 이것은 세포나 생명체 같은 큰 규모의 대상에는 작용할 수 없는 것이었다. 그러나 2011년에, 연구자들은 동시에 수백만 개의 원자들이 서로 얽히게 할 수 있었다(Lee 등. 2011). 2007년에는 박테리아가 광합성을 위해 빛을 사용하는 방식 속에서 양자효과가 발견됐다. 2010년에는 양자효과가 상온에서 측정됐고,

2014년에는 생명체 속의 이 같은 양자 결맞음(quantum coherence)*은 장(field)에 의해 조직된다는 사실이 발견됐다(Romero 등, 2014).

인간의 차원에서는, 우리의 후각은 분자를 단지 그 모양이 아니라 그 양자 에너지 신호를 가지고 탐지해낸다는 것이 연구에 의해 밝혀졌다(Gane 등, 2013). 인간의 뇌에서도, 신경세포들은 그들만의 고유한 버전의 양자 얽힘을 가지고 있는 듯이 보인다. 널찍이 퍼져 있는 신경 영역들은 아마도 양자 간 소통에 의해서 동기화되는 것으로 보이는 위상결속(phase locking)**이라는 과정을 통해 동조되어, 동시에 발화될 수 있다(Thiagarajan 등, 2010).

인간의 뇌 속에서 일어나는 양자효과를 연구하는 또 다른 중요한 실험은 일곱 쌍의 피험자에게 EEG를 연결하여 행해졌다. 그들은 각 쌍 중에서 한 사람씩 격리하여 모든 형태의 전자기장을 차단한 방음실에 들어가게 했다. 그리고 밖에 있는 사람에게는 실험 과정 중 임의의 간격으로 짧게 100번씩의 자극을 주었다. 두 집단의 뇌파를 비교해보니 전자파와 소리가 차단된 방 안에 있던 사람들의 뇌도 밖에 있었던 파트너에게 주어진 자극에 반응했음이 발견되었다(Grinberg-Zylberbaum, Delaflor, Attie, & Goswami, 1994).

지구적인 규모에서는, 2016년에 중국 정부가 외계공간 규모의 양자실험(QUESS: Quantum Experiments at Space Scale)***을 시작했다. 목

---

* 광자를 비롯한 아원자 입자들이 파도와 비슷한 방식으로 상호작용하는 것을 말한다.

** 청각 신경세포들이 소리의 주파수 위상에 동기화되어 동시에, 일제히 흥분하는 것 같은 현상을 가리킨다.

*** 중국과학원(CAS) 연구진이 1,200킬로미터 상공의 인공위성에서 무선으로 양자 상태의 암호 키를 안정적으로 전송한 프로젝트이다.

적은 수천 킬로미터 떨어진 곳에서 지극히 안전하게 데이터를 전송
하기 위해 양자 결맞음을 이용하는 것이었다.

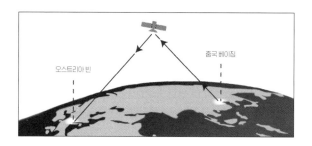

QUESS 텔레포테이션 시스템은
데이터를 안전하게 전송하기 위해
광자 얽힘을 이용한다.

광섬유 케이블을 통해 데이터를 전송하면 도중에 데이터가 산
란되거나 흡수된다. 그러므로 이 기술을 사용해서는 아주 먼 거리
를 지나도 광자의 양자 상태가 그대로 보존되게 하는 것이 불가능
하다. 중국 정부가 개발하고 있는 것은 광자의 얽힘을 이용하여 양
자 상태를 순간이동시키는 기술이다.

데이터는 일련의 광자를 분극화함으로써 부호화된다. 그런 다
음 그것을 공간을 가로질러 인공위성에서 반사시켜 지구상의 먼 곳
으로 전송되게 한다. 이는 데이터를 광섬유 케이블을 통해 전송할
때 일어나는 산란을 제거하여 안전하게 전송되게 한다.

글로벌 사이클

지구와 태양과 행성들의 장(field)이 인간에게 미치는 영향력에 관한 진지한 연구는 흥미로운 최신과학 분야이다. 이 같은 대규모의 장과 생명체 사이의 상호작용, 그리고 생명체들이 지구의 장에 미치는 영향력은 이제 막 파악되기 시작하고 있다.

이러한 상호작용에 관한 데이터를 수집하는 가장 큰 규모의 프로젝트는 범지구 동조연구 발의(GCI: Global Coherence Initiative)라 불린다. 이 프로젝트는 지구 자기장의 변화를 측정하기 위해 최근에 개발된 대형 자기측정기를 사용한다. 그것은 전 세계에 배치되어서 '모든 살아 있는 계들을 연결하는 생물학적 관련 정보'를 측정한다 (Mcraty & Deyhle, 2016).

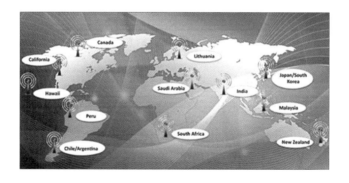

GCI에서 운용 중인 여섯 관측소와 계획 중인 여섯 관측소

GCI의 감지기는 지자기장, 태양폭풍, 태양풍의 속도 변화 등에 의해 촉발된 변화를 감시한다. 그들은 또한 인간의 집단의식이

이 정보의 장에 영향을 미친다는 가설을 시험하여, '많은 사람들의 가슴에서 우러나오는 보살핌과 사랑과 연민의 상태가 다른 사람들도 이롭게 하고 작금의 지구상의 불화와 모순이 사라지도록 도울 수 있는지'를 밝혀내고자 한다.

　　러시아의 과학자 알렉산더 치예프스키[Alexander Tchijevsky]는 20세기 초에 일어났던 태양흑점의 폭발을 살펴보다가 놀랄 만한 사실에 주목했다. 이 폭발들은 제1차 세계대전의 가장 결렬했던 전투와 동시에 일어났다(Tchijevsky, 1971). 그래서 그는 그 이전의 1749년부터 1926년까지의 자료를 분석해보았다. 그는 72개국의 역사에서 사회혁명이나 전쟁의 발발 같은 주요한 역사적 사건들을 살펴본 결과, 수 세기에 걸쳐서 동일한 상관관계가 있었음을 발견했다. 그는 사회적 격변과 태양흑점의 활동 사이에서 80퍼센트의 상관관계를 확인했다.

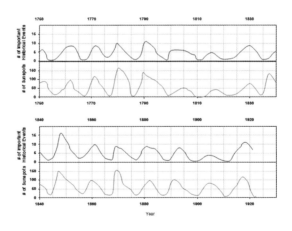

위의 도표는 역사적 사건들을 나타내고
아래 도표는 같은 기간 태양의 흑점 수를 나타낸다.

이 효과는 반대쪽으로도 마찬가지였다. 태양의 활동은 문화적 융성기, 예술과 과학과 건축과 사회정의에 도약이 일어났던, 긍정적인 사회 진화와도 연관되어 있었다(McCraty & Deyhle, 2016).

한 사람이 심장이 동조된 상태에 있으면 그는 그 동조된 조화로운 신호를 신체 주변으로 퍼뜨린다. 그런 상태의 사람들이 한데 모이면 집단적인 장 효과를 일궈낸다(McCraty & Childre, 2010). 이것은 그 주변에 있는 사람들도 동조되게 한다. GCI의 목적은 이런 상호작용을 측정하고, 이런 상호작용이 일어나도록 힘을 보태는 것이다. 다수의 동조된 사람들은 지구의 사이코스피어psychophere[*]가 긍정적 진화를 향해 방향을 바꾸도록 통째로 떠밀어줄 수 있을지도 모른다.

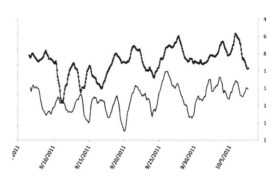

—— Heart Rhythum · Ln(High frequency power) —→ Magnetic field variation · total power

캘리포니아 GCI 관측소에서 30일 이상 측정한,
한 참여자의 심박수 변화와 전자기장 변화

---

[*] 인간 의식의 영역이자 시공간의 밖에 존재하는 것으로, 생명과 대기가 있는 항성 주위를 둘러싸고 있는 심령층(심령권)을 일컫는다.

"이 과정은 협력, 협업, 혁신적인 문제해결, 심각한 사회, 환경, 경제 문제를 다루는 직관적인 분별력을 크게 증대시켜줄 것으로 기대된다. 세계 각국이 더 일관성 있고 포괄적인, 범지구적 관점을 취할수록 그 효과는 더욱 뚜렷해질 것이다. 이 같은 범지구적 관점은 사회적 경제적 차별과 전쟁, 문화적 불관용, 범죄, 환경 경시 등의 문제를 성공적으로 다루기 위해 불가결해질 것이다."(McCraty & Deyhle, 2016)

인간 의식의 전환은 난수발생기(RNGs: Random Number Generators)를 통해서도 측정될 수 있다. 이것은 단순히 임의로 0과 1을 연속적으로 발생시키는 컴퓨터다. 이것은 임의의 결과를 만들어내도록 설계되어 있기 때문에, 원칙적으로 그 외의 다른 결과가 나와서는 안 된다. 그러나 극치의 집단경험이 일어나는 순간에는 이 기계가 연속적으로 만들어내는 숫자의 흐름이 실제로 변한다. 기계는 무작위적인 상태를 벗어나서, 때로는 그런 결과가 우연히 나타날 가능성은 20분의 1밖에 안 되는, 통계적으로 유의미한 결과마저 만들어낸다. 중요한 스포츠 경기가 있어 관중들이 흥분할 때는 난수발생기가 기본 상태를 상당히 벗어나는 일이 생기곤 한다(Leskowitz, 2014).

지구의 집단의식 변화 측정

지구의식 프로젝트(GCP: Global Consciousness Project)는 과학자들과 공학자들이 모여서 벌이는 국제적 공동사업이다. 여기서는 전 세계의 70개 호스트 사이트로부터 데이터를 수집하여 프린스턴 대학에 있는 중앙 데이터 저장소로 전송한다(Nelson, 2015).

어떤 극적인 사건에 전 지구의 많은 사람들의 관심이 집중되어 지구의식이 동조되면 난수발생기의 행동이 변하여 무작위적인 상태를 벗어난다. GCP는 20여 년 동안 이런 변화를 추적해왔다. 그리고 이것이 많은 사람들의 의식이 집중되는 중요한 지구적 사건들과 상관되어 있음을 발견했다. 다음은 그러한 사건들의 예다.

- 1998: 케냐와 탄자니아의 미국 대사관 폭격
- 1999: 세르비아 대학살을 저지하기 위한 나토의 유고슬라비아 공습
- 2000: 교황의 첫 번째 이스라엘 방문
- 2000: 러시아 잠수함 쿠르스크호의 선상 폭발
- 2003: 데스몬드 투투 대주교와 여러 단체들에 의해 조직된 범지구적 평화 촛불 시위
- 2004: 미국 민주당 전당대회
- 2004: 러시아에서 150명의 학생이 사망한 베슬란Beslan 학살
- 2005: 이라크 선거
- 2005: 파키스탄 카시미르 지진
- 2006: 3,000명 이상이 사망한 인도네시아 6.2도의 지진
- 2008: 버락 오바마Barack Obama 대통령 후보 지명
- 2010: 오바마 케어Obama Care 개혁법안 통과
- 2010: 시민 아홉 명을 죽인 이스라엘의 친 팔레스타인 전함 공격
- 2010: 매몰 18일 후 칠레 광부 구출

- 2011: '바로 우리 자신의 의식이 우리의 현실을 정의한다는 것을 믿는 물리학자들과 수학자'들의 모임인 뉴 리얼리티 그룹New Reality Group에 의해 요청된 전 지구적 명상
- 2013: 평화 포털 활성화 그룹(Peace Portal Activations group)에 의해 조직된 전 지구적 명상
- 2013: 넬슨 만델라Nelson Mandela 사망
- 2015: 국제 평화의 날(International Peace Day)

GCP는 이런 변화가 일어날 통계적 확률을 계산한다. 그리고 이런 상관관계가 우연에 의해서 일어날 누적 확률도 추적하는데, 그럴 가능성은 1조 분의 1이다(Nelson, 2015).

이런 상관관계가 우연히 나타날 가능성은
그래프의 맨 아래에 점선으로 표시되어 있다.
세 개의 완만한 곡선은 통계학적 유의미성의 증가를 나타낸다.
맨 위의 톱니 모양의 선이 최종 결과다(Nelson, 2015).

이 같은 거대 규모의 측정은 인간의 집단의식이 물질세계와 상호작용함을 보여준다. 칼 융Carl Jung은 인간 경험의 일부 요소는 온 인류가 공유하고 있는 더 큰 의식으로부터 나온다고 믿고, 그것을 집단무의식이라 불렀다. 그는 이렇게 믿었다. "집단무의식은 인류 진화의 모든 영적 유산을 담고 있고, 각 개인의 뇌 구조 속에서 새롭게 태어난다."(1952)

GCP와 GCI 같은 대규모 과학 프로젝트를 통해 우리는 이제 인류의 집단적 경험이 가져오는 효과를 측정해볼 수 있게 되었다. 우리가 집단적으로 경험하는 바가 물질세계에 영향을 미친다는 사실을 깨닫고 있는 것이다. 집단의 마음이 우리가 살고 있는 전체 사이코스피어 안의 물질에 영향을 미치고 있다.

개인의 동조가 범지구적 동조에 영향을 미친다

개인적으로 동조 상태에 들 때, 우리는 정서적, 정신적, 신체적으로 훨씬 더 편안하고 행복해짐을 느낀다. 코르티솔 수치는 떨어지고, 신경전달물질인 세로토닌과 도파민 수치가 뇌 내에서 균형을 이룬다. 치유를 촉진하는 모든 뇌파가 높은 수준으로 유지되고, 불안과 연결된 높은 베타파는 낮은 수준으로 유지된다. 우리는 주관적으로 기분이 좋아지고, 이것은 세포들의 생명작용을 통해 객관적인 변화로 번역된다. 뇌는 즐거움을 유발하는 엔도르핀, 친밀감을 유발하는 옥시토신, 그리고 지복의 분자인 아난다미드로 채워져서, 마음은 물질적 현상으로 화(化)한다.

　우리는 또 상응하는 지구 주파수와 공명한다. 우리는 고립된 인간으로서 존재하는 것이 아니라 거대한 우주적 전일체와 공명하는 하나의 마디(node)로서 존재한다. 우리가 개인적으로 동조 상태를 높이면 그것은 곧 그 에너지에 공명하는 지구상의 모든 사람들이 일궈내는 동조 상태의 총합에 우리의 몫만큼을 더하는 일이 된다.

　이처럼 우리는 작은 역할을 맡고 있지만, 전 지구가 번성하도록 돕는 일에 중요한 일익을 담당하고 있다. 조 마라나(Joe Marana)의 다음 이야기는, 때로는 지리적 사건과 개인적 사건을 함께 묶어주는 동시성 현상의 예이다.

사후세계로부터 전해진 여동생의 사랑

다음은 조 마라나가 쓴 글이다.

나는 한 친구에게 웨인 다이어(Wayne Dyer)의 <리얼 매직(Real Magic)>이라는 오디오 프로그램의 카세트 세트를 빌려준 적이 있다.

여기에는 여섯 개의 카세트가 들어 있었다. 그것들을 돌려받았을 때, 모두 되감기가 되어 있었는데 하나는 그렇지 않았다. '왜 하나는 되감기를 하지 않았을까?'

그때 이런 생각이 떠올랐다. '여기에 나를 위한 메시지가 있을지도 몰라!' 나는 근사한 카세트 플레이어가 달려 있는 나의 고급 오디오 시스템으로 가서 테이프를 넣고 버튼을 눌렀다.

그러자 웨인 다이어가 이렇게 말하는 목소리가 들렸다. "만일 당신이 지난 3년 동안 여동생 소식을 듣지 못해서 동생과 이야기를 나누면 얼마나 좋을까 하고 생각하고 있다면 어떨까요?"

나는 기절할 것 같았다. 안 그래도 그날은 여동생이 죽은 지 3주년이 되는 날이어서 동생이 너무나 그립던 참이었으니 말이다.

그날 온 우편물 중에는 주아니타 로페즈Juanita Lopez라는 파라과이 여성으로부터 온 편지도 있었다. 다발성 경화증을 앓고 있는 여성인데, 나는 그녀에게 매년 몇 번씩 돈을 보내주고 있었다. 그때마다 주아니타는 돈을 사용한 상세한 내역을 나에게 보내주곤 했다. 조카의 구두를 사주고 지붕에 짚을 새로 얹고 정수기를 사는 등등.

나는 편지를 개봉했다. 편지지 맨 위에는 블록체 대문자가 주아니타의 것과는 완전히 다른 필체로 쓰여 있었다. '나는 당신의 영원한 여동생이에요, 난 당신을 매일같이 생각하며 사랑을 보냅니다.' 나는 바닥에 주저앉은 채 오랫동안 흐느꼈다.

나는 곧장 주아니타에게 항공우편으로 편지를 보내며 물어보았다. "왜 그런 말을 썼니?"

그다음 날 파라과이에 지진이 일어나서 네 사람이 사망했는데, 그 중의 한 명은 다름 아닌 주아니타 로페즈였다. 그래서 나는 답장을 받지 못했다.

이 이야기를 이지과학 연구소의 한 과학자에게 해주었더니 그는 가장 가능성 있는 설명은 '얽힘(entanglement)'라고 말했다. 그 편지

는 내가 웨인 다이어의 메시지를 듣기도 전에 우편으로 발송된 것
이었다. 어쨌든 그것들은 모두 연결되어 있었다.

여기에 동시성 현상의 사례를 하나 더 덧붙이자면, 나는 호텔
에서 체크아웃하고 나올 아내 크리스틴을 기다리며 밖에서 차를 세
우고 있는 동안 라디오에서 조의 이 이야기를 듣게 되었다. 그때 나
는 다름 아니라 이지과학 연구소의 연례회의에서 기조연설을 마치
고 나온 길이었다.

얽힌 삶들

원격치유와 비국소적 소통에도 얽힘이 작용하고 있는 것인
지 모른다. 거리에 관계 없이 정서적으로 가까운 사람들은 신경학
적으로도 가깝다. 시애틀의 바스티르Bastyr 대학과 워싱턴 대학의 연
구팀은 정서적으로 밀접하게 연결되어 있는 사람들의 뇌파 신호를
검사했다. 그중 한 사람에게 어떤 이미지를 보여주면 먼 거리에 있
는 다른 파트너도 즉시 같은 패턴의 뇌파를 보이는 것이 발견됐다
(Standish, Kozak, Johnson, & Richards, 2004).

영험한 신유가神癒家란 양자역학의 용어로 말하자면, 시공간의
가능성을 치유의 확률로 붕괴시키기를 밥 먹듯이 하는 관찰자라고
생각할 수 있다. 또 기도란 가능성의 물결 속에 있는 일군의 가능성

을 특정한 확률의 현실 쪽으로 붕괴시킬 수 있는 의도다.

물질에 대한 인간의 의도의 영향력을 측정하는 대규모의 국제적 실험에 관한 책인 린 맥타가트Lynne McTaggart의 《의도 실험》(Intention Experiment)에서, 저자는 관찰자 효과에 대해 이렇게 말한다. "구체화되지 않은 양자의 세계를 일상적 현실을 닮은 것으로 변신시키는 이 과정에서 살아 있는 의식이 중심적인 역할을 함을 암시한다. … 현실은 고정된 것이 아니라 유동적인 것이어서 영향력 앞에 열려 있는 것 같다."(McTaggart, 2007) 빌 벵스턴은 이렇게 말한다. "이것은 개인적으로나 집단적으로나, 인간의 의식이 우리가 '현실'이라 부르는 것을 만들어내고 있음을 암시한다."(Bengston, 2010)

임사체험(near-death experience)[*]이나 예지적 꿈과 같은 초감각적 현상의 신경과학 전문가인 로버트 호스Robert Hoss는 다음과 같은 도발적인 질문을 던진다. ― '오로지 관찰이라는 행위만이 에너지의 물결을 우리의 주변 세계를 구성하는 물질 입자들로 붕괴시키고 있는 것이라면, 그것을 관찰하고 있는 것은 누구 혹은 무엇이란 말인가? 물리적 세계의 모든 물질이 창조되도록 촉매 역할을 하는 그 거대한 관찰자는 대체 누구란 말인가?' 호스는 그것이 의식이라고, 우주 그 자체의 위대한 비국소적 의식이라고 믿는다. 곧, 우주 자체가 마음으로부터 끊임없이 물질을 창조해내고 있는 의식이라는 것이다(Hoss, 2016).

---

[*] 일시적인 심정지 등으로 거의 사망 상태에 이르렀다가 생존한 사람들의 일부가 느꼈다고 보고하는 개인적이고 내적인 경험이다. 신체로부터의 이탈, 평정, 완전한 소멸, 공중부양, 시각 현상의 잔존 등의 느낌이 주를 이룬다.

이런 관점은 주류 과학계에서도 지지하는 사람이 점점 더 늘어나고 있다. 그레고리 매틀로프Gregory Matloff는 뉴욕 시 기술대학의 중견 물리학자다. 그는 우리 개인의 국소적인 마음은 모든 공간에 펼쳐져 있는 '원시의식 장'(proto-consciousness field)을 통해 우주의 비국소적 마음과 연결되어 있을지도 모른다고 주장한다. 이 모델에서는, 항성들의 마음이 물질세계를 지나가는 자신들의 궤도 여행을 지휘하고 있는 것일지도 모른다. 이 우주는 자기 자신을 인식하고 있을 수 있다. 그의 관점에는 다른 많은 사람들도 공감하고 있다 (Powell, 2017).

인간이라는 존재로서 우리의 국소적인 마음이 국소적인 현실에 관해 지니고 있는 고정관념을 놓아버리고 우주의 비국소적인 의식에 자신을 조율시키면, 우리는 국소적인 마음을 비국소적인 마음에 동조시키게 된다. 이렇게 동조된 상태에서 우리가 국소적 마음으로써 창조하는 것들은 곧 비국소적 마음의 반영물이 된다. 우리는 더 이상 조건에 매인 케케묵은 사고방식 속에 갇혀 있지 않는다. 그리하여 더 이상 과거의 진부한 경험을 가지고 판에 박힌 현재의 현실을 만들어내지 않는다.

대신 우리는 틀 밖에서 생각한다. 우리는 국소적인 마음속에 갇혀 있을 때는 보지 못했던 가능성을 본다. 우리는 비국소적인 마음의 확장된 의식 속에서 발견된 삶의 가능성을 탐구한다. 우리는 동조되지 않은 개인적 현실의 장 속에 빠져 있을 때는 도무지 눈에 띄지 않았던, 세상이 바뀔 가능성을 본다. 관찰자 효과는, 현실은 말랑말랑해서 쉽게 변화시킬 수 있음을 보여준다. 우리의 경험 속에 동조된 마음의 힘을 가져오면 우리의 의식은 놀랄 만한 일들을 창조해낸다.

　　나 역시 삶 속에서 '사실은 사실'이고 외부세계는 그저 보이는 그대로일 뿐이라는 인습적인 관점에 쉽게 빠져드는 자신을 발견한다. 이런 경향성을 고치기 위해서, 나는 좋은 경험이든 나쁜 경험이든 간에 나의 모든 경험을 나의 목적을 뒷받침하는 쪽으로 해석하는 습관을 들이고 있다. 깨어서 행동하고 있을 때, 나는 내가 원하는 것과 부합하는 '현실의 장'(reality field)을 창조하고 유지시키도록 마음을 사용한다.

현실의 장 유지하기

나는 45세에 진로를 바꿨다. 그 수년 전에는 출판계를 떠나서 작은 호텔을 구입했었다. 그리고 두 아이를 키우는 동안에는 반쯤은 은퇴한 생활을 했다.

출판인으로서 사람들과 나눴던 생각들이나, 치유의 세계와 단절된 느낌에 몹시 따분하기도 했다.

다시 게임판으로 다시 돌아가기 위해서, 나는 1980년대에 출간했던 성공적인 선집을 복간하여 《치유의 핵심》(The heart of healing)이라는 책을 내기로 마음먹었다.

나는 래리 돗시Larry Dossey, 디팩 초프라Deepak Chopra, 도나 이든Dona

Eden, 버니 시걸Bernie Siegel, 그리고 크리스티안 노스럽Christiane Northrup 같은 치유 분야에서 가장 잘 알려진 30명에게 초대의 편지를 보냈다. 각 편지 안에는 우표를 붙인 파란 엽서가 들어 있었다. 나는 각 사람에게 '예스' 또는 '노' 칸에 체크를 하고 왜 그렇게 대답하는지에 대해 몇 자만 적어 보내달라고 부탁했다.

다음 달에, 나는 파란 엽서가 돌아왔기를 기대하며 매일같이 우편함으로 달려갔다. 첫 답장은 버니 시걸이 '예스'라고 체크하여 보냈다! 나는 사무실로 돌아가서 사무원에게, 적어도 버니 한 사람은 15년이나 지났는데도 나를 잊지 않아주어서 얼마나 기쁜지를 표현했다!

다음에는 래리 돗시로부터 '노'라는 답장이 왔다.

나는 또 사무실로 뛰어가서 흥분한 얼굴로 엽서를 쳐들고 흔들었다. 직원은 '노'라는 답을 보고는 의아한 표정으로 나를 쳐다봤다. "래리 돗시와 대화의 물꼬를 텄어!" 하고 나는 소리쳤다.

그것이 내가 모든 '노'에 대해 붙인 해석의 틀이었다. 파란 엽서는 닫힌 문을 상징하는 것이 아니었다, 그것은 대화의 시작이었다. 나는 반대의 증거 앞에서도 성공적인 선집을 내는 현실의 장을 유지했다. 결국에는 거의 모든 '노'도 선집에 포함됐다. 그리고 그해 최고의 건강서적으로 선정되었다. 래리에 대해 말하자면, 나는 그와 친구가 되었고, 그는 바로 이 책에 가장 먼저 추천사를 보내주었다.

마음의 동조 일구기

우리는 산만하고 혼란스러운 마음을 동조된 상태에서 기능하도록 재훈련시킬 수 있다. 그러고 나면 EEG 스캔은 모든 뇌 부위의 조화뿐만 아니라 창의성 향상의 신호인 감마파의 발화가 일어나는 것을 보여준다. 동기화에 더하여, 비국소적인 우주의 마음과 우리의 의도의 동반은 레이저와 같은 집중된 의식의 힘을 가져다준다.

크리스틴과 내가 가이거 계수기로 발견한 것처럼, 의도를 사용하여 분자 수준의 물질에 영향을 미치는 것은 수퍼맨만의 능력이 아니다. 이것은 훈련받아 동조된 마음이라면 쉽게 성취할 수 있는 일이다. 얽힘과 이중 슬릿 실험은 의식이 우리 주변의 물질세계에 늘 영향을 미치고 있음을 보여준다.

스탠퍼드 대학의 교수 윌리엄 틸러William Tiller는 백열전등의 동조되지 않은 빛과 동조된 레이저광의 힘의 차이를 우리에게 상기시킨다. 그는 이렇게 말한다. "전구가 그런 것처럼, 사용되지 않고 있는 엄청난 잠재력이 우리 안에 있다. 기본요소들은 이미 갖추어져 있지만 그것들은 서로 동조되어 있지 않다. 우리가 할 일은 전체적으로 동조되어 있지 않은 구성요소들을 완전히 동조된 하나의 시스템으로 변신시키는 것이다."(Tiller, 1997)

의도적으로 생각하라. 의식이라는 이 놀라운 선물을 사용하여 생각이 현실에 휘둘리지 않도록 운전해가라. 의도를 발휘하여 마음을 의심과 두려움이 아니라 사랑과 큰 목적으로 채워 마음의 주인이 되면, 역경조차도 우리를 위대한 존재가 되도록 밀어줄 수 있다.

동조된 마음은 레이저와 같은 힘을 가지고 있어서 강철도 뚫을 수 있다. 높은 현실을 품은 의식은 우리의 신경경로를 조직한다. 그것은 뇌파를 동조시키고, 심장과 신체의 다른 모든 장기들도 동조시킨다. 그것은 우리의 신경망을 재배선한다. 이 같은 상태에서는 알려진 물리학의 법칙을 넘어선 경지에서 영위할 수 있게 된다.

그러면 우리는 자연스럽게 긍정적 진동으로 공명하는 더 넓은 사회의 에너지장과 어우러져서 다른 사람들과도 함께하게 된다. 동시성 현상은 예외가 아니라 일상이 된다. 철학자이자 소설가인 C. S. 루이스는 이렇게 말했다. "기적이란, 너무 커서 보이지도 않는 글자로 온 세상에 써져 있는 이야기를 우리 눈에 보이도록 작은 글자로 다시 일러주는 것이다."(Lewis, 1970)

동조된 국소적 마음을 일궈내는 일은 우리의 의식을 비국소적인 마음속에서 발견되는 사랑과 창조의 장에 조율시키는 데서부터 출발한다. 베타파가 끼어들기 전, 뇌가 알파파 상태에 있을 때인 아침을 명상으로 여기는 것이 그토록 좋은 이유도 이 때문이다. 생각의 수문이 이미 열린 다음에 마음을 고요히 가라앉히려고 애쓰는 것은 쉬운 일이 아니다. 눈 감고 자는 동안에 들어 있던 알파파 상태를 연장시키는 것이 훨씬 쉽다.

나는 아침에 잠에서 깰 때, 가능한 한 오랫동안 그 알파파 연결 상태를 연장시키고 싶어서 깨는 즉시 명상을 한다. 그리고 나면 원시인의 뇌는 동조된 마음을 가지고 하루를 시작할 수 있다. 이런 긍정적 마음 상태는 건강과 장수에 큰 효과가 있다. 낙천주의자는 비관주의자보다 사망률이 절반밖에 안 된다. 그리고 스트레스를 낮추면 수명이 10년 늘어난다(Giltay, Geleijnse, Zitman, Hoekstra, & Schouten, 2004; Deiner & Chan, 2011).

무한에 동조된 마음은 살기에 멋진 곳이다. 그것은 우리 체내의 물질들을 떠밀어 건강과 행복을 향해 가게 한다. 그것은 우리의 창조력의 자물쇠도 열어준다. 그것은 또 우리의 가족관계와 사회적 관계를 사랑과 자비와 기쁨에 넘치는 관계로 변화시켜준다. 그것은 또 자연계와, 전 지구의 사이코스피어에 영향을 미친다. 조직화되어 동조된 우리의 마음은 기적이 일어나는 세상을 비추어 드러낼 수 있다.

생각을 실천하기

이번 주에 할 일들

- 아침과 저녁마다 에코메디테이션을 적어도 10분씩 하라.
- 매일 의도적으로 집안의 사람들과 스킨십을 하라.

  예컨대,

  어깨를 잡으며 격려해주기

  등 토닥여주기

  평소보다 오래 껴안기
- 일기에서 지난 몇 주 동안 쓴 것을 살펴보라. 동시성 현상이 발견되는가? 거기에다 표시를 해두라.

온라인 확장판의 이 장에는 다음이 들어 있다.

- 밥 호스의 오디오 인터뷰
- 원인, 증상, 스트레스의 영향 등에 관한 통계자료
- 지구의식 프로젝트(GCP: Global Consciousness Project)
- 범지구적 동조연구 발의(GCI: Global Coherence Initiative)

온라인 확장판에 접속하려면 MindToMatter.club/Chapter5를 방문하라.

6장

동시성 현상과
함께 놀기

몰로카이Molokai를 가장 하와이다운 섬이라고들 한다. 420평방
킬로미터의 넓이인데도 교통신호가 하나도 없는 것을 자랑한다. 약
7,000명의 주민이 사용하는 보통 수준의 식품점이 하나 있고, 주유
소가 두 군데 있다. 방문객들은 호텔 몰로카이the Hotel Molokai라는 시설
에 묵는데, 이 섬에서 유일한 호텔이기 때문에 호텔 앞에 'the'를 붙
인다. 방문객들은 '몰로카이 밤 풍경'(Molokai Nightlife)이라는 제목의
그림엽서를 살 수 있다. 그런데 온통 검은색이다.

아내 크리스틴과 나는 수년 전에 처음으로 몰로카이를 방문했
다. 우리는 거기서 열흘간 쉬었는데, 우리는 지역 주민들과 그곳에
서 벌어지는 행사에 어울려보려는 강한 의도를 가지고 있었다. 동
시성 현상처럼, 마우이Maui 섬에서 몰로카이 섬으로 날아가기 전날,
우리는 에디 다나카Eddie Tanaka라는 이름의 음악가이자 샤먼shaman인
몰로카이 사람을 만났다. 그는 우리에게 먼저 몰로카이에 가 있으
면 자신도 며칠 후에 돌아와서 섬을 구경시켜주겠다고 했다.

첫날에 우리는 해안도로를 몇 킬로미터 드라이브한 후에 산책
을 하며 오솔길을 찾아보기로 했다. 우리는 콘도를 떠날 채비를 다
해놓고는 마음이 안 잡혀서 하는 일 없이 거실을 돌아다니며 빈둥
거렸다. 우리는 45분쯤 후에야 드디어 아래층으로 내려와서 계획했
던 산책을 떠났다.

주차장에 있는 한 자동차의 범퍼에 붙은 스티커가 내 눈을 끌
었다. 거기에는 '몰로카이를 변화시키지 말고 몰로카이가 당신을
변화시키게 하세요'라고 쓰여 있었다. 나는 그것을 크리스틴과 함
께 우리의 여행기록을 담는 페이스북의 '러브 배싱Love Bathing' 페이지

에 공유하기 위해서 휴대폰으로 사
진을 찍었다.

차 주인이 지나치다가 내가 그
녀의 차 사진을 찍는 것을 보았다. 그
래서 우리는 대화를 나누기 시작했
다. 조이Joy라는 이름의 은퇴한 회계

복원된 하와이의 고대 사원 헤이아우

사인 그녀는 정보의 샘이었다. 그녀는 가장 가까운 오솔길이 어디
에 있는지, 그리고 사람들이 만나는 장소인 싱얼롱sing-along 모임에
대해서도 알려주었다. 그녀는 우리가 찾아가서 그 오래된 예배소의
에너지장 속에 몸을 푹 담그고 싶어했던 하와이의 성소인 헤이아우
heiaus의 위치도 알려주었다.

알고 보니 조이와 남편은 우리 콘도의 아래층에 살고 있었다.
그녀도 에디를 알고 있었고, 가끔 그와 함께 우쿨렐레ukulele를 연주
한다고 했다. 그녀는 수백 개의 유리병으로 앞 벽을 쌓아 올린, 에
디의 독특한 집에 대해 말해주었다. 그날 아침에 우리가 드라이브
하다가 지나쳤던 집이었다.

조이는 다음 날 몰로카이 호텔에서 열리는 싱얼롱 모임에 우
리를 초대했고, 거기서 우리는 그녀의 친구들을 만났다. 사람들은
우리를 따뜻하게 환영해주었다. 공연의 마지막에는 모두 손을 잡고
큰 원을 그리며 '하와이 알로하Hawaii Aloha'를 함께 불렀다. 나는 너무
나 감동해서 그 아름다운 노래를 부르는 동안 내내 눈물을 흘렸다.
우리는 조이와 에디, 그리고 새로운 친구들과 이야기꽃을 피우면서
열흘간 한껏 즐겼다.

그러나 동시성 현상은 그보다 한참 전부터 시작됐다. 그 1년 전에, 우리 친구의 20대 딸이 '완벽한 섬을 찾기 위해' 카리브 해 지역을 탐험하려고 1년의 휴가를 얻었다. 나는 그녀가 너무 부러워서 나 자신도 1년간의 휴가를 보내는 모습을 상상해보았다. 그러나 예약된 강연 일정과 사람들에게 고급 치유법을 가르친다는 내 삶의 사명 때문에 그것은 불가능한 일이었다.

그러다가 어느 날 아침 명상 후에 나는 깨달았다. — '완벽한 섬을 찾기 위해 몸을 이끌고 온 데를 돌아다닐 필요는 없다. 우주는 이미 알고 있다! 그저 네 내면의 안내자에게 물어보라.' 그래서 나는 질문을 던졌고, 여전히 작은 그 목소리는 '몰로카이를 찾아봐'라고 말했다. 나는 20년 동안 하와이 섬을 가보았지만 그날 아침에 명상하기 전까지는 몰로카이에 가볼 생각은 전혀 해본 적이 없었다. 그것이 그 열흘간의 휴가를 예약하게 만든 것이다.

크리스틴과 나는 멋진 시간을 보냈다. 몰로카이에는 수 킬로미터나 되는 모래 해변이 있는데 평소에는 사람의 왕래가 없었다.

수 킬로미터나 뻗쳐 있는 몰로카이의 모래 해변. 무지개까지 선명하게 걸쳐 있다.

종종 모래 위엔 우리의 발자국밖에 없었다. 하이킹 도중에 우리는 외딴 곳에 있는 헤이아우를 발견했는데, 식물이 너무 우거져 있어서 우리가 거기까지 헤집고 가기 전에는 보이지 않았다. 날마다 마법이 공중에 가득했다.

걸음마를 배운 이래로, 나는 무

지개에 매료되어 있었다. 엉뚱하게도, 나는 특별히 생생한 무지개를 만나면 그 끄트머리가 어디에 있는지를 찾아보려고 몇 번이나 수 킬로미터씩 차를 몰아가곤 했었다. 하지만 무지개의 끝은 결코 찾을 수가 없었다.

그런데 어느 날 오후, 크리스틴과 내가 폭풍우 직후에 몰로카이 서쪽 바위투성이의 굴곡진 곳을 드라이브했을 때, 거기에 그것이 있었다. 무지개가 차 바로 앞의 길 위에서 끝나 있었던 것이다. 좀더 정확히 말하자면, 무지개 중 하나가 그랬다. 길 양쪽에 늘어진 나뭇잎 속에서 끝나는 다른 무지개가 둘 더 있었다. 바랐던 것보다 더 많은 상을 받은 셈이다.

우리는 사랑받으면서 푹 잘 쉬어서 새로워진 기분으로 몰로카이를 떠났다. 비행기가 떠나는 날 아침에, 우리는 오래된 커피 농장에서 열리는 마지막 싱얼롱 모임에 나갔다. 거기에는 상당수의 섬 주민들이 손수 만들어내는 이 '수제' 오락을 즐기러 나와 있었다. 나는 제2의 고향을 발견한 듯한 기분에 눈물을 흘리며 그곳을 떠났다.

우리가 섬에 도착한 첫날에 만들어낸 인연은 다음 일들이 아니었으면 일어나지 않았을 것이다.

- 우리는 첫날 아침에 산책을 나가기로 했다.
- 우리는 빈둥대다가 계획보다 45분 늦게 떠났다.
- 나는 범퍼의 스티커를 보려고 멈추었고, 사진을 찍는 데에 충분한 시간이 걸렸다.
- 조이는 바로 그 순간에 지나갔다.

만일 내가 나의 직관에 귀를 기울이지 않았다면 우리는 몰로카이에 가보지도 못했을 것이다.

물론, 이 모든 것은 정말 우연히 일어날 수 있는 일이다. 하지만 이와 같은 동시성 현상은 크리스틴과 나에게 늘 일어난다. 둘이 만난 이래로, 우리는 우리의 삶 속에서 일어난 사건들과 계시를 적어두는 둘만의 일기를 기록해왔다.

몇 해만 회고해보아도, 도저히 일어날 수 없을 것 같은 동시성 현상이 얼마나 많이 일어났는지, 그리고 마음속에서 생각만 하고 있던 것이 어떻게 마법처럼 실현됐는지를 깨닫고 놀라게 된다. 우리는 우리의 행복하고 조화로운 삶에 대한 감사를 상기하기 위해 우리의 일기 내용 중 이 같은 일들에는 큼직하게 대문자 에스^{S}로 표시를 해놓기 시작했다. 우리가 몰로카이에서 보낸 시간의 일기장에는 줄줄이 S자가 표시되어 있다.

이름을 감추는 신의 술수

우리가 동시성에 주목한 첫 세대는 아니다. 그것은 수천 년 동안 인간을 매료시켜왔다. 약 2,000년 전에 의학의 아버지인 히포크라테스Hippocrates는 이렇게 말했다. "하나의 공통된 흐름, 하나의 공통된 호흡이 존재하고, 만물은 공감(sympathy) 속에 있다. 온 생명체와 그 각각의 부분들은 동일한 목적을 위해 함께 일하고 있다. 위대한 원리는 극단의 부분으로까지 확장해가고, 그 극단의 부분으로부터 다시 위대한 원리, 하나의 본성, 존재와 비존재로 돌아온다."(Jung, 1952) 로마의 황제이자 철학자였던 마르쿠스 아우렐리우스Marcus Aurelius 는 이렇게 믿었다. "만물은 연결되어 있고 그 연결망은 신성하다."

　20세기 초에, 스위스의 위대한 정신과 의사 칼 융은 동시성 현상에 흥미가 끌리게 됐다. 그는 동시성 현상(synchronicity)을, '우연의 가능성 이외의 어떤 것이 개입된, 둘 또는 그 이상의 사건들의 의미 있는 동시 발생'이라고 정의했다(Jung, 1952).

　그가 동시성 현상에서 가장 많이 인용하는 사례는 한 심리요 법 세션 중에 일어났다. 융의 환자인 한 젊은 여성은 치료에 진전이 보이지 않고 있었는데 하루는 꿈 이야기를 꺼냈다. 어느 날 꿈에 그 녀는 황금 풍뎅이처럼 생긴 보석 하나를 보았다. 고대 이집트의 우 주관에 의하면 풍뎅이는 재탄생의 상징이었다.

　그들이 꿈에 대해 이야기하는 동안에, 뭔가가 창문을 탁탁 치 는 소리가 들렸다. 무엇인지 살피려고 창문을 열어보니 그것은 다 름 아닌 풍뎅이였다. 그는 그녀가 과거의 장애물을 옮겨놓고 삶을 새롭게 시작하게 할 잠재력의 상징으로서, 그 풍뎅이를 그녀에게 건네주었다. 융은 이렇게 썼다. "동시성 현상은 주관적인 세계와 객 관적인 세계 사이의 의미심장한 연결성을 계시한다."

　앨버트 아인슈타인은 상대성 이론을 가다듬는 동안에 융의 집 에 자주 들렀던 손님이었다. 시간과 공간의 상대성에 관한 그들의 대화는 융이 동시성 현상이라는 개념을 창안하는 데 중요한 역할을 했다. 아인슈타인은 이렇게 비꼬았다. "동시성 현상은 자신의 이름 을 감추려는 신의 술수다."

동시성 현상과 꿈

　꿈은 종종 동시성 현상의 전조가 된다. 융은 환자의 꿈을 분석했는데, 그 속에 담겨 있는 상징에 특별한 주의를 기울였다. 그는 풍뎅이 같은 꿈속의 이미지와 낮 시간의 생활 사이의 연결점을 주시했다. 이 연결은 놀랄 만한 빈도로 자주 일어난다.

　꿈은 우리 삶의 경로를 바꿔놓을 수도 있다. 꿈은 종종 우리가 부딪히는 실생활 속의 문제와 동시적으로 연결되는 상징과 사건들로 가득 차 있다. 그것은 우리의 경험에 의미를 부여해주고, 잠을 깬 마음의 능력을 훨씬 넘어서는 정보를 제공해줄 수 있다.

　동시성을 지닌 꿈 가운데는 우리의 건강에 관한 정보를 담고 있는 꿈이 있다. 꿈에서 사람들은 흔히 일상적인 의식의 능력 밖의, 자신의 몸에 관한 지식을 얻는다.

　방사선 전문의인 래리 버크Larry Burk 박사는 수년 동안 유방암에 관련된 꿈을 수집하여 연구해오고 있다. 전 세계의 여성들로부터 얻은 이야기를 분석한 그는 이런 꿈의 많은 경우가 삶을 바꿔놓는 경험임을 발견했다(Burk, 2015). 그들은 또한 공통적인 특징을 지니고 있었다. 그런 특징들 중에는 꿈꾸던 사람이 이 꿈은 중요하다고 느낀 경우가 있다(94퍼센트). 사례 중 83퍼센트는 다른 꿈보다 더 강렬하고 생생하다. 대부분의 꿈 꾼 사람들은 걱정과 두려움을 경험하고, 44퍼센트의 경우에는 암 또는 종양이라는 단어가 등장한다.

　버크 박사가 수집한 사례의 과반수에서, 꿈은 그 여성으로 하여금 병원을 찾게끔 만들었다. 꿈은 곧바로 진단으로 이어졌고, 종종 종양의 정확한 위치를 알려줬다.

선반 아래에 숨은 쓰레기

버크 박사의 연구 참여자 중 완다 버치^{Wanda Burch}라는 여성이 있었다. 그녀는 종양에 관한 일련의 꿈을 꾸고 나서 의학적 검사와 유방촬영 검사를 했다. 두 검사 모두 종양의 존재를 확정적으로 보여주지는 않았다. 그녀의 주치의인 발린^{Barlyn} 박사는 열린 마음을 가진 임상의여서 그녀의 이야기를 들어보고 싶어했다. 그녀가 들려준 이후의 이야기는 다음과 같다.

"발린 박사는 내 꿈 이야기를 듣고는 나에게 펜을 주면서, '당신의 유방에 그 위치를 그려보세요'라고 했습니다. 나는 왼쪽 유방 한참 아래 부위 오른쪽에 점을 표시했습니다. 그리고 어떤 선반 밑에 '쓰레기' ─ 곧 종양 ─ 가 숨겨져 있는 모습을 보았던 다른 꿈 이야기를 했습니다. 발린 박사가 생검 주사기를 내가 가리킨 부위에 찔렀을 때, 거기에 뭔가 문제가 있는 듯한 저항감이 느껴졌어요. 외과적 생검 결과는, 그것은 아주 공격적이고 빨리 자라는 유방암인데, 그 세포들은 유방촬영 사진에는 나타나지 않는 방식으로 덩어리를 형성하고 있다고 했습니다."

이 덕분에 완다는 성공적인 치료를 할 수 있었고, 《꿈꾸는 여자》(She who Dreams)라는 책을 통해 자신의 이야기를 다른 여성들과 공유하고 있다(Burch, 2003).

버크 박사의 한 친구는 의사 복이 없었다. 소냐 리-쉴드Sonia Lee-Shield는 경고의 꿈을 꾸었고, 병원 상담을 하는 동안 자신의 증상을 설명했다.

"제가 암에 걸린 꿈을 꾸었어요. 1차 진료 의사를 찾아가서 흉골 부위에 덩어리가 있고 경련 같은 느낌이 있다고 이야기했어요. 의사는 유방조직이 정상이라고 결론 내렸고, 내가 느낀 흉골 부위의 증상은 무시되었는데 그것이 큰 실수였어요. 1년 후에 다른 의사에게서 3기 유방암을 진단받았으니까요."

너무 늦은 단계의 치료는 성공적이지 못했고, 소냐는 사망했다. 그녀의 비극은 버크 박사로 하여금 동시적인 꿈의 경고가 중요하다는 사실을 널리 알릴 필요성을 느끼게 만들었다. 그는 진단된 다른 여러 종류의 암도 꿈에 의해 예견된 사례가 많다는 사실을 발견했다. 여기에는 피부, 폐, 뇌, 전립선, 그리고 대장암 등이 포함되어 있다(Burk, 2015).

완다와 소냐 같은 암 환자들의 꿈은 마음과 물질이 만들어내는 복잡한 춤사위를 보여주고 있다. 꿈속에서 마음에게 말을 거는 의식은 몸에 발생한 문제를 가리켜준다. 문제가 있다는 것을 보여줄 뿐만 아니라, 그 문제가 어디에 있는지를 정확하게 가르쳐주기도 한다. 의식은 현대의학이 동원할 수 있는 가장 정교한 장비로도 알아낼 수 없는 세련된 수준의 정보를 보여줄 수 있다.

꿈은 우리에게 신체와 삶의 기능 이상을 그저 경고하기만 하는 것이 아니라, 치유에도 중요한 역할을 할 수 있다. 자신의 몸을 치유하거나, 다른 사람들의 치유를 도와주는 꿈을 꾼 사람들의 많은 이야기가 있다. 꿈이 제공한 메시지는 이후의 의학적 진단을 통해 확인된다. 다음 증례

꿈은 꾸는 사람에게
고유한 의미를 지닌 상징들로 가득 차 있다.

는 한 치료사가 자신의 고객에 관한 꿈을 꾼 이야기다. 이것은《삶을 바꿔놓는 꿈》(Dreams That Change Our Lives)이라는 흥미로운 이야기 모음집에 나오는 내용이다(Hoss & Gongloff, 2017).

성모 마리아의 공

다음은 캐럴 워너Carol Warner 쓴 글이다.

나는 한 내담자와 그녀의 딸('제니퍼'라고 부르겠다)을 보고 있었다. 제니퍼는 함께 살았던 남자 친척으로부터 난폭하게 구타당하고 성적으로 학대받았다. 그가 제니퍼와 어머니를 죽이겠다고 늘 위협했기 때문에 그것을 일찍 폭로할 수가 없었다고 했다. 결국 여러 해가 지난 다음에야 이 사실을 폭로하고 그 남자는 체포되었는데,

알 수 없게도 판사는 제니퍼 어머니를 비난하며 그를 풀어주었다. 제니퍼는 나락 속으로 떨어졌다. 그녀는 결국 또다시 자신을 구타하는 남자와 관계를 맺고, 마약에 빠졌다가 도망가고, 스트립 클럽에서 일하면서 또다시 강간당했다. 제니퍼에게 정서적으로 다가갈 수가 없었던 어머니의 슬픔은 너무나 컸다.

얼마 후에 그녀의 어머니가 다른 도시로 가서 사업을 시작하게 되어 우리는 한동안 만나지 못했다. 그런데 어느 날 그 어머니가 전화를 해서 제니퍼가 집으로 돌아오고 싶어한다고 했다. 제니퍼가 '과거를 직면하고', 삶을 새로 시작할 준비가 됐다고 하더라는 것이다. 제니퍼의 어머니는 현명하게도 제니퍼가 집으로 돌아오는 대신 치료를 받을 것을 조건으로 내세웠다. 제니퍼는 나밖에 믿을 수 있는 사람이 없다고 했는데, 나는 그녀와 차로 세 시간 떨어진 거리에 살고 있었다!

제니퍼는 운전면허를 빼앗겼기 때문에 그녀의 어머니는 제니퍼를 위해 매주 휴가를 내서 왕복 여섯 시간이나 차를 몰고 나를 보러 오는 힘든 일을 하는 데 동의해주었다. 처음 만났을 때, 나는 제니퍼에게 산부인과 진찰을 받은 적이 있는지 물어보았다. 그녀는 전혀 받은 적이 없다고 했다. 나는 산부인과 전문의에게 가서 전반적인 검사를 받아보기를 강력하게 권했다.

다음에 만났을 때, 제니퍼와 어머니는 우울한 얼굴로 매우 슬픈 소식을 가지고 왔다. 생검 결과 난소암이 몇 군데서 발견됐고 예후가 아주 좋지 않은 것으로 나타났다.

충격을 받은 제니퍼는 다른 의사에게 두 번째 진단을 받으러 갔다.

이번 전문의는 난소의 세 군데에 큰 암 덩어리가 있다고 말했고 조직검사 결과 역시 암으로 나타났다. 예후는 절망적이었다. 제니퍼의 예상수명은 겨우 6개월 정도였다. 어머니와 제니퍼는 비탄에 빠졌다.

제니퍼는 "내 삶은 정말 거지 같았어요"라고 말했다. 정말 역설적인 점은, 그녀가 모처럼 새 출발을 하려고 하니까 죽을 때가 다 됐다는 사실이었다. 그녀의 어머니는 심장이 찢어질 것 같은 절망을 느꼈지만 어쩔 수가 없었다. 나 역시 망연자실했고 몹시 슬펐다. 나는 가슴으로 그들과의 연결감을 느꼈다.

그날 밤 나는 내 기도에 제니퍼와 그녀의 어머니를 포함시켰다. 나는 신께 그들을 도와달라고 간청했다. 그날 밤에 나는 다음과 같은 꿈을 꾸었다.

성모 마리아가 하늘에서 내려왔다. 그녀는 상상 속에서나 볼 수 있는 천상의 파란빛에 둘러싸여 있었다. 그녀가 나에게로 내려올 때 나는 그녀가 아름다운 파란 가운을 입은 것을 보았다. 가운에서는 금가루가 반짝였던 것 같다. 그녀는 믿을 수 없을 정도로 강한 평화와 사랑의 기운을 발산하고 있었다. 성모 마리아를 봤을 때 그녀는 팔을 뻗치고 있었는데, 금빛이 감도는 세 개의 공이 손에 놓여 있었다. 왠지는 몰라도, 나는 그 빛나는 공들이 제니퍼의 난소에 있는 세 개의 암 덩어리임을 알아차렸다. 나는 각각의 공이 한 지점씩을 완전히 둘러싸 감싸는 것을 보았다. 이 놀라운 광경을 바라보다가, 나는 제니퍼가 이제 암으로부터 완전히 치유되었다는 절대적인 확신을 가지고 깨어났다.

나는 이 절대적인 확신을 꿈속에서도, 그리고 깨어날 때도 느꼈다. 시간이 흐르는 동안 나는 이 꿈에 대해 자주 생각했다. 그러나 낮이 되자 의심이 떠올랐다. 제니퍼에게 꿈 이야기를 하는 것이 좋을지 어떨지를 생각해봤다. 그녀에게 그릇된 희망을 주고 싶지는 않았다. 말해주기로 마음먹긴 했지만, 꿈의 의미는 잘 모르겠다고 조심스럽게 말하기로 했다. 성모 마리아가 제니퍼를 찾아온 것이기 때문에 그녀에게 이 꿈을 숨길 권리가 나에겐 없다고 생각했다.

제니퍼를 만났을 때 내가 꿈 이야기를 하자 그녀의 눈이 동그래졌다. 내가 일부러 의미를 축소시켰음에도 불구하고 그녀는 성모 마리아가 자신을 치유해준 것을 알겠다고 했다.

제니퍼는 암 덩어리가 보인다고 했던 의사에게 다시 찾아갔다. 그 의사는 불과 1주밖에 지나지 않았는데 암의 흔적이 전혀 남아 있지 않다는 사실을 도저히 믿을 수 없다고 말했다. 조직검사를 두 번이나 해봤지만 암이 없다는 것이 입증됐다. 우리는 모두가 이 일에 전율하며 경이로워했다. 15년이 지난 지금, 그녀는 여전히 치유된 상태다.

꿈이 치유에 중요한 역할을 할 수 있다는 사실은 놀라운 일이 아니다. 가장 생생한 꿈은 렘수면 중에 일어난다. 이 상태에서 우리 눈은 마치 깨어서 사물을 보고 있을 때처럼 빠르게 움직인다.

렘수면의 꿈 상태에서 우세한 뇌파의 주파수는 세타파다. 세타파는 또한 치유 경험의 정점에 있는 치유자의 뇌에서도 잘 관찰된다(Oschman, 2015). 치유의 EEG 주파수대는 꿈의 주파수대와 일치한다. 꿈을 꿀 때도 치유가 일어날 때도 뇌는 세타파 상태에 있다. 뇌와 의식은 하나는 물질로 측정되고 다른 하나는 마음으로 측정되면서 경험을 공유하고 있다.

예지와 시간의 화살

광범위하게 연구되어 온 다른 비일상적인 경험으로는, 사건이 일어나기 전에 감지하는 능력인 예지가 있다. 예지에 대해서는 100편이 넘는 연구가 있는데, 일련의 결정적인 연구가 대릴 벰Daryl Bem에 의해서 수행되었다.

벰은 학생들에게 긴 단어 목록을 준 후 가능한 한 많은 단어를 기억하게 하는 것 같은, 표준적인 심리검사법을 사용했다. 그런 후 그 목록으로부터 컴퓨터가 임의로 선택한 단어를 학생들에게 주고 타이핑하게 했다. 그리고 타이핑한 단어와 이전의 시험에서 학생들이 기억했던 단어를 비교해보았다. 학생들은 미래에 타이핑할 단어를 미리, 더 잘 기억했던 것으로 드러났다.

또 다른 실험은 컴퓨터 스크린에서 두 개의 커튼을 보여주었다. 이렇게 서른여섯 번을 보여준 후 학생들에게, 한 커튼 뒤에는 에로틱한 그림이 있는데 어느 것이었는지 추측해보라고 했다. 맞출 확률은 50퍼센트였을 테지만 그들은 53.1퍼센트로 우연의 가능성보다 유의미하게 높은 성적을 냈다.

벰이 꼼꼼하게 설계하여 행한 연구들을 다 마치는 데는 10년이 걸렸고 1,000명이라는 커다란 표본이 동원되었다. 그의 연구결과는 75년 동안에 발표된 101편의 예지력 연구를 이지과학 연구소의 딘 라딘이 분석한 결과와도 일치했다(Radin, 2011). 그 연구는 미국, 이태리, 스페인, 네덜란드, 오스트리아, 스웨덴, 영국, 스코틀랜드, 이란, 일본, 호주 등 다양한 나라에 있는 25개 연구소에서 행해졌다. 분석 결과 그 연구들 중 84퍼센트는 통계학적으로 의미 있는 결과를 얻었다고 한다.

나중에 벰은 그의 첫 연구를 더 큰 규모로 재현해보았다(Bem, Tressoldi, Rabeyron & Duggan, 2015). 그의 연구는 회의론자들과, 예지력의 존재 자체를 그저 믿을 수 없는 사람들의 폭풍 같은 비판을 불러일으켰다. 인간이라는 존재는 과학의 발견과 상관없이 자신의 세계관을 굳건하게 붙들고 사는 경향이 있다.

그러나 양자물리학은 시간의 화살이 앞으로만 움직이기를 요구하지 않는다. 많은 방정식들이 앞으로도, 뒤로도 작용한다. 아인슈타인은 이렇게 말했다. "과거와 현재와 미래의 구분이란 단지 완강하고 끈질긴 환영일 뿐이다."(Calaprice, 2011)

무신론자도 예외가 아니다

우리가 '초상적超象的 경험'이라고 부르는 예지와 유체이탈 같은 것은 결코 드문 일이 아니다. 미국과 일본과 중국에서 대학생들을 상대로 한 설문조사를 보면 많은 사람들이 초상적 경험을 보고 하고 있고, 그중의 30퍼센트가 넘는 사람들이 그것을 자주 경험했다고 말한다(McClenon, 1993). 그리고 적어도 59퍼센트는 데자뷰$^{déjà vu}$를 경험했다고 하고, 유체이탈 경험을 이야기한 사람들도 많았다.

이런 경험을 하기 위해서 종교를 믿거나 초자연적인 현상의 존재를 믿어야 하는 것은 아니다. 무신론자와 불가지론자들도 그런 경험을 한다. 연구자들은 이런 것을 믿는 사람들이 초상적 경험을 더 잘 하는지를 분석해보았지만 결과는 그렇지 않았다. 심지어 〈회의론〉(Skeptic) 잡지의 편집자이자 유명한 회의론자인 마이클 셔머 Michael Shermer도 자신의 신념체계를 '송두리째' 흔들어놓은 한 사건을 이야기한 적이 있다(Shermer, 2014).

사랑 노래를 들려준 고장 난 라디오

2014년 6월 25일은 마이클 셔머와 제니퍼 그라프Jeniffer Graf의 결혼일이었다. 신부인 그라프는 독일 쾰른Cologne 출신으로 어머니와 할아버지 월러Walter에 의해 양육되었다.

결혼 3개월 전에, 그라프는 자신의 물건들을 캘리포니아에 있는 셔머의 집으로 부쳤다. 그러나 많은 상자들이 깨졌고 집안의 가보도 몇 가지 없어졌다. 온전하게 도착한 것들 중에는 할아버지 월러의 1978년산 필립스 라디오가 있었는데, 셔머는 포장지를 풀어 배

터리를 집어넣고 '수십 년 동안 침묵했던 그것에 다시 생명을 불어넣었다.'

그러나 그의 노력은 소용이 없었다. 그는 혹시 전선이 떨어져서 납땜이 필요한 곳이라도 있지 않을까 하고 열어보았지만, 라디오는 잡음조차도 내지 않았다.

결혼식 날, 그라프는 외로움을 느꼈다. 자신을 신랑에게 인도해주어야 할, 그녀를 사랑해주는 할아버지가 거기에 계시지 못했기 때문이다. 그런데 그녀와 셔머가 집 뒤쪽으로 산책을 하고 있을 때, 침실에서 음악이 흘러나왔다.

그들은 음악 소리가 나는 곳을 찾기 위해서 컴퓨터와 전화기 등을 둘러보았다. 이웃집에서 나는 소리인가 해서 뒷문도 열어보았다.

그라프가 셔머의 책상 서랍을 열었을 때, 거기에는 할아버지의 라디오가 들어 있었다. 들려오던 소리는 사랑의 노래였다. 두 사람은 놀라서 할 말을 잃은 채 앉아 있었고, 그라프의 흐느낌만이 적막을 깼다. 셔머의 딸도 그 음악 소리를 함께 들었다.

다음 날 라디오는 다시 침묵에 빠졌고, 그 이후 다시는 작동하지 않았다.

초상적 경험에 대한 설문조사에서는, 자연과학을 공부하는 학생들까지도 그런 경험을 이야기했다. 인종적 배경은 큰 차이를 만들어내지 않아서, 초상적 경험은 미국의 백인 학생에게나 흑인 학생에게나 흔히 일어났다. 융이 관찰한 대로, "동시성 현상은 볼 수

있는 눈을 가진 사람들에게는 늘 일
어나는 현실이다."

융은 죽음 너머의 세계로부터
일어나는 동시성 현상까지 동원하여
계속 우리를 집적거린다. 이 주제에
관한 가장 방대한 책은 융 학파의 뛰
어난 학자인 조셉 캠브레이Joseph Cambray
의《동시성: 상호연결된 우주 속의 자
연과 정신》(Synchronicity: Nature and Psyche

융은 볼링겐에 있는 호숫가에서
뱀이 물고기를 삼키고 있는 모습을 보았다.
그리고 나중에 그의 정원에 있는 한 바위에
그 이미지를 새겨넣었다.

in an Interconnected Universe, 2009)이다. 캠브레이의 책을 편집했던 편집
자인 데이비드 로젠Davis Rosen은 이 책을 위한 작업과 관련된 놀라운
동시성 현상을 이야기해준다.

"우리 뒷마당에는 많은 잉어가 사는 연못이 있는 일본식 정원
이 있다. 조셉 캠브레이가 훗날 그의 저서가 된 동시성 현상에 관
한 강의를 하러 오기 직전에, 뱀 한 마리가 잉어를 한 마리 잡아 삼
켜버렸다. 내가 그림 1에서 융이 새겼다는 물고기를 삼키는 뱀 조
각을 보았을 때, 나는 이것이 바로 동시성 현상의 예인가 하고 놀라
워할 수밖에 없었다. 나는 이 일의 전에도 후에도 그와 같은 사건은
본 일이 없다."(Cambray, 2009)

동시성 현상은 무엇으로 설명할 수 있는가?

동시성 현상이 일어난다는 것은 '사실로서' 잘 확립되어 있다. 하지만 그것이 '어떻게' 일어나는가 하는 것은 또 다른 문제다. 그토록 무수히 다양한 현실 속에서 과연 무엇이 그 현상들을 이리저리 꿰맞추어줄 수가 있을까? 암세포의 증식과 같은 생물학적 현상이 어떻게 꿈이나 예지 같은 의식 상태와 연결될 수가 있는 것일까?

암세포는 물질이다. 그것은 살아 있는 신체 내의 한 구성단위이다. 이 세포들은 빠르게 성장하고 분열하며, 정상 세포가 오래되거나 손상되면 스스로 파괴되게 하는 신호의 영향으로부터 자유롭다. 암세포들은 그들을 한 장소에 머물게 만드는, 그들의 세포막에 있는 분자결합을 잃어버렸기에 주위 조직들로부터 떨어져나갈 수 있다. 그리하여 그들은 멀리 있는 다른 부위로 옮겨간다. 3기나 4기의 암에서는 이 악성 세포들이 몸 전체에 전이된다. 이들은 통제를 벗어나 제멋대로 자기파멸의 길을 가는 분자들의 덩어리가 된다.

꿈은 순전히 마음이다. 그것은 꿈꾸는 사람에게만 특별한 의미를 가지는, 순전히 주관적인 것이다. 꿈은 우리의 감정과 감각에 관계된 이미지들로 가득 차 있다. 우리가 잘 때마다 그것이 나타나 우리 의식의 전체 스펙트럼을 다 동원한다. 꿈과 같은 주관적인 경험이 어떻게 세포의 증식과 같은 객관적인 현실과 연결될 수가 있을까?

동시성 현상은 주관적인 것과 객관적인 것을 하나로 엮어낸

다. 그것은 마음과 에너지라는 비물질적 세계와 물질과 형체라는
물질세계를 연결한다. 마음의 세계와 물질의 세계는 동시발생적인
사건 속에서 하나가 되어 공명한다.

작은 계와 큰 계의 공명

진자振子들이 공명하여 동조되는 모습을 보여주는 동영상이
온라인에 많이 올라와 있다. 이 장의 끝에는 64개의 메트로놈을 잇
따라 진동시킨 광경을 보여주는 동영상 링크가 있다. 이것들은 처
음에는 저마다 제멋대로 진동한다.

그러다가 서서히, 그러나 분명하게, 놀라운 변화가 일어난다.
진자들 중 두 개가 동시에 움직이기 시작한다. 잠시 후에, 세 번째
진자가 여기에 참여한다. 네 번째 진자는 세 번째 진자 때보다 더
빨리 동조된다. 3분 내에 진자들은
전체가 정확히 박자를 맞춰 함께 움
직인다.

이런 식의 공명은 1665년 네덜
란드의 물리학자 크리스티안 호이겐
스Christiaan Huygens에 의해서 기술되었
다. 그보다 8년 전, 그는 진자시계로
특허를 냈다. 병을 앓았다가 회복하는
동안에 그는 방 안에 있던 두 개의

첫 번째 그림에서는 32개의 메트로놈이
저마다 제멋대로 재깍거리기 시작한다.
3분 이내에 공명이 동조 상태를 만들어내어
모든 메트로놈이 함께 재깍거린다.

진자시계 등 주위를 돌아볼 시간을 많이 가지게 됐는데, 진자가 움직이기 시작한 시점과는 상관없이 결국은 서서히 서로 박자를 맞춰서 진동하게 되는 기이한 현상을 목격했다.

공명은 미세한 것으로부터 무한히 큰 것에 이르기까지, 모든 계의 속성이다. 원자의 차원에서는, 비슷한 성질을 가진 분자들끼리 서로 공명하는 것이 발견된다(Ho, 2008). 세포 차원에서는, 세포들은 정보를 소통하고 전파하고 치유하는 데 공명을 이용한다(Oshman, 2015).

규모를 높이면, 우리는 바이러스 같은 작은 것으로부터 인간 같은 큰 규모에 이르기까지, 생명체 속에서 공명이 작용하고 있음을 발견한다. 규모를 더 크게 하면, 공명은 전 지구 차원에서 발견된다.

그보다도 더 크게 보면 태양계, 은하계, 우주 차원에서도 '천체들의 음악'에서 공명이 발견된다. 극미하게 작은 것으로부터 상상할 수 없을 정도로 큰 것까지, 공명은 물질이 부르는 노래다.

비슷한 계들이 저희끼리 서로 공명할 뿐만 아니라, 다른 계들과도 공명한다. 아주 큰 것이 아주 작은 것과 공명할 수도 있다. 인체는 30퍼센트가 금속 분자로 이루어져 있어서, 자기적으로 예민한 뇌의 송과체가 탐지하는 지구의 공명 주파수에 동조될 수도 있다(Oshman, 1997).

자기장 역선의 공명

지구는 거대한 자석처럼 자신의 자기장을 지니고 있다. 북극과 남극을 가지고 있고, 우주 공간 속으로 수십만 킬로미터 방사되는 이 엄청난 자기가 만들어내는 역선力線을 가지고 있다.

이 역선을 바이올린 같은 악기의 현絃이라 생각해보자. 현을 퉁기면 현이 공명한다. 마찬가지로, 지구 자기장의 역선은 퉁기면 울린다. 태양풍이 지구를 시속 300만 킬로미터의 속도로 휩쓸 때, 그것이 이 현들을 계속 퉁긴다.

몇 개의 기본 '음(notes)'이 지자기의 현에서 연주된다. 일부 음들은 연속적인 화음으로 항상 연주되고, 다른 것들은 수시로 퉁겨지는 현처럼 간헐적으로 연주된다. 이런 이유로 지자기장 역선의 공명은 연속적인 것과 불규칙적인 것으로 나누어진다(Jacobs, Kato, Matsushita, & Troitskaya, 1964; Anderson, Engebretson, Rounds, Zanetti, & Potemra, 1990).

과학자들이 측정한 가장 중요한 지속적 지자기 진동 중의 하나는 0.1에서 0.2헤르츠 주파수대에 있다. 그리고 다른 하나는 0.2에서 5헤르츠 주파수대다. 가장 낮은 주파수대의 불규칙적인 진동은 0.025에서 1헤르츠 주파수대다.

지속적인 지자기 진동의 가장

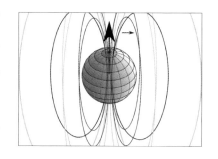

행성을 둘러싸고 있는 지구 자기장의 역선

낮은 주파수인 0.1헤르츠는 동조된 상태의 인체 심박동 리듬과 정확히 같다. 하트매스 연구소가 개발한 '빠른 동조기법'(Quick Coherence Technique)* 같은 이완법을 행하면 우리의 심장은 율동적으로 뛰기 시작한다. 이 상태에서 개개인의 심장은 지구 자기장의 가장 느린 주파수와 같은 음의 소리를 낸다(McCraty, 2017).

0.1헤르츠의 주파수는 인체 심혈관계의 주파수이기도 하다. 다양한 동물과, 심지어는 세포들까지도 바로 이 주파수를 사용하여 주변의 계들과 동조하고 소통한다. 마치 동시에 째깍거리는 메트로놈처럼 말이다.

다른 사람이 같은 방에서 악기를 연주하고 있는데 당신이 기타나 바이올린을 무릎에 놓고 있으면, 당신은 그 음악이 일으키는 진동을 느낄 수 있다. 아무도 당신이 가지고 있는 악기의 현을 건드리지 않는데도 당신 악기의 현과 울림통이 옆에서 연주되고 있는 악기와 조화를 이루어 진동하는 것이다.

이것이 공명이다. 공명은 물체를 먼 거리에서도 비슷한 주파수에 동조되게 한다.

지구 자기장 역선의 특정 주파수는 사람의 뇌와 심장에서 일어나는 동일한 주파수와 공명한다. 지구가 자신의 화음을 연주하면 우리의 뇌와 신체는 함께 따라서 울린다. 그리고 어쩌면 자신의 생물학적 작용을 조절하는 데 그 끊임없는 음악을 이용하고 있는지도 모른다.

---

* 스트레스를 최소화하고 삶의 질을 높이는 방법으로, 심장에 집중하는 호흡법과 긍정적 감정의 활성화 등을 사용한다.

슈만 공명

병 구멍에 입으로 바람을 불어 넣어본 적이 있는가? 그러면 낮은 진동수의 울림소리가 난다. 이 소리의 파동은 병 안의 공기를 지나면서 병 속을 이리저리 부딪혀 반사된다. 음의 높이는 병의 부피에 따라 달라진다.

독일의 물리학자 빈프리트 슈만Winfried Schumann은 비슷한 효과가 지구적 규모에서도 일어난다고 수학적 계산으로써 추정했다. 이경우 부피에 따른 주파수는 병의 부피 대신 지표면과 이온층의 가장자리 사이 공간의 주파수가 된다.

이온층은 지구를 둘러싸고 있는 플라스마의 비눗방울이다. 플라스마의 속성 중 하나는 낮은 주파수의 자기파를 반사시킨다는 것이다. 플라스마 비눗방울의 안쪽은 거울처럼 파동을 반사한다.

이는 라디오 전파가 작용하는 방식이다. 전송된 신호파는 이온층의 거울에 반사되고, 그 주파수에 맞추어진 수신기에 의해 먼 거리에서도 잡힌다. 자기파가 지표면과 플라스마 비눗방울 사이의 공간에 들어설 때, 일부는 산란되고 나머지는 산란되지 않는다. 병 구멍으로 바람을 불 때 들리는 울림소리처럼, 공명하는 파동만이 계속 전파되는 것이다. 이것이 슈만 공명이다.

슈만 공명은 지구를 둘러싸고 있는
플라스마 비눗방울에 반사된다.

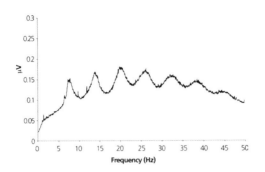

캘리포니아 볼더 크리크에 있는 감지기가 기록한 슈만 공명 데이터.
주파수가 사람의 뇌파와 일치하는 것에 주목하라.

슈만이 수학적으로 그런 파동이 틀림없이 존재하리라고 예측
한 지 오랜 후인 1960년에, 그것이 실험적으로 측정되었다. 가장 주
된 슈만의 공명 주파수는 7.83헤르츠이다. 배음(harmonics)은 기본 주
파수의 정수배 주파수인데, 슈만의 파동은 14.3, 20.8, 27.3, 그리고
33.8헤르츠의 배음을 만들어낸다.

이 주파수들은 또한 우리의 뇌가 정보를 처리할 때 발하는 뇌
파에서도 발견된다. 7.83헤르츠는 세타파 대역으로, 치유의 절정의
순간에 뇌파에서 측정되는 주파수 창과 정확하게 같다(Oschman, 2015;
Bengston, 2010).

슈만 공명의 다음 배음인 14.3헤르츠는 신체의 관리 기능을
하는 낮은 베타파 특유의 주파수 범위에 있다. 기본적 슈만 공명의
세 번째 배음은 27.3헤르츠인데, 우리가 어떤 과제에 집중하여 열
심히 생각할 때 우리의 뇌가 사용하는 주파수 범위와 같다. 33.8헤

르츠의 배음은 통합과 통찰의 순간에 우리 뇌에 의해 생성되는 뇌파인 감마파 주파수 범위 안에 있다.

지구의 플라스마 덮개(plasma sheath)의 주요 공명 주파수와 그 배음들이 인간의 주요 뇌파와 같은 주파수 창 안에 들어온다는 것은 놀라운 사실이다. 우리의 뇌가 정보를 처리할 때 만드는 장에 의해 생성되는 우리의 정신 상태가, 우리가 살고 있는 지구의 주파수와 공명한다는 것이다. 에너지 치유가 일어날 때 세타파가 급증하듯이, 우리가 특정한 파동을 증가시키면 우리는 지구의 정보 신호와의 공명 상태를 키우는 것이다. 지구와 치유자는 강력한 에너지 합일 상태 속에서 서로 동조된다.

지구 주파수에 동조되는 신체와 뇌

미네소타 의과대학의 프란츠 할버그Franz Halberg 박사는 신체의 매일의 순환 주기를 설명하기 위해 '서캐디안 리듬circadian rhythm'[*]이라는 용어를 만들었다(Halberg, Tong & Johnson, 1967). 그는 90대 후반에 사망할 때까지 하루도 쉬지 않고 그의 실험실에서 연구만 했다. 그는 2017년에 인체시계의 유전자에 대한 연구로 노벨 의학상을 수상했다.

할버그는 우리의 뇌와 신체에서 델타파부터 감마파까지가 주

---

[*] 생물이 나타내는 여러 현상 중, 대개 24시간 주기로 되풀이하는 변화를 말한다. 외계의 일주성 리듬과는 다른 생득적 체내시계 같은 것으로, 세포의 대사 리듬에 기초를 두고 있는 것으로 보인다.

를 이루는 이유는, 우리가 지구상에서 진화해와서 지구의 주파수에 동조되었기 때문이라고 믿었다. 할버그 시간생물학센터(Halberg Chronobiology Center)와 다른 연구자들이 행한 연구들은 지자기장의 역선과 슈만 공명, 그리고 인간의 건강지표 사이에 연결성이 존재함을 보여주고 있다(Selmaoui & Touitou, 2003; Brown & Czeisler, 1992).

인간의 감정과 행동과 건강과 인지기능은 모두 태양과 지자기장(geomagnetic field)의 영향을 받는다(Halberg, Corńelissen, McCraty, Czaplicki, & Al-Abdulgader, 2001). 지구의 에너지장은 '모든 살아 있는 계들을 서로 연결해주는 생물학적 관련정보의 반송파'라고 가정할 수 있다(McCraty, 2015).

하트매스 연구소의 책임자인 롤린 맥크레이티는 이렇게 말한다. "우리는 지구라는 커다란 뇌의 작은 세포와도 같아서, 인간뿐만 아니라 동물과 식물 등의 모든 살아 있는 계들 사이에 존재하는 미묘하고 보이지 않는 차원에서 정보를 서로 나누고 있다."(McCraty, 2015) 그 정보는 이 '지구라는 뇌'의 살아 있는 매트릭스 속을 흐르면서, 세포와 분자 수준에 이르기까지 모든 생명체의 활동을 동조시킨다.

신경의 연결망을 통해 자극과 함께 박동하는 전자기적 기관인 인간의 뇌는 전자기장에 지극히 민감하다. "지자기장의 변화는 인간의 심박동에 영향을 주는 것으로 알려져 왔고, 뇌와 신경계 활동의 변화, 운동능력,

인간의 뇌는 전자기장에 동조되어 있다.

기억과 그 밖의 기능들, 영양분 합성, 심근경색과 뇌졸중으로 인한 사망률, 우울증과 자살의 발생률 등과 관련되어 있다."(HeartMath Institute)

이 주파수의 파동이 온 지구에 꽉 차 있고, 우리는 그 속에서 수억 년의 세월 동안 진화해온 사실을 고려하면 우리의 신체와 마음, 심장과 세포들이 그 주파수에 동조되어 있다는 것은 그리 놀랄 일이 아니다.

초상적인 사건들이 동시에 일어나는 메커니즘

네덜란드의 한 연구팀은 생체장에 관한 175편의 연구문헌을 체계적으로 연구했다. 그들은 동조된 양자 주파수의 파동이 생명체들의 생물학적 작용을 조절하고 있다는 의견을 제시했다. 그들은 전자기의 장들이 신경계와 의식에 영향을 미치고, "관찰된 생명 유지 효과의 배후를 이루며, 또한 최초의 생명과 양자의식 속에 생물학적 질서가 창조되게 한 도구 역할을 했을 수 있는 우주의 전자기 법칙을 보여주고 있는지도 모른다"고 했다(Geesink & Meijer, 2016).

앨버트 아인슈타인, 에르빈 슈뢰딩거Erwin Schrödinger, 베르너 하이젠베르크Werner Heisenberg, 볼프강 파울리Wolfgang Pauli, 닐스 보어Niels Bohr, 그리고 유진 위그너Eugene Wigner를 위시한 많은 선구자들에 의해 양자역학과 생물계, 그리고 의식 사이의 상응성이 발견됐다. 이 선구자들은 에너지, 공간, 시간, 의식, 물질이 제각기 분리된 실체들이 아니라 거대한 동시성의 춤사위 속에서 상호작용하고 있다고 바라봤다.

헤싱크Geesink와 메이어르Meijer는 인간의 전자기장이 "파동의 공명을 통해서 지구의 전자기장과 양방향으로 소통하고, 우주의 모든 의식 있는 존재의 감각, 지각, 생각과 감정을 경험하는 우주적 의식을 이룬다"는 것을 발견했다(2016). 이처럼 모든 과학적 발견들 사이의 점들을 연결해보면 갑자기 동시성 현상이 전혀 신비롭지 않아 보인다.

주파수는 미시적, 거시적 사건들을 동시성 현상 속에서 동조시키는 공명기 역할을 하는지도 모른다. 보이지는 않아도, 이 주파수들은 마음과 물질, 양쪽에 모두 스며들어 있다. 우리는 의식과 물질 세계의 모든 것을 형성하는 근원적 장의 존재를 인식하지 못한 채, 물속을 헤엄치는 물고기처럼 주파수 속을 헤엄치고 있는 것이다.

나는 현실 차원들 사이의 상호소통이 동시성 현상에 대한 타당한 과학적 설명을 제공해주리라고 믿는다. 이모스피어emosphere(감정권), 사이코스피어psychosphere(정신권), 그리고 마그네토스피어magnetosphere(자기권)에 걸친 다방향의 상호소통이 마음과 물질의 모든 차원의 현실에 걸쳐 정보가 신속하게 전파될 수 있게 한다. 우리는 비록 그것의 존재를 인식하지 못할지라도, 이 장(fields)들은 우리를 끊임없이 연결되어 있게 해준다. 바로 이 연결성이야말로 초상적인 사건들의 불가해한 모든 요소들이 동시성 속에서 헤쳐 모일 수 있게 해주는 메커니즘이다.

평화를 위해 비행기를 몬 소년

1980년대는 국제관계에 팽팽한 긴장이 감돌던 시기였다. 미국과 소련은 엄청나게 비축한 핵무기 너머로 서로를 노려보고 있었다. 어느 쪽이라도 먼저 그것을 발사한다면 결과는 약자(MAD)의 뜻에 어울리는 상호 확증 파멸(Mutually Assured Destruction)이 될 것이었다. 두 제국은 아시아와 아프리카에서 대리전을 통해 싸웠다. 그들의 유럽 동맹 ― 미국 측은 나토NATO, 소련 측은 바르샤바 조약(Warsaw Pact) ― 은 긴장 속에서 붙어살고 있었다. 어떤 나라는 동독과 서독처럼 둘로 분리되어 있었다. 냉전에 불이 붙으면 그런 나라들이 최전선이 될 터였다.

어떤 사고도 일촉즉발의 가능성을 품고 있었다. 그래서 두 나라의 지도자들은 재앙을 예방하기 위해서 자국의 수도에 핫라인을 유지하고 있었다.

1983년에 남한 여객기 KAL 007기가 소련의 미그전투기에 의해 격추당했다. 탑승했던 269명의 승객은 전원 사망했다.

당시 미국 대통령은 로널드 레이건Ronald Reagan이었다. 소련은 유리 안드로포프Yuri Andropov와 콘스탄틴 체르넨코Konstantin Chernenko가 사망하여 불안한 시기였다. 1985년에 미하일 고르바초프Mikhail Gorbachev가 최연소로 지도자 자리에 취임했다.

1986년, 아이슬란드의 레이캬비크Reykjavik에서 레이건과 고르바초프가 정상회담을 열었다. 그들의 목표는 각자가 가진 핵무기 탄두를 감축하는 것이었다. 마지막 순간에 회담은 결렬됐다.

마리아스 러스트Matthias Rust라는 서독의 한 10대 소년은 '만약에 갈
등이 일어나면 우리가 첫 번째 공격대상이 될 것을 모두가 알고 있
기 때문에' 협상과정을 면밀히 주시하고 있었다(Dowling, 2017). 열
여덟 살밖에 안 된 러스트는 고색창연한 세스나Cessna 172기를 모
는 법을 배우는 항공수업을 받고 있었다. 이 비행기는 공랭식 엔진
에 날개가 동체 위에 달린 제2차 세계대전 이전의 기술을 채택한
1950년대식 모델이었다.

평화협상의 실패에 깊이 실망한 러스트는 동서 간에 은유적인 '평
화의 다리'를 놓을 계획을 생각해냈다. 그는 자신의 계획을 아무에
게도 말하지 않은 채 세스나기를 3주 동안 빌렸다. 그는 함부르크
근처에 있는 위터젠Uetersen 비행장을 1989년 5월 13일에 이륙했다.
그는 아이슬란드로 날아가서, 거기서 다음 여정의 구간을 준비했
다. 그는 고르바초프와 레이건 사이에 실패한 회담이 열렸던 호프
디 하우스Hofdi House를 방문했다. 그는 나중에 "그 방문이 여정을 이
어가야 할 동기를 부여해주었다"고 말했다.

그는 다음에 노르웨이로 향했고 소련과 가장 가깝고 가장 허술한
국경이 있는 핀란드까지 갔다.

5월 28일 다시 이륙하기 전에, 그는 당국에 제출하는 비행계획서
에 스웨덴의 스톡홀름으로 갈 것이라고 적었다. 그러나 항공교통
통제구역을 벗어난 후 그는 추적이 가능한 항공기의 무선응답기
를 꺼버린 채 소련 국경을 향했다.

그는 이내 라트비아Latvia에서 소련의 레이다 망에 잡혔다. 국경에
가까워지면서, 그는 세계에서 가장 정교한 방어시스템이 갖추어진

상공으로 들어온 것이다. 24시간 7일 내내, 침입자들을 격퇴하기 위하여 미사일과 전투기가 만반의 대비를 하고 있는 곳이었다. 그 비행대에는 음속의 세 배 가까이 빠른 뛰어난 미그^{MIG} 25기와, 5미 러 길이의 미사일이 장착된 제2차 세계대전 때의 폭격기만 한, 당 시 생산된 것 중 가장 큰 전투기인 Tu-128기도 포함되어 있었다. 러스트가 비행하던 날은 국경일인 '국경 수비대의 날'이어서 대부 분의 국경 수비대원들이 휴가 중이었다.

그럼에도 레이다는 러스트의 비행기를 포착했고, 그의 응답기가 반응을 하지 않았기 때문에 미그기가 눈으로 식별할 수 있도록 가 까이 접근했다. 그들은 러스트의 비행기가 세스나기와 비슷하게 생긴 소련 연습기인 야크^{Yak} 12기라고 보고했다. 그때 구름이 러스 트의 소재를 감췄고, 얼마 후 러스트는 다시 미그기에 포착됐다. 한 조종사가 가까이 날아와서 확인한 후, 비행기가 사실은 서독에 서 침입한 비행기라고 본부에 보고했다.

명령 계통을 따라 보고가 올라가자, 조종사의 상사들은 그 조종사 가 착오를 일으켰다고 확신했다. 서독의 비행기가 어떻게 그 모든 국경을 가로질러 올 수가 있었단 말인가?

KAL 007기 격추에 대한 부정적인 여론 때문에 소련군 사령관은 조심스러웠다. 그들은 가장 높은 수준의 명령, 즉 이 경우에는 국 방장관 세르게이 소콜로프$^{Sergei Sokolov}$가 러스트를 사격하라는 명령 을 내려주기를 원했다.

다른 지상군 사령관들은 아직도 러스트의 비행기가 야크 12기라 고 믿고 있었는데, 모스크바 근처에서 러스트는 야크 12기들이 훈련 중인 관제권 내에 들어섰다.

러스트는 오직 서독의 상점에서 산 간단한 비행지도밖에 없었다. 그래서 좀 늦은 낮에야 그는 자신이 모스크바 상공에 있음을 확인했다. 성 바실리 대성당(Saint Basil's Cathedral)의 양파 모양의 돔을 확인한 후, 그는 안전한 착륙지점을 찾았다.

그는 도시 남쪽 구역의 붉은 광장(Red Square)을 연결하는, 8차선의 볼쇼이 모스크보렛츠키Bolshoy Moskvoretsky 교에서 활주로로 쓸 공간을 찾아냈다. 평소에 그 다리는 전차 선로였지만 그날 아침 유지보수를 위해서 한 구역의 전선이 제거되어 있어서 그가 착륙하기에 적당한 공간이 되어주었다.

러스트가 착륙하자 모스크바 시민들이 비행기를 둘러쌌다. 모두가 친절했다. 영국인 의사인 로빈 스톳Robin Stott은 저녁 산책을 위해서 비디오카메라를 들고 막 호텔에서 나와 신선한 공기를 마시며 걷고 있던 중이었다. 마침 비행기 엔진 소리를 들은 그는 착륙과 그 여파를 비디오카메라에 담기 위해 상공으로 렌즈 초점을 맞췄다. 케이지비KGB 요원들이 도착했으나 다음 조치로 무엇을 해야 할지 확신을 못한 채 서로 이야기를 나누고 있었다.

그들은 결국 러스트를 체포하고 세스나 기를 검사하기 위해 근처 비행장에 가져다놓았다. 누구도 이 10대 소년이 물샐 틈 없는 소련의 방공체계를 뚫고 왔으리라고는 믿을 수가 없었다. 1년간 감옥 생활을 한 후, 러스트는 서독으로 돌아갔다.

러스트의 비행을 가능케 한 군사적 혼란상은 소련의 지도자 미하일 고르바초프로 하여금 소콜로프를 비롯한 개혁에 반대하는 강경

파들을 제거할 구실을 주었다. 페레스
트로이카perestroika라 불리는 경제혁명
과 글라스노스트glasnost라 불리는 사회
개방 같은 고르바초프의 개혁은 동력
을 얻었고, 소련은 3년 후에 붕괴됐다.
마티아스 러스트로서는 자신의 행동

러스트의 세스나 기.
지금은 독일 박물관에 전시되어 있다.

이 다른 사람들의 의식에 가져다준 영향의 전모를 전혀 알 수 없었
을 것이다. 그는 그저 자신의 생각을 따랐고, 아주 극적이어서 세
계가 주목하게 만든 개인적 성명을 발표했을 뿐이다. 그는 다시는
비행기를 타지 않았다.

러스트의 이야기는 어떻게 개인적인 일과 범지구적인 일이 하
나로 만나는지를 보여주는 한 본보기다. 지구의 스토리는 종종 한
개인의 스토리에 의해 극적으로 방향을 틀어 전개된다. 러스트가
비행한 것과 같은 해, 중국의 천안문 광장 시위에서 탱크 앞에 서
있었던 남자와 같이, 한 개인의 행동이 종종 중대한 사건의 의미를
부각시켜준다. 수백만의 사람들이 관련된 거대한 정보의 장이 한
개인의 렌즈를 통해 초점에 집중될 수 있는 것이다.

러스트의 여행에 얼마나 많은 동시성 현상이 있어야만 했는지
를 주목해보라.

• 소련 국경을 수비하는 대부분의 군인들이 국경 수비대의 날을 축하하

기 위해 외출했다.

- 첫 번째 소련 전투기가 러스트의 비행기를 소련 연습기로 오인했다.

- 낮은 구름이 대부분의 러스트의 여정을 드러나지 않게 했다.

- 소련의 비행사가 러스트의 비행기가 서독 비행기라는 것을 올바로 확인했는데도 그의 상관들은 이를 믿지 않았다.

- 남한의 민간 항공기를 격추한 것에 대한 매우 부정적인 여론 때문에 소련 당국이 조심스러워하고 있었다.

- 국방장관인 세르게이 소콜로프가 고위급 회의에 참석 중이어서 연락되지 않았다.

- 지상 관제소는 러스트의 비행기를 응답기가 고장 난 소련 연습기로 생각했다.

- 러스트는 우연히도 비슷한 비행기들이 연습하고 있는 훈련 구역 위를 날고 있었다.

- 러스트가 착륙했던 다리 위를 가로지르고 있던 전차의 선로가 그날 아침 보수를 위해 제거되었다.

- 러스트가 착륙하기 직전에 평화운동가인 로빈 스톳 박사가 신선한 공기를 마시기 위해 산책을 나가기로 결정했다.

- 마침 그때 스톳은 비디오카메라를 지니고 있었다.

- 스톳은 비행기 엔진 소리를 듣고 러스트가 착륙하기 직전에 카메라 방향을 올바로 잡을 수 있었다.

　　역사의 중대한 순간에는 동시성 현상이 많이 겹칠 수 있다. 도저히 일어날 수 없을 것 같은 많은 일들이 계속 쌓여서 미래를 특정한 방향으로 몰아간다. 위대한 사회적, 정치적, 군사적 변화의 내막을 들어보면, 그것은 종종 불가능해 보이는 무수한 동시성 사건들로 촘촘히 얽혀 있다.

우리는 세상이 안정되어 있다고 여기지만, 실제로 세상은 무척 빠르게 변해가고 있다. 1950년에 〈포춘Fortune〉지에 세계 500대 기업으로 실렸던 기업들이 오늘날에는 오직 10퍼센트밖에 남아 있지 않다. 세계에서 가장 잘 조직화되고 정보가 풍부한 조직들도 그 주위를 변화하며 소용돌이치는 우주 속에서 자신의 위치를 제대로 유지하지 못한다.

스스로 동조해가는 자연의 질서

코넬 대학의 수학자 스티븐 스트로가츠Steven Strogatz는, 스스로 동조해가는 질서를 향해 흘러가는 경향성이야말로 아원자 규모로부터 머나먼 먼 우주 끝에 이르기까지 자연계의 가장 큰 특징이라고 말한다(Steven Strogatz, 2012). 무생물인 분자부터 복잡한 생명체에 이르기까지, 저절로 생겨나는 질서야말로 온 자연의 근본 성질인지도 모른다.

스트로가츠는 물고기의 떼, 새들의 무리, 인체 내부시계 등의 동조를 예로 든다. 그는 물고기 떼와 새들의 무리를 통해 움직임의 물결이 어떻게 퍼져나가는지를 보여주기까지 한다. 거기에는 지휘자도 없고, 마스터 플랜도 없고, 수백만의 복잡한 움직임을 조종하

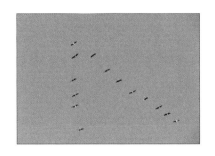

새 떼는 자발적인 동조 상태에서 움직인다.

는 슈퍼컴퓨터도 없다. 무리, 떼, 또는 세포 내에서 자연스럽게 동기화가 일어나서 조직화는 저절로 된다. 스트로가츠는, 자발적 질서는 가장 작은 것으로부터 가장 큰 것에 이르기까지 우주의 모든 차원에서 일어난다고 말한다. 그것은 원소의 초전도성으로부터 세포의 핵, 깜빡이는 반딧불이의 꼬리, 우리의 심장이 펌프작용을 하도록 신호를 주는 조직, 교통 패턴, 그리고 머나먼 우주의 가장자리에 이르기까지 확장해간다. 인간의 몸속의 시계 유전자(clock genes)는 지구의 하루의 주기와, 심지어는 가까이 있는 다른 사람들의 신체와도 동조된다.

자발적으로 일어나는 질서는 우리 세포의 기능에서도 뚜렷이 나타난다. 각 세포는 1초에 약 10만 회의 대사과정을 처리한다. 수백만의 세포 그룹들이 때로는 체내에서 서로 멀리 떨어진 채 활동을 스스로 조정한다. 그들은 이를 위해서 장(fields)을 이용한다.

장은 화학적 신호나 기계적 신호보다 훨씬 효율적인 조정방법이다. 문이 잠긴 자동차 문을 열고 싶으면 자동차로 걸어가서 열쇠를 집어넣고 돌리면 된다. 이것은 자동차 문을 여는 기계적인 방법이다. 하지만 리모컨에 있는 버튼을 누르면 훨씬 빠른데, 이것은 장을 이용하는 방법이다.

우리의 신체는 이와 비슷한 방식으로 장을 통해 소통한다.

스트로가츠는 유행, 무리 행동, 주식거래 같은 인간의 행동에

서 나타나는 공명의 사례를 제시한다. 그의 예 중의 하나가 런던 밀
레니엄 브리지[Millenium Bridge]*에서 일어난 뜻밖의 사건이다.

밀레니엄 브리지

템스강에 놓인 밀레니엄 브리지는 처음부터 경이로운 다리를 만
들겠다는 의도로 시작되었다. 2010년 6월 10일에 개통된 이 다리
는, 최근 한 세기를 통틀어 처음으로 이 유서 깊은 강을 가로질러
놓이는 다리가 되었다.

설계자는 다리의 빛나는 선을 빛의 줄기에 비교하면서 '순수한 공
학적 구조의 표현물'이라고 격찬했다. 엔지니어들은 이를 '21세기
를 여는 우리 능력의 절대적 공표'라고 불렀다. 개회식에는 수천
명의 열광적인 관람객들이 다리 위로 모여들었다.

그때 예상치 못했던 일이 생겼다. 다리가 좌우로 약간 흔들리기 시
작한 것이다.

흔들림은 갈수록 점점 더 심해졌다. 보행자들은 어쩔 줄 몰라 했
다. 그들은 다리의 움직임에 대응하기 위해 보폭을 크게 하고 성큼
성큼 걷기 시작했다. 그들은 동조된 진자처럼 왼쪽으로 갔다가 다
음에는 오른쪽으로 갔다.

---

* 영국 런던의 세인트폴 대성당과 테이트 현대미술관을 잇는 템스강의 다리.

흔들림이 더 심해지자 사람들은 최대한 빨리 다리에서 몰려나왔다. 다리는 즉시 폐쇄되었다.

세계에서 가장 뛰어난 설계에다 공학자들이 완벽하게 만들기 위해 최선을 다했는데, 왜 실패했을까?

처음에 작은 흔들림을 느꼈을 때 다리 위의 보행자들은 균형을 잡기 위해 자신들의 행동을 맞추었다. 이것이 뜻하지 않게도 그들을 서로 공명하게 만들었다. 그들은 똑같이 걷기 시작했고, 그것이 다리의 흔들림을 더 심해지게 만든 것이다.

이것은 과학자들이 창발계創發系(emergent system)라 부르는 한 예로서, 밀레니엄 브리지를 흔들리게 하는 데는 어떤 계획도 없었고 지휘자도 없었다. 그것은 공명에 대한 창발적인 반응으로서 일어난 것이다.

다리의 문제는 다리의 움직임을 완충할 제동판을 설치함으로써 곧 해결했고, 다리는 다시 개통되었다. 그러나 이 사건은 공명이 어떻게 복잡계에서 뜻밖의 결과를 촉발할 수 있는지를 보여주는 하나의 본보기로 남게 됐다.

밀레니엄 브리지

융, 창발성, 자기조직화

스스로 조직화하는 계를 처음 연구한 과학자들 중의 한 사람 은 노벨상 수상자인 일리야 프리고진Ilya Prigogine이다. 그는 카오스처 럼 보이는 것으로부터 질서가 창발될 수 있는 방식을 탐구했다. 그 의 연구는 복잡성과 카오스 이론을 연구하는 산타페 연구소(Santa Fe Institute)의 설립에 밑바탕이 되었다.

산타페 연구소의 한 연구 분야는, 창발성으로도 알려진 자기 조직화하는 성질을 지닌 계를 살펴보는 것이다. 이 성질은 계 자체 의 내부에서 비롯된 게 아니라 외부 환경의 힘에 자극받아 나타나 는 것이기 때문에 '창발성(emergent)'이라는 말로 표현된다. 연구자 스티브 존슨Stephen Johnson은 《창발: 개미와 뇌와 도시, 그리고 소프트 웨어의 연결된 삶》(Emergence: The Connected Lives of Ants, Brains, Cities, and Software)이라는 책에서 이렇게 말한다. "이런 계에서는 매개자들이 자신이 거주하는 곳보다 상위 규모에 있는 행태를 보이기 시작한 다. … 하위 수준의 룰로부터 상위 수준의 세련도로의 이동을 창발 (emergence)이라 부른다."(Johnson, 2002)

창발적 구조에는 다음과 같은 다섯 가지 특징이 있다(Corning, 2002).

- 혁신성(Radical novelty): 이들은 새로운 특성을 스스로 개발해낸다.
- 일관성(Coherence): 이들은 자신을 일정기간 동안 유지한다.
- 고도의 전일적 질서(Higher holistic order): 이들은 전일적인 성질을 보인다.

- 역동적 과정(Dynamic process): 이들은 진화해간다.
- 명백성(Apparent): 이들은 잘 감지된다.

　　창발성의 한 예는 대도시에서 이웃 관계가 두드러지게 진화되어 나오는 일이다. 같은 뜻을 가진 사람들이 모여서 자신들과 관련된 사업, 사교클럽, 학교, 종교 단체 등을 조직한다. 이 과정은 법이 설정하고 위원회가 계획하는 하향식의 통제시스템에 저항적이며, 유기적이고 상향식이다.

　　이런 종류의 '창발적인 지능'은 의식 없이, 그리고 변화하는 자극에 대한 반응으로서 조직화된다. 창발계는 정보를 소화하고 반응하면서 새로운 패턴에 적응하며 자기조직화한다. 물리학자 도인 파머Doyne Farmer는 "이것은 마법이 아니지만 마법처럼 느껴진다"고 말했다(Corning, 2002).

　　창발성에 관한 텔레비전 프로그램인 〈노바 사이언스Nova Science〉는 개미 집단의 예를 보여준다. "개미는 정신적 능력으로는 대단하지 않고 전체 그림을 볼 줄도 모른다. 그럼에도, 예컨대 가장 강한 페로몬 흔적을 따르고, 공격받을 때 무슨 일이 있어도 여왕을 지키려고 하는 등의 단순한 행태로부터 창발성의 고전적인 본보기가 출현한다. 이 집단은 주변 환경을 탐험하고 개척하는 비상한 능력을 보여준다. 그리고 상

개미들은 창발적 행태의 본보기를 보여준다.

당히 넓은 지역에 존재하는 식량자원, 홍수, 적들, 그리고 그 밖의 다른 현상들을 파악하고 대처한다. 개체 개미들은 며칠 또는 몇 개월이 지나면 죽어버리지만, 전체 집단은 시간이 갈수록 더욱 안정되고 조직화되면서 수년 이상 살아남는다."(Nova, 2007)

융의 동시성 현상이라는 개념은 스스로 조직화하는 계라는 개념을 심리학에 적용한 본보기다. 동시성 현상은 개인의 경험과 뇌와 장(field)과 환경이 지닌 창발성을 반영하고 있다(Hogenson, 2004). 융학파의 연구자인 조셉 캠브레이는 이렇게 말한다. "특히 인간의 영역에서는 일상적인 개인의 의식에는 창발적 현상이 ─ 불가사의한 우연의 일치라고 할지라도 ─ 의미 있는 것으로 보일 수 있다. 동시성 현상은 일종의 참된 자아(the Self)의 창발로 받아들여 탐사해볼 수 있고, 그것은 하나의 개체 인간으로서 심리적으로 성숙해가는 과정에 핵심적인 영향을 끼친다."(Cambray, 2002)

산타페 연구소의 연구원들은 진화를 위해서는 자기조직화하는 계가 자연선택만큼이나 중요할 수 있다고 주장한다. "생명과 그 진화는 언제나 자발적인 질서와, 그 질서를 가다듬어주는 자연선택의 협동에 의존해왔다."(Kaufman, 1993)

융은 1959년에 친구이자 철학자인 에리히 노이만Erich Neumann에게 이런 편지를 보냈다. "이 같은 우연의 소용돌이 속에서 알려진 자연의 법칙을 따라, 혹은 거슬러 작동하면서, 어떤 원형적인 순간에 우리의 눈에는 기적처럼 보이는 통합을 일궈내는 동시성 현상이 아마도 작용하고 있었을 것이다. 여기에는 의식이 인지할 수 있는,

만물 속에 잠재해 있는 의미뿐만 아니라 그 전의식(preconcious)[*]의 과정에, 물리적 사건이 공교롭고도 의미심장하게 동반되는 어떤 심리적 작용도 전제된다."(Jung, 1975)

캠브레이는 이렇게 결론짓는다. "의미심장한 우연이란, 이미지와 경험을 짜맞추어 상상하지 못했던 형상으로 지어냄으로써 개인과 집단의 정신 양쪽 모두의 진화에 박차를 가해주는 심리적 상징물이다."(Cambray, 2009)

동시성 현상은 우리가 사람으로서, 사회로서, 그리고 한 종種으로서 성장하고 진화해가는 과정의 일부다.

9월 11일의 동시성 현상들

대부분의 사람들과 마찬가지로, 나는 2001년 9월 11일에 내가 어디에 있었는지를 기억하고 있다. 나는 어린 두 아이와 캘리포니아 주의 게르네빌Guerneville에 있는 한 오두막에서 살고 있었다. 내가 TV를 잘 보지 않는다는 것을 알고 있는 전처가 전화를 해서, TV를 켜보라고 했다. 나는 공포에 싸인 채 두 번째 제트기가 타워 건물에 충돌하여 건물이 붕괴되는 광경을 보았다. 수백만의 다른 사람들과 함께, 나는 우리가 알고 있던 세계도 함께 무너져내리는 느낌

을 느꼈다.

타워에서 사망한 사람은 6,000명이 넘을 것으로 추산됐다. 이 숫자는 첫 번째 제트기가 충돌했던 오전 8시 46분경 두 개의 타워에서 평상 시 일하고 있었을 사람들의 수를 계산해본 리포터에게서 나온 숫자다. 거의 2주 후, 사태가 진정되었을 때 뉴욕 경찰청이 추산한 공식 사망자 수는 6,659명이었다.

그러나 수개월이 지나고 사연들이 공개되는 동안 숫자는 계속 줄어들었다. 그리하여 최종사망자 수는 2,753명이 되었다. 이것은 처음에 추산했던 숫자의 절반도 안 되는 수이다. 숫자의 이처럼 크게 어긋난 이유는 무엇으로 설명할 수 있을까?

대피 노력이 매우 성공적이었다는 것이 부분적인 답이 될 수 있다. 충돌 지점 아래쪽에서 일하던 사람들의 대부분은 피신할 수 있도록 조치가 취해졌다. 그러나 그날 아침 충돌 지점 위쪽에서 책상 앞에 앉아 있기로 되어있던 많은 사람들은 그 자리에 없었다. 그들은 어디에 있었을까?

〈유에스에이 투데이USA Today〉지의 세밀한 분석에 의하면, "많은 회사들이 충돌 후에 직원 수를 세어보았다. … 50개가 넘는 층에 대해 집계한 결과는 빌딩이 거의 절반 밖에 차지 않았음을 가리키고 있다."(Cauchon, 2001)

그날 아침 세계무역센터에 사람이 많이 들어와 있지 않았던 데는 여러 가지 이유가 있다. 생존자들과 이야기를 해보면 어떤 사람들은 직감, 꿈, 또는 예지를 통해 경고를 받았다고 말한다. 다른 사람들은 혼잡한 열차나 가족문제 때문에 뜻하지 않게 늦었다고 했다.

레베카 자반쉬르-웡Rebeka Javanshir-Wong은 에너지심리학 시술가다.
그녀의 남편은 비행기가 충돌했을 때 거기에 없었던 사람들 중의
하나였다. 그녀의 이야기는 이렇다.

"2번 타워에서 일했던 내 남편도 평소와는 다른 일정이 생겨서 평
소보다 늦게 출근했는데, 비행기가 충돌했을 때 그는 사무실로 출
근하는 중이었다.

그의 회사는 말레이시아로부터 두 명의 젊은 사원을 연수에 초청
했다. 그들은 전날 밤에 도착했는데, 그들은 이번이 미국 첫 방문
이었기 때문에 남편은 그들을 다른 동료들과 함께 저녁식사에 데
리고 갔다가 식사 후에 트윈 타워 근처, 회사가 그들을 위해 임대
한 아파트에 자리 잡는 것을 도와주었다. 두 사람이 큰 시차 때문
에 피로하리라는 것을 알기에 쉴 시간을 주기 위해 다음 날 아침에
는 모두가 늦게 출근하기로 했다."

이 늦은 출근이 그들 모두의 생명을 구해준 것이다.

유명인들은 종종 일정이 공개되어 있기 때문에 그들의 출발과 도
착은 추적하기가 쉽다. 세계무역센터에 일정이 있었는데 실제로
는 그 장소에 없었던 많은 유명인들의 사연도 있다. 그들의 사연은
다음과 같다.

- 요크의 공작부인(Duchess of York)인 사라 퍼거슨Sarah Ferguson은 자
  선행사로 101층에 가기로 되어 있었다. 그녀는 일정이 늦어져서
  비행기가 충돌한 오전 8시 46분에 아직도 NBC 방송과 인터뷰를
  하고 있었다.

- 배우 마크 월버그Mark Wahlberg는 친구들과 함께 아메리칸 에어라인 11호를 타기로 되어 있었는데 마지막 순간에 계획을 바꾸어 비행기를 따로 빌렸다.

- 배우이자 프로듀서인 세스 맥팔레인Seth McFarlane도 아메리칸 에어라인 11호에 예약이 되어 있었다. 그런데 그의 여행사 직원이 출발시간을 잘못 알려주어서 그는 게이트가 닫힌 다음에 도착했다.

- 여배우 줄리 스토퍼Julie Stoffer는 남자친구와 싸우는 바람에 그 비행기를 놓쳤다.

- 타워 꼭대기에 있는 레스토랑 '윈도우 온 더 월드Window on the World'의 수석 셰프인 마이클 로모나코Michael Lomonaco는 첫 번째 비행기가 충돌하기 30분 전에 일터로 올라가는 중이었다. 그는 12시에 로비에 있는 안경점에서 안경을 고치기로 예약을 했었는데, 다시 내려가서 그들이 좀더 일찍 고쳐줄 수 있을지를 알아보기로 했다. 그 30분의 지연이 그의 생명을 구했다.

- 세계무역센터에 세 들어 있던 부동산 개발업자 래리 실버스타인Larry Silverstein은 그날 아침 피부과에 예약이 되어 있었다. 그는 예약을 어기고 직장에 출근하기로 마음을 먹었는데, 그의 부인이 그를 설득하여 의사를 만나게 했다.

- 올림픽 수영선수인 이안 소프Ian Thorpe는 세계무역센터의 전망대까지 조깅하러 나와 있었는데, 카메라를 잊고 온 것을 깨닫고 호텔 방으로 돌아갔다. 호텔 방에서 TV를 켰을 때, 그는 북쪽 타워에 불이 난 것을 알았다.

- 회사 중역인 짐 피어스Jim Pierce는 남쪽 타워 105층에서 열리는 회

의에 참석하기로 되어 있었다. 그러나 전날 저녁 주최 측에서 회의 장소에 비해서 너무 많은 사람이 참석하기로 한 것을 알고는 장소를 길 건너편에 있는 밀레니엄 호텔로 변경했다. 피어스는 나중에 원래의 회의 장소였던 컨퍼런스 룸에 있었던 사람들 열두 명 중 열한 명이 비극적으로 사망했다는 소식을 들었다.

• 라라 런드스트롬Lara Lundstrom은 로워 맨해튼Lower Manhattan 거리에서 롤러 블레이드를 타다가 신호등 앞에 서 있는 은색 벤츠 SUV 운전석에 여배우 기네스 펠트로Gwyneth Paltrow가 앉아 있는 것을 보았다. 라라는 멈추어서 그녀와 몇 분간 이야기를 나눴다. 이 때문에 그녀는 남쪽 타워로 가는 열차를 놓쳤고, 그래서 77층의 자신의 사무실에 없었다.

때로는 카메라를 잊었다든지 시차 혹은 여배우와의 우연한 만남이나 안경수선 같은 사소한 동시성 현상이 우리의 삶에 아주 큰 결과를 가져온다. 9. 11 테러 같은 큰 사건은 많은 동시성 현상을 낳는 것 같다. 아니, 어쩌면 지구적인 규모의 사건이 그것을 극적인 것으로 만들어놓을 때 비로소 우리의 눈에 띄는 것인지도 모른다.

동시성 현상은 과학이다

동시성 현상은 처음 대할 때는 아주 신비로워 보이지만, 곧 그 배후에 탄탄한 과학적 이치가 존재함이 드러난다. 자발적 질서는 원자로부터 은하계에 이르기까지, 살아 있는 계에서 생겨난다. 우리의 뇌는 우리가 살고 있는 지구와 동일한 주파수에 동조되어 있다. 우리는 꿈, 무아경, 명상, 최면, 깨달음 같은 변성된 의식 상태에서 국소적인 감각 저 너머에 있는 비국소적 정보의 장에 접속하기를 즐긴다.

장(fields)은 지구와 우리의 몸을 포함하여 온 우주에 속속들이 스며들어 있다. 슈만 공명과 뇌파처럼 큰 것과 작은 것 사이에 공명이 일어나면 큰 것과 작은 것이 동시에 발화할 수 있다. 신체가 장에 동조되면 둘 사이에 쌍방향 소통이 일어난다. 정보가 마음과 물질을 포함한 모든 차원의 현실을 관통하여 이모스피어(감정권)와 사이코스피어(정신권)와 마그네토스피어(자기권)에 스며든다. 이것이 신비로워 보이는 동시성 현상의 모든 조각들이 동시에 퍼즐처럼 맞추어질 수 있는 이치다.

20세기 초, 양자 시대 초창기의 위대한 과학자들은 우리 인간의 국소적인 마음이 그 안에서 작동하는 거대한 장의 존재를 인식하고 있었다. 아인슈타인은 이렇게 말했다. "과학의 길을 진지하게 추구하는 모든 사람은 인간보다 엄청나게 우월한 어떤 정신이 우주의 법칙 속에 현현해 있음을 확신하게 된다."(Calaprice, 2002).

양자물리학의 창시자인 막스 플랑크Max Planck는 이렇게 말했다. "모든 물질은 오로지, 원자 입자들을 진동하게 하고, 원자라는 이 가장 미세한 태양계가 한데 뭉쳐 있게 만드는 힘으

사이코스피어

로부터 비롯하고 존재한다. … 우리는 이 힘의 배후에 의식과 지능을 지닌 마음(Mind)의 존재를 상정해야만 한다."(Braden, 2008). 아원자로부터 엄청난 규모의 은하계에 이르기까지 물질의 작용을 깊이 탐구해 들어갈수록, 과학자들은 그 전체를 동시에 안무하고 있는 힘의 존재를 감지하게 된다.

우주적 장의 송수신기인 뇌

회의론자들과 물질주의자들의 관점은, 마음이 뇌 '속에' 존재한다는 것이다. "마음은 뇌의 작용이다." 그들은 마음이 뇌의 부수현상, 뇌의 소산물이라고 믿고 있다. 이 이론에 따르면, 뇌가 진화하여 더 커지고 복잡해지면서 마음이 생겨났다. 충분한 수의 신경세포가 함께 발화하면 그것이 의식이라는 이 가공물을 만들어낸다. DNA 이중나선의 공동발견자인 프랜시스 크릭Francis Crick은 다음처럼 요약했다. "사람의 정신적 활동은 완전히 신경세포와 교세포(glial cells), 그리고 그것을 구성하면서 그것에 영향을 미치고 있는 원자와 이온과 분자들의 행동으로부터 비롯되어 나온 것이다."(Crick & Clark, 1994)

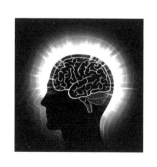
복잡한 뇌가 의식을 낳는다는 이론은 과학의 뒷받침을 받지 못하고 있다.

그러나 의식이 뇌 '속에서' 살고 있다는 이론을 지지하는 증거는 없다. 케임브리지 행동연구센터(Cambridge Center for Behavioral Studies)의

한 문헌 연구는 "뇌 중심적 의식 이론은 극복할 수 없는 난관에 직면해 있는 것 같다"고 말한다(Tonneau, 2004). 그러나 당장의 증거 결여에도 불구하고, 물질주의적 회의론자들은 과학이 결국은 그 공백을 메워줄 것이라고 장담한다.

노벨상 수상자인 신경생리학자 존 에클스John Eccles는 이를 '물질주의의 기약'(promissory materialism)이라 불렀다. 그는 이렇게 말한다. "합리적 근거 없는 미신… 자신의 종교를 자신의 과학과 혼동하는 교조적 물질주의자들의 종교적인 신념… 그것은 메시아 예언의 모든 특징을 갖추고 있다."(Dossey, 2009)

한편, 의식이 뇌의 외부에 존재한다는 증거는 얼마든지 있다. 마음은 뇌 안에 갇혀 있는 것처럼 행동하지 않는다. 그리고 인간의 두개골 속에 갇혀 있는 국소적 마음으로는 설명될 수 없는 비국소적 의식의 경험 사례는 무수히 많다.

감각의 울타리 너머에 있는 의식

변성된 상태에서 우리의 의식은 감각의 경계 저 너머로 갈 수도 있고, 국소적 마음이 닿을 수 없는 곳으로부터 오는 정보를 얻을 수도 있다. 지난 수십 년 동안 임사체험(NDEs)이나 유체이탈(OBEs)과 같은 변성된 상태에 대한 과학논문이 10여 편 발표됐다(Facco & Agrillo, 2012). 의학적으로 사망한 사람만이 임사체험을 할 수 있는데, 임사체험 사례의 37퍼센트는 보고자가 죽음에 가까이 다가가지 않은 경우였다(Clark, 2012).

　　이런 체험들에는 공통적인 어떤 특징이 있다. 유체이탈이나 임사체험을 한 사람들은 자신의 물리적 신체를 실제로 떠났던 감각을 이야기한다. 그들은 모든 감각기능을 발휘했고, 때로는 감각기능이 매우 높아져 있었다. 그들은 자유롭게 움직였고 행복을 느꼈다. 그들은 수술실 캐비닛 위의 물건이나 근처 건물의 옥상, 또는 그 자리에 없었던 가족들 같은, 평소에는 볼 수 없었던 것을 볼 수 있었다. 그들은 수술실에 있는 사람들의 생각을 알 수도 있었고, 자신이 전신마취 중일 때 사람들이 나눴던 대화의 자세한 내용을 정확하게 이야기했다.

　　임사체험이나 유체이탈로부터 돌아오면 그들은 변화한다. 그들은 죽음을 두려워하지 않게 되고, 자비롭고 사랑에 찬 우주를 믿게 된다. 그들은 자신이 경험했던 것에 대한 확신을 지니고 있다.

　　《두뇌 전쟁》(Brain Wars)이라는 책의 저자인 마리오 보르가드 Mario Beauregard 박사는 뇌 기능이 일종의 필터 같은 역할을 한다고 믿는다. 각 개인의 의식은 무한한 인식의 전지한 상태 속에 존재한다.

유체이탈이나 임사체험은 사람을 변화하게 만든다.

이것은 임사체험과 유체이탈 시의 특징이기도 하다. 하지만 그 무한한 마음의 상태가 뇌에 의해 육신 속에서 존재하기에 적절한 경험으로 여과되는 것이다(Beauregard, 2012).

　　케네스 링Kenneth Ring 박사와 샤론 쿠퍼Sharon Cooper는 태어날 때부터 맹인이었던 사람들의 임사체험을 연구했다(Ring & Cooper, 2008). 그 결과는 육신을 초월하는 의식의 존재에 대한 매우 강력한 증거를 제공해 준다. 이 사람들은 전혀 볼 수가 없었던 사람들이기 때문이다. 전에 본 적이 있는 물건과 사람들을 묘사하는 건강한 임사체험자와는 달리, 맹인들에게는 그런 참조의 틀이 아예 없다.

앞이 보이게 된 맹인 여성

임사체험을 이야기하는 맹인들은 자신이 전혀 본 적이 없었던 대상들에 대해 상세히 묘사한다. 비키 우미페그Vicki Umipeg라는 45세 여성도 그와 같은 경험자인데, 그녀는 출산 시에 산소 과잉투여로 인해 시신경이 모두 파괴돼버렸다. 그녀는 말했다. "나는 꿈에서조차도, 검은색조차도, 아무것도 보이지 않는다."

그녀는 어느 날 교통사고를 당하여 응급실로 이송되었다. 그녀는 자신이 자신의 몸 위에 떠 있음을 인식하고 있다는 것을 발견했다. "나는 병원에서 일어나고 있는 일을 내려다보고 있는 자신을 발견하고 깜짝 놀랐다. 여태껏 한 번도 눈앞이 '보인' 적이라곤 없었기 때문이다." 비키는 마음이 혼란스러워서 자신이 내려다보고 있는 그 몸이 자신의 몸인지를 알기가 힘들었다. "나는 몸속에 있지 않았으니까 결국 그것이 나의 몸이라는 것을 알 수 있었다."

나중에 비키는 의식이 없는 자신의 몸을 내려다보며 작업을 하고 있던 의사와 간호사들에 대해 묘사할 수 있었다. 그들이 하는 말도 들렸다. "그들은 '살릴 수가 없어'라는 말을 반복했다. 나는 몸에서 멀찍이 빠져나와 있는 듯 느꼈고, 그들이 왜 그렇게 힘들어하는지를 이해할 수 없었다. 나는 아름다운 풍경 소리를 들으며 천정을 지나 위로 올라갔다. 거기서 나는 빛으로 만들어진 나무와 새와 사람들을 볼 수 있었다. 나는 빛이 어떤 것인지 상상도 하지 못했기 때문에 그 광경에 압도됐다. 그곳은 모든 지식이 있는 장소 같았다. 다음 순간 나는 극심한 통증과 함께 몸속으로 돌아왔다."

비키는 또한 자신의 반지에 새겨진 무늬 같은, 한 번도 볼 수가 없었던 물건의 모양을 상세하게 묘사할 수 있었다. "나는 오른손 약지에 평범한 금반지를 끼고 있었고, 그 옆 손가락에는 아버지의 결혼반지를 끼고 있었던 것 같다. 하지만 내 결혼반지는 확실히 보았는데… 그건 너무나 독특해서 가장 눈에 띄었다. 반지의 한쪽에는 오렌지 꽃이 새겨져 있었다." 나중에 비키는 이 경험을 이렇게 말했다. "그것은 내가 본다는 것과 빛이 어떤 것인지를 말할 수 있었던 유일한 순간이었다. 그것을 경험해봤기 때문이다."

1,300년 전에 쓰여진《티베트 사자의 서》(Tibetian Book of Dead)는 비국소적인 의식 상태를 묘사한다. 바르도bardo 상태라 불리는, 삶과 죽음 사이의 세계에서 중음체中陰體는 감각기관의 매개 없이 세계를 지각할 수 있다. 중음체는 임사체험이나 유체이탈을 한 사람들이 묘사했던 의식과 마찬가지로, 견고한 물체를 통과하여 지나갈 수도

있고 일순간에 우주의 어떤 곳으로도 여행할 수 있다.

인도의 베다 철학은 위대한 비국소적 우주의식이 우리 각자의 내면에 반영되어 있다고 말한다. 비유하자면 양동이의 물속에 태양이 떠 있는 것과 같다. 서로 다른 양동이가 많이 있어도 그 모든 양동이 속에는 동일한 태양이 떠 있다.

비국소적 의식은 '초자연적(para-normal)' 또는 '심령적(psychic)'이어서 이런 현상들에 대한 연구는 전통과학의 범위 밖이라는 신념은 최근에 와서야 생긴 것이다. 수천 년 인류 역사상 대부분의 시대에 샤먼은 부족의 특수한 구성원이었다. 그런 사람들은, 국소적인 의식의 세계와 비국소적인 마음의 세계 사이를 '다니면서' 일상적 의식세계 너머로부터 지식과 치유의 힘을 가지고 온다고 믿어졌다 (Eliade, 1964).

샤먼들은 동물이나 국소적 의식의 세계 밖의 존재들과 교감할 수 있었고, 흔히 비국소적 우주로부터의 메시지를 전해주는 꿈이나 계시를 보는 능력을 지니고 있었다. 그러던 것이 오직 최근에 와서야 꿈이나 신비적 무아경, 자연과의 합일경, 임사체험, 유체이탈과 같은 변성 상태가 정상적인 인간의 경험이 아닌 것으로 여겨지게 된 것이다.

임사체험과 유체이탈은 사람을 변화시켜놓을 수 있다. 존(John)은 고학력의 아프리카 출신 미국인 동성애자인데, 에이즈 진단을 받은 후 절망

샤먼은 국소적 세계와 비국소적 세계 사이를 오간다고 여겨진다.

의 나락으로 떨어졌다. 그러다가 에이즈 환자에 대한 연구에 참여하게 되면서, 그는 자신의 편견과 고통을 초월하여 절망에 빠져 알코올중독이 된 한 백인을 돕고 있는 자신을 발견했다. 그 바로 직후에 그는 유체이탈을 체험했다. 다음은 그가 이야기하는 자신의 체험담이다(Church, 2013).

아무도 신을 독점할 순 없다

"나는 내가 내 몸 위에 떠 있는 것을 느꼈다. 그리고 공중에 뜬 채아래를 내려다보다가 발견한 그 광경은 결코 잊을 수 없을 것이다. 그건 말라비틀어진 자두 같았다. 한갓 건조된 자두처럼 말라비틀어진 늙은 피부. 그리고 내 영혼은, 내 정신은 그 몸 위에 떠 있었다. 만사가 나와는 상관없는 것 같았다. 나는 그저 다른 차원에 있는 것처럼 느껴질 뿐, 몸속에 바람이 훅 지나가는 것처럼 느껴졌다. '하나님! 저는 아직 목적을 다하지 못했으니 지금 죽을 수는 없어요'라고 말했던 것이 기억난다. 그렇게 말하자마자 영혼과 몸이 합체되면서 모든 것이 제자리로 돌아왔다. 바람이 훅 지나가는 듯한 느낌이 들었고, 나는 다시 온전한 사람이 되었다.

그것은 정말로 경천동지할 체험이었다. 에이즈 양성 환자가 되기 전의 나의 믿음은 순전히 두려움에서 나온 것이었다. 나는 언제나 어디엔가 속해 있고 그 자리에 적합한 존재로서 사랑받는 느낌을 갖기를 원했다. 내가 신에 대한 두려움과 변화에 대한 두려움을 극복하도록 도와준 것은, 누구도 신을 독점할 수는 없다는 깨달음이었다. 나는 나 자신의 온갖 파괴적인 행동들을 영적인 소망으로 바꿔놓기 시작했다. 하나님께 가까이 다가가고 싶어하는 소망, 나 자신을 사랑하려는, 조건 없는 사랑을 정말로 받아들이고자 하는 소망을 품게 된 것도 나에게 일어난 큰 변화라고 생각한다."

에이즈 환자에 대한 연구를 통해, 우리는 사랑하는 신이나 자비로운 우주를 믿는 사람들이 죄를 벌하는 신을 믿는 사람들보다 훨씬 더 건강하다는 사실을 발견했다(Ironson 등, 2011). 그리고 병의 진단 후에는 종종 위기와 영적인 돌파가 따른다는 것도 밝혀냈다.

마음은 뇌 속에 들어 있는가?

컴퓨터의 그림이 화면 속에 들어 있지 않은 것과 마찬가지로, 마음은 뇌 속에 들어 있지 않다.

당신이 TV를 켜서 코미디를 볼 때, 그 쇼가 당신의 TV 스크린 속에 들어 있는 것은 아니다. 당신의 TV와 코미디 장면 사이에는 분명히 밀접한 상관관계가 있다. 만일 스크린이 깨졌다면 당신의 TV는 코미디를 제대로 보여주지 못할 것이다. 하지만 그것이 곧 코미디의 존부가 당신의 TV 스크린에 달려 있다는 뜻은 아니다. 그

코미디 쇼는 당신의 TV 스크린과 그것의 기능 여부와는 상관없이 독자적으로 존재한다.

뇌와 마음의 연구를 지켜보는 많은 전문가들도, 뇌도 이와 비슷한 방식으로 기능한다고 말한다(Kelly, 2011; Dossey, 2013). 당신의 TV 스크린이 코미디를 담은 신호를 잡아 보여주는 수신기인 것과 마찬가지로, 뇌도 마음의 수신기다. 마음과 의식은 스크린과 상관없이 독자적으로 존재한다.

연구결과는 의식이 뇌 속에 들어 있지 않음을 보여준다. 심장수술실에서의 임사체험을 연구한 브루스 그레이슨Bruce Greyson 박사는 이렇게 결론짓는다. "임사체험의 모든 공통적 특징을 하나의 생리학 모델이나 심리학 모델만으로 설명할 수는 없다. 명확한 임상적 사망 시간 동안에 일어나는 분명한 감각과 복잡한 지각의 인식은 의식이 전적으로 뇌 속에 들어 있다는 생각에 이의를 제기한다."(Greyson, 2003) 의식은 국소적 자아 너머 멀리까지 확장해나간다. 그리고 뇌는 그것을 당신의 일상적 경험으로 변역해주는 수신기와 같다.

초상적 상태에서 우리는 더 이상 국소적 현실에 매여 있지 않다.

일상의 깨어 있는 상태에서 의식은 국소적 현실에 단단히 고정되어 있다. 차를 몰고 출근할 때, 또는 아이가 출전하는 야구게임을 보거나 강아지와 산책하거나 소득세 신고서를 작성할 때, 당신의 마음은 국소적 현실에 집중한다. 당신이 '나'로 인식하는 그것이 차를 몰고, 신호등을 보고, 주위의 자동차를 인식하고 있다. 비국소적 장은 여전히 거기에 있지만 당신의 마음은 그것에 맞추어져 있지 않다.

반면에 꿈, 무아경, 명상, 신비적 황홀경, 또는 최면과 같은 초상적 상태에서 우리의 의식은 더 이상 국소적 현실에 매여 있지 않다. 우리는 몸이나 국소적인 자아의 느낌과 자신을 동일시하기를 잊어버린다. 바르도 상태에 있는 영혼처럼, 우리는 국소적 현실의 속박에서 해방되어, 우주의 먼 곳으로도 즉시 이동할 수 있다.

우리가 밤에 꾸는 꿈과 같은 일부 초상적 상태들은 그리 특별하지 않은 일상적인 경험이다. 그 밖에도 깊은 숲속에서, 혹은 바닷물에 발을 담그고 물을 튀길 때 마음이 선명히 깨어나서 자연과 일체감을 느끼게 되는 것 등도 초월적인 경험이다. 그럴 때 우리의 국소적 자아의 느낌은 문득 사라져버리고, 우리는 존재하는 모든 것과 하나임을 느낀다. 신비적인 상태에서는 국소적 자아의 경계가 없어지고 우주와 하나가 된다.

국소적 현실과 비국소적 현실 사이의 가교인 뇌

뇌는 또한 국소적 현실과 비국소적 현실 사이를 이어줄 수 있다. 뇌는 우리가 비국소적 마음에 참여하도록 생물학적인 닻을 제공해줄 뿐만 아니라, 주위로부터 오는 정보를 끊임없이 처리한다.

이 정보의 흐름은 양방향이다. 백일몽에 빠져서 의식이 몸을 멀리 떠나 있을 때도 창문 밖에서 자동차 경적 소리가 나면 놀라서 주의가 얼른 현재로 돌아온다. 밤중에 깨어 있는 의식의 울타리 너머 먼 곳으로 여행하는 꿈을 꾸다가도, 타는 냄새가 나면 뇌는 위험을 경고하여 우리를 서둘러 지상으로 돌아오게 한다.

우리의 뇌는 바깥 세계로부터 정보를 받아서 마음에게 전달한다.

외부세계에 관여하고 해석하는 뇌의 능력은 인간인 우리의 기능의 핵심이다. 하지만 모든 주의를 바깥 세계와, 머릿속을 맴도는 국소적인 생각에만 쏟고 있으면 비국소적인 마음과 연결되어 황홀경을 맛보는 기회를 놓칠 수 있다. 국소적인 의식과 현상에만 몰두한 인간의 경험은 주어진 의식의 한 귀퉁이밖에 맛보지 못하는 궁색한 경험이다.

최근의 연구는 대규모의 장이 지구 주위에 존재해서 그것이 인간의 의식을 동조시키고, 동시에 인간의 의식으로부터 영향을 받

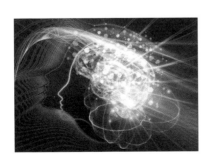

뇌는 국소적 현실과 비국소적 현실의
사이를 이어준다.

는다는 것을 보여준다(McCraty & Deyle, 2016). 인간의 뇌는 이같은 대규모의 비국소적 장들과 개인의 의식 사이의 믿을 만한 생물학적 매개체여서, 국소적 존재와 우주적 존재 사이를 이어주고 있다.

주파수 선택하기

우리는 마음을 동조시킬 주파수를 선택할 수 있다. 스트리밍 streaming 서비스[*]를 하고 있는 수백만 개의 음악 방송을 마음대로 고를 수 있는 것처럼, 언제든지 고를 수 있는 수백만의 비국소적 신호가 넘쳐난다.

이런 신호의 일부는 두려움의 신호이고, 또 어떤 것은 사랑의 신호다. 우리는 무한히 다양한 신호들 중에서 하나를 골라서 우리의 국소적 마음의 수신기를 거기에 동조시킬 수 있다.

우리는 우리의 의식을 의식적으로 동조시킴으로써 멋진 경험을 선택할 수 있다. 그러면 그것은 어쩌다 요행수로 경험하게 되는 것이 아니라 하나의 기본 설정이 된다. 하루를 우주와 조화된 느낌으로 살지 말지를 우연에 맡기지 않고, 아침에 일어나면 명상을 하기로 결정할 수 있는 것이다. 스트레스를 받을 때도, EFT 두드리기를 통해 흐트러진 감정의 균형을 회복시킴으로써 더 넓은 시야를 회복하는 힘을 유지할 수 있다.

우리는 자연에서 좋아하는 장소를 가거나 마음을 황홀하게 고양시켜주는 음악을 듣기로 결정할 수 있다. 뉴스를 끄고, 그 대신 영감을 주는 강사의 말과 에너지에 주의를 기울이도록 방송 채널을 돌릴 수도 있다. 우리는 일상의 국소적 현실로부터 우주심宇宙心의

---

[*] 인터넷상에서 음성이나 동영상 등을 실시간으로 재생하는 기술이다. 이 기술을 이용하면 컴퓨터의 주기억 장치와 주변 장치 사이에서 데이터를 주고받을 때 기다릴 필요가 없고 비디오, 오디오 자료처럼 데이터 용량이 큰 것도 제약을 받지 않고 보거나 들을 수 있다.

고아한 비국소적 신호로 주의를 돌리도록 의식적으로 결정할 수 있는 것이다.

이것을 실천하기로 마음먹는 것이, 초월적 상태로 들어가기 위해 마음을 의도적으로 사용하는 것이다. 그런 초월적 상태는 우연히 마주친 행복한 일이 아니라 우리가 의도적으로 설정한, 업그레이드된 생활습관이다.

해변의 지폐

꿈속에서, 나는 발표를 하고 있다. 강당은 컴컴하다. 그러나 어둠 속에서, 그리고 실시간 스트리밍을 통해서 수백만 명의 청중이 열심히 듣고 있다. 나는 파워포인트 프레젠테이션을 하고 있다.

마지막에서 두 번째 슬라이드는 어떤 입구를 보여준다. 입구 양쪽에는 큰 나무 기둥이 서 있다. 가운데에는 위가 톱니 문양으로 장식된 노란 간판이 달려 있는데 '행복 대학교'라고 적혀 있다.

나는 청중에게 그들 모두가 거기에서 살 자격이 있다고 말한다. 그들을 막을 것은 아무것도 없다. 아니, 거의 없다. 나는 마지막 슬라이드로 넘어간다.

그것은 입장권인데 '1인 표'라고 적혀 있다.

나는 그들에게 이 표를 얻기 위해서는 대가를 지불해야만 한다고 말한다. 입장료는 그들의 고통이다. 원자 한 톨만큼의 고통이라도 가지고 있으면 표를 얻을 수 없다. 표를 사려면 한 톨의 고통까지도 완전히 버려야만 한다. 그렇게 하면 들어갈 수 있다.

이 표로는 오직 한 사람만 입장할 수 있다. 사랑하는 사람도 데리고 들어갈 수 없다. 그들은 표를 살지 말지를 스스로 결정해야만 한다. 각자는 들어가기 위해서 자신의 고통을 스스로 버려야만 한다. 다른 사람을 위해서 당신이 그것을 해줄 수는 없다.

그것이 꿈의 끝이다. 나는 내 마음에 새겨진 이미지와 함께 깬다.

이것이 내가 이 책의 집필을 마쳤던 날 꾼 꿈이었다. 집필 과정의 모든 부분이 동시성 현상들로 수놓여 있었다.

지난 섣달 그믐날 저녁, 새해를 위한 나의 기도는 깊은 명상 상태에 들어갈 수 있는 능력을 얻는 것이었다. 보통은 마음속의 지껄임을 가라앉히는 데만 한참의 시간이 걸리므로, 나는 마음을 가라앉히는 데 시간을 많이 허비하지 않고 곧바로 다이빙해 들어갈 수 있게 되기를 원했다.

수 주 내에, 그것은 현실에서 일어나기 시작했다. 나는 신속히 마음을 조율할 수 있게 되었다.

두 달 후, 나는 강연을 끝내고 학회장에서 나와 휴식을 취하며 샌디에이고 해변을 산책했다. 나는 마음과 물질을 이어주는 과학적 증거에 관한 책을 쓴다는 아이디어에 몰두해 있었다. 하지만 이미 반쯤 마친 다른 집필건도 있고 다른 할 일도 너무 많았는 데다 책을 낼 출판사조차 아직 정해지지 않았다. 이 일을 계속 진행할 이유보다는 하지 않을 이유가 훨씬 더 많았다.

쌀쌀한 겨울날이었다, 그래서 아내 크리스틴은 차에 가 있기로 했

해변의 지폐

다. 나는 책에 관한 아이디어와 씨름
하면서 2킬로미터 정도를 천천히 걸
었다. 아이들과 개들과 연을 피하면
서 걸었는데, 그들은 추위도 아랑곳
하지 않고 모두 밖에 나와서 힘차게
뛰어다녔다. 마음이 어지러워서, 나
는 하나의 선명한 신호를 보내주기를
우주에 요청했다.

그래도 이렇다 할 계시가 없어서 나
는 차 있는 곳을 향해 몸을 돌렸다. 그때 파도가 그려놓은 선 위에
놓인 어떤 것의 모습이 눈에 들어왔다. 그것은 10달러짜리 지폐였
다. 주인인가 할 만한 사람이 주위에 아무도 없어서, 나는 그 돈을
집어 들었다.

나는 차로 돌아와서 그 돈을 크리스틴에게 보여주었다. 다른 지폐
와 마찬가지로, 거기에는 '하느님 안에서 우리는 신뢰한다'(In God
We Trust)고 적혀 있었다.

그것은 평범한 메시지임에도 불구하고 아주 적절한 말 같았다. 하
지만 왜 1달러도, 5달러도, 20달러도 아니고 하필 10달러일까?

그때 그 뜻이 떠올랐다. 내가 하는 모든 작업에서, 나는 0에서 10
까지의 평가 척도를 사용한다. 당신이 어떤 것을 강하게 확신한다
면, 당신의 믿음은 내 척도로 10이 된다. 그 상징의 의미는, 내가
우주를 믿고 이 과제를 진행해도 되는데, 그 신뢰도는 10 중의 10,
곧 그랜드 슬램임을 가리키는 것 같았다.

한 주 후에, 책의 윤곽이 절로 다 그려졌다. 그로부터 두 주 후에 헤이 하우스[Hay House]의 대표인 레이드 트레이시[Reid Tracy]에게 연락했더니 그는 내 아이디어를 아주 좋아했다. 그는 내가 제목으로 생각하고 있었던 '생각에서 사물로'(Thoughts to Things)라는 표현보다는 '마음에서 물질로'(Mind to Matter: 이 책의 원제)라는 표현이 더 좋다고 말했다. 그래서 애초의 내 아이디어는 이 책과 관련된 내 온라인 강좌의 제목이 되었다.

내가 책의 상세한 제안서를 써서 메일로 보낸 날, 받은 메일함에는 헤이 하우스의 또 다른 저자인 마이크 둘리[Mike Dooley]가 자신의 구독자들한테 이메일로 보내는 오늘의 메시지가 도착해 있었다. 그 제목은 "생각은 사물이 되고, 꿈은 현실이 된다"였다. 또 하나의 동시성 현상이었다.

나는 여러 주 동안 책 쓰는 시간을 주당 사나흘씩 할애했다. 그러던 중, 나는 새벽 4시에 완전히 깨어 있는 자신을 발견했다. 나는 한 시간쯤 명상을 하여 마음을 조율하고 나면 약 열다섯 시간 동안은 완전히 몰두하여 자료를 읽고 글을 쓰곤 했다.

3장까지 썼을 때 친구인 데이비드 파인스타인[David Feinstein]이 소중한 의견을 주었다. 어느 날 아침 명상 후에, 나는 그에게 감사하고 싶은 마음이 강하게 일어나서 아침 늦게 전화를 걸기로 마음먹었다. 나는 이메일을 좋아하기 때문에 전화를 거의 사용하지 않는다. 그리고 나는 그가 1년 중 대부분을 여행으로 보내기 때문에 전화를 거의 받지 않는다는 사실도 알고 있었다. 그래서 나는 아마도 그의 자동응답기에 따뜻한 감사의 메시지를 남겨두어야 하리라고 생각했다.

그런데 데이비드가 직접 전화를 받아서 깜짝 놀랐다. 그는 바로 전날 여행에서 돌아왔고, 내가 전화하기 몇 분 전에 휴대폰을 켰다고 말했다. 보통 발신자 표시가 없는 전화는 받지 않는데, 이번엔 왠지 전화를 받고 싶은 직감을 느꼈다고 했다. 또 다른 동시성 현상이었다.

'지구적 규모의 효과'라는 제목의 이 장을 집필하면서, 나는 슈만 공명을 이해하려고 애쓰고 있었다. 그달에는 의도치 않게 같은 주말에 두 개의 학회에서 강연을 하는 식으로 일정이 겹쳐버렸다. 하나는 캐리비안 지역이고 다른 하나는 대륙 반대편의 캘리포니아였다. 나는 토요일에 캐리비안에서 하나의 강연을 하고, 바로 캘리포니아로 날아가서 일요일 아침에 다른 강연을 하기 위해 시간을 쪼개 써야만 했다.

일요일 오후에, 나는 두 번째 학회에서 과학 토론을 하고 있었다. 내 옆자리에는 하트매스의 책임연구원인 롤린 맥크레이티가 앉아 있었다. 그는 당신도 예측했을 주요 주제의 논문 발표를 막 끝낸 참이었다. 그는 슈만 공명 외에도 역선 공명에 대해 얘기해주었는데, 이것은 내가 한 번도 들어보지 못했던 내용이었다. 그것이 이 장의 주요 부분이 되었다. 이 얼마나 넘쳐나는 동시성 현상인가!

또 다른 학회에 가는 어떤 길에 크리스틴과 나는 애리조나 주에 있는 친구 밥Bob과 린네 호스Lynne Hoss를 방문했다. 밥은 꿈에 관한 신경과학의 전문가였다. 그는 최근에 한 학회에서 기조연설을 했고, 칼 융의 집단무의식과 이중 슬릿 실험에 관한 발표를 준비하고 있

었다. 그의 발표 자료는 내 지식의 중
요한 공백을 채워주었다. 또 마주친 동
시성 현상이다!

같은 날, 잭 캔필드Jack Canfield와 존 그
레이John Gray, 그리고 릭 레스코위츠Rick

1982년 6월 12일의 평화 시위

Leskowitz가 내 책을 추천하는 서평을 써주겠다고 이메일을 보내왔다.
출판사에서 내게 공식 출간일이 6월 12일이라고 알려줬을 때는
등골에 전율이 일어나는 것 같았다. 그날은 나에게 매우 의미 깊은
날이다. 1982년 6월 12일에 나는 뉴욕의 센트럴 파크에서 미국과
소련 사이의 핵 교착 상태에 항의하는 수십만 명의 시위에 참여하
고 있었다. 집회 후에, 미 국무장관 조니 슐츠George Schultz는 TV에 나
와서 이 집회는 미국의 정책에 절대적으로 아무런 영향도 주지 못
할 것이라고 말했다.

수개월 후, 미국 대통령 로널드 레이건Ronald Reagan은 놀랄 만한
유턴을 했다. 극우 매파인 대통령이 전략무기 제한회담(START:
Strategic Arms Reduction Treaty)에서 핵감축 조약을 제안하여 세계를
놀라게 한 것이다. 나는 매년 6월 12일을 기리면서 그날을, 우리가
하나된 마음의 강력한 집단행동을 통해 지구와 우리 자신을 폭발
시켜 날려버리지 않기로 결정한 날로 기억하고 있다.

마지막으로, 이 책의 원고를 완성하는 데 바칠 수 있었던 마지막 날
에, 나는 아침거리를 사기 위해 근처의 식품점에 갔다. 계산대 옆에
놓인 〈타임〉지의 특집 주제로 '감정의 과학'이란 제목이 나의 눈길
을 끌었다. 잡지를 손에 들어 아무렇게나 펼쳤더니 동시성 현상이

란 단순한 우연이 아니라 얼마나 예측이 가능한 일인지를 논하는 논문 제목이 눈에 들어왔다. 그 기사가 동시성 현상에 관한 장을 완성하는 데 필요한 마지막 네 가지 연구로 나를 이끌어주었다.

나는 날마다 하루를 마음의 조율로 시작한다. 만일 내가 지구의 사이코스피어(정신권)에 있는 두려움과 결핍의 장에 공명하기 시작하면 그 장들이 나의 주의를 빨아 당기리라는 것을 나는 알고 있다. 그래서 대신에 나는 나와 지구를 위한 최상의 가능성에 맞추어 마음을 의도적으로 조율한다.

우리는 사랑과 평화와 기쁨의 장에 마음을 조율시키기를 택할 수 있다. 라디오 다이얼로 방송국을 선택하는 것처럼, 우리는 우리의 뇌와 신체라는 악기로 하여금 지구의 장을 아름답게 울리는 멋진 멜로디를 연주하게 만들 수 있다. 우리가 자신을 이 장에 맞추어 조율하는 날, 그것은 우리의 세계를 공명시켜서 우리 모두가 일제히 우리 운명의 최상의 가능성에 연결되어 울리게 해줄 것이다.

주의력이 뇌를 길러준다

높은 영적 상태에 있는 사람들의 뇌에 대한 연구결과는 이들의 뇌가 일상적인 의식 상태에서 기능하는 것과는 사뭇 다른 방식으로 정보를 처리하고 있음을 보여준다. 뇌가 완전히 다른 모드로 기능할 때 델타파, 베타파, 알파파, 세타파, 그리고 감마파의 비율은 극적으로 변한다. 신경세포 발화의 새로운 패턴이 일정해지면 그것은 빠르게 새로운 시냅스 연결을 형성하기 시작한다. 뇌 조직의 물질들이 의도적으로 창조하는 마음에 맞추어 자신을 재구성해가는 동안, 다양한 뇌 부위들의 부피도 변하기 시작한다.

그러면 뇌는 이 신호들을 더욱 능숙하게 수신할 수 있게 된다. 정보의 흐름을 전달하는 신경의 연결이 늘어나면, 뇌는 우주의 장으로부터 신호를 더 잘 감지하게 된다. 뇌가 장(field)으로부터 오는 신호에 더 잘 조율될수록 동시성 현상을 촉진하는 신경회로의 감도도 더욱 높아진다.

취리히Zurich 대학의 연구자들이 행한 한 연구는 관대해지기로 마음먹은 사람들을 정도에 따라 비교해보았다. 실험을 시작할 때 50명의 참여자에게는 일정한 금액의 돈이 주어지기로 되어 있었다. 절반은 그 돈을 자기만을 위해 사용하기로 했고, 나머지 절반은 다른 사람을 위해 사용하기로 했다. 그런 다음 두 집단 모두에게 관대한 행동을 보여줄 일련의 의사결정을 하게 했다.

조사자들은 MRI를 사용하여 의사결정을 하는 동안과 이후의 뇌 활동을 측정했는데, 가장 관대하게 행동한 참여자들이 행복과 연관된 뇌 부위들에서 가장 큰 변화를 보였다. 연구자들은, 실제로 관대한 행동을

매 순간 내릴 수 있는 선택들 중
우리는 어느 것으로 의식을 보낼 것인가?

하기 전에도, 다른 사람을 위해 돈을 사용하겠다는 의도만으로도 신경 패턴에 충분한 변화가 나타난다는 사실에 놀랐다(Park 등, 2017).

우리는 매 순간 자신의 의식이 어디로 향하게 할지를 선택해야 한다. 대중매체가 우리의 의식을 포획하려고 던지는 미끼인 괴로움과 고통에 집중할 것인가, 아니면 영원한 현재에다 주의를 돌릴 것인가? 인간 세상의 시시콜콜한 드라마에 빠져들 것인가, 아니면 우주심의 지혜에다 마음을 조율할 것인가? 우리는 자신이 내리는 낱낱의 선택을 통해 자신의 뇌를 모양 짓는다. 몇 개월 그리고 몇 년 동안 지속적으로 그렇게 선택하면, 당신은 말뜻 그대로 비극소적 마음에 동조된 뇌를 만들어낸다.

뇌의 신경 연접에 대한 연구로 노벨상을 수상한 존 에클스 경은 이렇게 말한다. "우리는 물질세계에 있는 육신과 뇌를 가진 물질적 존재일 뿐만 아니라, 영적 세계에 있는 영혼을 지닌 영적 존재임을 인식해야만 한다."(Popper & Eccles, 2012) 우리가 마치 육신을 지닌 영적 존재인 것처럼 살고 날마다 의식이 그쪽을 향하게 하면, 우리의 마음이 만들어내는 물질은 사뭇 다른 것이 된다.

동시성 현상에 자신을 동조시키기

동시성 현상은 그냥 일어나는 것일까, 아니면 우리가 부추길 수 있는 것일까? 그것은 우연히 일어나는 현상일까, 아니면 동시성 현상이 흔하게 일어나는 현실로 우리가 들어갈 수 있는 것일까?

나는 동시성 현상이 그저 우연한 사건이라기보다는 '일궈낼 수 있는' 상태라는 것을 발견했다. 우리는 언제나 자연스럽고 조화로운 우주의 비국소적 의식에 우리의 국소적 마음을 의도적으로 동조시킬 수 있다. 이것을 꾸준히 실천하면 우주가 펼쳐내는 패턴에 조화롭게 동조된 삶을 사는 것이 우리 마음의 기본 설정이 된다.

내가 동시성 현상이 일어날 때마다 일기장에 대문자 S로 표시를 하기 시작한 이후로는 동시성 현상이 더욱 자주 일어나는 것 같다. 그것을 관찰함으로써 내가 그것에 더욱 동조되고 있는 것이다. 어떤 새로운 기술을 습득한다면, 나는 그런 종류의 정보를 전달하는 신경회로를 만들어내고 있는 것이다. 나는 가능성의 물결을 붕괴시켜 내가 원하는 현실로 만들어내는 관찰자 효과를 의식적으로 사용하고 있다.

이것이 곧, 마술사가 모자에서 토끼를 꺼내듯이 내가 원하는 것을 무엇이든 마법적으로 만들어낼 수 있음을 의미하지는 않는다. 이것은 허공 속에서 금방 뭔가를 만들어내는 것이 아니라 원하는 현실을 끊임없이 부추겨 창조해가는 과정이다. 자연의 이치에 도전하는 것이 아니라 자연의 이치를 '활용하는' 것이다.

예컨대, 나는 프랑스에 자주 가게 되는 동안 사용하기 위해서 프랑스어를 좀 배우고 싶었다. 가능성 파동의 붕괴란 내가 갑자기 프랑스어를 말할 수 있게 되는 것을 의미하지 않는다. 나는 온라인 강좌를 듣고, 발음을 연습하고 어휘를 배워야만 한다.

그런데 내 의도를 응원하는 일상적인 일들이 생긴다. — 친구가 좋은 책을 권해준다. 그 책에는 집 안의 물건들에 붙일 수 있는

우리 집의 일상적인 물건들에 붙어 있는
프랑스어 스티커

프랑스 단어로 된 스티커가 들어 있
다. 물건과 프랑스 단어를 날마다 같
이 보면 어휘력이 빨리 는다.

그다음에 나는, 이미 알고 있
는 스페인 단어에 모르는 프랑스 단
어를 대응시키는 일에 주목하기 시
작한다. 농산물 시장에서 프랑스 사
람을 만나 프랑스어로 몇 마디를 주
고받게 된다. 다른 친구는 나에게 영화를 볼 때 프랑스 자막으로 볼
수도 있고, 아니면 프랑스어로 더빙된 영어 자막 영화를 볼 수도 있
다는 팁을 알려준다. 아내와 나는 때때로 태블릿 컴퓨터를 바로 옆
에 두고서 번역 창을 열어 간단한 프랑스어 회화 연습을 하며 저녁
식사를 한다. 그리고 기타 등등…. 내가 프랑스어를 배우겠다고 마
음을 먹으니 온 우주가 나의 목표를 도와주려고 공모하여 나타나는
것만 같다.

한 땀의 생각이 한 땀의 신경세포로

생각을 지속적으로 견지하면 동시성 현상이 일궈져 나온다.
당신은 저녁 요리를 준비하다가 꼭 필요한 백후추가 없다는 점을
발견할 수 있다. 가장 가까운 편의점은 3킬로미터쯤 떨어져 있다.
차로 가서 시동을 걸어 출발하고, 굽이마다 회전을 하여 주차를 시

키고, 편의점에 들어가서 백후추가 진열된 선반을 찾아간다. 부엌에 서 있다가 백후추가 필요하면 저절로 향신료 선반 앞에 서 있게 되는 것처럼 일이 그렇게 펼쳐지지는 않는다. 그 과정에는 많은 단계가 있다. 이것이 지속적으로 견지되는 생각(thoughts)이 물질(things)을 만들어내는 방식이다.

뉴욕 대학의 연구자들은, 데이트 상대를 만나게 될 것이라고 믿는 로맨틱한 마음을 가진 학생들은 그렇게 될 가능성이 상당히 더 많다는 사실을 발견했다. 자신이 치는 공이 행운의 공이라는 말을 들은 골퍼들은 퍼팅 연습에서 더 좋은 점수를 얻는다. 낙관주의자들은 확률 게임에서 비관주의자들보다 더 잘 당첨된다. 어두운 구름의 밝은 가장자리를 보아 부정적인 사건을 긍정적으로 재구성하도록 마음을 사용하는 사람들은 두려움을 처리하는 중뇌 조직인 아미그달라amygdala를 작동하지 못하게 만든다. 심리학자 리처드 와이즈먼Richard Wiseman은 이렇게 말한다. "이런 사람들이야말로 최상의 결과를 기대하고, 이 기대는 스스로 실현되는 예언이 된다."(Rockwood, 2017) 베스트셀러 작가인 팀 페리스Tim Ferriss는 이렇게 말한다. "세계적으로 유명한 창작가, 백만장자, 사상적 선구자들 등, 내가 아는 가장 효율적인 성취자들은 자기 인생 여정의 25퍼센트 정도는 스스로 '발견하고', 75퍼센트 정도는 스스로 '창조해내는' 것 같다."(Ferriss, 2017)

로버트 그램링Robert Gramling 박사가 이끄는 연구팀은 15년에 걸쳐서 35세에서 75세 사이의 2,816명의 사람들을 조사했다. 그의 연구는 심장질환에 걸릴 위험성이 있는 사람들을 찾아내기 위함이었다. 결과는 믿음이 그들의 건강 상태에 엄청난 차이를 만들어낸다는 것을 보여주었다.

자신은 심장질환에 걸릴 확률이 낮다고 믿는 사람들은 뇌졸중과 심근경색의 빈도가 3분의 1밖에 되지 않았다. 이 효과는 콜레스테롤 수치, 흡연, 고혈압, 가족력과 그 밖의 다른 위험인자 같은 변수들을 조정한 후에도 마찬가지였다(Gramling 등, 2008). 심장 문제에 대한 믿음이 — 그리고 두려움이 — 심혈관 질환에 걸리는 것과 연관되어 있었다.

이것이 마음이 물질이 되는 방식이다. 우리는 낱낱의 생각을 통해 한 땀 한 땀, 신경경로의 형성에 관여하고 있다. 자신의 심장에 대해 믿음을 가지고 그 믿음을 해를 넘겨가며 실천에 옮기면, 당신은 한 땀 한 땀씩 새로운 신경경로를 구축해가게 된다. 심장질환에 대해 부정적인 생각을 한 번 한다고 해서 금방 죽는 것은 아니다. 한 번 긍정적인 생각을 한다고 해서 영원히 치유되는 것도 아니다. 백후추를 원한다고 해서 즉시 편의점에 서 있게 되는 것이 아님과 마찬가지다. 그 사이에는 믿음을 반복 연습하고, 그리하여 생각이 물질화되고, 신경세포가 생리를 형성하는 것과 같은 많은 단계들이 있다. 생각을 지속적으로 견지하면 당신은 그것을 자신에게로 끌어올 생물학적, 환경적 조건을 만들어내게 되는 것이다.

사고장과 집단무의식

실황 치유 워크숍에서, 나는 사람들이 대개 생의 어떤 측면에서는 타고난 달인처럼 보인다는 사실을 발견했다. 우리는 인생의 다섯 가지 영역을 놓고 작업을 한다.

- 직업(경력과 은퇴를 포함하여)
- 사랑(모든 친밀한 관계를 포함하여)
- 돈
- 건강(체중과 식사와 운동을 포함하여)
- 영성

전형적으로, 사람들은 이 영역들 중 적어도 한 가지에서는 문제가 전혀 없다. 예를 들면 어떤 사람들은 경력의 달인이어서 10대 때부터 급상승하는 성공의 가도를 달린다. 또 어떤 사람들은 쉽게 깊은 경지에 머무르는 수행을 유지하고, 그것이 그들의 삶의 바탕이 되어 있다. 내 아내 같은 어떤 사람들은 저절로 성공적인 결혼생활을 하고, 가족과 아이들과 멋진 관계를 만들어낸다.

내 친구인 필 타운Phil Town은 돈의 달인이다. 그는 사업계에서 가장 성공한 헤지 펀드 매니저의 한 사람이다. 그는 자신의 돈을 스스로 관리하게 하는 베스트셀러를 두 권이나 저술했다. 돈은 그가 가지고 노는 재료다. 그리고 그는 이 영역 내에서는 아무런 어려움 없이 말하고 생각하고 행동한다.

또 다른 친구인 안드레 비디히^{Andrew Vidich}는 영적 달인이다. 그는 10대 때부터 일생 동안 매일 명상을 해왔다. 그는 매일 한 시간 이상 명상을 하고, 눈빛과 존재 자체에서 친절과 즐거움의 광채를 발한다. 그는 영성의 에너지장 안에 있고, 사람들은 그와 함께 있으면 말 없이도 변화되는 것을 느낀다. 그의 책《빛 위의 빛》(Light upon Light)과《사랑은 비밀이다》(Love is a Secret)를 읽으면 독자는 그가 거하고 있는 에너지장을 공유하여 자신도 고양됨을 느낀다.

우리는 다섯 가지 인생 영역 중의 하나에서는 쉽게 달인이 될 수 있지만, 다른 영역에서는 고전할 수 있다. 내 친구 중 하나는 1980년대 후반에 자기계발 회사를 창업하여 크게 성공했고 20대에 백만장자가 됐다. 그는 건강했고 모든 성공의 성취를 누렸다. 그런 그가 어느 지도자 그룹 미팅에서 와인 두 잔을 마신 후, 자신이 사랑의 삶에서는 얼마나 절망적으로 불행한지를 고백했다. "나는 세 번째 아내와 막 이혼했어"라고 그는 침울하게 말했다. "그녀에게 위자료를 주기 위해서 고급 제트기를 팔아야만 했어. 우리가 왜 이혼했는지를 나는 알아…. 나는 나쁜 놈이야. 나는 내 인생의 모든 관계를 엉망으로 만들어놨어." 인생의 한 영역에서의 달인이 되는 것이 다른 영역에서의 성공을 보장하는 것은 아니다.

지압을 이용한 치유법의 개척자인 로저 칼라한^{Roger Callahan}이라는 임상 심리학자가 있었다. 그는 사고장^{思考場} 요법(TFT: thought field therapy)[*]이라 불리는 치료법을 개발했다. 이 '사고장'이라는 용어는 매력적이다. 칼라한은 우리가 의식의 습관적인 패턴을 가지고 있다고 믿었는데, 그것을 사고장이라고 불렀다. 하나의 사고장에 참여하면 우리는 그 장의 에너지 속에서 살게 되고, 그 장의 렌즈를 통해서 물질세계를 지각하게 된다.

집단무의식은 빙산과 같다.
우리는 오직 그 끝만 인식하고 있어서,
우리의 의식적인 생각은 수면 위만을 다룬다.
집단적 무의식은 그 아래에서
우리의 행동을 조종한다.

사고장은 융의 집단무의식처럼 큰 규모의 것이 될 수도 있다. 융은 우리 행동의 대부분은 무의식에 의해 조종된다고 믿었다. 우리가 인식하고 있는 마음의 부분은 해면 위로 나와 있는 빙산의 일각과도 같다. 우리는 그 끝부분이 전부인 것으로 생각한다. 그러나 사실 우리의 행동은 — 우리는 그것을 의식하지 못할지라도 — 표면 아래의 집단적 사고장에 의해 모양 지어진다.

집단무의식 속에 있는 종류의 에너지는 사고장을 형성할 수 있다. 이것은 바느질하는 취미에 관한 사고장처럼 단순하고 해롭지 않은 것일 수도 있다. 나는 다양한 단체가 공동주관하는 큰 컨퍼런스의 워크숍에 참석한 적이 있는데, 그중의 하나가 바느질 대회였다.

문을 열고 들어갔을 때, 나는 바느질에 대해서는 일자무식했

---

* 로저 칼라한이 물 공포증 환자의 특정 경혈을 두드리자 물 공포증이 치료된 경험을 토대로 개발된 것이다. 이후 증상에 따라 경혈을 두드리고 경락의 기운을 조절하여 정서적 문제를 해결하는 기법으로 발전했고, 게리 크레이그가 이를 단순화시켜 EFT로 재정립했다.

다. 그래서 나는 간식을 나누며 다른 참가자들과 함께 앉았다. 그런데 그들의 사고장에 빨려 들어가고 그들의 열정에 공명하게 되자 바느질이야말로 세상에서 가장 멋진 일 같아 보였다.

삶의 다섯 가지 영역 중 하나에서 달인이 된 사람은 특정한 사고장에 거한다. 두 투자자가 함께하면 그들은 서로 공명하면서 투자에 대한 각자의 통찰을 공유하기 시작한다. 두 명의 명상가들이 함께하게 하면 그들은 상호작용하면서 명상의 사고장을 강화시킨다.

어떤 사고장들은 그리 자애롭지 않을 수도 있다. 약물중독자나 알코올중독자들과 함께 시간을 보내다 보면 그들이 거하는 장소에 있는 사고장을 느낄 수 있다. 비슷한 패턴을 가진 사람들은 서로 공명한다. 그래서 중독자가 다른 중독자들을 계속 만나면 중독을 끊고 그 상태를 유지하기가 불가능한 것이다. 그들은 그런 사고장에 공명하게 되고, 그러면 그 사고장은 그들이 가까이 있을 때 그들을 빨아들여버린다.

두려운 마음에 있으면 그 두려움이 두려움을 낳는다. 두려움의 사고장은 두렵게 만드는 외부의 자극을 찾는다. 두려운 마음은 무한한 잠재력을 지닌 가능성의 파동으로부터 두려운 현실을 응결시킨다. 당신은 문제가 다른 사람들이나 기업, 정부, 또는 임의의 사건으로 인해 생겨나서 '저 밖의' 환경 속에 있다고 믿을 수도 있다. 그러나 사실 당신은 당신 주변의 물질 공간을 형성시키는 사고장 속에서 살고 있는 것이다. 마음은 긍정적인 방식으로만이 아니라 부정적인 방식으로도 물질을 만들어낼 수 있다. 성경에서 고대의 철학자 욥^{Job}은 "내가 두려워하던 것이 나에게 왔도다"라고 한탄한다.

통달의 장의 체험

안드레 비디히의 명상 워크숍에 있으면 명상은 쉬워 보인다. 그의 사고장 속에서, 그의 흔들림 없이 동조된 영적 경험의 장을 공유하면 당신 안에서도 비슷한 주파수가 활성화된다. 이 주파수는 안드레의 비슷한 주파수와 공명하고, 그를 통해 비국소적 장에 있는 같은 주파수와 공명한다. 명상에 의해 생성된 장과의 강력한 공명 패턴에 연결되어 있는 동안, 당신은 그 에너지 속에 참여하게 된다.

나는 필 타운의 머니 워크숍^{money workshop}에서 비슷한 경험을 했다. 돈의 전문가인 필이 만들어내는 장 속에 있으면 그의 설명은 단순명쾌해 보인다. 의식을 필의 장에 조율시키고 있으면 주식과 재무보고서를 이해하는 데 돌파구가 뚫린다. 똑같이 돈의 주파수에 동조된 200여 명이 앉아 있는 방 안의 공명 상태 속에서, 당신은 마음과 뇌를 길들이게 된다.

명상 집단의 국소적 장과 공명하고 있을 때는 명상이 쉽다.

그러나 명상 워크숍이나 머니 세미나를 떠나오면 개념은 이내 흐릿해져버린다. 계속 실천하지 않으면 자신이 배운 것과 획득한 상태를 잊어버리게 된다. 반면 책을 읽고 동영상을 보고 더 배워서 사고장에 조율하기를 반복하면, 그 장과의 공명을 유지할 수 있다. 곧 그 사고장의 특징적인 신경경로와 뇌의 상태가 길러지는 것이다. 당신은 그 장과의 접촉으로부터 그 장의 구현으로 옮겨간다. 즉, 통달의 길을 가는 것이다.

마음을 이런 식으로 사용하다 보면 우리는 물질을 길들이게 된다. 어떤 장에서 통달의 경지에 이르기로 의식적으로 선택하면, 우리는 그 장의 모든 요소와 공명하기 시작한다. 무언가는 내가 있는 곳에 이미 있는 것일 수 있다. 다른 무언가는 먼 시간과 공간 속의 비국소적인 것일 수 있다. 의도가 의식을 가득 채우면 동시성 현상의 문을 활짝 열어준다. 난데없이 기회와 인연이 눈앞에 나타난다. 하지만 그것은 우리가 바로 그 사고장에 참여했기 때문에 생겨난 것이다.

저자이자 트레이너로서, 나는 운 좋게도 변성을 가져다주는 지도자들과 개인적인 시간을 보낼 기회가 있었다. 그들은 저마다 영감을 불어넣어주는 에너지장을 만들어낸다. 그런 사람들이 한데 모이면 그 효과는 배가 된다. 그들과 함께하며 공명 상태에 들어가면 나의 생각과 에너지가 좋게 길이 든다. 고양시키는 에너지를 지닌 사람들 속에 머무는 것은 정신적, 신체적 건강을 위해서 할 수 있는 가장 좋은 일이다.

이런 지도자 중 한 사람이 들려준 다음의 이야기는 원하는 것의 실현에 관한 놀라운 이야기이다. 100만 달러가 생기는 현실을 꿈꿔보지 않은 사람이 누가 있겠는가? 이런 종류의 열망은 가능성의 담장 너머에 있는 것처럼 보일 수 있다. 하지만 독일의 철학자

괴테^{Goethe}는 이렇게 선언했다(1887).

> 그대가 할 수 있는 것, 또는 할 수 있기를 꿈꾸는 것,
> 그것을 시작하라.
> 배짱 속에 천재성과 권능과 마법이 들어 있다.

100만 달러 만들어내기

다음은 레이먼드 아론^{Raymond Aaron}이 쓴 글이다.

나는 변성을 일으키는 수련을 안내한다. 수련회를 시작할 때 하는 한 연습에서, 우리는 사람들에게 워크숍 과정 동안에 가장 실현시키고 싶은 것을 정하게 한다.

돌아가면서 발표할 때 사람들은 밤에 잘 자기, 어떤 진로를 선택해야 할지 계시받기, 또는 행사 동안에 배우자와 갈등 없이 지내기 등의 평범한 목표를 택했다.

그런데 한 남자가 자신은 100만 달러를 원한다고 말했다. 그는 건강 연구의 최첨단인 줄기세포를 얻어내는 새로운 기술을 가지고 창업을 한 사람이었다. 그의 목표는 자신의 꿈을 좇을 수 있도록 재정적인 자유를 얻는 것이었다.

나는 소리 내어 말하지는 않았지만, '우와, 그건 엄청난 목표인데'

라고 생각했다.

다음 참가자 차례가 되었을 때, 그도 바로 전의 남자가 말한 것을 따라 하기로 마음을 정하고 자신도 100만 달러를 원한다고 말했다! 나는 속으로 신음했다. 수련회가 끝날 때까지 두 남자가 100만 달러를 원하다니! 아무래도 불가능한 일 같아 보였다.

사흘 후, 두 남자는 흥분으로 폭발할 것 같은 표정으로 새로운 소식을 사람들에게 알려줬다. 두 번째 남자의 아버지는 투자 전문 은행가였다. 그는 아버지에게 줄기세포 회사 이야기를 하여 첫 번째 남자와의 미팅을 주선했는데, 그의 아버지는 그 벤처기업의 잠재력에 믿기지 않을 정도로 흥분했다. 그는 첫 번째 남자에게 1억 달러의 돈을 모아줄 수 있다고 말했다. 100만 달러가 아니라 1억 달러! "그리고 저는 1퍼센트의 중개료를 받게 됩니다!"라고 두 번째 남자가 말했다. "바로 100만 달러지요!"

가능한 최상의 상태에 마음을 동조시키기

동시성 현상은 눈에 보이는 것 훨씬 이상의 것이다. 그것은 중요한 결과를 만들어내기 위해 신비롭게 줄을 선 일련의 사건들처럼 보인다.

사실 동시성은 가장 머나먼 비국소적 우주 공간으로부터 가장 가까운 우리 생각의 국소적 환경에 이르기까지, 모든 생명이 협동하고 있음을 의미한다. 모든 것은 공명하는 장에 의해 동기화되어 있어서, 마음으로 선택하기만 하면 그것이 곧 무한히 펼쳐질 공명의 패턴을 설정하는 일이 된다.

우리의 생각이 지닌 창조력은 깊고도 깊다. 이것을 깨달으면 우리는 의식적으로 자신의 생각을 조절하게 된다. 마음의 기능을 가장 높은 가능성에 동조되어 있게 하는 데 필요한 일을 하게 된다. 그리하여 자신의 창조력을 의도적으로 사용하게 된다. 괴테는 이렇게 말했다. "우리는 모두가 내부에 어떤 전기적, 자기적인 힘을 지니고 있어서 스스로 끌어당기고 밀어내는 힘을 발휘한다."(Jung, 1952) 생각이 지닌 창조력을 이해하면 사랑과 친절과 창조성의 사고장에 주파수를 맞추어 그 창조력을 현명하게, 의도적으로 사용할 수 있는 힘이 생긴다.

내가 아침에 일어나면 최우선으로 하는 일은 조율하는 것이다. 나의 마음은 소용돌이치고 주의는 흔히 전날에 일어난 문제와 부정적 일들에 붙들려 있어서 혼란하다. 악몽의 파편들, TV에서 보았던 불편한 장면들이 마음속을 제멋대로 들락거린다.

만일 그런 식으로 하루를 시작한다면 나는 그런 어지러운 소용돌이와 부정적인 것들, 혼란한 사고장을 내 물질적 현실 속으로 가져오게 될 것이다. 그러면 나의 물질적 세계는 기능 이상인 장의 에너지에 길들게 될 것이다.

그래서 내가 최우선으로 하는 일은 가능한 최상의 상태에 나의 생각을 동조시키는 것이다. 나는 걱정과 스트레스를 EFT 두드리기로 털어내고, 고요히 앉아 명상을 한다. 나는, 나의 뇌가 높은 진폭의 알파파와 세타파와 델타파를 만들어내고, 그 주파수와 접속되어 무한과 동조될 때 내 몸이 어떻게 느끼는지를 알고 있다. 그렇게 조율이 되면, 나는 그 상태를 오랫동안 햇볕 쬐듯이 즐긴다. 생각은 잠에서 깨었을 때의 혼돈의 소용돌이에서 빠져나와 있다.

나는 넘치는 샘물처럼 내 안에 솟아오르는 행복과 낙관적인 기분을 느낀다. 나는 그 멋진 기분을 경축하고, 그것이 내 마음과 몸 안에 정착되도록 다시 두드리기를 한다. 근처에 잔디밭이 있으면 밖으로 나가서 이슬 위에 맨발로 서서 지구의 주파수 속에 나 자신을 접지시킨다. 생각의 가닥을 잡기 위해 영감을 주는 오디오를 들을 수도 있다. 집에 있을 때면 나는 나의 비전 보드vision board를 보고 목표를 확인한다. 앞으로의 삶의 여정을 위한 긍정적 의도를 일기에 기록한다. 내 삶의 축복에 대한 감사로 마음을 가득 채운다. 몇 시간 내로 내 앞에 나타나 기쁨을 줄 동시성 현상을 기대하는 즐거움을 맛본다.

그리하여 중심 잡히고 영감에 찬 상태로, 나는 하루의 일상 속으로 발을 내디딘다.

조율을 하루의 최우선적 일과로 삼는 것이 당신의 국소적 장을 길들여준다.

이것을 매일같이 한 달만 해보라, 그러면 당신의 삶은 달라지기 시작할 것이다. 마음을 의도적으로 사용하라. 그러면 물질이 변화할 것이다. 당신은 동시성 현상을 불러올 것이다. 당신의 도전 과제가 돈이든, 건강이든, 사랑이든, 직업이든, 아니면 영성이든 상관없이 마음을 의식적 창조에 사용하면, 당신은 자신이 새로운 수준의 통달을 향해 빠르게 움직여가고 있음을 깨닫게 될 것이다. 그 에너지장에 동조하면 물질은 곧바로 따라올 것이다. 동시성 현상들이 당신을 가지런히 둘러싸고, 당신은 그 영향권의 음악에 조율된 삶을 살아갈 것이다.

평범한 나날의 한가운데서도 때로는 삶의 아름다움이 폭우처럼 들이닥친다. 나는 발길을 멈추고 압도되어 눈물을 흘리며 그것을 다 받아들이기 힘들어한다. 나는 하던 일을 멈추고 그 느낌이 퍼져가도록 놔둔다. 내가 받은 축복을 다 감쌀 수 있도록 가슴을 한껏 열어젖힌다.

나는 삶의 아름다움과 완벽함을 온전히 받아들일 수 있도록 내 자아의 느낌을 확대시키면서 그 순간들을 음미하고 즐긴다. 우주와 의식적으로 리듬을 맞추면서 사는 삶이야말로 잘 사는 삶이다.

생각을 실천하기

이번 주에 할 일들

- 아침저녁으로 에코메디테이션을 할 때, 동시성 현상에 삶을 조율시킨다는 의도를 품으라.
- 당신의 개인적 세계에 창발이 나타날 때 그것을 주목하라.
  다음과 같은 것에서 창발을 관찰할 수 있다.
  곤충의 군락

새 떼

물고기의 무리

도심의 교통 흐름

- 일기에다 당신의 생애에 일어났던 세 가지 이상의 큰 동시성 현상을 적어보라.
- 또, 지난 며칠 동안에 목격한 창발의 경험을 무엇이든 간단히 적어보라.

이 장의 온라인 확장판에는 다음이 포함되어 있다.

- 마티아스 러스트의 비행 동영상과 자초지종에 대한 상세한 보고
- 창발이 우리의 일상생활 속에 스며들어 있는 양상
- 메트로놈 동조 동영상
- 유튜브의 IZ가 부른 '하와이 알로하'
- 강제수용소 생존자 잭 슈바르츠Jack Schwarz의 이례적인 치유 스토리
- 9. 11 테러 때 죽음을 면한 열 명의 유명인사들

온라인 확장판에 접속하려면 MindToMatter.club/Chapter6을 방문하라.

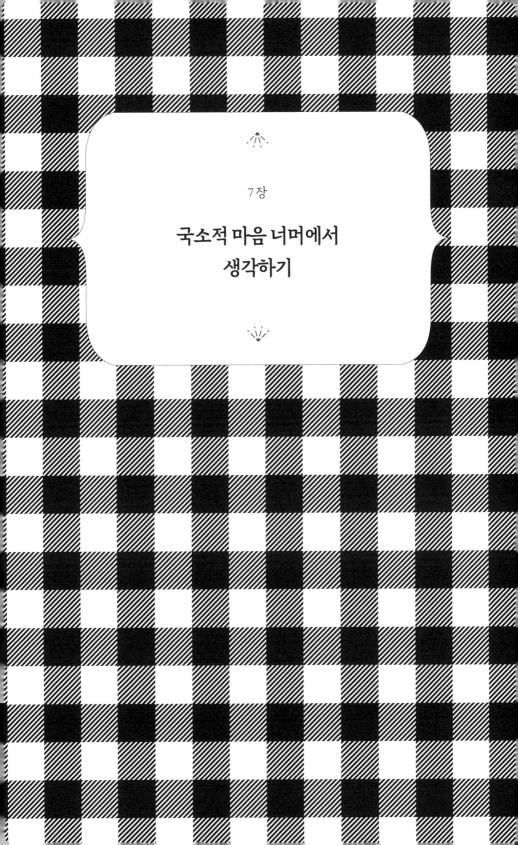

7장

국소적 마음 너머에서
생각하기

뮤어 우즈Muir Woods 국립공원은 캘리포니아에 있는 가장 사랑
스러운 장소 중의 하나다. 이 이름은 환경보호주의자 존 뮤어John Muir
의 이름을 딴 것이다. 그의 가족은 그가 열한 살이었을 때 스코틀랜
드로부터 미국으로 이민을 왔다. 그는 전 대륙을 돌아다니게 만든
방랑벽으로 열정적인 야외활동가가 되었다. 30세 생일 직전에, 그
는 인디애나폴리스에서 멕시코 만까지 약 1,600킬로미터를 걸었다.

결국 뮤어는 캘리포니아에 정착하여 〈시에라에서의 연구〉(Studies
in the Sierra)라 불리는 영향력 있는 일련의 논문을 썼다. 그는 자신의
자연주의 철학을 상술하는 열 권의 책을 썼다. 그가 1901년도에 쓴
책인 《우리 국립공원》(Our National Park)은 당시 대통령 시어도어 루
스벨트Theodore Roosevelt의 관심을 끌어서, 1903년에 뮤어를 방문하기
위해 요세미티Yosemite 계곡을 여행하게 만들었다. 뮤어의 삶은 인간
과 자연의 연결을 위해 바치는 하나의 헌사가 되었다.

이 공원의 숲은 그 자체가 태고太古다. 미국삼나무는 100미터
높이까지 자라는, 지구상에 살아 있는 가장 큰 나무다. 가장 오래된
나무는 2,000년 전 예수가 땅을 밟고 있을 때 묘목이었고, 아직 살

아 있는 일부 나무들은 콜럼버스가
대서양을 항해할 때 이미 1,000살 정
도였다. 화석 표본은 이 종들이 2억
년도 넘게 존재해왔음을 보여준다.

뮤어 우즈가 위치한 땅은 1905
년에 자연보호주의자인 윌리엄William
과 엘리자베스 켄트Elizabeth Kent에 의해

거대한 미국삼나무는 강력한 존재감을 지니고 있다.

매입됐다. 그들은 이 장소가 신성하다고 믿고, 이 거대한 삼나무들을 벌목꾼들로부터 보호하고 싶어했다. 켄트는 이곳을 구입하기 위해서 은행에서 대출을 받아야만 했는데, 엘리자베스는 자신들의 재정적 상황에 불안해했다. 하지만 윌리엄은 이렇게 대꾸했다. "우리가 가진 돈을 모두 잃어도 이 나무들을 구한다면 그건 가치 있는 일이오, 그렇지 않소?" 1908년에 시어도어 루스벨트 대통령은 그 땅의 이름을 뮤어 우즈 국립공원으로 선포했다.

제2차 세계대전이 끝난 역사적인 봄의 어느 날, 세계 주요국가의 대표들이 유엔 헌장 초안을 작성하기 위해 샌프란시스코에 모였다. 프랭클린 D. 루스벨트Franklin D. Roosevelt 대통령은 회의를 열기로 되어 있던 바로 전날에 사망했다. 1949년 5월 19일, 그에게 경의를 표하기 위해서 대표들은 뮤어 우즈 대성당 숲에서 추모식을 올렸다. 오늘날에는 매년 약 100만 명의 사람들이 뮤어 우즈를 방문하여 인간의 기록된 역사보다 오래 살아온 나무들의 장관에 입을 벌리고 경탄한다.

우주가 유턴 신호를 보낼 때

친구를 방문하러 가던 어느 날 오후에, 크리스틴과 나는 — 우연히 — 뮤어 우즈를 자동차로 지나게 되었다. 2킬로미터쯤 떨어진 인터체인지에서 빠져나가기를 잊어버린 것이다.

그날은 메모리얼 데이Memorial Day* 휴일이 낀 주말로, 미국에서 여름이 공식적으로 시작되는 날이었다. 공원은 수천 명의 사람들로 붐볐다. 도로는 입구 앞뒤로 꽉 막혀 있었다. 모든 주차장은 차로 꽉 찼고, 방문객들은 도로 옆에다 1킬로미터가 넘게 줄지어 주차했다. 보행자들은 양쪽으로 오가는 좁은 줄을 만들며 걷고 있었다.

우리는 들어가보면 정말 좋겠다고 하기는 했지만, 너무 붐비지 않을 때까지 기다리기로 하고 그날은 그냥 지나쳐 차를 몰았다.

우리는 친구들과 저녁을 즐겼고 그 집의 빈방에서 자기로 했다. 다음 날 아침에 친구와 헤어져 집으로 가다가 갑자기 크리스틴이 소리쳤다. "뮤어 우즈가 바로 지척인데 지금 가봐요!" 우리는 재빨리 유턴을 해서 공원으로 돌아왔다.

아침 7시 45분이었다. 주차장은 거의 텅 비어 있었다. 심장부인 대성당 숲으로 걸어 내려가면서 우리는 나무와 공기와 새소리,

미국삼나무의 몸통은 시선을 위로 끌어올린다.

다람쥐, 그리고 시냇물의 아름다움 속에서 넋을 잃었다. 크리스틴이 "걷기 명상을 해요"라고 말했다. 우리는 고요 속에서 산책을 했다.

우리는 대성당 숲에서 가장 인기 있는 코스를 따라 2킬로미터 이상을 걸었다. 장엄한 나무들의 모습이

---

* 미국의 기념일 가운데 하나로 한국의 현충일과 성격이 비슷하다. 남북전쟁 후 전사한 병사들의 무덤에 꽃을 장식하도록 포고령을 내린 것에서 유래했고, 제1차 세계대전을 겪은 후에는 전쟁으로 사망한 병사들을 기념하는 날이 되었다.

우리를 자주 경이감 속에서 멈추게 했다.

그 길에서 사람은 한 사람도 만나지 못했다. 돌아오는 길의 우리는 자연과 깊이 연결되고 거대한 우주의 장과 하나가 되어 영혼 깊이 자양분을 흠뻑 받은 채 공원 입구를 향했다.

우리가 출발했던 지점인 주차장으로 돌아왔을 때는 아침의 방문객들이 주차하기 위해 줄을 잇고 있었다. 넉 대의 관광버스가 도착해서 수백 명의 사람들을 토해냈다. 입구에는 사람들이 너무 많아서 팔꿈치로 헤치며 나가야만 했다.

우리는 관광객이 북적대는 두 번의 시간 틈새에, 신성한 자연의 공간 속에서 햇볕을 쬐며 숲을 독차지하고 즐길 수 있었다. 계획한 바도 없이, 그저 우리에게 주어진 축복을 따라 흐름과 함께 가다 보니 인적 없는 뮤어 우즈를 즐기는 소원을 이룬 것이다. 그것도 연중 가장 혼잡한 주말에 말이다.

비국소적 마음의 흐름 속에 머물기

우주의 흐름에 자신을 조율하는 것은 곧 동시성과, 아름답고 고아한 품격과, 우주의 지혜에 조율되게끔 마음을 여는 것이다. 하나의 개체 인간, 국소적 마음인 당신이 모든 마음의 배후에 있는 마음, 모든 의식이 일어나게 하는 위대한 비국소적 마음과 조율된 상태로 들어서면, 그 마음과 당신이 합쳐져서 하나가 되면, 당신 개인의 국소적 마음은 더 이상 분리라는 환영에 의해 전체로부터 차단

되어 고립된, 외로운 조각배처럼 행동하지 않게 된다.

대신 이제 당신의 내면에는 비국소적 마음이 흐르고, 당신은 흐름 안에 있다. 더 이상 당신은 국소적인 의식이 아니다. 이제 당신은 우주적 의식이다. 당신은 이제 영향을 받는 위치로부터 영향을 미치는 위치로 들어섰다.

창조의 지평이 당신에게 활짝 열려 있다. 가능성으로 넘치는 전망이 눈앞에 펼쳐져 있다. 당신은 자신이 우주의 지혜와, 우주의 힘과, 우주의 지성과, 우주의 사랑과 하나임을 알고 있다. 의식의 그 자리로부터 당신은 지혜와 지성과 사랑의 삶을 산다. 당신은 사랑이므로 더 이상 사랑을 요구하지도, 필요로 하지도, 갈망하지도 않는다. 더 이상 지혜를 달라고 빌지도 않는다. 당신이 지혜이기 때문이다. 더 이상 내면의 평화를 추구하지도 않는다, 당신의 본성이 평화이기 때문이다. 바로 그 자리에서, 당신은 우주의 모든 지혜와 평화와 사랑에 접속되어 있다.

이것이 시대를 걸쳐 신비주의자들이 경험하고 말해온 그 초월적인 경지다. 이것이 정예의 운동선수들이 극치의 순간에 경험하는 몰입의 상태다. 이것이 예술가들이 가장 영감 넘치는 작품을 창조할 때 들어 있는 상태다. 이것이 아이들이 놀이 속에서 자신을 잊고 있을 때 자연스럽게 들어 있게 되는 상태다.

이것이 우리가 항상 그 안에서 살도록 되어 있는 상태다. 이것은 고되고 따분한 일상 속에서 드물게 만나는, 아주 특별한 예외로만 인식되어왔다. 그러나 사실은 이것이야말로 우리가 날마다 그 속에서 하루를 시작하고 끝내게끔 되어 있는 상태다. 하루하루 무한한 가능태가 동시성 현상들로 줄줄이 펼쳐지면서 흘러가게끔 되어 있는 것이다.

워크숍에서 사람들을 만나서 그들의 삶의 이야기를 들을 때, 나는 그들의 고통에 가슴이 찡해진다. 또 한편으로는 그들이 삶을 지나오는 동안 그 고통이 고스란히 쌓여온 것을 보고 놀란다. 그들은 고통받도록 태어나지 않았다. 걸음마를 할 때부터 그들은 어떻게 웃고 사랑하고 노는지를 안다. 그러다가 부정적인 경험을 하고, 그로부터 마냥 기뻐하던 그 아이들은 점차 걱정 많고 우울하고 스트레스에 짓눌린 어른들의 모습으로 변해간다.

수행에 흐름을 가미하기

어떻게 하면 이 과정을 역전시킬 수 있을까? 이것이야말로 가장 중요한 질문일지도 모른다. 우리는 우리를 우주와 동조된 상태로 다시 데려다줄 일을 의식 속에서, 삶 속에서 적극적으로 실천하는 법을 배울 수 있다. 고통을 놓아 보내고 노는 법을 다시 배울 수 있다. 어릴 적에 알고 있었던 의식 상태를 연습하여 성인이 된 우리의 삶을 가능성의 즐거운 놀이터로 바꿔놓을 수 있다.

이것을 수행하는 방법은 간단하다.

매일 아침 일어날 때마다 그저 의식을 당신에게 가능한 최고의 주파수에 조율하라. 고요히 앉아서 가장 깊은 영감을 주는 글들을 읽고 묵상하라. 하루를 시작하기 전에, 생각하거나 창조적인 작

하루의 첫 번째 의식적 행동은,
비국소적 우주의 장과 조율하는 것이다.

업을 시작하기 전에 자신을 조율하라. 당신이 알고 있고 당신에게 가능한 최고의 진동 주파수에 자신을 조율하라. 당신이 의식하는 가장 고양된 에너지장에 자신을 조율하라.

날마다 하루를 시작할 때, 가능한 최상의 에너지장에 자신이 늘 조율되어 있게 하는 데 의식이라 불리는 이 선물을 사용하라. 그렇게 하면 당신은 몸 안에서 뭔가가 전환된 느낌을 느낄 것이다. 새로운 차원으로 옮겨가는 듯한, 변성된 상태로 들어서는 듯한 몸의 감각을 느낄 것이다.

우주의 장에 조율된, 비국소적 마음과 하나가 된 몸의 감각은 사랑과 지혜와 지성, 위대한 비국소적 지성의 높은 관점으로부터 단절되고 분리되어 국소적 마음이 되는 환영이 만들어내는 몸의 감각과는 확연히 다르다.

아침마다 우주와 하나인 자신을 스스로 창조하는 그 공간 속에서, 당신이 하는 생각은 달라진다. 취하는 행동도 달라진다. 당신이 품는 열망도, 기대도 완전히 달라진다. 당신이 하는 추정도 고립된 국소적 마음의 상태에서 하는 추정과는 전혀 다를 것이다. 삶과 창조계를 바라보는 세계관은 드넓어진다. 당신이 인식하는 가능성의 장은 무한해진다. 인간인 당신의 정체, 곧 자아의 느낌도 완전히 달라진다.

우주의 장에 동조된 삶

우주의 장과 동조된 상태에서 사는 당신은, 국소적 마음속에 격리된 자아로 사는 당신과는 전혀 다른 자아감각을 지니고 있다. 자신을 이 동기화된 우주와 하나로 여기는 당신은 평정심과 권능과 평화와 기쁨과 사랑, 그리고 풍요의 느낌을 안고 하루를 연다. 당신은 천재적 창조성에 자신을 동조시켜 우주심의 현실장으로부터 가져온 높은 감각으로써 자신의 외부세계를 빚어낸다.

갑자기, 당신은 더 이상 홀로 이런저런 문제나 과제에 부딪히는 고립된 개인이 아니라 오케스트라의 조화로운 움직임의 일부가 된다. 우주와 하나인 당신은 우주와 하나인 모든 사람들과 하나가 된다. 우주와 하나인 당신은 또한 우주와 하나인 모든 힘과 자연 속의 현상과 하나이다. 우주와 하나인 당신은 자연의 창조의 화음(harmonics)에 맞추어 춤을 춘다.

우주의 장과 공명하면 우리는
이 장에 공명하는 모든 다른 사람들과 동조된다.

마음들의 심포니

우주와 조율되면 당신의 개체적 마음은 저절로 우주와 동조된

다른 모든 마음과 동조된다. 당신과 동조되지 않는 마음은 우주와 동조되지 않은 사람들의 마음뿐이다.

당신은 그들을 사랑하고 축복하므로, 당신의 조율을 통해 그들도 조율하도록 그들을 초대한다. 당신이 동조 상태에서 빠져나와 그들이 사는 동조되지 않은 곳으로 들어가서는 그들을 도와줄 길이 없다. 당신이 우주적 자아와 동조되어 진동하는 존재로서 있을 때에만 그들을 도울 수 있다. 그러면 당신은 그들을 당신의 동조된 춤사위 속으로 불러들이는 초대의 불빛이 된다.

실제로 그 초대에 응한다면 그들은 아무런 애씀 없이 저절로 당신과 동조되고, 그들이 응하지 않는다면 당신은 그들이 택한 길을 축복한다. 그들을 설득하거나 유혹하여 끌어들이려고 할 필요는 없다. 그들은 스스로 준비가 되면 언제든지 당신의 춤에 합류할 것이다. 그들을 내버려두라. 당신은 생명에, 삶에 동조하여 당신과 함께 춤추려는 수천, 수백만, 수억의 사람들이 있음을 발견할 것이다.

이것이 우주가 당신에게 바라는 것이다. — 당신이 이 동조 상태를 발견하고 그 속에 머무는 것 말이다. 우주에 자신을 조율하면서 하루를 시작하는 것, 자신이 생존을 위해 발버둥 치는 국소적 존재라는 환상을 버리고, 나는 만유와 하나라는 현실을 받아들임으로써 하루를 시작하는 것 말이다. 이것이 우주가 당신을 위해 가장 깊이 원하는 것이다.

국소성의 환영 버리기

자신이 고립된 국소적 존재라는 환영을 버리고 우주와 일체인 현실을 받아들이면, 당신은 갑자기 흐름의 일부가 된다. 당신은 그 우주적 춤사위의 일부인 모든 존재들과 하나가 되어 춤을 춘다. 당신의 삶은 생기를 띠고 물 흐르듯이 흘러간다. 국소적인 마음의 수준에서 겪던 모든 갈등과 정체는 사라진다. 당신의 삶은 창조적이고 행복하게 술술 펼쳐진다. 당신은 이 우주적인 일체성의 느낌과 하나가 된다. 이 관점으로부터 당신이 자신을 위해 창조하는 삶은 고립된 국소적 자신의 관점에서 살아가는 삶과는 근본적으로 종류가 다르다.

아침마다 조율을 하는 하루하루의 이 선택은 당신의 삶을 완전히 새로운 가능성이 넘쳐나는 궤도로 밀어 보낸다. 기쁨에 찬 삶, 생기와 열정이 넘치는 삶으로.

당신은 지금 이 순간 교차로에 서 있다. 선택의 지점 말이다. 자애로운 우주와 하나가 됨으로써 자신의 현실을 맞아들일 것인지, 아니면 진정한 자신이 아닌 환영 속에 계속 머물러 있을 것인지를 선택해야 하는 지점이다. 당신은 지금 이 순간 이 선택에 직면해 있다. 순간순간 이 선택을 직면하고 있다.

우리는 우주적 장과 의식적으로 조율하면서
우리의 삶을 살아간다.

당신이 내릴 가장 중요한 선택

이것이 당신이 전 생애에서 내릴 가장 중요한 선택이다. — 조율할 것인가, 조율하지 않을 것인가? 그리고 지금 그것을 선택하여 다음 순간에 조율하면, 그리고 다음 순간, 다음 순간, 그리고 다음 날, 다음 주, 다음 달에도 조율하면, 그리고 무한히 그것을 선택하면 그것은 이제 선택이 아니라 사실이 된다. 그것은 결정이 아니라 삶의 방식이 된다. 그것이 삶의 방식이 되면, 그것이 당신 의식의 기본 설정값이 되면, 당신은 그것을 물질 속에 구축시키는 신경회로를 배선하기 시작한 것이다. 당신 몸속의 물질은 당신의 국소적인 마음이 아니라 당신의 비국소적 마음을 위해 일하는 도구가된다.

당신의 뇌와 신체의 신경회로를 제어하는 비국소적 마음은 새로운 뇌와 신체를 창조해낸다. 그것은 세포를 만들어내고 DNA를 재생한다. 연결의 장을 만들어낸다. 생각과 말과 행동의 동조 상태를 만들어낸다. 당신의 영향권(sphere of influence) 속에 가능성의 문을 열어젖힌다. 당신의 물질적 현실의 수준에서, 당신과 함께 공동창조한다.

당신이 우주심과 하나가 되어서 만들어내는 물질적 현실은 우주심과 단절된 채로 만들어내는 물질적 현실과는 완전히 다르다. 우주심과 조율된 생각을 하면 그것은 우주심과 조율된 사물이 된다. 당신 몸속의 물질은 변성된다. 당신의 물질현실 속의 물질도 변성된다. 순간순간을 조율해가는 당신은, 국소적 마음과 국소적 자아의 감옥 속에 갇혀 지냈더라면 당신이 만들어냈을 것과는 전적으로 다른 물질현실을 살아간다.

이 통일장 속에서 우리는 함께 무엇을 창조할까? 그것이 무엇이 될지를 함께 찾아보자!

생각을 실천으로

이번 주에 할 일들

- 자연에서 산책을 하며 천천히 걷는 연습을 하라. 한 걸음 한 걸음을 느껴보라.
- 매일 몇 분간 모래나 젖은 잔디 위를 걷거나 서 있어보라.
- 아침과 저녁에 에코메디테이션을 하는 동안 의식적으로 국소적인 자아를 비국소적인 마음에 조율시키라.
- 어느 날, 명상 후 당신의 일기장에 국소적 자아와 비국소적 마음을 그림으로 그려보라. 대단한 화가가 될 필요는 없다. 그저 간단한 선으로 그려도 된다.
- 비국소적인 마음에게, '나를 위한 당신의 최상의 전망은 무엇인가?'라고 묻고, 무엇이든지 머리에 떠오르는 것을 일기장에 적으라.

온라인 확장판에는 다음이 포함되어 있다.

- 인간 심장의 장을 보여주는 동영상
- 지구의 장 속에서 접지하여 중심을 잡는 방법
- 초상적인 체험과 양자 의식의 연구자 스테판 슈바르츠^{Stephan Schwartz}

온라인 확장판에 접속하려면 MindToMatter.club/Chapter7을 방문하라.

나는 놀랍도록 멋진 창조자들 사이에서 사는 특권을 누렸다. 당신과 나는 바로 이 순간에도 생각으로 주변 세계를 창조해내고 있다. 그리고 모든 순간에도.

우리는 시시각각 우리의 세계를 존재 속으로 그려내는 화가들의 공동체의 일원이다. 우리가 마음의 눈으로 그리는 비전은 낱낱의 생각을 통해 우리를 둘러싼 물질적 형체들의 구체적 현실 속으로 한 땀 한 땀 옮겨진다. 생각을 선택할 때, 우리는 사실 자신의 물질적 현실을 선택하고 있는 것이다. 우리가 그것을 자각하든 못하든 상관없이 말이다.

다가오는 매 순간, 다가오는 날과 달과 해들, 아니, 수십 년 동안 우리는 어떤 종류의 세상을 만들어갈 것인가?

나는 그것이 평화와 연민과 아름다움과 기회와 지혜의 세계가 될 것임을 확신한다. 과거 수 세기 동안 우리는 생존의 몸부림 속에서 공포와 분노, 비탄, 경쟁, 수치, 죄악, 적대와 온갖 형태의 갈등을 일으켜왔다. 우리 인간은 무수한 세대에 걸쳐 그런 종류의 생각이 초래한 물질적 상황들을 경험해왔다.

우리는 그것이 일으킨 고통을 보아왔다. 나는 이제 우리가 새로운 경험을 할 준비가 되어 있다고 믿는다. 우리는 새로운 세계를 그려낼 준비가 되어 있다. 그런 세계를 선택할 수 있는 자신의 능력을 깨닫고 나면, 우리는 그것을 창조하도록 도와줄 생각과 느낌과 경험과 신념을 선택하기 시작한다.

마음으로써 창조한다는 사실을 처음으로 깨달으면 우리는 먼저 작은 의도적 창조를 하게 된다. 마치 걸음마를 하는 아기처럼,

우리는 자신감 없이 머뭇거리며 주저한다.

하지만 아기가 걸음마하는 모습을 본 적이 있다면 그 주저함이 금세 넘치는 자신감으로 바뀐다는 사실을 알 것이다. 이제 세상을 맘대로 탐험할 수 있게 된 아이는 성큼성큼 열심히 돌아다닌다. 전에는 전혀 가볼 수 없었던 곳을 간다. 출발점으로부터 점점 더 멀리까지 탐험하는 동안 영향력의 범위는 점점 더 넓어져간다. 아이는 이내 마음을 새로운 현실에 맞추고, 첫걸음을 내디디기 전까지는 알지 못했던 이동성과 자유도를 확보한다.

이것이 오늘날의 우리다. 한 종으로서, 우리는 이제 막 자신의 권능이라는 수박의 겉껍질을 핥기 시작했을 뿐이다. 우리는 아직 우리가 무엇을 할 수 있는지를 모른다. 이제 겨우 첫걸음을 떼었을 뿐이다. 자신이 무엇을 성취할 수 있을지를 이제 겨우 깨달아가기 시작한 것일 뿐이다.

미래는 알 수 없고 신비에 가려져 있지만, 과거에 일어났던 것들은 명확하게 뒤돌아볼 수 있다. 우리는 20세기에 두 차례의 세계대전을 겪었고, 19세기와 그 이전에는 그보다 더 유혈이 낭자한 갈등을 겪었다. 우리는 인간 종이 수천 년 동안 길러온 무지, 빈곤, 기아, 불의, 그리고 잔혹사를 본다. 과학과 철학이 우리에게 깨달음의 희미한 불빛을 비춰주었지만 인간은 역사의 대부분을 생존의 냉혹한 요구에 쫓겨 다녔다.

한 종으로서, 우리는 그곳에 가서 해볼 것을 다 해보고 기념품도 샀다. 이제는 거기서 한 걸음 더 나아갈 때다. 생각이 현실을 창조한다는 사실을 몰랐을 때, 우리는 자신이 살고 있는 세상의 모든 고통을 어쩔 수 없는 객관적 현실로 여겼다.

이제 우리는 더 많은 것을 안다. 현실을 창조해내는 마음의 엄청난 잠재력을 깨닫기 시작했다. 우리는 형상 세계의 미시적 차원으로부터 거시적 차원에 이르기까지 우리가 미치고 있는 영향력을 알고 있다. 미시적인 규모에서는 중세 연금술사들이 상상했던 것처럼, 우리의 생각이 분자들을 존재계 속으로 불러들이고 내보내고 하면서 매 순간 우리 세포의 해부학과 생리학을 모양 짓는다는 사실을 안다.

거시적 규모에서 우리의 생각은 우리 종의 다른 생각들과 손을 잡고 온 역사를 창조해낸다. 자신의 이런 힘을 깨닫고 나서 우리가 창조하는 역사는, 현실이란 그저 우연히 일어나는 무작위적인 사건들로 이루어진다는 환영 속에서 눈먼 채 버둥거리며 만들어낸 역사와는 사뭇 다르다.

의식적 창조자인 우리는 다르게 선택한다. 생존의 요구가 우리에게 결핍과 경쟁이라는 환영에서 비롯된 노엽고 비통한 생각을 하도록 강요할 때, 우리는 그런 생각은 하지 않기를 택한다. 그런 생각을 하지 않음으로써, 우리는 같은 선택을 내리는 수백만의 다른 사람들과 함께한다. 자신이 이제는 그런 새로운 공동체의 현실장 속에 들어서 있음을 깨닫는다. 그런 공유된 장의 공명을 배가시켜감으로써, 우리는 우리 사회의 방향을 돌려놓는다.

부정적인 생각을 하지 않기를 택하고 그것을 긍정적인 생각으로 대체할 때, 당신은 자신의 현실만을 바꾸는 것이 아니라 온 인류의 현실을 바꿔가고 있는 것이다. 세상의 친절과 연민의 총합 위에 당신의 것을 더 보태어 새로운 현실장을 강화시키고 있는 것이다. 당신은 새로운 현실에 긍정적인 에너지를 보태는 수백만 사람들 중의 하나다. 그것이 역사의 물결을 바꾸는 저항할 수 없는 힘으로 변환되도록, 당신은 돕고 있는 중이다.

불행과 고통의 힘, 곧 자신이 두려워한 그 어두운 세계를 다름 아닌 자신이 스스로 창조해내고 있었다는 사실을 모르는 채 생존의 요구에 쫓겨 다니는 사람들이 수천 년 동안 이 쇼를 이끌어왔는지 모르지만, 이제는 다르다. 우리는 자신의 힘을 알고 있다. 이제 우리는 달리 선택한다. 우리는 우리의 힘을 먼저 자신의 개인적 현실을 모양 짓는 데 사용하고, 그다음에는 집단적으로 지구의 현실을 창조해내는 데 사용할 것이다.

두려운 생각과 그것이 가져오는 결과를 실험해본 나는 우리가 이제 새로운 실험에 착수하고 있다고 믿는다. 젖먹이가 걸음마를 시작할 때와 같이, 우리는 우리의 조건화된 생각의 오랜 어둠 속으로 빛을 비추고 있다. 첫 걸음마처럼, 그 첫 번째 빛줄기는 주저하듯이 껌벅인다. 그래도 그 빛은 좋은 느낌이다. 우리가 자신의 생각에 빛을 비출 때 몸속에서 만들어지는 분자들도 좋은 느낌이다. 자신의 마음을 밝혀 일깨울 때, 우리가 주변 세계에다 만들어내는 상황들은 무한히 더 환희롭다. 그것은 긍정의 피드백을 순환시켜 우리로 하여금 그것을 더욱더 강렬히 열망하게 만든다.

긍정적인 세계를 창조하는 우리의 새로이 발견된 힘으로 자신감이 점점 더 확고해지면, 우리의 사고는 점점 대담해지기 시작한다. 우리는 전쟁과 기아와 빈곤이 없는 세계는 어떤 모습일지를 상상하기 시작한다. 주관적이고 비물질적인 이 상상은 객관적인 물질현실의 싹이 된다.

이것이 지금 우리가 함께 하고 있는 일이다. 자신과 인류를 위한 긍정적 미래를 향해 가기로 결심한 전 세계 수백만의 사람들과 합류함으로써, 우리는 저항할 수 없는 사랑의 장을 만들어낸다. 우리가 창조해내는 사랑의 장은 누구에 대해서도 반대하지 않는다. 우리는 심판하지 않으며, 비난도 불평도 하지 않는다. 우리는 그저 사랑할 뿐이다.

사랑의 장이 점점 더 강해지면, 그것은 모든 것을 자신의 권역 안에서 흠뻑 젖게 만든다. 이 공유된 사랑의 현실장으로부터 새로운 물질현실이 태어난다. 물질현실은 진동하는 현실의 에너지를 반영한다. 새로운 물질현실의 사람들은 본능적으로 친절과 연민을 품고 행동한다. 존경과 이타주의가 인간관계의 새로운 표준이 된다.

미래의 아이들은 수태되는 순간부터 이런 분위기 속에서 자란다. 엄마의 뱃속에서부터 사랑에 흠뻑 젖은 아이들은 다른 것은 경험하지 않는다. 사랑 속에서 놀고 사회생활을 하며 사랑의 확신으로 충만한 삶을 기대하는 그들은 생기발랄한 창조자가 된다. 사랑의 세계에서 성장한 그들은 일터와 가정에서 사랑을 창조한다. 세상은 그들의 기대를 반영하며 변화해간다.

우리의 아이들, 또 우리 아이들의 아이들이 무엇을 창조할지는 나도 모른다. 다만 사랑이 충만한 인간들이 만들어낸 창조물들은 행복의 산물일 것임을 확신한다. 그들의 새로운 창조는 과학과 기술과 교육과 예술과 음악, 철학, 종교, 건축, 환경, 문명, 그리고 사회를 우리 세대가 상상할 수 있는 것을 훨씬 넘어선 곳으로 데려가리라고 믿는다.

이것이 내가 여생을 살고자 계획하는 세상이다. 이것이 내가 날마다 새로운 하루의 눈을 뜨는 순간부터 나의 개인적인 생각으로써 창조하기를 선택하는 세상이다. 이것이 내가 당신에게 매 순간의 개인적 생각으로써 나와 함께 창조하기를 권유하는 세상이다. 이보다 더 살기 좋은 곳은 없을 것이다.

이 탐사의 여정을 나와 함께하는 당신께 감사드린다. 우리는 마음이 물질을 창조한다는 명제가 단순한 형이상학적 추론이 아니라 과학적 사실임을 살펴보았다. 우리는 우리의 마음이 현실을 창조한다는 것을 발견했고, 생각의 놀라운 힘을 사용하여 자애로운 현실을 창조해낼 수 있는 잠재력이 우리 각자에게 숨겨져 있음을 알게 됐다. 이제부터 여러분과 함께 놀면서, 사랑과 기쁨의 맛깔난 세상을 함께 창조해가기를 고대한다.

이렇게 두꺼운 책을 만드는 데는 한 마을의 사람들이 필요하다. 나는 이 책이 나올 수 있도록 애써주신 모든 분들에게 깊이 감사드린다.

아이작 뉴턴 경은 우리가 다른 사람들의 업적을 딛고 발전해간다고 말했다. 혼자서 창조하는 과학자는 없다. 우리는 다른 사람들의 발견 위에 자신의 발견을 쌓아가는 것이다. 나는 이 책에 인용된 혜안을 지닌 수백의 연구자들께 진심으로 감사드린다. 그들의 터 위에 나의 집을 지을 수 있었다. 증거를 찾아 어디를 뒤지든 간에 대개는 찾아낼 수 있었고, 그 동료들의 업적 속에서 발견한 그들의 넓은 마음과 상상력은 종종 나를 놀라게, 그리고 겸손해지게 만들었다.

치유 분야에서 일하는 모든 사람, 특히 나는 임상심리학자인 데이비드 파인스타인에게 감사의 빚을 지고 있다. 그의 지적인 열정, 뛰어난 학문적 저작능력, 그리고 윤리적 인식은 모든 세대의 에너지 치유 전문가들의 연구에 절대적인 영향을 미쳤다. 그는 처음의 몇 장에서 상세한 피드백을 제공해주었고 이 책이 전체의 모양을 갖추도록 도움을 줬다.

다른 전문직종의 많은 사람들이 자신의 전문 치유영역 부분의 글을 읽고 나의 실수와 오해를 바로잡아주었다. EEG 전문가인 게리 그뢰스벡Gary Groesbeck은 뇌파의 장에서 상세한 피드백을 해주었고, 또 그의 동료인 주디스 페닝턴Judith Pennington은 깨어 있는 마음과 진화된 마음의 패턴에 대해 명료하게 설명해주었다. 정신과의사인 론 루덴Ron Ruden은 델타파의 중요성과 그것을 증가시키는 여러 가지

방법에 대해 알려주었다.

하트매스 연구소의 롤린 맥크레이티는 주제에 관련된 주요 연구를 행했을 뿐만 아니라, 슈만 공명과 역선 공명에 대해 명시적으로 확실히 설명해주었다. 이지과학 연구소의 딘 라딘은 내가 예지력에 대한 연구의 통계적 기초를 이해하도록 도와주었고, 비일상적 경험에 대한 과학 논문을 보유한 가장 최신 웹사이트 목록을 가지고 있었다. 그의 괄목할 만한 실험은 이 작업에 견실한 과학적 근거를 제공해주었다.

나의 절친한 친구 밥 호스Bob Hoss는 세상의 모든 것을 아는 뛰어난 박학자다. 그는 꿈의 신경과학, 그리고 뇌가 문제를 해결하기 위해 상징을 어떻게 이용하는지에 대한 전문가다. 그는 내가 칼 융과 집단무의식, 감정적인 뇌, 그리고 양자 현상을 이해하는 데 결정적인 도움을 주었다.

마음이 어떻게 물질이 되는지를 더욱 명료하게 통찰하도록 이끌어준 환상적인 대화를 나눈 리사 랜킨Lissa Rankin에게 감사드린다. 또한 암 치유에 에너지를 사용하는 도발적인 연구와, 동물 차원과 인간 차원의 이런 연구에 대한 이해를 도와준 빌 벵스턴에게도 감사드린다.

나는 '변성을 가져오는 리더십 위원회'(Transformational Leadership Council)의 멤버이며 생각이 같은 많은 사람들과 관계를 맺게 되었다. 나는 혜안을 지닌 이 훌륭한 단체를 설립하고 조성해준 잭 캔필드Jack Canfield에게 감사드린다. 이 책에 서평을 해준 많은 사람들은 이 위원회의 멤버들이다.

회의론자들에게도 감사드린다. 인간은 에너지가 아니라 물질로 이루어진 존재라고 주장하는 많은 전문적인 반대론자들이 있다. 특히 그들이 관리하는 위키피디아Wikipedia의 항목에서 벌이는 에너지 치유 분야에 대한 그들의 공격과, 이 책에 기술된 과학에 대한 부정은 유용한 목적에 기여해주고 있다. 이 실험들 중 많은 것은 그들의 주장을 반박하기 위해 설계된 것이다. 회의론적 비판세력의 끊임없는 공격이야말로 논문 저널에 발표된 수천의 에너지 치유 연구의 간접적인 원천이다.

내 친구이자 헤이 하우스Hay House 출판사의 대표인 리드 트레이시Reid Tracy에게 특별히 감사드린다. 이 책은 그와의 대화에서 태어났고, 제목도 그가 제안했다. 발행인 패티 기프트Patty Gift, 편집인 앤느 바르델Anne Barthel 그리고 마케팅 책임자 리셸 프레드슨Richelle Fredson을 포함한 헤이 하우스의 모든 팀원들은 전문적인 수준에서나 개인적으로나 함께 일하는 것이 즐거웠다.

친구인 편집자 스테파니 마론Staphanie Marohn과는 10년 넘게 놀랄만한 직업적 관계를 유지해왔다. 그녀의 예리한 눈썰미와 따뜻한 격려에 깊이 감사를 드린다. 캐린 킨시Karin Kinsey는 전문가의 눈으로 그림과 활자체를 책임져주었을 뿐만 아니라 전체 과정에서 열정적인 응원을 보내주었다. 영감으로써 편집 지도를 해준 헤이 하우스의 안네 바르델과 독수리의 눈을 가진 교열담당자 레이첼 쉴즈Rachel Shields에게도 감사드린다.

나의 조직인 에너지 심리학 그룹(Energy Psychology Group)의 제너럴 매니저인 헤더 몽고메리Heather Montgomery가 자신의 천재성으로 내 인생에 얼마나 많은 일을 해 주었는지는 말로 표현조차 못하겠다. 헤더는 지혜와 유머로써 복잡한 조직을 이끌어주었다. 세스 버퓸Seth Buffum, 매리언 앨런Marion Allen, 켄드라 히스Kendra Heath, 재키 비라몬테즈Jackie Viramontez, 그리고 맥 디젤Mack Diesel을 비롯해서 그녀가 직접 조직한 팀은 고도의 전문성을 발휘하면서 압박감 속에서도 일을 신나게 해냈다. 사무실에는 눈물보다는 웃음이 훨씬 더 많았다!

또 내가 창립한 비영리재단인 전미통합 보건의료 연구소(NIIH: National Institute for Integrative Healthcare)의 임원진과 자원봉사자들에게 감사드린다. 우리는 지금까지 100여 개 이상의 과학 연구를 수행하거나 도왔고, 외상 후 스트레스 장애를 가진 가진 2만 명 이상의 재향군인들을 치료해왔다. 돌려 갚는 것은 내 인생의 밑바탕이고, 나는 같은 자세로 일하는 수백 명의 NIIH의 자원봉사자들로부터 힘을 얻는다.

자기변성 분야의 많은 동료 사업가들이 이 책의 출간을 응원해주었다, 닉 오트너Nick Ortner, 마스틴 킵Mastin Kipp, 리사 랜킨Lissa Rankin, 조 디스펜자Joe Dispenza, 나탈리 레드웰Natalie Ledwell, 조 머콜라Joe Mercola, 데이브 아스프리Dave Asprey 등의 많은 사람들이 자신의 공동체에 이 책을 소개해준 것을 감사드린다.

2017년 10월, 나의 집과 사무실을 전소시킨 산불이 일어난 동안에, 헌신적인 한 무리의 사람들이 와서 우리의 복구 작업을 도와줬다. 나는 그 한 달의 대부분을 여행 다녔고, 아내 크리스틴은 집에서 우리 가족의 단계별 할 일들의 계획을 세우고 지휘했다. 나의 아이들 렉사나Rexana와 리오넬Lionel은 물론, 크리스틴의 딸 줄리아Julia

와 제시^{Jessie}는 줄리아의 남편 타일러^{Tyler}와 함께 즉석에서 복구위원
회를 조직하여 응급대피소를 찾는 일로부터 재산피해 목록을 작성
하는 일까지 수백 가지 크고 작은 일들을 돌봐주었다. 이 큰 혼란통
으로 자칫하면 이 책의 출간 계획이 틀어질 수도 있었지만 그렇게
되지 않게 해준 그들의 노력에 감사드린다.

나는 확장된 대규모의 가족을 가지는 축복을 받았다. 매달 나
의 EFT 유니버스 웹사이트를 수만 명의 사람들이 방문하고, 매년
수천 명의 사람들이 우리와 함께 수련을 한다. 우리가 일대일로, 혹
은 우리의 사회연결망 사이트를 통해 경험하는 깊고 친밀한 정서적
유대와 가슴의 나눔은 외로움을 느낄 틈이 없게 만든다. 우리는 우
리가 지구적인 거대한 움직임의 일부임을 알고 있다.

아내 크리스틴은 그녀의 아름다운 에너지로 마법을 일으킨다.
그녀의 곁에 있는 것만으로도 따뜻한 사랑의 담요에 덮여 있는 것
같은 기분을 느낀다. 그녀는 나에게 호의와 행복의 기운으로 가득
한 환경을 제공해준다. 나에게 리드 트레이시와 헤이 하우스 출판
사와 함께 작업을 하도록 부추겨주고, 그 속에서 이 책이 집필되었
던 아름다운 집안 분위기와 에너지의 생태권을 조성해준 것은 크리
스틴이었다.

1장

Baker, S. J. (1925). *Child hygiene.* New York: Harper.

Barinaga, M. (1998). New leads to brain neuron regeneration. *Science, 282*(5391), 1018–1019. doi:10.1126/science.282.5391.1018b.

Bengston, W. F. (2007). A method used to train skeptical volunteers to heal in an experimental setting. *The Journal of Alternative and Complementary Medicine, 13(3),* 329–332.

Bengston, W. F. (2010). *The energy cure: Unraveling the mystery of hands-on healing.* Boulder, CO: Sounds True.

Bengston, W. F., & Krinsley, D. (2000). The effect of the "laying on of hands" on transplanted breast cancer in mice. *Journal of Scientific Exploration, 14(3),* 353–364.

Chiesa, A., Calati, R., & Serretti, A. (2011). Does mindfulness training improve cognitive abilities? A systematic review of neuropsychological findings. *Clinical Psychology Review, 31(3),* 449–464.

Church, D. (Ed.). (2004). *The heart of healing.* Santa Rosa, CA: Elite Books.

Eden, D., & Feinstein, D. (2008). *Energy medicine: Balancing your body's energies for optimal health, joy, and vitality.* New York: Penguin.

Frey, A. H. (1993). Electromagnetic field interactions with biological systems. *FASEB Journal, 7(2),* 272–281.

Goleman, D., & Davidson, R. J. (2017). *Altered traits: Science reveals how meditation changes your mind, brain, and body.* New York: Penguin.

Hameroff, S., & Penrose, R. (1996). Orchestrated reduction of quantum coherence in brain microtubules: A model for consciousness. *Mathematics and Computers in Simulation, 40(3–4),* 453–480.

Hugo, V. (1877). *The history of a crime.* (T. H. Joyce & A. Locker, Trans.). New York: A. I. Burt.

Kandel, E. R. (1998). A new intellectual framework for psychiatry. *American Journal of Psychiatry, 155*(4), 457–469.

Kim, S., & Coulombe, P. A. (2010). Emerging role for the cytoskeleton as an organizer and regulator of translation. *Nature Reviews Molecular Cell Biology, 11(1),* 75–81.

King, C. R. (1993). *Children's health in America: A history.* New York: Bantam.

Lerner, L. J., Bianchi, A., & Dzelzkalns, M. (1966). Effect of hydroxyurea on growth of a transplantable mouse mammary adenocarcinoma. *Cancer Research, 26(11),* 2297–2300.

Malik, T. (2006, March 26). Fuel leak and fire led to falcon 1 rocket failure, SpaceX says. *Space.com.* Retrieved from www.space.com/2200-fuel-leak-fire-led-falcon-1-rocket-failure-spacex.html.

McTaggart, L. (2007). *The intention experiment: Using your thoughts to change your life and the world.* New York: Free Press.

Oschman, J. L. (2015). *Energy medicine: The scientific basis.* London: Elsevier Health Sciences.

Phillips, G. (2016). Meditation. *Catalyst.* Retrieved May 16, 2017, from www.abc.net.au/catalyst/stories/4477405.htm.

Radin, D., Schlitz, M., & Baur, C. (2015). Distant healing intention therapies: An overview of the scientific evidence. *Global Advances in Health and Medicine 4*(Suppl.):67–71. doi:10.7453/gahmj.2015.012.suppl. Retrieved from http://deanradin.com/evidence/RadinDistantHealing2015.pdf.

Schlam, T. R., Wilson, N. L., Shoda, Y., Mischel, W., & Ayduk, O. (2013). Preschoolers' delay of gratification predicts their body mass 30 years later. *The Journal of Pediatrics, 162(1),* 90–93.

Schmidt, S., Schneider, R., Utts, J., & Walach, H. (2004). Distant intentionality and the feeling of being stared at: Two meta-analyses. *British Journal of Psychology, 95(2),* 235–247.

Schweizer, S., Grahn, J., Hampshire, A., Mobbs, D., & Dalgleish, T. (2013). Training the emotional brain: Improving affective control through emotional working memory training. *Journal of Neuroscience, 33(12),* 5301–5311.

Shealy, N., & Church, D. (2008). *Soul medicine: Awakening your inner blueprint for abundant health and energy.* Santa Rosa, CA: Energy Psychology Press.

Siegel, D. (2017). *Mind: A journey into the heart of being human.* New York: Norton.

Smith, L. (2004). Journey of a Pomo Indian medicine man. In D. Church (Ed.), *The heart of healing* (pp. 31–41). Santa Rosa, CA: Elite Books.

Stoll, G., & Müller, H. W. (1999). Nerve injury, axonal degeneration and neural regeneration: Basic insights. *Brain Pathology, 9(2),* 313–325.

Tang, Y. Y., Hölzel, B. K., & Posner, M. I. (2015). The neuroscience of mindfulness meditation. *Nature Reviews Neuroscience, 16(4),* 213–225.

2장

Bengston, W. (2010). *The energy cure: Unraveling the mystery of hands-on healing.* Boulder, CO: Sounds True.

Burr, H. S. (1973). *The fields of life: Our links with the universe.* New York: Ballantine.

Burr, H. S., & Mauro, A. (1949). Electrostatic fields of the sciatic nerve in the frog. *Yale Journal of Biology and Medicine, 21(6),* 455.

Church, D. (2013). *The EFT manual* (3rd ed.). Santa Rosa, CA: Energy Psychology Press.

Clarke, D., Whitney, H., Sutton, G., & Robert, D. (2013). Detection and learning of floral electric fields by bumblebees. *Science, 340(6128),* 66–69.

Czech-Damal, N. U., Liebschner, A., Miersch, L., Klauer, G., Hanke, F. D., Marshall, C., Dehnhardt, G., & Hanke, W. (2017). Electroreception in the

Guiana dolphin (sotalia guianensis). *Proceedings of the Royal Society, Biological Sciences, 279(1729),* 663–668. doi:10.1098/rspb.2011.1127.

Grad, B. (1963). A telekinetic effect on plant growth. *International Journal of Para-psychology, 5(2),* 117–133.

Grad, B. (1967). The "laying on of hands": Implications for psychotherapy, gentling, and the placebo effect. *Journal of the American Society for Psychical Research, 61(4),* 286–305.

Kaplan, M. (2013, February 21). Bumblebees sense electric fields in flowers. *Nature News Online.* Retrieved from www.nature.com/news/bumblebees-sense-electric-fields-in-flowers-1.12480.

Kronn, Y. (2006, April 6). *Subtle energy and well-being.* Presentation at California State University, Chico, CA.

Kröplin, B., & Henschel, R. C. (2017). *Water and its memory: New astonishing results in water research.* Germany: GutesBuch Verlag.

Langman, L., & Burr, H. S. (1947). Electrometric studies in women with malignancy of cervix uteri. *Obstetrical and Gynecological Survey, 2(5),* 714.

Lu, Z. (1997). Laser raman observations on tap water, saline, glucose, and medemycine solutions under the influence of external qi. In L. Hui & D. Ming (Eds.), *Scientific qigong exploration* (pp. 325–337). Malvern, PA: Amber Leaf Press.

Radin, D., Hayssen, G., Emoto, M., & Kizu, T. (2006). Double-blind test of the effects of distant intention on water crystal formation. *Explore: The Journal of Science and Healing, 2(5),* 408–411.

Rao, M. L., Sedlmayr, S. R., Roy, R., & Kanzius, J. (2010). Polarized microwave and RF radiation effects on the structure and stability of liquid water. *Current Science, 98(11),* 1500–1504.

Schwartz, S. A., De Mattei, R. J., Brame, E. G., & Spottiswoode, S. J. P. (2015). Infrared spectra alteration in water proximate to the palms of therapeutic practitioners. *Explore: The Journal of Science and Healing, 11(2),* 143–155.

Scofield, A. M., & Hodges, R. D. (1991). Demonstration of a healing effect in the laboratory using a simple plant model. *Journal of the Society for Psychical Research, 57(822),* 321–343.

Vardalas, J. (2013, November 8). A history of the magnetic compass. Retrieved from http://theinstitute.ieee.org/tech-history/technology-history/a-history-of-the-magnetic-compass.

Wheatstone, C. (1833). On the figures obtained by strewing sand on vibrating surfaces, commonly called acoustic figures. *Philosophical Transactions of the Royal Society of London 123,* 593–633. Retrieved from http://archive.org/stream/philtrans07365800/07365800#page/n17/mode/2up.

Yan, X., Lu, F., Jiang, H., Wu, X., Cao, W., Xia, Z., . . . Zhu, R. (2002). Certain physical manifestation and effects of external qi of Yan Xin life science technology. *Journal of Scientific Exploration, 16(3),* 381–411.

3장

ADInstruments. (2010). *Electroencephalography.* Retrieved May 21, 2017, from web.as.uky.edu/Biology/.../Electroencephalography%20Student%20Protocol.doc

Barsade, S. G. (2002). The ripple effect: Emotional contagion and its influence on group behavior. *Administrative Science Quarterly, 47(4),* 644–675.

Bengston, W. (2010). *The energy cure: Unraveling the mystery of hands-on healing.* Boulder, CO: Sounds True.

Benor, D. J. (2004). *Consciousness, bioenergy, and healing: Self-healing and energy medicine for the 21st century* (Vol. 2). Bellmar, NJ: Wholistic Healing Publications.

Cade, M., & Coxhead, N. (1979). *The awakened mind: Biofeedback and the development of higher states of awareness.* New York: Dell.

Castro, M., Burrows, R., & Wooffitt, R. (2014). The paranormal is (still) normal: The sociological implications of a survey of paranormal experiences in Great Britain. *Sociological Research Online, 19(3),* 16.

Chapman, R., & Sisodia, R. (2015). *Everybody matters: The extraordinary power of caring for your people like family.* New York: Penguin.

Cohen, S. (2017). Science can help you reach enlightenment—but will it mess with your head? *New York Post,* February 26, 2017, retrieved at https://nypost.com/2017/02/26/science-can-help-you-reach-instant-enlightenment-but-will-itmess-with-your-head/.

Davidson, R. J., & Lutz, A. (2008). Buddha's brain: Neuroplasticity and meditation. *IEEE Signal Processing Magazine, 25(1),* 176.

Dispenza, J. (2017). *Becoming supernatural.* Carlsbad, CA: Hay House.

Fehmi, L. G., & Robbins, J. (2007). *The open-focus brain: Harnessing the power of attention to heal mind and body.* Boston: Trumpeter Books.

Ferguson, N. (2008). *The ascent of money: A financial history of the world.* New York: Penguin.

Fowler, J. H., & Christakis, N. A. (2008). Dynamic spread of happiness in a large social network: Longitudinal analysis over 20 years in the Framingham Heart Study. *British Medical Journal, 337,* a2338.

Fredrickson, B. (2013). *Love 2.0: Finding happiness and health in moments of connection.* New York: Plume.

Goldhill, O. (2017, February 19). You're a completely different person at 14 and 77, the longest-running personality study ever has found. *Quartz Media.* Retrieved from https://qz.com/914002/youre-a-completely-different-person-at-14-and-77-the-longest-running-personality-study-ever-has-found.

Goleman, D. (1987, June 9). Personality: Major traits found stable through life. *New York Times.* Retrieved from www.nytimes.com/1987/06/09/science/personality-major-traits-found-stable-through-life.html.

Greeley, A. M. (1975). *The sociology of the paranormal: A*

reconnaissance. Beverly Hills, CA: Sage Publications.

Groesbeck, G., Bach, D., Stapleton, P., Banton, S., Blickheuser, K., & Church, D. (2016, October 12). *The interrelated physiological and psychological effects of EcoMeditation: A pilot study.* Presented at Omega Institute for Holistic Studies, Rhinebeck, NY.

Gruzelier, J. (2009). A theory of alpha/theta neurofeedback, creative performance enhancement, long distance functional connectivity and psychological integration. *Cognitive Processing, 10*(Suppl. 1), S101–109.

Harris, M. A., Brett, C. E., Johnson, W., & Deary, I. J. (2016). Personality stability from age 14 to age 77 years. *Psychology and Aging, 31(8),* 862.

Hatfield, E., Cacioppo, J. T., & Rapson, R. L. (1994). *Emotional contagion.* New York: Cambridge University Press.

Hendricks, L., Bengston, W. F., & Gunkelman, J. (2010). The healing connection: EEG harmonics, entrainment, and Schumann's Resonances. *Journal of Scientific Exploration, 24(4),* 655.

Hoyland, J. S. (1932). *An Indian peasant mystic: Translations from Tukaram.* London: Allenson.

Hughes, J. R. (1964). Responses from the visual cortex of unanesthetized monkeys. In C. C. Pfeiffer & J. R. Smythies (Eds.), *International review of neurobiology 7* (pp. 99–153). New York: Academic Press.

Kotler, S., & Wheal, J. (2017). *Stealing fire: How silicon valley, the navy SEALs, and maverick scientists are revolutionizing the way we live and work.* New York: HarperCollins.

Johnson, M. L. (2011). Relationship of alpha-theta amplitude crossover during neurofeedback to emergence of spontaneous imagery and biographical memory. Doctoral dissertation, University of North Texas. Retrieved from http://citeseerx.ist.psu.edu/viewdoc/download?doi=10.1.1.842.2019&rep=rep1&type=pdf.

Kershaw, C. J., & Wade, J. W. (2012). *Brain change therapy: Clinical interventions for self-transformation.* New York: W. W. Norton.

Kramer, A. D., Guillory, J. E., & Hancock, J. T. (2014). Experimental evidence of massive-scale emotional contagion through social networks. *Proceedings of the National Academy of Sciences, 111(24),* 8788–8790.

LeDoux, J. (2002). *Synaptic self: How our brains become who we are.* New York: Penguin.

Lehmann, D., Faber, P. L., Tei, S., Pascual-Marqui, R. D., Milz, P., & Kochi, K. (2012). Reduced functional connectivity between cortical sources in five meditation traditions detected with lagged coherence using EEG tomography. *Neuroimage, 60(2),* 1574–1586.

Leskowitz, E. (2007). The influence of group heart rhythm on target subject physiology: Case report of a laboratory demonstration, and suggestions for further research. *Subtle Energies and Energy Medicine Journal, 18(3),* 1–12.

Liu, Y., Piazza, E. A., Simony, E., Shewokis, P. A., Onaral, B., Hasson, U., & Ayaz, H. (2017). Measuring speaker-listener neural coupling with functional near infrared spectroscopy. *Scientific Reports, 7,* 43293.

Llinás, R. R. (2014). Intrinsic electrical properties of mammalian neurons and CNS function: A historical perspective. *Frontiers in Cellular Neuroscience, 8,* 320.

Millett, D. (2001). Hans Berger: From psychic energy to the EEG. *Perspectives in Biology and Medicine, 44(4),* 522–542.

Morris, S. M. (2010). Achieving collective coherence: Group effects on heart rate variability coherence and heart rhythm synchronization. *Alternative Therapies in Health and Medicine, 16(4),* 62–72.

Nunez, P. L., & Srinivasan, R. (2006). *Electric fields of the brain: The neurophysics of EEG.* New York: Oxford University Press.

Osborn, J., & Derbyshire, S. W. (2010). Pain sensation evoked by observing injury in others. *Pain, 148(2),* 268–274.

Pennington, J. (in press). The brainwaves of creativity, insight and healing: How to transform your mind and life. *Energy Psychology: Theory, Research, and Treatment.*

Reece, A. G., & Danforth, C. M. (2017). Instagram photos reveal predictive markers of depression. *EPJ Data Science, 6(1),* 15.

Restak, R. M. (2001). *The secret life of the brain.* New York: Joseph Henry Press.

Schaefer, M., Heinze, H. J., & Rotte, M. (2012). Embodied empathy for tactile events: Interindividual differences and vicarious somatosensory responses during touch observation. *Neuroimage, 60(2),* 952–957.

Shiller, R. J. (2015). *Irrational exuberance* (3rd ed.). Princeton, NJ: Princeton University Press.

Shirer, W. (1941). *Berlin diary: The journal of a foreign correspondent, 1934–1941.* New York: Alfred A. Knopf.

Schwartz, J. M., & Begley, S. (2009). *The mind and the brain.* New York: Springer Science & Business Media.

Schwartz, J. M., Stapp, H. P., & Beauregard, M. (2005). Quantum physics in neuroscience and psychology: A neurophysical model of mind-brain interaction. *Philosophical Transactions of the Royal Society of London B: Biological Sciences, 360(1458),* 1309–1327.

Smith, H. (2009). *The world's religions* (50th anniv. ed.). San Francisco: HarperOne.

Thatcher, R. W. (1998). EEG normative databases and EEG biofeedback. *Journal of Neurotherapy, 2(4),* 8–39.

Tononi, G., & Koch, C. (2015). Consciousness: Here, there and everywhere? *Philosophical Transactions of the Royal Society of London B: Biological Sciences, 370(1668),* 20140167, 1–17.

Wright, R. (2017). *Why Buddhism is true: The science and philosophy of meditation and enlightenment.* New York: Simon and Schuster.

Zahn-Waxler, C., Radke-Yarrow, M., Wagner, E., & Chapman, M. (1992). Development of concern for others. *Developmental Psychology, 28(1),* 126.

—

4장

Ahmed, Z., & Wieraszko, A. (2008). The mechanism of magnetic field-induced increase of excitability in hippocampal neurons. *Brain Research, 1221,* 30–40.

Akarsu, E., Korkmaz, H., Balci, S. O., Borazan, E., Korkmaz, S., & Tarakcioglu, M.(2016). Subcutaneous adipose tissue type II deiodinase gene expression reduced in obese individuals with metabolic syndrome. *Experimental and Clinical Endocrinology and Diabetes, 124(1),* 11–15.

Ardeshirylajimi, A., & Soleimani, M. (2015). Enhanced growth and osteogenic differentiation of induced pluripotent stem cells by extremely low-frequency electromagnetic field. *Cellular and Molecular Biology, 61(1),* 36–41.

Azevedo, F. A., Carvalho, L. R., Grinberg, L. T., Farfel, J. M., Ferretti, R. E., Leite, R. E., . . . Herculano-Houzel, S. (2009). Equal numbers of neuronal and nonneuronal cells make the human brain an isometrically scaled-up primate brain. *Journal of Comparative Neurology, 513(5),* 532–541.

Becker, R. O. (1990). The machine brain and properties of the mind. *Subtle Energies and Energy Medicine Journal Archives, 1(2).*

Bengston, W. (2010). *The energy cure: Unraveling the mystery of hands-on healing.* Boulder, CO: Sounds True.

Bianconi, E., Piovesan, A., Facchin, F., Beraudi, A., Casadei, R., Frabetti, F., . . . Perez-Amodio, S. (2013). An estimation of the number of cells in the human body. *Annals of Human Biology, 40(6),* 463–471.

Boyd, W. (1966). *Spontaneous regression of cancer.* Springfield, Il: Thomas.

Boyers, L. M. (1953). Letter to the editor. *JAMA, 152,* 986–988.

Cantagrel, V., Lefeber, D. J., Ng, B. G., Guan, Z., Silhavy, J. L., Bielas, S. L., . . . De Brouwer, A. P. (2010). SRD5A3 is required for the conversion of polyprenol to dolichol, essential for N-linked protein glycosylation. *Cell, 142(2),* 203.

Church, D., Geronilla, L., & Dinter, I. (2009). Psychological symptom change in veterans after six sessions of Emotional Freedom Techniques (EFT): An observational study. *International Journal of Healing and Caring, 9(1),* 1–14.

Church, D., Hawk, C., Brooks, A., Toukolehto, O., Wren, M., Dinter, I., & Stein, P. (2013). Psychological trauma symptom improvement in veterans using Emotional Freedom Techniques: A randomized controlled trial. *Journal of Nervous and Mental Disease, 201(2),* 153–160. doi:10.1097/NMD.0b013e31827f6351.

Church, D., Yang, A., Fannin, J., & Blickheuser, K. (2016, October 14). *The biological dimensions of transcendent states: A randomized controlled trial.* Presented at Omega Institute for Holistic Studies, Rhinebeck, New York. Submitted for publication.

Church, D., Yount, G., Rachlin, K., Fox, L., &

Nelms, J. (2016). Epigenetic effects of PTSD remediation in veterans using clinical Emotional Freedom Techniques: A randomized controlled pilot study. *American Journal of Health Promotion,* 1–11. doi:10.1177/0890117116661154.

Cosic, I., Cosic, D., & Lazar, K. (2015). Is it possible to predict electromagnetic resonances in proteins, DNA and RNA? *EPJ Nonlinear Biomedical Physics, 3(1),* 5.

De Girolamo, L., Stanco, D., Galliera, E., Viganò, M., Colombini, A., Setti, S., . . . Sansone, V. (2013). Low frequency pulsed electromagnetic field affects proliferation, tissue-specific gene expression, and cytokines release of human tendon cells. *Cell Biochemistry and Biophysics, 66(3),* 697.

Destexhe, A., McCormick, D. A., & Sejnowski, T. J. (1993). A model for 8–10Hz spindling in interconnected thalamic relay and reticularis neurons. *Biophysical Journal, 65(6),* 2473–2477.

Deutsch, D., Leiser, Y., Shay, B., Fermon, E., Taylor, A., Rosenfeld, E., . . . Mao, Z. (2002). The human tuftelin gene and the expression of tuftelin in mineralizing and nonmineralizing tissues. *Connective Tissue Research, 43(2–3),* 425–434.

Foletti, A., Ledda, M., D'Emilia, E., Grimaldi, S., & Lisi, A. (2011). Differentiation of human LAN-5 neuroblastoma cells induced by extremely low frequency electronically transmitted retinoic acid. *Journal of Alternative and Complementary Medicine, 17(8),* 701–704. doi:10.1089/acm.2010.0439.

Frenkel, M., Ari, S. L., Engebretson, J., Peterson, N., Maimon, Y., Cohen, L., & Kacen, L. (2011). Activism among exceptional patients with cancer. *Supportive Care in Cancer, 19(8),* 1125–1132.

Fumoto, M., Sato-Suzuki, I., Seki, Y., Mohri, Y., & Arita, H. (2004). Appearance of high-frequency alpha band with disappearance of low-frequency alpha band in EEG is produced during voluntary abdominal breathing in an eyes-closed condition. *Neuroscience Research, 50(3),* 307–317.

Fumoto, M., Oshima, T., Kamiya, K., Kikuchi, H., Seki, Y., Nakatani, Y., . . . Arita, H. (2010). Ventral prefrontal cortex and serotonergic system activation during pedaling exercise induces negative mood improvement and increased alpha band in EEG. *Behavioural Brain Research, 213(1),* 1–9.

Geesink, H. J., & Meijer, D. K. (2016). Quantum wave information of life revealed: An algorithm for electromagnetic frequencies that create stability of biological order, with implications for brain function and consciousness. *Neuro-Quantology, 14(1).*

Geronilla, L., Minewiser, L., Mollon, P., McWilliams, M., & Clond, M. (2016). EFT (Emotional Freedom Techniques) remediates PTSD and psychological symptoms in veterans: A randomized controlled replication trial. *Energy Psychology: Theory, Research, and Treatment, 8(2),* 29–41. doi:10.9769/EPJ.2016.8.2.LG.

Gray, C. M. (1997). Synchronous oscillations in neuronal systems: Mechanisms and functions. *Pattern Formation in the Physical and Biological Sciences, 5,* 93.

Groesbeck, G., Bach, D., Stapleton, P., Banton, S.,

Blickheuser, K., & Church, D. (2016, October 15). *The interrelated physiological and psychological effects of Eco-Meditation: A pilot study.* Presented at Omega Institute for Holistic Studies, Rhinebeck, New York.

Gronfier, C., Luthringer, R., Follenius, M., Schaltenbrand, N., Macher, J. P., Muzet, A., & Brandenberger, G. (1996). A quantitative evaluation of the relationships between growth hormone secretion and delta wave electroencephalographic activity during normal sleep and after enrichment in delta waves. *Sleep, 19(10),* 817–824.

Hall-Glenn, F., & Lyons, K. M. (2011). Roles for CCN2 in normal physiological processes. *Cellular and Molecular Life Sciences, 68(19),* 3209–3217.

Hong, Y., Ho, K. S., Eu, K. W., & Cheah, P. Y. (2007). A susceptibility gene set for early onset colorectal cancer that integrates diverse signaling pathways: Implication for tumorigenesis. *Clinical Cancer Research, 13(4),* 1107–1114.

Iaccarino, H. F., Singer, A. C., Martorell, A. J., Rudenko, A., Gao, F., Gillingham, T. Z., . . . Adaikkan, C. (2016). Gamma frequency entrainment attenuates amyloid load and modifies microglia. *Nature, 540(7632),* 230–235.

Jacobs, T. L., Epel, E. S., Lin, J., Blackburn, E. H., Wolkowitz, O. M., Bridwell, D. A., . . . King, B. G. (2011). Intensive meditation training, immune cell telomerase activity, and psychological mediators. *Psychoneuroendocrinology, 36(5),* 664–681.

Kang, J. E., Lim, M. M., Bateman, R. J., Lee, J. J., Smyth, L. P., Cirrito, J. R., . . . Holtzman, D. M. (2009). Amyloid-β dynamics are regulated by orexin and the sleep-wake cycle. *Science, 326(5955),* 1005–1007.

Kelly, R. (2011). *The human hologram: Living your life in harmony with the unified field.* Santa Rosa, CA: Elite Books.

Kim, D. K., Rhee, J. H., & Kang, S. W. (2013). Reorganization of the brain and heart rhythm during autogenic meditation. *Frontiers in Integrative Neuroscience, 7,* 109. doi:10.3389/fnint.2013.00109.

Krikorian, J. G., Portlock, C. S., Cooney, D. P., & Rosenberg, S. A. (1980). Spontaneous regression of non-Hodgkin's lymphoma: A report of nine cases. *Cancer, 46(9),* 2093–2099.

Laflamme, M. A., & Murry, C. E. (2011). Heart regeneration. *Nature, 473(7347),* 326–335.

Lee, P. B., Kim, Y. C., Lim, Y. J., Lee, C. J., Choi, S. S., Park, S. H., . . . Lee, S. C. (2006). Efficacy of pulsed electromagnetic therapy for chronic lower back pain: A randomized, double-blind, placebo-controlled study. *Journal of International Medical Research, 34(2),* 160–167.

Lee, D. J., Schönleben, F., Banuchi, V. E., Qiu, W., Close, L. G., Assaad, A. M., & Su, G. H. (2010). Multiple tumor-suppressor genes on chromosome 3p contribute to head and neck squamous cell carcinoma tumorigenesis. *Cancer Biology and Therapy, 10(7),* 689–693.

Lim, L. (2014, July 21). The potential of treating Alzheimer's disease with intranasal light therapy.

Mediclights Research. Retrieved from www.mediclights.com/the-potential-of-treating-alzheimers-disease-with-intranasal-light-therapy.

Lim, L. (2017). *Inventor's notes for Vielight "Neuro Alpha" and "Neuro Gamma."* Retrieved September 4, 2017, from http://vielight.com/wp-content/uploads/2017/02/Vielight-Inventors-Notes-for-Neuro-Alpha-and-Neuro-Gamma.pdf.

Lin, H., Goodman, R., & Shirley-Henderson, A. (1994). Specific region of the cmyc promoter is responsive to electric and magnetic fields. *Journal of Cellular Biochemistry, 54(3),* 281–288.

Lomas, T., Ivtzan, I., & Fu, C. H. (2015). A systematic review of the neurophysiology of mindfulness on EEG oscillations. *Neuroscience and Biobehavioral Reviews, 57,* 401–410. doi:10.1016/j.neubiorev.2015.09.018.

Maharaj, M. E. (2016). Differential gene expression after Emotional Freedom Techniques (EFT) treatment: A novel pilot protocol for salivary mRNA assessment. *Energy Psychology: Theory, Research, and Treatment, 8(1),* 17–32. doi:10.9769/EPJ.2016.8.1.MM.

Nadalin, S., Testa, G., Malagó, M., Beste, M., Frilling, A., Schroeder, T., . . . Broelsch, C. E. (2004). Volumetric and functional recovery of the liver after right hepatectomy for living donation. *Liver Transplantation, 10(8),* 1024–1029.

Omary, M. B., Ku, N. O., Strnad, P., & Hanada, S. (2009). Toward unraveling the complexity of simple epithelial keratins in human disease. *Journal of Clinical Investigation, 119(7),* 1794–1805. doi:10.1172/JCI37762.

O'Regan, B., & Hirshberg, C. (1993). *Spontaneous remission: An annotated bibliography.* Novato, CA: Institute of Noetic Sciences.

Park, E. J., Grabińska, K. A., Guan, Z., & Sessa, W. C. (2016). NgBR is essential for endothelial cell glycosylation and vascular development. *EMBO Reports, 17(2),* 167–177.

Razavi, S., Salimi, M., Shahbazi-Gahrouei, D., Karbasi, S., & Kermani, S. (2014). Extremely low-frequency electromagnetic field influences the survival and proliferation effect of human adipose derived stem cells. *Advanced Biomedical Research, 3,* 25–30.

Sakai, A., Suzuki, K., Nakamura, T., Norimura, T., & Tsuchiya, T. (1991). Effects of pulsing electromagnetic fields on cultured cartilage cells. *International Orthopaedics, 15(4),* 341–346.

Saltmarche, A. E., Naeser, M. A., Ho, K. F., Hamblin, M. R., & Lim, L. (2017). Significant improvement in cognition in mild to moderately severe dementia cases treated with transcranial plus intranasal photobiomodulation: Case series report. *Photomedicine and Laser Surgery, 35(8):* 432–441.

Salvatore, D., Tu, H., Harney, J. W., & Larsen, P. R. (1996). Type 2 iodothyronine deiodinase is highly expressed in human thyroid. *Journal of Clinical Investigation, 98(4),* 962.

Sastry, K. S., Karpova, Y., Prokopovich, S., Smith, A. J., Essau, B., Gersappe, A., . . . Penn, R. B. (2007).

Epinephrine protects cancer cells from apoptosis via activation of cAMP-dependent protein kinase and BAD phosphorylation. *Journal of Biological Chemistry, 282(19)*, 14094–14100.

Sisken, B. F., Midkiff, P., Tweheus, A., & Markov, M. (2007). Influence of static magnetic fields on nerve regeneration in vitro. *Environmentalist, 27(4)*, 477–481.

Sood, A. K., Armaiz-Pena, G. N., Halder, J., Nick, A. M., Stone, R. L., Hu, W., . . . Han, L. Y. (2010). Adrenergic modulation of focal adhesion kinase protects human ovarian cancer cells from anoikis. *Journal of Clinical Investigation, 120(5)*, 1515.

Sukel, K. (2011, March 15). The synapse—a primer. *Dana Foundation*. Retrieved from www.dana.org/News/Details.aspx?id=43512.

Takahashi, K., Kaneko, I., Date, M., & Fukada, E. (1986). Effect of pulsing electromagnetic fields on DNA synthesis in mammalian cells in culture. *Experientia, 42(2)*, 185–186.

Tang, Y. P., Shimizu, E., Dube, G. R., Rampon, C., Kerchner, G. A., Zhuo, M., . . . Tsien, J. Z. (1999). Genetic enhancement of learning and memory in mice. *Nature, 401(6748)*, 63–69.

Tekutskaya, E. E., & Barishev, M. G. (2013). Studying of influence of the lowfrequency electromagnetic field on DNA molecules in water solutions. *Odessa Astronomical Publications, 26(2)*, 303–304.

Tekutskaya, E. E., Barishev, M. G., & Ilchenko, G. P. (2015). The effect of a lowfrequency electromagnetic field on DNA molecules in aqueous solutions. *Biophysics, 60(6)*, 913.

Van Cauter, E., Leproult, R., & Plat, L. (2000). Age-related changes in slow wave sleep and REM sleep and relationship with growth hormone and cortisol levels in healthy men. *JAMA, 284(7)*, 861–868.

Ventegodt, S., Morad, M., Hyam, E., & Merrick, J. (2004). Clinical holistic medicine: Induction of spontaneous remission of cancer by recovery of the human character and the purpose of life (the life mission). *Scientific World Journal, 4*, 362–377.

Wahlestedt, M., Erlandsson, E., Kristiansen, T., Lu, R., Brakebusch, C., Weissman, I. L., . . . Bryder, D. (2017). Clonal reversal of ageing-associated stem cell lineage bias via a pluripotent intermediate. *Nature Communications, 8*, 14533.

Walløe, S., Pakkenberg, B., & Fabricius, K. (2014). Stereological estimation of total cell numbers in the human cerebral and cerebellar cortex. *Frontiers in Human Neuroscience, 8*.

Wei, G., Luo, H., Sun, Y., Li, J., Tian, L., Liu, W., . . . Chen, R. (2015). Transcriptome profiling of esophageal squamous cell carcinoma reveals a long noncoding RNA acting as a tumor suppressor. *Oncotarget, 6(19)*, 17065–17080.

Wu, M., Pastor-Pareja, J. C., & Xu, T. (2010). Interaction between RasV12 and scribbled clones induces tumour growth and invasion. *Nature, 463(7280)*, 545–548.

Xiang, G., Yi, Y., Weiwei, H., & Weiming, W. (2016). RND1 is up-regulated in esophageal squamous cell

carcinoma and promotes the growth and migration of cancer cells. *Tumor Biology, 37(1)*, 773.

Ying, L., Hong, L., Zhicheng, G., Xiauwei, H. & Guoping, C. (2000). Effects of pulsed electric fields on DNA synthesis in an osteoblast-like cell line (UMR-106). *Tsinghua Science and Technology, 5(4)*, 439–442.

Yong, E. (2016, Dec 7). Beating Alzheimer's with brain waves. *Atlantic*. Retrieved from www.theatlantic.com/science/archive/2016/12/beating-alzheimers-with-brain-waves/509846.

Yu, X., Fumoto, M., Nakatani, Y., Sekiyama, T., Kikuchi, H., Seki, Y., . . . Arita, H. (2011). Activation of the anterior prefrontal cortex and serotonergic system is associated with improvements in mood and EEG changes induced by Zen meditation practice in novices. *International Journal of Psychophysiology, 80(2)*, 103–111.

Zahl, P. H., Mæhlen, J., & Welch, H. G. (2008). The natural history of invasive breast cancers detected by screening mammography. *Archives of Internal Medicine, 168(21)*, 2311–2316.

5장

Bach, D., Groesbeck, G., Stapleton, P., Banton, S., Blickheuser, K., & Church, D. (2016, October 15). *Clinical EFT (Emotional Freedom Techniques) improves multiple physiological markers of health*. Presented at Omega Institute for Holistic Studies, Rhinebeck, New York.

Baker, M. (2016). 1,500 scientists lift the lid on reproducibility. *Nature, 533(7604)*, 452–454.

Begley, C. G., & Ellis, L. M. (2012). Drug development: Raise standards for preclinical cancer research. *Nature, 483(7391)*, 531–533.

Bem, D. J. (2011). Feeling the future: Experimental evidence for anomalous retroactive influences on cognition and affect. *Journal of Personality and Social Psychology, 100(3)*, 407.

Bem, D., Tressoldi, P., Rabeyron, T., & Duggan, M. (2015). Feeling the future: A meta-analysis of 90 experiments on the anomalous anticipation of random future events. *F1000Research, 4*, 1188.

Bem, D. J., Utts, J., & Johnson, W. O. (2011). Must psychologists change the way they analyze their data? *Journal of Personality and Social Psychology, 101(4)*, 716–719.

Bengston, W. (2010). *The energy cure: Unraveling the mystery of hands-on healing.* Boulder, CO: Sounds True.

Blake, W. (1968). *The portable Blake.* New York: Viking.

Born, M., (Ed.). (1971). *The Born–Einstein letters: Correspondence between Albert Einstein and Max and Hedwig Born from 1916–1955* (I. Born, Trans.). New York: Macmillan.

Chambless, D., & Hollon, S. D. (1998). Defining empirically supported therapies. *Journal of Consulting and Clinical Psychology, 66,* 7–18.

Church, D. (2013). Clinical EFT (Emotional Freedom Techniques) as single session therapy: Cases, research, indications, and cautions. In M. Hoyt & M. Talmon (Eds.), *Capture the moment: Single session therapy and walk-in service.* Bethel, CT: Crown House.

Church, D., & Brooks, A. J. (2010). The effect of a brief EFT (Emotional Freedom Techniques) self-intervention on anxiety, depression, pain and cravings in healthcare workers. *Integrative Medicine: A Clinician's Journal, 9(5),* 40–44.

Church, D., Yount, G., & Brooks, A. J. (2012). The effect of Emotional Freedom Techniques on stress biochemistry: A randomized controlled trial. *Journal of Nervous and Mental Disease, 200(10),* 891–896. doi:10.1097/NMD.0b013e31826b9fc1.

Cooper, H., DeNeve, K., & Charlton, K. (1997). Finding the missing science: The fate of studies submitted for review by a human subjects committee. *Psychological Methods, 2(4),* 447.

Davidson, R. J. (2003). Affective neuroscience and psychophysiology: Toward a synthesis. *Psychophysiology, 40(5),* 655–665.

Diener, E., & Chan, M. Y. (2011). Happy people live longer: Subjective well-being contributes to health and longevity. *Applied Psychology: Health and Well-Being, 3(1),* 1–43.

eLife. (2017). Reproducibility in cancer biology: The challenges of replication. *eLife, 6,* e23693. doi: 10.7554/eLife.23693.

Feynman, R. P., Leighton, R. B., & Sands, M. (1965). The Feynman lectures on physics (Vol. 1). *American Journal of Physics, 33(9),* 750–752.

Fickler, R., Krenn, M., Lapkiewicz, R., Ramelow, S., & Zeilinger, A. (2013). Realtime imaging of quantum entanglement. *Nature–Scientific Reports, 3,* 2914.

Gane, S., Georganakis, D., Maniati, K., Vamvakias, M., Ragoussis, N., Skoulakis, E. M., & Turin, L. (2013). Molecular vibration-sensing component in human olfaction. *PLoS one, 8(1),* e55780.

Giltay, E. J., Geleijnse, J. M., Zitman, F. G., Hoekstra, T., & Schouten, E. G. (2004). Dispositional optimism and all-cause and cardiovascular mortality in a prospective cohort of elderly Dutch men and women. *Archives of General Psychiatry, 61(11),* 1126–1135.

Goswami, A. (2004). *Quantum doctor: A physicist's guide to health and healing.* Hampton Roads, VA: Hampton Roads Publishing.

Grinberg-Zylberbaum, J., Delaflor, M., Attie, L., & Goswami, A. (1994). The Einstein-Podolsky-Rosen paradox in the brain: The transferred potential. *Physics Essays, 7,* 422.

Hammerschlag, R., Marx, B. L., & Aickin, M. (2014). Nontouch biofield therapy: A systematic review of human randomized controlled trials reporting use of only nonphysical contact treatment. *The Journal of Alternative and Complementary Medicine, 20(12),* 881–892.

Hanson, R. (2013). *Hardwiring happiness: The practical science of reshaping your brain—and your life.* New York: Random House.

Heisenberg, W. (1962). *Physics and philosophy: the revolution in modern science.* New York: Harper & Row.

Hensen, B., Bernien, H., Dréau, A. E., Reiserer, A., Kalb, N., Blok, M. S., ... Amaya, W. (2015). Loophole-free Bell inequality violation using electron spins separated by 1.3 kilometres. *Nature, 526(7575),* 682–686.

Hoss, R. (2016, June 12). *Consciousness after the body dies.* Presentation at the International Association for the Study of Dreams, Kerkrade, Netherlands.

Ironson, G., Stuetzle, R., Ironson, D., Balbin, E., Kremer, H., George, A., ... Fletcher, M. A. (2011). View of God as benevolent and forgiving or punishing and judgmental predicts HIV disease progression. *Journal of Behavioral Medicine, 34(6),* 414–425.

Joergensen, A., Broedbaek, K., Weimann, A., Semba, R. D., Ferrucci, L., Joergensen, M. B., & Poulsen, H. E. (2011). Association between urinary excretion of cortisol and markers of oxidatively damaged DNA and RNA in humans. *PLoS ONE, 6(6),* e20795. doi:10.1371/journal.pone.0020795

Jung, C. G. (1952). The structure of the psyche. In *Collected works, vol. 8: The structure and dynamics of the psyche.* London: Routledge & Kegan Paul.

Kaiser, J. (2017, January 18). Rigorous replication effort succeeds for just two of five cancer papers. *Science.* Retrieved from www.sciencemag.org/news/2017/01/rigorous-replication-effort-succeeds-just-two-five-cancer-papers.

Kamp, J. (2016). It is so not simple: Russian physicist Yury Kronn and the subtle energy that fills 96 percent of our existence but cannot be seen or measured. *Optimist,* Spring, 40–47.

Klinger, E. (1996). The contents of thoughts: Interference as the downside of adaptive normal mechanisms in thought flow. In I. G. Sarason, G. R. Pierce, & B. R. Sarason (Eds.), *Cognitive interference: Theories, methods, and findings* (pp. 3–23). Hillsdale, NJ: Lawrence Erlbaum.

Kronn, Y., & Jones, J. (2011). Experiments on the effects of subtle energy on the electro-magnetic field: Is subtle energy the 5th force of the universe? *Energy Tools International.* Retrieved July 5, 2017, from www.saveyourbrain.net/pdf/testreport.pdf.

LeDoux, J. (2003). The emotional brain, fear, and the amygdala. *Cellular and Molecular Neurobiology, 23(4),* 727–738.

Lee, K. C., Sprague, M. R., Sussman, B. J., Nunn, J., Langford, N. K., Jin, X. M., ... Jaksch, D. (2011). Entangling macroscopic diamonds at room temperature. *Science, 334(6060),* 1253–1256.

Leskowitz, R. (2014). The 2013 World Series: A Trojan horse for consciousness studies. *Explore: The Journal of Science and Healing, 10(2),* 125–127.

Lewis, C. S. (1970). *God in the dock: Essays on theology and ethics.* London: Eerdmans.

McCraty, R., Atkinson, M., & Tomasino, D. (2003).

Modulation of DNA conformation by heart-focused intention. Boulder Creek, CA: HeartMath Research Center, Institute of HeartMath, Publication No. 03-008.

McCraty R. & Childre, D. (2010). Coherence: Bridging personal, social, and global health. *Alternative Therapies in Health and Medicine, 16(4),* 10.

McCraty, R., & Deyhle, A. (2016). *The science of interconnectivity.* Boulder Creek, CA: HeartMath Institute.

McMillan, P. J., Wilkinson, C. W., Greenup, L., Raskind, M. A., Peskind, E. R., & Leverenz, J. B. (2004). Chronic cortisol exposure promotes the development of a GABAergic phenotype in the primate hippocampus. *Journal of Neurochemistry, 91(4),* 843–851.

McTaggart, L. (2007). *The intention experiment: Using your thoughts to change your life and the world.* New York: Free Press.

Moga, M. M., & Bengston, W. F. (2010). Anomalous magnetic field activity during a bioenergy healing experiment. *Journal of Scientific Exploration, 24(3),* 397–410.

Moreva, E., Brida, G., Gramegna, M., Giovannetti, V., Maccone, L., & Genovese, M. (2014). Time from quantum entanglement: An experimental illustration. *Physical Review A, 89(5),* 052122–052128.

Nakamura, T. (2013, November 14). One man's quest to prove how far laser pointers reach. Retrieved from http://kotaku.com/one-mans-quest-to-prove-how-far-laser-pointers-reach-1464275649.

Nelson, R. (2015). Meaningful correlations in random data. *The Global Consciousness Project.* Retrieved August 20, 2017, from http://noosphere.princeton.edu/results.html#alldata.

Nesse, R. M., Curtis, G. C., Thyer, B. A., McCann, D. S., Huber-Smith, M. J., & Knopf, R. F. (1985). Endocrine and cardiovascular responses during phobic anxiety. *Psychosomatic Medicine, 47(4),* 320–332.

Open Science Collaboration. (2015). Estimating the reproducibility of psychological science. *Science, 349(6251),* aac4716.

Powell, C. S. (2017, June 16). Is the universe conscious? Some of the world's most renowned scientists are questioning whether the cosmos has an inner life similar to our own. National Broadcasting Company (NBC). Retrieved from www.nbcnews.com/mach/science/universe-conscious-ncna772956.

Radin, D. I. (2011). Predicting the unpredictable: 75 years of experimental evidence. *AIP Conference Proceedings, 1408(1),* 204–217.

Radin, D., Michel, L., & Delorme, A. (2016). Psychophysical modulation of fringe visibility in a distant double-slit optical system. *Physics Essays, 29(1),* 14–22.

Ritchie, S. J., Wiseman, R., & French, C. C. (2012). Failing the future: Three unsuccessful attempts to replicate Bem's 'Retroactive Facilitation of Recall' Effect. *PLoS ONE, 7(3),* e33423.

Romero, E., Augulis, R., Novoderezhkin, V. I., Ferretti, M., Thieme, J., Zigmantas, D., & Van Grondelle, R.

(2014). Quantum coherence in photosynthesis for efficient solar-energy conversion. *Nature Physics, 10(9),* 676–682.

Rosenthal, R., & Fode, K. (1963). The effect of experimenter bias on performance of the albino rat. *Behavioral Science, 8,* 183–189.

Rosenthal, R., &. Jacobson, L. (1963). Teachers' expectancies: Determinants of pupils' IQ gains. *Psychological Reports, 19,* 115–118.

Russ, T. C., Stamatakis, E., Hamer, M., Starr, J. M., Kivimäki, M., & Batty, G. D. (2012). Association between psychological distress and mortality: Individual participant pooled analysis of 10 prospective cohort studies. *British Medical Journal, 345,* e4933.

Sapolsky, R. M., Uno, H., Rebert, C. S., & Finch, C. E. (1990). Hippocampal damage associated with prolonged glucocorticoid exposure in primates. *Journal of Neuroscience, 10(9),* 2897–2902.

Sheldrake, R. (1999). How widely is blind assessment used in scientific research? *Alternative Therapies in Health and Medicine, 5(3),* 88.

Sheldrake, R. (2012). *Science set free: 10 paths to new discovery.* New York: Deepak Chopra Books.

Shelus, P. J., Veillet, C., Whipple, A. L., Wiant, J. R., Williams, J. G., & Yoder, C. F. (1994). Lunar laser ranging: A continuing legacy of the Apollo program. *Science, 265,* 482.

Standish, L. J., Kozak, L., Johnson, L. C., & Richards, T. (2004). Electroencephalographic evidence of correlated event-related signals between the brains of spatially and sensory isolated human subjects. *Journal of Alternative and Complementary Medicine, 10(2),* 307–314.

Tchijevsky, A. L. (1971). Physical factors of the historical process. *Cycles, 22,* 11–27.

Thiagarajan, T. C., Lebedev, M. A., Nicolelis, M. A., & Plenz, D. (2010). Coherence potentials: Loss-less, all-or-none network events in the cortex. *PLoS Biology, 8(1),* e1000278.

Tiller, W. A. (1997). *Science and human transformation: Subtle energies, intentionality and consciousness.* Walnut Creek, CA: Pavior Publishing.

Wagenmakers, E. J., Wetzels, R., Borsboom, D., & Van Der Maas, H. L. (2011). Why psychologists must change the way they analyze their data: The case of psi: Comment on Bem (2011). *Journal of Personality and Social Psychology, 100(3),* 426–432.

Ward, M. M., Mefford, I. N., Parker, S. D., Chesney, M. A., Taylor, B. C., Keegan, D. L., & Barchas, J. D. (1983). Epinephrine and norepinephrine responses in continuously collected human plasma to a series of stressors. *Psychosomatic Medicine, 45(6),* 471–486.

Watt, C., & Nagtegaal, M. (2004). Reporting of blind methods: An interdisciplinary survey. *Journal of the Society for Psychical Research, 68,* 105–116.

Wolf, F. A. (2001). *Mind into matter: A new alchemy of science and spirit.* Newburyport, MA: Red Wheel/Weiser.

Yan, X., Lu, F., Jiang, H., Wu, X., Cao, W., Xia, Z.,

. . . Zhu, R. (2002). Certain physical manifestation and effects of external qi of Yan Xin life science technology. *Journal of Scientific Exploration, 16(3),* 381–411.

Yan, X., Shen, H., Jiang, H., Zhang, C., Hu, D., Wang, J., & Wu, X. (2006). External Qi of Yan Xin Qigong differentially regulates the Akt and extracellular signalregulated kinase pathways and is cytotoxic to cancer cells but not to normal cells. *International Journal of Biochemistry and Cell Biology, 38(12),* 2102–2113.

6장

Anderson, B. J., Engebretson, M. J., Rounds, S. P., Zanetti, L. J., & Potemra, T. A. (1990). A statistical study of Pc 3–5 pulsations observed by the AMPTE/ CCE Magnetic Fields Experiment. *Journal of Geophysical Research: Space Physics, 95(A7),* 10495–10523.

Beauregard, M. (2012). *Brain wars: The scientific battle over the existence of the mind and the proof that will change the way we live our lives.* San Francisco: HarperOne.

Bem, D. J. (2011). Feeling the future: Experimental evidence for anomalous retroactive influences on cognition and affect. *Journal of Personality and Social Psychology, 100(3),* 407.

Bem, D., Tressoldi, P., Rabeyron, T., & Duggan, M. (2015). Feeling the future: A meta-analysis of 90 experiments on the anomalous anticipation of random future events. *F1000Research, 4,* 1188.

Bengston, W. (2010). *The energy cure: Unraveling the mystery of hands-on healing.* Boulder, CO: Sounds True.

Braden, G. (2008). *The spontaneous healing of belief: Shattering the paradigm of false limits.* Carlsbad, CA: Hay House.

Brown, E. N., & Czeisler, C. A. (1992). The statistical analysis of circadian phase and amplitude in constant-routine core-temperature data. *Journal of Biological Rhythms, 7(3),* 177–202.

Burch, W. (2003). *She who dreams: A journey into healing through dreamwork.* San Rafael, CA: New World Library.

Burk, L. (2015, October 13). Dreams that warn of breast cancer. *Huffington Post blog.* Retrieved from www.huffingtonpost.com/larry-burk-md/dreams-that-warn-of-breas_b_8167758.html.

Calaprice, A. (Ed.). (2002). *Dear Professor Einstein: Albert Einstein's letters to and from children.* Amherst, NY: Prometheus.

Calaprice, A. (Ed.). (2011). *The ultimate quotable Einstein.* Princeton, NJ: Princeton University Press.

Cambray, J. (2002). Synchronicity and emergence. *American Imago, 59(4),* 409–434.

Cambray, J. (2009). *Synchronicity: Nature and psyche in an interconnected universe* (Vol. 15). College Station:

Texas A&M University Press.

Cauchon, D. (2001, December 20). For many on Sept. 11, survival was no accident. *USA Today.* Retrieved from http://usatoday30.usatoday.com/news/sept11/2001/12/19/usatcov-wtcsurvival.htm.

Church, D. (2013). *The genie in your genes: Epigenetic medicine and the new biology of intention.* Santa Rosa, CA: Energy Psychology Press.

Clark, N. (2012). *Divine moments.* Fairfield, IA: First World Publishing.

Corning, P. A. (2002). The re-emergence of "emergence": A venerable concept in search of a theory. *Complexity, 7(6),* 18–30. doi:10.1002/cplx.10043.

Crick, F., & Clark, J. (1994). The astonishing hypothesis. *Journal of Consciousness Studies, 1(1),* 10–16.

Dossey, L. (2009). *The science of premonitions: How knowing the future can help us avoid danger, maximize opportunities, and create a better life.* New York: Plume.

Dossey, L. (2013). *One mind: How our individual mind is part of a greater consciousness and why it matters.* Carlsbad, CA: Hay House.

Dowling, S. (2017, May 26). The audacious pilot who landed in Red Square. *BBC Future.* Retrieved from www.bbc.com/future/story/20170526-the-audacious-pilot-who-landed-in-red-square.

Eliade, M. (1964). *Shamanism: Archaic techniques of ecstasy.* London: Routledge & Kegan Paul.

Facco, E., & Agrillo, C. (2012). Near-death experiences between science and prejudice. *Frontiers in Human Neuroscience, 6,* 209.

Ferriss, T. (2017). *Tribe of mentors: Short life advice from the best in the world.* New York: Houghton Mifflin Harcourt.

Geesink, H. J., & Meijer, D. K. (2016). Quantum wave information of life revealed: An algorithm for electromagnetic frequencies that create stability of biological order, with implications for brain function and consciousness. *NeuroQuantology, 14(1).*

Goethe, J. W. (1887). *The first part of Goethe's Faust* (J. Anster, Trans.). London: George Routledge & Sons.

Gramling, R., Klein, W., Roberts, M., Waring, M. E., Gramling, D., & Eaton, C. B. (2008). Self-rated cardiovascular risk and 15-year cardiovascular mortality. *Annals of Family Medicine, 6(4),* 302–306.

Greyson, B. (2003). Incidence and correlates of near-death experiences in a cardiac care unit. *General Hospital Psychiatry, 25(4),* 269–276.

Halberg, F., Cornélissen, G., McCraty, R., Czaplicki, J., & Al-Abdulgader, A. A. (2011). Time structures (chronomes) of the blood circulation, populations' health, human affairs and space weather. *World Heart Journal, 3(1),* 73.

Halberg, F., Tong, Y. L., & Johnson, E. A. (1967). Circadian system phase—an aspect of temporal morphology; procedures and illustrative examples. In H. von Mayersbach (Ed.), *The cellular aspects of biorhythms* (pp. 20–48). New York: Springer-Verlag.

HeartMath Institute. (n.d.). Global coherence research: The science of interconnectivity. Retrieved August 6,

2017, from www.heartmath.org/research/global-coherence.

Ho, M. W. (2008). *The rainbow and the worm: The physics of organisms*. London: World Scientific.

Hogenson, G. B. (2004). Archetypes: Emergence and the psyche's deep structure. In J. Cambray & L. Carter (Eds.), *Analytical psychology: Contemporary perspectives in Jungian analysis*. London: Routledge.

Hoss, R. J., & Gongloff, R. P. (2017). *Dreams that change our lives*. Asheville, NC: Chiron.

Ironson, G., Stuetzle, R., Ironson, D., Balbin, E., Kremer, H., George, A., . . . Fletcher, M. A. (2011). View of God as benevolent and forgiving or punishing and judgmental predicts HIV disease progression. *Journal of Behavioral Medicine, 34(6)*, 414–425.

Jacobs, J. A., Kato, Y., Matsushita, S., & Troitskaya, V. A. (1964). Classification of geomagnetic micropulsations. *Journal of Geophysical Research, 69(1)*, 180–181.

Johnson, S. (2002). *Emergence: The connected lives of ants, brains, cities, and software*. New York: Simon & Schuster.

Jung, C. G. (1952). Synchronicity: An acausal connecting principle. In *Collected works, vol. 8: The structure and dynamics of the psyche*. London: Routledge & Kegan Paul.

Jung, C. G. (1975). *Letters, vol. 2: 1951–1961*. G. Adler & A. Jaffé (Eds.). Princeton, NJ: Princeton University Press.

Kaufman, S. A. (1993). *The origins of order: Self-organization and selection in evolution*. Oxford: Oxford University Press.

Kelly, R. (2011). *The human hologram: Living your life in harmony with the unified field*. Santa Rosa, CA: Elite Books.

McClenon, J. (1993). Surveys of anomalous experience in Chinese, Japanese, and American samples. *Sociology of Religion, 54(3)*, 295–302.

McCraty, R. (2015). Could the energy of our hearts change the world? *GOOP*. Retrieved from http://goop.com/could-the-energy-of-our-hearts-change-the-world.

McCraty, R. & Deyle, (2016). *The science of interconnectivity*. Boulder Creek, CA: HeartMath Institute.

Nova. (2007, July 10). Emergence. *NOVA*. Retrieved from www.pbs.org/wgbh/nova/nature/emergence.html.

Oschman, J. L. (1997). What is healing energy? Part 3: Silent pulses. *Journal of Bodywork and Movement Therapies, 1(3)*, 179–189.

Oschman, J. L. (2015). *Energy medicine: The scientific basis*. London: Elsevier Health Sciences.

Park, S. Q., Kahnt, T., Dogan, A., Strang, S., Fehr, E., & Tobler, P. N. (2017). A neural link between generosity and happiness. *Nature Communications, 8*.

Popper, K. R., & Eccles, J. C. (2012). *The self and its brain*. New York: Springer Science & Business Media.

Ring, K., & Cooper, S. (2008). *Mindsight: Near-death and out-of-body experiences in the blind* (2nd ed.). iUniverse.

Radin, D. I. (2011). Predicting the unpredictable: 75 years of experimental evidence. In *AIP Conference Proceedings 1408(1)*, 204–217.

Rockwood, K. (2017). *Think positive, get lucky*. In Gibbs, N. (Ed.), *The science of emotions* (pp. 62–65). New York: Time.

Selmaoui, B., & Touitou, Y. (2003). Reproducibility of the circadian rhythms of serum cortisol and melatonin in healthy subjects: A study of three different 24-h cycles over six weeks. *Life Sciences, 73(26)*, 3339–3349.

Shermer, M. (2014, October 1). Anomalous events that can shake one's skepticism to the core. *Scientific American*. Retrieved from www.scientificamerican.com/article/anomalous-events-that-can-shake-one-s-skepticism-to-the-core.

Strogatz, S. H. (2012). *Sync: How order emerges from chaos in the universe, nature, and daily life*. London: Hachette.

Tonneau, F. (2004). Consciousness outside the head. *Behavior and Philosophy, 32(1)*, 97–123.